Priv.-Doz. Dr. Alexander Thiele

Europarecht

13. Auflage 2016

ISBN 978-3-86724-078-9

13. Auflage 2016
- völlige Neubearbeitung -
Rechtsstand: 01.03.2016

© 2016 niederle media

Bezug möglich direkt vom Verlag
niederle media
48341 Altenberge
Fax (02505) 93 98 99
E-Mail: info@niederle-media.de
www.niederle-media.de

▶ Vorwort

Für die 13. Auflage waren erneut Aktualisierungen erforderlich. Allerdings waren diese weniger umfangreich als man angesichts der weiter schwelenden Eurokrise und der aktuellen Flüchtlingskrise vielleicht erwarten würde. Beide Krisen sind aber weniger rechtliche, denn politische Krisen. Dementsprechend haben sie zwar gewisse Auswirkungen auf das „Verfassungsrecht" der Europäischen Union, führen diesbezüglich aber zu keinen grundlegenden Änderungen. Nicht zuletzt das in der Flüchtlingskrise relevante europäische Sekundärrecht kann in diesem einführenden Lehrbuch nicht umfassend dargestellt werden. Im Vergleich zur Vorauflage waren daher vornehmlich Präzisierungen vorzunehmen und generelle Entwicklungen nachzuzeichnen, die sich im letzten Jahr ergeben haben. Dazu zählt nicht zuletzt das von Premierminister *Cameron* nun angekündigte Referendum über die britische Mitgliedschaft in der EU am 23.6.2016.

Das zugrundeliegende Konzept des Lehrbuchs bleibt weiterhin unverändert. Es will nach wie vor das gesamte für den Pflichtfachbereich notwendige Wissen vermitteln, indem es eine schnelle und kompakte Aneignung der Grundlagen des Europarechts ermöglicht. Am Ende des Kurzlehrbuchs finden sich Wiederholungsfragen, die eine schnelle Wiederholung des Stoffes erleichtern. Ausformulierte Antworten auf diese Fragen finden sich auf der ebenfalls bei *niederle media* erschienenen **Hör-CD „Basiswissen Europarecht"**. Eine fallorientierte Wiederholung ermöglicht die Fallsammlung **„Standardfälle Europarecht"**.

Für zahlreiche wertvolle Anmerkungen und Hinweise darf ich mich an dieser Stelle ganz herzlich bei Frau *Dr. Pia Lange* bedanken.

Kritik und Anregungen sind willkommen und werden an die E-Mail-Adresse des Verlages (info@niederle-media.de) bzw. des Autors (alexander.thiele@jura.uni-goettingen.de) erbeten.

Göttingen, im März 2016   *Alexander Thiele*

▶ INHALT

1. TEIL: EINFÜHRUNG

§ 1 BEGRIFF DES EUROPARECHTS

I. Europarecht in der Rechtswissenschaft

„**Europarecht**" bildet den **Oberbegriff** für ein komplexes Regelungsgeflecht, das sich auf unterschiedliche europäische Organisationen zurückführen lässt. An erster Stelle steht hier die Europäische Union (EU), weitere und zumeist weniger prominente Beispiele sind etwa der Europarat oder die Organisation für Sicherheit und Zusammenarbeit in Europa (OSZE). Diese Organisationen unterscheiden sich dabei nicht nur in der Zahl ihrer Mitgliedstaaten und im Umfang der ihnen übertragenen Aufgaben, sondern vor allem im Hinblick auf ihre Bedeutung im nationalen Rechtsraum für die Bürgerinnen und Bürger.

Diese Unterschiede erfordern es, den Begriff „Europarecht" weiter zu untergliedern. In der Praxis eingebürgert hat sich die Differenzierung zwischen dem **Europarecht im engeren und dem Europarecht im weiteren Sinne**.[1]

Das Europarecht im **engeren Sinne** umfasst das Recht der EU und der mit ihr direkt verknüpften Organisationen. Dieser Zusammenschluss von gegenwärtig **28 Mitgliedstaaten** hebt sich durch besondere Eigenschaften von den anderen Organisationen ab. Gemeint sind hier insbesondere das Phänomen der **Supranationalität** und die damit korrespondierende unmittelbare Wirkung der Rechtsakte der EU im nationalen Rechtsraum. Die „Union" spielt dadurch auch im Leben der Bürgerinnen und Bürger eine prominente Rolle – das belegen sowohl die Euro- als auch die Flüchtlingskrise. Nicht selten wird daher auch in den Medien diese Institution gemeint sein, wenn dort von „Europa" oder einer „europäischen Lösung" gesprochen wird. Eine solche Gleichsetzung der EU mit Europa ist freilich nicht nur aus geographischer Sicht verfehlt, suggeriert sie doch zugleich, dass die Mitgliedschaft in der Union als das wahrhaft Europäische und damit Anzustrebende anzusehen ist. Der Respekt gegenüber europäischen Nicht-EU-Staaten wie der Schweiz, Norwegen aber auch Russland oder der Ukraine gebietet es daher, diese Gleichsetzung zu vermeiden.

---

[1] Vgl. *Streinz*, Europarecht Rn 1; *Ehlers*, DVBl. 1991, 605; *Haratsch/Koenig/Pechstein*, Europarecht Rn 1 f.

Aus rechtswissenschaftlicher Perspektive bildet das **Europarecht im engeren Sinne gleichwohl den Schwerpunkt** in Wissenschaft[2] und Lehre. In praktisch allen universitären Prüfungsordnungen gehört das Europarecht im engeren Sinne zum **festen Bestandteil des Pflichtfachstoffs** und europarechtlich angereicherte Examensklausuren sind mittlerweile keine Seltenheit mehr. Ausgerechnet in diesem Bereich „auf Lücke" zu setzen, kann daher niemandem empfohlen werden.

Darüber hinaus gilt es aber auch dem **Europarecht im weiteren Sinne** (also dem Recht der europäischen Organisationen neben der EU) die erforderliche Beachtung zu schenken. Ohne solide Grundkenntnisse dieser Materie lässt sich auch die Entwicklung der EU (vor allem die Rechtsprechung des EuGH zum Grundrechtsschutz) nur schwer erfassen. Insbesondere der 1949 gegründete **Europarat** nimmt dabei eine herausragende Stellung ein. Ihm gehören heute bereits fast fünfzig Mitgliedstaaten an – wenn eine Organisation also mit Europa gleichgesetzt werden kann, dann der Europarat. Durch die Aufnahme zahlreicher Ostblockstaaten nach dem „Fall der Mauer" hat er ganz entscheidend zu einer **friedlichen Entwicklung in Europa** beigetragen.

Als wohl wichtigster Rechtsakt des Europarats ist in diesem Zusammenhang die **Europäische Konvention zum Schutz der Menschenrechte und Grundfreiheiten (EMRK)** zu nennen, die aus dem Jahre 1950 stammt und seitdem durch zahlreiche Protokolle ergänzt worden ist. Seit dem EU-Vertrag von Maastricht (1993) wird die EMRK sogar ausdrücklich im EU-Vertrag genannt. Wenngleich die Union durch den Vertrag von Lissabon erstmals einen eigenen, geschriebenen Grundrechtskatalog erhalten hat, ist dieser Verweis auf die EMRK übernommen worden. So heißt es heute in Art. 6 Abs. 3 EU:

„Die Grundrechte, wie sie in der Europäischen Konvention zum Schutz der Menschenrechte und Grundfreiheiten gewährleistet sind [...], sind als allgemeine Grundsätze Teil des Unionsrechts."

Zudem strebt die Union nach Art. 6 Abs. 2 EU sogar einen Beitritt zur EMRK an.[3] Die Verhandlungen zwischen EU und Europarat waren diesbezüglich auch auf einem guten Wege, sind durch ein (enttäuschendes) Gutachten des EuGH (Gutachten 2/13) aus dem Jahre 2014 nun allerdings wieder ins Stocken geraten. An diesem Bei-

---

2   Zur Europarechtswissenschaft in Deutschland siehe *Thym*, EuR 2015, 671.
3   Vgl. auch *Polakiewicz*, EuGRZ 2013, 472 ff.

spiel wird darüber hinaus deutlich, dass die europäischen Organisationen nicht berührungslos nebeneinander bestehen, sondern in unterschiedlicher Weise miteinander verzahnt sind.[4] Trotz der angesprochenen Differenzierung darf „das Ganze" des Europarechts mithin nie aus den Augen verloren werden.

Neben dem Europarat sind als weitere Organisationen des Europarechts im weiteren Sinne noch die (mittlerweile aufgelöste) Westeuropäische Union (**WEU**), die Organisation für Sicherheit und Zusammenarbeit in Europa (**OSZE**) und die Organisation für wirtschaftliche Zusammenarbeit und Entwicklung (**OECD**) zu nennen.

Ein generelles Problem des Europarechts stellt die etwas **verwirrende Bezeichnung** der unterschiedlichen Organe und Institutionen dar. Hintergrund bildet hier die jeweilige Entstehungsgeschichte der einzelnen Organisationen, die sich zum Teil nebeneinander entwickelt haben, ohne die Begrifflichkeiten aufeinander abzustimmen. Durch den Vertrag von Lissabon hat sich dies mit der Abschaffung der EG zumindest partiell verbessert. Gleichwohl ist etwa der *Europarat* (s.o.) als Organisation *nicht* mit dem *Rat der Europäischen Union,* als Organ der EU oder dem *Europäischen Rat,* als dem politischen Leitorgan der EU zu verwechseln. Auch der *Europäische Gerichtshof (EuGH)* in Luxemburg, also der Gerichtshof der Union, ist streng zu unterscheiden von dem durch die EMRK ins Leben gerufenen *Europäischen Gerichtshof für Menschenrechte (EGMR)* in Straßburg. Hier gilt es, den Überblick zu bewahren, was freilich auch in den Medien nicht immer gelingt.[5]

II. Informationsbeschaffung

Die Literatur zum Europarecht ist Legion. Um die Orientierung zu erleichtern, finden sich hier einige Hinweise für den „ersten Zugriff":

1. Lehrbücher
Arndt/Fischer/Fetzer, Europarecht, 11. Auflage 2015*
Bieber/Epiney/Haag, Die Europäische Union, 11. Auflage 2014
Calliess, Die neue EU nach dem Vertrag von Lissabon, 2010
Grabenwarter/Pabel, EMRK, 5. Auflage 2011
Haltern, Europarecht, 2. Auflage 2007
Haratsch/Koenig/Pechstein, Europarecht, 10. Auflage 2016
Herdegen, Europarecht, 17. Auflage 2015*

---

[4] *Grabenwarter/Pabel,* EMRK, § 4 Rn 1.
[5] Dazu auch *Diehm,* JuS 2007, 209 ff.

Herrmann, Examens-Repetitorium Europarecht, 5. Auflage 2015
Hobe, Europarecht, 8. Auflage 2014*
Oppermann/Classen/Nettesheim, Europarecht, 6. Auflage 2014
Schorkopf, Der Europäische Weg, 2. Auflage 2015*
Schröder, Grundkurs Europarecht, 4. Auflage 2015
Streinz, Europarecht, 9. Auflage 2012
Thiele, Europäisches Prozessrecht, 2. Auflage 2014

* besonders für den Einstieg geeignet

2. Kommentare
Calliess/Ruffert, EUV/AEUV, 5. Auflage 2016
Geiger/Khan/Kotzur EUV/AEUV, 6. Auflage 2016
Schwarze, EU-Kommentar, 3. Auflage 2012
Streinz, EUV/AEUV, 2. Auflage 2012

3. Fallsammlungen
Arndt/Fischer/Fetzer, Fälle zum Europarecht, 7. Auflage 2010
Musil/Burchard, Klausurenkurs im Europarecht, 3. Auflage 2013
Thiele, Standardfälle Europarecht, 6. Auflage 2015

4. Internetadressen
Europäische Union: www.europa.eu
Europarat: www.coe.int
Gerichtshof: www.curia.europa.eu (mit allen Urteilen im Volltext)
Recht der Union: www.eur-lex.europa.eu/de/index.htm

Urteile des Gerichtshofs werden in der Literatur regelmäßig folgendermaßen zitiert:[6]

EuGH **Rs**. C-285/98, **Slg**. 2000, I-69 (*Tanja Kreil/BRD*)

„Rs." steht für die Nummer der Rechtssache. Seit 1989 werden Rechtssachen vor dem EuGH mit „C" (Cour) gekennzeichnet, solche vor dem Gericht (erster Instanz) dagegen mit „T" (Tribunal). Rechtsmittelverfahren vor dem EuGH gegen Entscheidungen des EuG tragen den Nachsatz „P" (Pourvoi), der Buchstabe „R" steht für Verfahren im vorläufigen Rechtsschutz (Référé). „Slg." steht für die amtliche Sammlung der Entscheidungen, die sich seit 1990 ebenfalls in zwei Teile gliedert (I = EuGH; II = EuG). In Klammern stehen jeweils die beteiligten Parteien. Seit dem Jahr 2014 findet sich zudem die

---

6   Im Rahmen dieses Lehrbuchs wird auf die Angabe der Rechtssache und der beteiligten Parteien in der Regel verzichtet.

Zitierung nach dem „**European Case Law Identifier**" (ECLI), auf die nicht zuletzt der EuGH auch selbst zukünftig zurückgreifen wird. Der ECLI soll der eindeutigen Referenzierung sowohl der nationalen als auch der europäischen Rechtsprechung dienen und besteht neben dem Präfix „ECLI" aus dem jeweiligen Ländercode, dem Kürzel des Gerichts, dem Jahr der Entscheidung und einer bis zu 25 Zeichen (!) umfassenden Ordnungszahl, deren Struktur der Mitgliedstaat bzw. das europäische Gericht bestimmt. So lautet die ECLI für die Rs. C-403/03 (Schempp) etwa:

EU:C:2005:446

EU gibt an, dass es sich um ein europäisches Gericht handelt, C steht für Cour und damit für den Gerichtshof (für das Gericht stünde T, für das EuGöD ein F). 2005 bezeichnet das Jahr und 446 gibt an, dass es sich um die 446. ECLI-Nummer dieses Jahres handelt. In seinen Entscheidungen wird der Gerichtshof bei der ersten Zitierung neben der ECLI weiterhin auch die Rs. und den Entscheidungsnamen nennen, ebenso verfährt das Gericht. Bei folgenden Zitierungen der gleichen Entscheidung verzichtet der Gerichtshof dann auf die nochmalige Nennung des Aktenzeichens, beim Gericht entfällt bei den Folgezitaten das Datum der Entscheidung, das Aktenzeichen sowie ggf. der Hinweis auf die Veröffentlichung. Wenngleich die neue Zitierweise mithin etwas umständlich erscheint, wird man sich nicht nur als Europarechtler an diese notwendig gewöhnen müssen.[7]

Die **wichtigsten Urteile** sind zudem in der Sammlung von *Pechstein*, 9. Aufl. 2016 abgedruckt.

Zusammenfassung § 1

- Im Europarecht wird zwischen dem Europarecht im weiteren und dem Europarecht im engeren Sinne unterschieden.
- Europarecht im engeren Sinne steht für die Europäische Union und die mit dieser unmittelbar verknüpften Institutionen.
- Europarecht im weiteren Sinne steht für sämtliche europäischen internationalen Organisationen und Formen der Zusammenarbeit.

---

[7] Zu recht kritisch jetzt auch *Soltesz*, EuZW 2014, 921 f.

2. TEIL: EUROPARECHT IM ENGEREN SINNE: DIE GRUNDLAGEN DER EU

Das Europarecht im engeren Sinne bildet den **Schwerpunkt** sowohl in der Wissenschaft als auch in der Lehre. Die folgenden Abschnitte werden sich daher ausführlich mit den rechtlichen Grundlagen der **Europäischen Union** auseinandersetzen. Dabei geht es in diesem zweiten Teil zunächst um eine Darstellung der geschichtlichen Entwicklung (§ 2), gefolgt von einem kurzen Überblick über die Werte, Ziele und den vertraglichen Rahmen, auf den sich die EU stützt (§ 3). Die Teile 3-4 widmen sich anschließend den Einzelheiten.

§ 2 GESCHICHTLICHE ENTWICKLUNG[8]

I. Das Ende des Zweiten Weltkriegs[9]

Das Ende des Zweiten Weltkriegs ist geprägt durch den sich bereits zuvor abzeichnenden **Ost-West-Konflikt**, der schließlich in den Kalten Krieg mündete und der erst mit dem Fall der Mauer ein (vorläufiges) Ende finden sollte.[10] Die Siegermächte hatten daher auf beiden Seiten kein Interesse daran, das besiegte Deutschland zu isolieren, sondern wollten es schon frühzeitig in die jeweiligen Pläne für eine Neuordnung Europas integrieren – wenngleich diese Politik vor allem in der Anfangszeit nicht unumstritten war. Bereits am 19.09.1946 formulierte *Winston Churchill* diese – freilich letztlich nur für die westlichen Besatzungszonen gültigen[11] – Gedanken in seiner **Züricher Rede**, die in gewisser Weise als Ausgangspunkt der europäischen Integration der Nachkriegszeit angesehen werden kann:

„I am now going to say something that will astonish you. **The first step in the re-creation of the European family must be a partnership between France and Germany.** In this way only can France recover the moral leadership of Europe. There can be no revival of Europe without a spiritually great France and a spiritually great Germany."

---

[8]   Hierzu auch *Brunn*, Die Europäische Einigung von 1945 bis heute; *Schorkopf*, Der Europäische Weg, 2010. Vor allem zu den Motiven der Integration *Thiemeyer*, Europäische Integration, 2010.

[9]   Auch vor dem Zweiten Weltkrieg gab es natürlich Bestrebungen, Europa zu vereinigen. Zu erwähnen ist hier vor allem die „**Paneuropa-Union**", die von dem Grafen *Richard Coudenhove-Kalergi* gegründet wurde und mit Vortragsreihen, Kongressen und sonstigen Kundgebungen für einen europäischen Staatenbund warb, sich aber nicht durchsetzen konnte. Lesenswert auch die proföderative Position *Immanuel Kants*, die dieser in seiner Schrift „**Zum ewigen Frieden**" (1795) zum Ausdruck brachte. Ein Überblick über die verschiedenen Vorstellungen findet sich bei *Gehler*, Europa – Ideen, Institutionen, Vereinigung, S. 55 ff.

[10] Vgl. *Stöver*, Der Kalte Krieg, S. 28 ff.

[11] Zur osteuropäischen Entwicklung siehe jetzt *Thiemeyer*, Europäische Integration, S. 57 ff.

Nicht nur die britische, sondern vor allem die amerikanische Seite war zur Abwehr der „kommunistischen Gefahr" insofern nicht an einem schwachen, sondern an einem starken (West-) Deutschland interessiert. Insbesondere Frankreich konnte sich aus diesen Gründen mit seiner Politik der Schwächung Deutschlands letztlich nicht durchsetzen. Als sich daher abzeichnete, dass die übrigen Alliierten – vor allem Amerika – angesichts des sich anbahnenden Koreakrieges die für Westdeutschland bestehenden Beschränkungen für die Kohle- und Stahlindustrie aufheben wollten, entwickelte es – inspiriert von *Churchill* sowie der Gründung der OEEC und des Europarates – stattdessen die Idee, die europäische Produktion von Kohle und Stahl unter eine internationale Kontrolle zu bringen. Ziel war es dabei zum einen, durch die Überwachung dieser „kriegswichtigen Industrien" eine erneute Eskalation der Spannungen auszuschließen, um so den Frieden in Europa dauerhaft sichern zu können. Zum anderen sollte dadurch aber auch verhindert werden, dass die durch den Krieg besonders angeschlagene französische Wirtschaft durch die neuerstarkende deutsche Stahlindustrie erdrückt wird.[12]

Robert Schuman präsentierte diesen von ihm gemeinsam mit *Jean Monnet* ausgearbeiteten Plan („**Schuman-Plan**") am **9. Mai 1950** der Öffentlichkeit.[13] Er formulierte darin das Ziel, „die Gesamtheit der deutsch-französischen Produktion von Kohle und Stahl unter eine gemeinsame oberste Autorität innerhalb einer Organisation zu stellen, die der Mitwirkung anderer Staaten offen steht":

„Der Friede der Welt kann nicht gewahrt werden ohne schöpferische Anstrengungen, die den Gefahren entsprechen, die den Frieden bedrohen. Der Zusammenschluss der europäischen Nationen erfordert, dass der jahrhundertelange Gegensatz zwischen Frankreich und Deutschland aus der Welt geschafft wird. Das zu unternehmende Werk muss in erster Linie Frankreich und Deutschland betreffen. Zu diesem Zweck schlägt die französische Regierung vor, die Aktion sofort auf einen begrenzten aber entscheidenden Punkt zu richten; die französische Regierung schlägt vor, **die gesamte französisch-deutsche Kohle- und Stahlproduktion einer gemeinsamen Hohen Behörde zu unterstellen**, im Rahmen einer Organisation, die der Teilnahme der anderen Länder Europas offen steht. Die Zusammenlegung der Kohle- und Stahlproduktion wird unmittelbar die Grundlage gemeinsamer wirtschaftlicher Entwicklung schaffen als erste Etappe der Europäischen Föderation."

Die Gedanken *Schumans* wurden mit der Gründung der ersten supranationalen Gemeinschaft, der Europäischen Gemeinschaft für Kohle und Stahl (**EGKS**), am 18.04.1951 in Paris umgesetzt.

---

[12] *Brunn*, Die Europäische Einigung von 1945 bis heute, S. 75 ff.; *Thiemeyer*, Europäische Integration, S. 50 f.

[13] Mittlerweile wird der **9. Mai** aus diesem Grund als Europatag gefeiert. Daneben gibt es den Europatag am **5. Mai** (Gründung des Europarats).

14

Dieser EGKS-Vertrag trat am 23.07.1952 in Kraft. Gründungsmitglieder waren die folgenden sechs Staaten:[14]

-   Deutschland
-   Frankreich
-   Italien
-   BeNeLux- Staaten.

Die Geltung des EGKS-Vertrages wurde zeitlich auf 50 Jahre begrenzt, vgl. Art. 97 des EGKSV. Entsprechend endete dessen Geltung am 23.07.2002. Seit diesem Zeitpunkt unterliegt auch der Montanbereich den Bestimmungen des heutigen AEU-Vertrages.

In diesem Vertrag **verzichteten die Mitgliedstaaten auf** bestimmte **Hoheitsrechte** und übertrugen diese auf neu errichtete europäische Institutionen. Im EGKS-Vertrag waren dies die **Hohe Behörde** (die später in Kommission umbenannt wurde),[15] **der Ministerrat**, die **Parlamentarische Versammlung** (heute das Europäische Parlament) und der **Europäische Gerichtshof**. Bereits zu dieser Zeit bestand die Vorstellung, dass eine solche (partielle) wirtschaftliche Einigung mittel- bis langfristig auch zu einer politischen Einung führen könnte (sog. **„spill-over-Effekt"**[16]), ohne dass damit freilich allzu konkrete Vorstellungen verbunden gewesen wären.

Auf dieser „Integrationswelle" reitend, initiierte abermals *Winston Churchill* daher die Gründung einer **Europäischen Verteidigungsgemeinschaft** (gemeinsame Armee).[17] Diese sollte auch und gerade Deutschland umfassen, das nicht zuletzt als Puffer gegen die „kommunistische Gefahr" angesehen wurde. Diese Gedanken wurden vom Europarat in einer Resolution aufgenommen, in der dieser die Forderung nach einer einheitlichen Europäischen Armee mit einem Europäischen Verteidigungsminister formulierte. Der französische Ministerpräsident *Pleven* sprach sich bereits am 24. Oktober 1950 für die Schaffung einer solchen Armee aus, die jedoch mit den **politischen Institutionen** des geeinten Europas verbunden

---

[14] Anders als Deutschland wurde Großbritannien angesichts bestehender Spannungen zu Frankreich über den Plan erst unmittelbar vor deren Veröffentlichung informiert. Es blieb dieser ersten Gemeinschaft (und zunächst auch den weiteren) daher zunächst auch fern. Siehe *Thiemeyer*, Europäische Integration, S. 50 f.

[15] Erster Präsident der Hohen Behörde wurde *Jean Monnet*, der geistige Vater des „*Schuman*-Plans".

[16] Diese Überlegungen gehen auf den Integrationstheoretiker *Ernest B. Haas* zurück.

[17] *Churchill* formulierte diese Gedanken in einer beeindruckenden Rede im Londoner Unterhaus im März 1950.

werden sollte. Tatsächlich kam es zu entsprechenden Verhandlungen in Bonn und Paris, die letztlich zur Unterzeichnung des Vertrages über die Europäische Verteidigungsgemeinschaft (EVG) führten. Dieser sah ausdrücklich vor, die Schaffung eines späteren bundesstaatlichen oder staatenbündischen Gemeinwesens zu untersuchen (Europäische Politische Gemeinschaft, **EPG**). Bereits zu diesem Zeitpunkt wurde damit sehr viel offener als heute über die Gründung eines europäischen Bundesstaates nachgedacht, indem entsprechende Textteile in den EVG-Vertrag aufgenommen wurden.

Dieser Ansatz **scheiterte** jedoch am 30. August 1954 am **Veto der französischen Nationalversammlung.**[18] Diese war gerade neun Jahre nach Ende des Zweiten Weltkrieges nicht bereit, in diesem sensiblen Bereich Hoheitsrechte abzugeben. Damit war zwangsläufig auch das ehrgeizige Projekt der EPG zunächst gescheitert. Bis zum heutigen Tage ist es noch nicht zur Gründung eines europäischen Bundesstaates gekommen. Erst unlängst diese **„Finalitätsdebatte"** – also die Frage nach dem Ziel der europäischen Einigung – durch das Scheitern des Verfassungsvertrages, die Staatsschulden-, Euro- und Flüchtlingskrise sowie das angekündigte britische Mitgliedschaftsreferendmum wieder an Fahrt gewonnen.

Nach dem Scheitern der EVG war der Weg frei für eine Wiederbewaffnung Deutschlands im Rahmen der NATO. Deutschland trat dieser mit Wirkung vom 6. Mai 1955 bei.

II. Die Gründung der EWG und EAG

Bereits seit dem Jahre 1948 bestand in den BeNeLux-Ländern ein gemeinsamer Markt, von dessen Errichtung alle beteiligten Länder in wirtschaftlicher Hinsicht stark profitierten. Die Übertragung dieses Gedankens auf eine größere Zahl von Staaten lag daher nahe. Um dieses Ziel zu erreichen, aber auch um den europäischen Einigungsprozess nicht ins Stocken geraten zu lassen, schlug *Paul-Henri Spaak* (der damalige belgische Außenminister und erster Vorsitzender des Europarates) auf Anregung von *Jean Monnet* vor, die sektorale Einigung im Bereich der Kohle- und Stahlindustrie auf andere Wirtschaftsbereiche auszudehnen. Auf der Grundlage dieses *Spaak*-**Berichts**, kam es am 25.03.1957 in Rom („**Römische Verträge**") zur Gründung der Europäischen Wirtschaftsgemeinschaft (EWG) und der Europäischen Atomgemeinschaft (EAG). Beide Ver-

---

[18] Genau genommen kam es zu keiner Ablehnung des Vertrages. Vielmehr wurden die Beratungen darüber lediglich auf unbestimmte Zeit verschoben, was aber letztlich keinen Unterschied machte.

träge traten am 01.01.1958 in Kraft. Vertragspartner waren die gleichen sechs Staaten, die bereits die EGKS gegründet hatten.

Wichtigste Ziele des EWG-Vertrages waren die Errichtung eines gemeinsamen Zolltarifs (GZT) im Verhältnis zu Drittstaaten und die Freizügigkeit der Produktionsverfahren zwischen den Mitgliedstaaten („**Gemeinsamer Markt**").

Zu diesem Zeitpunkt existierten damit **drei rechtlich unabhängige Gemeinschaften**, die jedoch alle drei im jeweiligen Bereich ähnliche Ziele verfolgten und institutionell ähnlich konstruiert waren. Aus diesem Grund wurden die Organe dieser Gemeinschaften stufenweise fusioniert: 1957 (also noch vor Inkrafttreten des EWGV und des EAGV) bereits das Parlament und der Gerichtshof im **Abkommen über gemeinsame Organe** für die Europäischen Gemeinschaften und 1967 dann auch die Kommission und der Ministerrat im **Fusionsvertrag**. Insoweit existierten seitdem nur noch eine Kommission und ein Rat sowie ein Parlament und ein Gerichtshof, die für sämtliche Gemeinschaften handelten. Dennoch blieben die drei Gemeinschaften rechtlich betrachtet völlig selbstständig. Bei der Bewertung der Handlungen der einzelnen Organe war daher streng darauf zu achten, auf welcher vertraglichen Grundlage diese tatsächlich tätig geworden waren, da die Kompetenzen und auch die Verfahren insoweit unterschiedlich ausgestaltet waren.

Durch den **Vertrag von Lissabon** sind die Gemeinschaften nunmehr in der einheitlichen Europäischen Union aufgegangen. Gleichwohl muss auch heute noch stets darauf geachtet werden, wer die zu untersuchenden Beschlüsse gefasst hat. So können die Staats- und Regierungschefs als Europäischer Rat, aber auch als Ministerrat gehandelt haben. Zudem können in der Ratsbesetzung auch sog. „uneigentliche Ratsbeschlüsse" gefasst werden, die allein den Mitgliedstaaten und gerade nicht der Union zuzurechnen sind. Auch heute können auf ein und derselben „Sitzung" von ihren Wirkungen her mithin sehr unterschiedliche Beschlüsse gefasst werden.

III. Die europäische Freihandelszone

An den drei Europäischen Gemeinschaften wirkten zu diesem Zeitpunkt lediglich die genannten sechs europäischen (Gründungs-) Staaten mit. Es stellte sich daher schnell die Frage, inwieweit dritte Staaten an diesen beteiligt werden sollten (immerhin ging es um solche Staaten wie Großbritannien, Irland oder Portugal). In Betracht kam vor allem die **Bildung von Freihandelszonen** mit den bestehenden Gemeinschaften.

Der Unterschied zwischen einer **Zollunion** und einer **Freihandelszone** liegt im Wesentlichen in der Behandlung von Drittstaaten. Während in einer Zollunion alle Mitglieder gegenüber dritten Staaten die gleichen Zölle erheben, verbleibt diese Kompetenz in einer Freihandelszone bei den einzelnen Mitgliedstaaten. Dies gilt auch für

Drittwaren, die aus einem Mitgliedsstaat eingeführt werden. Verboten sind in beiden Fällen jedoch Zölle untereinander auf Waren aus Mitgliedstaaten.

Insbesondere zwischen Frankreich (*Charles de Gaulle*) und Großbritannien bestanden jedoch Differenzen, die nicht überwunden werden konnten, so dass die Bildung einer einheitlichen (großen) Freihandelszone zunächst scheiterte. Als Konsequenz gründeten Norwegen, Schweden, Dänemark, Österreich, die Schweiz und Großbritannien im Jahre 1960 eine eigene (kleine) Freihandelszone (**European Free Trade Association; EFTA**).[19] Dieser trat auch Island bei.

Zu einer formellen Kooperation der EFTA mit den Gemeinschaften kam es zunächst jedoch nicht, da die Gemeinschaften auf einem Vollbeitritt der EFTA-Mitglieder bestanden. Gleichwohl wurde der Handel zwischen diesen beiden Wirtschaftszonen faktisch nicht wirklich behindert. In der Folgezeit kam es dann auch zu Assoziierungsabkommen zwischen der EFTA und den Gemeinschaften, in denen die informelle Kooperation auf eine vertragliche Grundlage gestellt wurde. Im Jahre 1994 trat schließlich der **Europäische Wirtschaftsraum (EWR)** in Kraft, der zwischen den EFTA-Staaten und den Gemeinschaften im Wesentlichen einen Binnenmarkt herstellte, in dem der freie Waren-, Personen-, Dienstleistungs- und Kapitalverkehr gewährleistet wird.

Heute sind allein **Liechtenstein**, **Norwegen**, **Island** und die **Schweiz** noch Mitglieder der EFTA. Alle anderen Staaten traten nach und nach der Europäischen Union bei. Die Schweiz ist als einziger EFTA-Staat nicht Mitglied des EWR. Wie lange sich die Schweiz der Sogwirkung der europäischen Integration noch wird verschließen können, ist jedoch fraglich. Hintergrund des bisher nicht erfolgten Beitritts bildet weiterhin die schweizerische Tradition der völkerrechtlichen Neutralität. Allerdings hat die Schweiz bereits einen Großteil des europäischen Rechts auf freiwilliger Basis übernommen und prüft eigene Gesetzesvorhaben auch stets auf deren Vereinbarkeit mit europäischen Regelungen. Durch die Finanzkrise 2008/2009 hat die Sogwirkung noch einmal zugenommen; Island hatte zunächst einen Beitrittsantrag gestellt, diesen nunmehr allerdings (vorerst) zurückgenommen.

IV. Die „tote Zeit" zwischen 1965-1985: „Eurosklerose"[20]

Trotz des Fusionsvertrages im Jahre 1967 kam es in der Folgezeit zu schweren **Krisen innerhalb des Integrationsprozesses**. Die Zeit zwischen 1965 und 1985 wird von einigen gar als „**tote Zeit**" oder „**Phase der Eurosklerose**" bezeichnet. Die Ratsmitglieder waren oftmals nicht bereit, sich zu Mehrheitsentscheidungen durchzuringen, da dies die Überstimmung anderer Mitglieder bedeutet hätte.

---

[19] *Thiemeyer*, Europäische Integration, S. 53 f.
[20] *von Danwitz*, NJW 1993, 1109 (1112).

Zu einer solchen Einschränkung der nationalen Souveränität waren viele der Mitgliedstaaten jedoch noch nicht bereit, auch wenn dies in den (von allen ratifizierten) Verträgen so vorgesehen war.

Dennoch gab es auch in dieser Zeit vereinzelt wichtige Rechtsakte, die für die Entwicklung der Gemeinschaften von entscheidender Bedeutung waren. Genannt sei hier etwa die Richtlinie 76/207/EWG (Gleichbehandlungsrichtlinie), die in Deutschland dazu führte, dass Frauen der Dienst an der Waffe nicht mehr verboten werden konnte (vgl. Art. 12a Abs. 4 GG a.F.).

Als Ausdruck dieser Krise kam es im Jahre 1966 zum sogenannten „**Luxemburger Kompromiss**".[21] Vorangegangen war ein Streit im Rat über die Finanzierung der gemeinsamen Agrarpolitik. Hier sah der EWG-Vertrag ab einem bestimmten Zeitpunkt den automatischen – und für einen völkerrechtlichen Vertrag in der Tat untypischen – Wechsel vom Einstimmigkeits- zum Mehrheitsprinzip vor. Als sich Frankreich daraufhin im Rat der Gefahr ausgesetzt sah, überstimmt zu werden, verließ der damalige französische Präsident *Charles de Gaulle* am 15. Juni 1965 spontan die laufende Ratssitzung. Frankreich zog sich anschließend für fast sieben Monate komplett aus dem Rat zurück und machte diesen damit zumindest faktisch beschlussunfähig.

Völlig ausgeschlossen wäre eine Abstimmung auch in Abwesenheit Frankreichs (jedenfalls in den Bereichen, in denen eine Mehrheitsentscheidung ausreichend war) aus rechtlicher Perspektive wohl nicht gewesen. Sie war jedoch aus politischer Sicht unmöglich und hätte vermutlich das vorzeitige Ende des Integrationsprojekts bedeutet. In Bereichen, die eine einstimmige Beschlussfassung vorsehen, war der Rat indes auch rechtlich beschlussunfähig (vgl. Art. 238 Abs. 4 AEU).

Hauptursache dieser Krise war somit die ablehnende Haltung Frankreichs gegenüber dem Mehrheitsprinzip und damit das Beharren auf der Wahrung völliger Souveränität aller Mitgliedstaaten. Frankreich wollte es schlicht nicht akzeptieren in einem internationalen Gremium „überstimmt" zu werden. Dieses Verhalten der französichen Delegation wird heute auch als „**Politik des leeren Stuhls**" bezeichnet. Erst durch den im Anschluss gefundenen sog. **Luxemburger Kompromiss** konnte Frankreich wieder an den Verhandlungstisch geholt werden, so dass der Rat anschließend wieder ordnungsgemäß tagen konnte. Es handelte sich hierbei um eine (völkerrechtliche) Vereinbarung der einzelnen Mitgliedstaaten untereinander mit folgendem Inhalt:

---

21 *Brunn*, Die Europäische Einigung von 1945 bis heute, S. 144 ff.

I. Stehen bei Beschlüssen, die bei Mehrheit auf Vorschlag der Kommission gefasst werden können, **sehr wichtige Interessen** eines oder mehrerer Partner auf dem Spiel, so werden sich die Mitglieder des Rates innerhalb eines angemessenen Zeitraumes bemühen, zu Lösungen zu gelangen, die von allen Mitgliedern des Rates unter Wahrung ihrer gegenseitigen Interessen und der Interessen des Rates gemäß Art. 2 des Vertrages angenommen werden können.

II. Hinsichtlich des vorgestellten Absatzes ist die französische Delegation der Auffassung, dass bei sehr wichtigen Interessen die Erörterung fortgesetzt werden muss, bis ein einstimmiges Ergebnis erzielt worden ist.

III. Die sechs Delegationen stellen fest, dass in der Frage, was geschehen soll, falls keine vollständige Einigung zustande kommt, mittlerweile unterschiedliche Meinungen bestehen.

IV. Die sechs Delegationen sind jedoch der Auffassung, dass diese Meinungsverschiedenheit nicht verhindert, dass die Arbeit der Gemeinschaft nach dem normalen Verfahren wieder aufgenommen wird.

Dieses, auch als „**Agreement to disagree**" bezeichnete (beachte insbesondere Abs. III) Übereinkommen ermöglichte nun zwar wieder die ordnungsgemäße Tätigkeit des Rates, behinderte diese jedoch gleichzeitig in nicht unerheblichem Maße, da nunmehr die Möglichkeit eines jeden Staates bestand, drohende Überstimmungen durch eine Berufung auf wichtige Interessen zu verhindern.

Als Konsequenz kam es in der Folgezeit regelmäßig gar nicht mehr zu einer Abstimmung im Rat, wenn erkennbar wurde, dass wichtige Interessen eines Staates geltend gemacht werden würden. Im Ergebnis konnte ein Mitgliedstaat somit tatsächlich verhindern, dass eine Mehrheitsentscheidung gegen ihn getroffen wurde, womit das vorgesehene Mehrheitsprinzip faktisch umgangen werden konnte.

Dieser Kompromiss gilt theoretisch auch heute noch.[22] Allerdings hat dessen Bedeutung mit fortschreitender Integration stark abgenommen. Die Mitgliedstaaten sind heute durchweg bereit, auch Mehrheitsentscheidungen des Rates zu akzeptieren, selbst wenn sie überstimmt worden sein sollten. **Die tote Zeit ist insoweit überwunden**[23] – was sich auch daran zeigt, dass die Politikbereiche, in denen Mehrheitsentscheidungen möglich sind, kontinuierlich ausgeweitet worden sind. In besonders bedeutenden Bereichen – etwa der Außenpolitik oder dem Steuerrecht – besteht freilich das Ein-

---

[22] Das ist angesichts der mittlerweile erfolgten Vertragsrevisionen allerdings nicht ganz unumstritten. Da es bei diesen Revisionen jeweils zu einer Ausweitung der Mehrheitsbeschlussmöglichkeiten kam, ohne dass auf den Kompromiss Bezug genommen wurde, ist also auch eine andere Ansicht vertretbar.

[23] Siehe auch *Everling*, ZfRV 1992, 241 ff.

stimmigkeitserfordernis fort. Der Umfang möglicher Mehrheitsentscheidungen ist damit auch ein Indikator für den Stand der erreichten Integration.

Interessant hätte die Vereinbarung jedoch erneut durch die große **Erweiterung** der EU werden können. Denn insoweit war unklar, wie die neuen (vor allem osteuropäischen) Staaten auf die Aufgabe von (gerade erst wiedererlangten) Hoheitsrechten reagieren würden. Nachdem in der Anfangszeit größere Schwierigkeiten in dieser Hinsicht allerdings ausblieben, zeigen sich seit der Euro- und Flüchtlingskrise tatsächlich gewisse Akzeptanzprobleme in einigen osteuropäischen Staten (etwa Polen, Ungarn, Tschechien). Nicht zuletzt die angestrebte Verteilung der Flüchtlinge auf die Mitgliedstaaten der EU war dadurch praktisch nicht möglich. Der Luxemburger Kompromiss spielt dabei bisher jedoch keine Rolle.

Umstritten ist der **Rechtscharakter** und damit die Verbindlichkeit des „Luxemburger Kompromisses". Nach überwiegender Auffassung handelt es sich lediglich um ein unverbindliches „Gentleman´s Agreement". Dafür spricht insbesondere, dass der Kompromiss in Teilen einer Vertragsänderung gleichkäme. Eine solche bedürfte jedoch der Ratifizierung (vgl. Art. 48 Abs. 4 EU), die beim Luxemburger Kompromiss hingegen nicht erfolgt ist.[24] An der **politischen Bindungswirkung** kann allerdings kaum ein Zweifel bestehen.

V. Die Einheitliche Europäische Akte (EEA)

Die EEA wurde am 01.07.1986 unterzeichnet und trat am 01.07. 1987 in Kraft. Sie sollte dazu dienen, „das von den Verträgen zur Gründung der Europäischen Gemeinschaften ausgehende Werk weiterzuführen und die Gesamtheit der Beziehungen zwischen deren Staaten gemäß der „Feierlichen Deklaration von Stuttgart" vom 19. Juni 1983 in eine Europäische Union umzuwandeln" (Präambel zur EEA). Dazu wurde insbesondere die **Verwirklichung eines europäischen Binnenmarkts**[25] in den EWGV aufgenommen (heute Art. 26 AEU), der bis zum 31.12.1992 verwirklicht werden sollte. Im Übrigen bescherte die EEA der Gemeinschaft einen erheblichen Kompetenzzuwachs − insbesondere wurde der heutige **Art. 114 AEU** in den EWG-Vertrag aufgenommen, der unter bestimmten Voraussetzungen eine **Harmonisierung der Rechtsvorschriften** der Mitgliedstaaten ermöglicht.

Rechtstechnisch änderte die EEA mithin erstmals die drei Gemeinschaftsverträge und passte diese den neuen Integrationsfortschritten an. Zusätzlich wurde jedoch auch die **europäische politische Zusammenarbeit** (EPZ) erstmals vertraglich niedergelegt. Die EPZ

---

[24]   Dazu insgesamt *Streinz*, Die Luxemburger Vereinbarung, München 1984.
[25]   Bereits im Jahre 1985 hatte die *Delors*-Kommission ein **Weißbuch** (also ein Aktionsprogramm) zur Vollendung des Binnenmarktes vorgelegt, in dem sie 282 Rechtsakte in allen Binnenmarktbereichen vorschlug.

stellte eine bereits im Jahre 1970 begonnene Praxis der Mitgliedstaaten dar, ihre Außenpolitik, aber auch andere Fragen von übernationaler Bedeutung, formlos miteinander zu besprechen und ggf. ein gemeinsames Vorgehen zu vereinbaren.[26] Bezeichnet wurden diese Treffen fortan als Treffen des **„Europäischen Rates"**. Auch heute noch tragen die Treffen der Staats- und Regierungschefs diesen Titel, vgl. Art. 15 EU.

Allerdings wurde der Europäische Rat zunächst nicht in die Gemeinschaftsverträge aufgenommen, da die Abgabe von Hoheitsrechten nicht intendiert war. Es handelte sich in diesem Bereich mithin um eine „normale" **intergouvernementale Zusammenarbeit**, in der Beschlüsse folglich nur einstimmig getroffen werden konnten.

Daraus erklärt sich auch der Name der „Einheitlichen Europäische Akte". Es wurden hier erstmalig die verschiedenen Formen der Zusammenarbeit der Mitgliedstaaten (Gemeinschaften und EPZ) in einem einheitlichen Vertragstext – der EEA – schriftlich und verbindlich festgehalten.

Die EEA stellt damit so etwas wie die **Vorgängerin der EU** dar. Insbesondere wurde hier bereits die Zweiteilung in einen gemeinschaftsrechtlichen und einen völkerrechtlichen Teil erkennbar, durch die die Union bis zum Vertrag von Lissabon gekennzeichnet war.

VI. Der Vertrag von Maastricht

Fall 1: F behauptet, Europarecht sei seine Passion. Deshalb wisse er auch, dass die Europäische Gemeinschaft seit dem Vertrag von Maastricht Europäische Union heiße. Stimmt das?

Am 07.02.1992 wurde durch die Unterzeichnung des Vertrages über die Europäische Union in Maastricht eine **neue Stufe des Integrationsprozesses** erreicht. Der Unionsvertrag trat am 01.11.1993 in Kraft. Der weitverbreitete Glaube, wonach die EU die Gemeinschaften ablöste oder gar ersetzte, trifft freilich nicht zu. Tatsächlich blieben **alle drei damaligen Gemeinschaften rechtlich völlig selbstständig**. Im Rahmen der Union bildeten diese nunmehr lediglich die sogenannte „erste Säule". Diese wurde ergänzt durch die Gemeinsame Außen- und Sicherheitspolitik („zweite Säule") und die polizeiliche und justizielle Zusammenarbeit in Strafsachen („dritte Säule"). Bei den Säulen zwei und drei handelte es sich um eine intergouvernementale Zusammenarbeit iSd Völkerrechts, in der

---

[26] Eine solche politische Kooperation wurde erst durch Rücktritt *de Gaulles* möglich. Die konkrete Ausgestaltung der EPZ seitdem geht zurück auf den sog. *Davignon-*Bericht.

grundsätzlich das Einstimmigkeitsprinzip galt – so wie dies bereits in der EEA angedeutet war. Ihre Grundlage hatten diese beiden Säulen in der 1970 begonnenen EPZ.

Durch den EU-Vertrag wurden diese drei Säulen jedoch durch gemeinsame Anfangs- und Schlussbestimmungen in noch stärkerer Weise miteinander verzahnt, als dies bereits bei der EEA der Fall war. Der EU-Vertrag bildete so gewissermaßen den Rahmen, der sämtliche Säulen umschloss. Rechtstechnisch waren die Gemeinschaftsverträge damit seitdem ein Bestandteil des EU-Vertrages, wenngleich ihre Eigenständigkeit dadurch nicht berührt wurde. Die dennoch bestehende enge Verknüpfung der drei Säulen wurde an zahlreichen Stellen des Unionsvertrages deutlich:

So bestimmte Art. 49 EU-Vertrag, dass ein Beitritt nur zu der gesamten EU und nicht etwa lediglich zu einer Gemeinschaft möglich war – dies ergab sich zwingend aus der Tatsache, dass die Gemeinschaftsverträge Bestandteile des Unionsvertrages waren. Im Übrigen nannte Art. 5 EU-Vertrag alle Organe der EG und wies ihnen auch Aufgaben in der zweiten und dritten Säule zu. Des Weiteren sprach Art. 3 EU-Vertrag von einem einheitlichen institutionellen Rahmen, der die Kohärenz und Kontinuität der Maßnahmen der EU sicherstellen sollte. Um dies zu gewährleisten, arbeiteten der Rat und die Kommission (insoweit wohl als Organe der EU) zusammen. Im Europäischen Rat (ex Art. 4 EU-Vertrag) saßen neben den Staats- und Regierungschefs auch der Präsident der Kommission der Europäischen Gemeinschaften (sowie regelmäßig auch der Präsident des Europäischen Parlaments). Diese **Säulenstruktur** der Union wurde erst durch den Vertrag von Lissabon formell aufgelöst.

Der Unionsvertrag enthielt – neben der Institutionalisierung der zweiten und dritten Säule – vor allem wesentliche Änderungen des EWG-Vertrages, der seitdem nur noch als EG-Vertrag bezeichnet wurde. Insbesondere wurden neue Politikbereiche vergemeinschaftet, also in den Kompetenzbereich der bestehenden Gemeinschaften (in die erste Säule) überführt. Zu nennen sind hier etwa das Ziel einer **Wirtschafts- und Währungsunion** *(WWU)* sowie die Einführung einer **Unionsbürgerschaft**. Durch die Austeilung der Euro-Scheine und Münzen ist die Währungsunion seit dem 01.01.2002 mittlerweile (jedenfalls in den teilnehmenden Staaten) abgeschlossen. Zudem wurde das Europäische Parlament (EP) durch das Verfahren der Mitentscheidung (heute Art. 289, 294 AEU) am Rechtsetzungsverfahren der Gemeinschaft noch stärker beteiligt.

In den Bereichen Außen- und Sicherheitspolitik (GASP, ex Art. 11-28 EU) sowie der Justiz- und Innenpolitik (ex Art. 29-45 EU) wurde eine engere Zusammenarbeit der Mitgliedstaaten vereinbart – freilich auf intergouvernementaler Ebene.

Lösung Fall 1: Der Unionsvertrag änderte nichts an der Selbstständigkeit der drei Gemeinschaften. Tatsächlich stand die Europäische Union für das „Dach" über drei Säulen, von denen eine aus den Gemeinschaften bestand. F hat also Unrecht. Erst durch den Vertrag von Lissabon kam es zu einer formellen Auflösung der Säulenstruktur und einem Übergang der Gemeinschaften in die einheitliche Europäische Union.

Der Vertrag von Maastricht führte in Deutschland zur Ergänzung des Grundgesetzes um den **„Europaartikel" 23 GG**.[27] Hoheitsübertragungen an die Gemeinschaften bzw. heute die Union richten sich seitdem ausschließlich nach diesem Artikel und nicht mehr nach Art. 24 GG. In seinem ersten Absatz postuliert Art. 23 GG dabei rechtliche Grenzen der Hoheitsübertragung. Die Mitwirkung an der Integration setzt danach voraus, dass die Union demokratischen, sozialen und föderativen Grundsätzen und dem Grundsatz der Subsidiarität verpflichtet ist und einen dem Grundgesetz im wesentlichen vergleichbaren Grundrechtsschutz gewährleistet (sog. **Struktursicherungsklauseln,** Art. 23 Abs. 1 GG). Diese verfassungsrechtlichen Vorgaben fügte der Gesetzgeber im Zusammenhang mit einigen Verfassungsklagen gegen das Zustimmungsgesetz zum Vertrag von Maastricht in das Grundgesetz ein. In der daraufhin ergangenen **Maastricht-Entscheidung** (BVerfGE 89, 155) erklärte das Bundesverfassungsgericht das Zustimmungsgesetz für verfassungsgemäß, machte jedoch einige Vorbehalte im Hinblick auf den Vorrang des Europarechts.

Insbesondere verneinte das BVerfG einen Verstoß gegen **Art. 38 GG**, da dem nationalen Parlament noch Aufgaben und Befugnisse von substantiellem Gewicht verbleiben. Die in Deutschland anhängigen Verfassungsbeschwerden waren im Übrigen auch der Grund, warum der Vertrag erst so spät in Kraft treten konnte. Erst durch die positive Entscheidung des Gerichts, konnte die (letzte) Ratifizierungsurkunde hinterlegt werden und der Vertrag in Kraft treten. In Dänemark war der Vertrag in einem ersten Referendum von 50,7 % der Bevölkerung abgelehnt, in einem zweiten jedoch bestätigt worden. Auch gegen das Zustimmungsgesetz zum Vertrag von Lissabon sind mit ähnlichen Argumenten zahlreiche Verfassungsbeschwerden erhoben worden. Diese hat das BVerfG nunmehr jedoch zurückgewiesen. Allerdings forderte das Gericht eine stärkere Beteiligung des Bundestags an europapolitischen Entscheidungen, so dass die Ratifikationsurkunde Deutschlands erst nach einer Neufassung des Begleitgesetzes, in dem diese Rechte geregelt waren, vom Bundespräsidenten unterschrieben und in Rom hinterlegt werden konnte.[28]

---

[27] Vgl. zu diesem insgesamt *Diehr*, Die Bewahrung der demokratischen und föderativen Struktur der BRD im europäischen Integrationsprozess, 1998.

[28] Warum das Gericht allerdings davon ausging, dass die Neufassung der innerstaatlichen Beteiligungsrechte ein Ratifikationshindernis nach sich zog, ist – euphemistisch gesprochen – ein wenig unklar. Immerhin ist der Vertrag als solcher ja grundgesetzkonform.

In Art. 23 Abs. 2-6 GG wird zudem versucht, die Länder in angemessener Weise auch in den Erlass europäischen Sekundärrechts einzubinden. Die Länder sind durch die Übertragung von Hoheitsrechten auf die EU nicht selten unmittelbar in ihren Kompetenzen betroffen, so dass sie sich selbst nicht selten als die „Verlierer" der Integration ansehen. Über die förmliche Beteiligung am Rechtsetzungsprozess der Union soll dieser Nachteil zumindest zum Teil wieder aufgefangen werden, was sich praktisch jedoch nur bedingt umsetzen lässt. Nach Art. 23 Abs. 1a GG hat der Bundesrat nunmehr (wie auch der Bundestag) zudem die Möglichkeit, einen Verstoß gegen das Subsidiaritätsprinzip formell zu rügen.

VII. Der Vertrag von Amsterdam

Am 02.10.1997 wurde der Amsterdamer Vertrag unterzeichnet, der am 01.05.1999 in Kraft trat. Dabei wurden einige Teile der gemeinsamen Justiz und Innenpolitik in den Bereich der Gemeinschaften überführt (also von der dritten in die erste Säule). Außerdem erhielt die EG zahlreiche **Kompetenzen in der Sozialpolitik**. Das Europäische Parlament (EP) wurde wiederum gestärkt. Neu war innerhalb dieses Vertrages auch das „Prinzip der Flexibilität" (Art. 11 EG). Danach konnten Staaten in bestimmten Sachgebieten und unter bestimmten Voraussetzungen eine engere Zusammenarbeit vereinbaren (**Integrationsprozess der zwei Geschwindigkeiten**). Außerdem wurden die Verträge **neu nummeriert**. Eingeführt wurde im Übrigen eine neue Zitierweise für die einzelnen Verträge. Möglich ist es seit Amsterdam auch, Stimmrechte und andere vertragliche Rechte eines Mitgliedstaates auszusetzen, wenn dieser Staat bestimmte Grundsätze (Freiheit, Demokratie, Grundfreiheiten oder Menschenrechte) besonders schwer und dauerhaft verletzt haben sollte (heute Art. 7 EU).

Interessant wurden die Regelungen des Art. 7 EU im Rahmen der **Sanktionsmaßnahmen der Mitgliedstaaten gegen Österreich**, als dort die Partei des Rechtspopulisten *Jörg Haider* an die Macht kam. Die Voraussetzungen des Art. 7 EU waren nicht gegeben. Insoweit mussten die Maßnahmen den Mitgliedstaaten selbst zugerechnet werden. Inwieweit sie hierzu aufgrund der Regelung des Art. 7 EU noch befugt waren, ist umstritten, wird aber von der wohl h.L. bejaht. Aktuell wird bisweilen darüber nachgedacht, entsprechende Sanktionen nunmehr auch gegen Ungarn einzuleiten.

VIII. Der Vertrag von Nizza

Dieser Vertrag wurde im Dezember 2000 ausgehandelt und im Februar 2001 unterzeichnet. Er trat am 01.02.2003 in Kraft.

Auch hier gab es im Rahmen des Ratifizierungsprozesses erneut Schwierigkeiten. Während Deutschland diesmal dem Vertrag am 19.10.2001 mit großer Mehrheit zustimmte, lehnte Irland den Vertrag in einem ersten Referendum ab. Erst die Wiederholung dieses Referendums Ende 2002 fiel positiv aus.[29]

Notwendig war diese neue Regierungskonferenz insbesondere, da in Amsterdam eine **Neuregelung des institutionellen Rahmens** der EU nicht gelungen war. Um die EU jedoch aufnahmefähig für neue Staaten zu machen („Osterweiterung"), war dies zwingend notwendig.

Erstes Problem war zunächst die neue **Stimmengewichtung im Rat** der EU. Bisher hatten die größten Staaten im Rahmen der qualifizierten Mehrheit jeweils zehn Stimmen, das kleinste Land Luxemburg lediglich zwei. Durch die Aufnahme neuer Staaten musste hier eine andere Regelung gefunden werden, um zu verhindern, dass die bevölkerungsreichsten Staaten durch die „kleinen Staaten" zu leicht überstimmt werden konnten.

Das Ergebnis von Nizza bildete ein typisches Beispiel für die oftmals nur sehr schwer nachvollziehbaren Kompromisse, die auf (zum Großteil nicht-öffentlichen) Regierungskonferenzen getroffen werden. Die Neuregelung war überaus kompliziert und für den Bürger kaum durchschaubar. Den größten Staaten kam danach eine Stimmenzahl von 29 zu, dem kleinsten Land (Malta) drei. Notwendig für einen Beschluss waren 255 von 321 möglichen Stimmen. Hinzukommen musste zu einem Beschluss die Mehrheit der Mitgliedstaaten. Des Weiteren konnte jedes Land beantragen, feststellen zu lassen, dass diese qualifizierte Mehrheit auch tatsächlich 62% der Gesamtbevölkerung der Union repräsentiert. Sofern dies nicht der Fall sein sollte, galt die qualifizierte Mehrheit dann als nicht erreicht.

Insbesondere Frankreich beharrte bei den Verhandlungen auf seinem Standpunkt, trotz der geringeren Bevölkerung ebenso viele Stimmen im Rat zu behalten, wie die Bundesrepublik. Dies führte zu Beginn des Gipfels zu einigen Unstimmigkeiten. Die Bundesrepublik gab jedoch letztlich nach. Dafür gestattete Frankreich den Deutschen mit 99 Abgeordneten die meisten Mitglieder im Parlament.

Ein weiteres Problem war die zukünftige **Zusammensetzung der Kommission** (der „Regierung" der Gemeinschaft). Bis zu diesem Zietpunkt stellte jedes Land einen Kommissar, die fünf großen Länder (Deutschland, Spanien, Italien, Vereinigtes Königreich, Frankreich) jeweils einen zweiten. Nun wurde sich darauf geeinigt, dass

---

[29] Dazu *Hummer/Obwexer*, Die Deblockade des Vertrages von Nizza, in: Europablätter 2003, 44 ff.

zunächst ab 2005 alle Mitgliedstaaten nur noch einen Kommissar stellen sollten. Ab 27 Mitgliedstaaten (gleichbedeutend mit 27 (!) Kommissaren) sollte über eine Verkleinerung entschieden werden. Eine konkrete Zahl wurde jedoch nicht genannt.

Auch dieses Verhandlungsergebnis war wenig überzeugend und rührte offensichtlich daher, dass kein Staat bereit war, auf „seinen" Kommissar zu verzichten. Diese Frage konnte bis heute nicht wirklich befriedigend gelöst werden. Auch im Vertrag von Lissabon ist das Problem zunächst aufgeschoben worden. So besteht die Kommission zunächst bis 2014 weiterhin aus einem Vertreter pro Mitgliedstaat. Ab dem 1. November 2014 reduziert sich diese Zahl dann auf zwei Drittel der Mitgliedstaaten (vgl. Art. 17 Abs. 5 EU). Welche Staaten Mitglieder stellen, soll nach einem Rotationsverfahren bestimmt werden, auf das sich bisher indes noch nicht geeinigt werden konnte. Art. 17 Abs. 5 EU räumt daher die Möglichkeit ein, dass der Europäische Rat (also die Staats- und Regierungschefs) einstimmig eine andere Mitgliederzahl beschließen. Von dieser Möglichkeit ist denn auch Gebrauch gemacht worden, so dass die Kommission auch gegenwärtig noch aus einem Kommissar je Mitgliedstaat und damit aus 28 Kommissaren besteht. Kommissionspräsident *Juncker* hat nunmehr jedoch über eine informelle Hierarchisierung innerhalb der Kommission eine gewisse „Verkleinerung" herbeigeführt, siehe ausführlich unten in § 4.

Im Übrigen wurden zahlreiche im Amsterdamer Vertrag noch einstimmig zu treffende Entscheidungen in das Verfahren der qualifizierten Mehrheit überführt sowie die **Rechte des Parlaments gestärkt**, was sicherlich auch eine Stärkung des europäischen Integrationsprozesses darstellt. Auch der Aufbau der Gerichtsbarkeit wurde wesentlich verändert.

Am Rande der Konferenz wurde außerdem die **Charta der Grundrechte „feierlich proklamiert"**. Dieser unter der Leitung von *Roman Herzog* ausgearbeitete Grundrechtskatalog besaß jedoch zunächst keinerlei formelle rechtliche Verbindlichkeit, sondern konnte vom EuGH allein als Auslegungshilfe herangezogen werden, da die Charta im Wesentlichen auf den Verfassungstraditionen der Mitgliedstaaten basierte. Sowohl der EuGH als auch das EuG zogen sie denn auch in entsprechender Weise in ihren Urteilen heran.

Im Vertrag von Lissabon wird diese Charta nunmehr durch einen primärrechtlichen Verweis rechtsverbindlich, siehe Art. 6 Abs. 1 EU. Eine gewisse Ausnahme gilt jedoch für das Vereinigte Königreich sowie Polen (siehe Protokoll Nr. 30). Eine förmliche Aufnahme der Charta in das Primärrecht, wie sie noch im Verfassungsvertrag vorgesehen war, war bei den Verhandlungen zu Lissabon politisch nicht mehr durchsetzbar.

Angesichts der vielen weiterhin bestehenden Erweiterungsprobleme wurde bereits während der Konferenz vom **„Post-Nizza-Prozess"** gesprochen, der sich dieser annehmen sollte. Geplant wurde nicht zuletzt eine neue Gipfelkonferenz schon für das Jahr 2004.

Insbesondere sollte es dabei gehen um a) die genaue Abgrenzung der Kompetenzen der Union und der Mitgliedstaaten, b) den Status der Charta der Grundrechte, c) die Vereinfachung der Verträge sowie d) der Klärung der Rolle der nationalen Parlamente im Integrationsprozess. Mit dem frühzeitig präsentierten Begriff des „Post-Nizza-Prozesses" sollte der negativ behaftete Begriff der „Nizza-left-overs" vermieden werden. Von solchen „left-overs" wurde nach dem Amsterdamer Vertrag gesprochen.

IX. Die Erklärung von Laeken[30]

Im Dezember 2001 verfassten die Mitgliedstaaten eine gemeinsame Erklärung, die als die **Erklärung von Laeken** bekannt wurde. Hierin setzten sich die Mitgliedstaaten intensiv mit der Zukunft Europas und auch der Europäischen Union auseinander und versuchten, die neue Rolle Europas in einer globalisierten Welt zu analysieren. Dabei wurde insbesondere der Frage nachgegangen, welche Reformen in nächster Zukunft durchgeführt werden müssen, um Europa auf die neuen Aufgaben vorzubereiten. Auch auf die Erwartungen des europäischen Bürgers wurde eingegangen, der ein „klares, transparentes, wirksames, demokratisch bestimmtes, gemeinschaftliches Konzept" verlangt. Zu diesem Zweck berief der Europäische Rat letztendlich einen **Verfassungskonvent** ein, der sich mit diesen Fragen auseinandersetzen sollte. Hier ein kurzer Ausschnitt der (lesenswerten) Erklärung:

„Welche Rolle spielt Europa in dieser gewandelten Welt? Muss Europa nicht – nun, da es endlich geeint ist – eine führende Rolle in einer neuen Weltordnung übernehmen, die Rolle einer Macht, die in der Lage ist, sowohl eine stabilisierende Rolle weltweit zu spielen als auch ein Beispiel zu sein für zahlreiche Länder und Völker? Europa als Kontinent der humanitären Werte, der Magna Charta, der Bill of Rights, der Französischen Revolution, des Falls der Berliner Mauer. Kontinent der Freiheit, der Solidarität, vor allem der Vielfalt, was auch die Achtung der Sprachen, Kulturen und Traditionen anderer einschließt. Die einzige Grenze, die die Europäische Union zieht, ist die der Demokratie und der Achtung der Menschenrechte [...]."

X. Der Verfassungsvertrag (EVV)[31]

1. Der Konvent

Nachdem mit dem Konventsprinzip bei der Erarbeitung der Grundrechtecharta bereits gute Erfahrungen gemacht worden waren, rief der Europäische Rat von Laeken einen **Konvent zur Zukunft Europas** ein. Dessen Aufgabe bestand in der Entwicklung eines Ab-

---

[30] Siehe zu dieser *Wägenbaur*, EuZW 2002, 65 ff.
[31] Guter Überblick zum Verfassungsvertrag bei *Oppermann*, DVBl. 2003, S. 1165-1176 und 1234-1246. Ausführlich zur gesamten Konventsarbeit *Fischer*, Konvent zur Zukunft Europas 2004 sowie *Streinz/Ohler/Herrmann*, Die neue Verfassung für Europa, 2005.

28

schlussdokuments, das die Ausgangsbasis für die nächsten Regierungskonferenzen bilden sollte. In durchaus gutmütiger Interpretation dieses Auftrags nutzte der Konvent unter dem Vorsitz von *Valéry Giscard d´Estaing* diese Möglichkeit und legte eine vollständig neue Verfassung für die EU vor.[32] Der Konvent selbst bestand aus **105 Mitgliedern.** Aufgrund der Tatsache, dass auch die damals 13 Beitrittskandidaten Teilnehmer entsenden konnten, war jedoch nur ein „Kernteam" von 66 Personen auch stimmberechtigt. Diese setzten sich aus Vertretern des Europäischen Parlaments (16), der nationalen Parlamente (30), der nationalen Regierungen (15) und der Kommission (2) zusammen. Hinzu kamen der Präsident sowie seine beiden Stellvertreter.

2. Der Entwurf

Am 20. Juni 2003 unterbreitete schließlich der Vorsitzende des Verfassungskonvents dem Europäischen Rat von Tessaloniki den Entwurf für eine zukünftige Verfassung Europas.[33] Dieser Entwurf stellte eine völlige Neugestaltung und Zusammenfassung der bisherigen Gründungsverträge dar. **In diesem Verfassungsentwurf endgültig aufgegeben war damit vor allem die bisherige Differenzierung zwischen EU und EG.**

Die neue Verfassung fasste alle drei Säulen in einem **einheitlichen Vertrag** zusammen und hätte damit sicherlich zu etwas mehr Verständlichkeit und Bürgernähe beigetragen. Rechtlich betrachtet war dieser Entwurf indes allein eine Verhandlungsbasis für die einzelnen Mitgliedstaaten. Deutlich wurde dies bei der ersten Regierungskonferenz, die sich mit dem Text befasste: Sie drohte zu scheitern, da sich auf einen endgültigen Text nicht geeinigt werden konnte.

Erst ein neues Zusammentreffen führte dann nach **kleineren Veränderungen**[34] zu einer Einigung am 18.06.2004. Am 29.10.2004 wurde die „Verfassung" dann in Rom unterzeichnet. Um in Kraft treten zu können, hätte es nun der Ratifikation durch alle Mitgliedstaaten bedurft. Nachdem Deutschland den Vertrag am 12.05.2005 (Bundestag) und am 27.05.2005 (Bundesrat) mit deutlicher Mehrheit

---

[32] *Oppermann*, DVBl. 2003, 1166.
[33] Dabei konnte der dritte Teil der Verfassung nicht rechtzeitig fertiggestellt werden und wurde daher im Juli nachgereicht.
[34] Unter anderem wurde auch die Nummerierung erneut geändert.

ratifizierte,[35] lehnten Frankreich (29.05.2005) und die Niederlande (01.06.2005) die Verfassung per Referendum ab.

Die Mitgliedstaaten und die Union waren aufgrund dieser ablehnenden Referenden zunächst geschockt. Es war unklar, welchen Lauf die Integration nunmehr nehmen würde. Aus diesem Grund verordnete sich die gesamte Union zunächst einmal eine **Reflexionsphase**, in der offen über die weitere Zukunft diskutiert werden sollte. Ziel sollte es nicht zuletzt sein, einen Konsens im Hinblick auf die Frage zu erzielen, welche Ziele überhaupt mit dem Zusammenschluss der heute 28 Mitgliedstaaten zur „Europäischen Union" verfolgt werden. Liegen diese Ziele eher im Bereich einer Art „Superfreihandelszone", die ja im Wesentlichen bereits erreicht ist, oder wird darüber hinaus auch eine politische Union angestrebt, also so etwas wie die „Vereinigten Staaten von Europa"? Diese Diskussion war seit dem Scheitern der EPG im Jahre 1954 kaum noch offen geführt worden, eine wirkliche **Finalitätsdebatte** hatte nicht stattgefunden. Nunmehr sollte versucht werden, auch die Bevölkerung in diese Phase der Reflexion zu integrieren, um auf diese Weise möglichst bis zu den Europawahlen im Jahre 2009 eine neue vertragliche Grundlage präsentieren zu können. Als Auslöser dieser Diskussion hatte das Scheitern des Verfassungsvertrages damit auch sein Gutes. Um die auch jetzt noch stattfindende Debatte besser verfolgen zu können, soll der Inhalt und der Aufbau des Verfassungsvertrages im Folgenden kurz dargestellt werden.

3. Konzeption des EVV

Der Verfassungsvertrag gliederte sich in insgesamt **vier Teile**. Hinzukamen einige Protokolle und Erklärungen.

Im **ersten Teil** fanden sich die grundlegenden Bestimmungen der Europäischen Union. Genannt wurden die Werte und Ziele der Union sowie deren Bekenntnis zu den Grundrechten. Zudem fand sich hier nun erstmals der bereits seit längerer Zeit geforderte Zuständigkeitskatalog.[36] Unterschieden wurden danach ausschließliche, geteilte und Koordinierungszuständigkeiten der EU. Außerdem wurden hier die Organe aufgezählt und erstmalig fand sich auch eine Klausel, die den freiwilligen Austritt aus der Union regelte. Für die Identität der Union von besonderer Bedeutung war zudem der Art. I-

---

[35] Zudem wurde auch ein Begleitgesetz verabschiedet, das die Rechte des Bundestages und des Bundesrates in Angelegenheiten der EU festlegt.

[36] Siehe zu diesem ausführlich *Ludwigs*, ZEuS 2004, 211 ff.

8 EVV. Hier wurden die **Symbole der Union** aufgezählt (Flagge, Hymne, Devise, Währung und Europatag).[37] Diese Regelung fand sich ursprünglich im vierten Teil der Verfassung. Ihrer Bedeutung entsprechend wurde sie dann jedoch in den ersten Teil integriert.

Der **zweite Teil** des Entwurfs inkorporierte mit wenigen Änderungen die im Jahre 2000 feierlich proklamierte Grundrechtscharta. Damit hätte die Union endlich den „überfälligen" geschriebenen Grundrechtskatalog erhalten.

Der **dritte Teil** enthielt anschließend die einzelnen Politikbereiche der Union, wobei sich keine wesentlichen Änderungen zur Situation nach dem Vertrag von Nizza ergeben hätten.

Der **vierte Teil** schließlich beinhaltete Allgemeine und Schlussbestimmungen. Insbesondere wurde für das Verfassungsänderungsverfahren stets das Konventsprinzip vorgesehen. Es blieb aber wie bisher beim Erfordernis der Ratifikation durch alle Mitgliedstaaten (Art. IV-443 EVV).

XI. Die Berliner Erklärung

Mit der Übernahme der **deutschen Ratspräsidentschaft** am 01.01.2007 wurde von vielen Seiten die Hoffnung auf ein Ende der europäischen Finalitätskrise verbunden. Tatsächlich war es ein großes Ziel der deutschen Präsidentschaft, die stockenden Gespräche wiederzubeleben und die Grundlagen für ein neues Vertragswerk zu schaffen, den Reformprozess also wieder in Gang zu setzen. Von Beginn der Präsidentschaft an traf sich die Bundeskanzlerin *Angela Merkel* daher mit Vertretern der einzelnen Mitgliedstaaten, um zu ermitteln, inwieweit zwischen den einzelnen Positionen ein Konsens erzielt werden könnte. Einen ersten Abschluss fanden diese erfolgreichen Konsultationen in der **sog. Berliner Erklärung,** die von allen Mitgliedstaaten unterzeichnet und beim Europäischen Rat in Berlin anlässlich des 50. Jahrestages der Unterzeichnung der Römischen Verträge (25.03.2007) vorgestellt wurde. Darin bekräftigten alle Mitgliedstaaten das Ziel, die Europäische Union bis zu den Wahlen zum Europäischen Parlament im Jahre 2009 auf eine neue vertragliche Grundlage zu stellen. Wörtlich hieß es in dieser (erneut lesenswerten) Erklärung am Ende:

---

[37] Diese Symbole sind im nunmehr beschlossenen „Vertrag von Lissabon" gestrichen worden, siehe sogleich.

„Die Europäische Union lebt auch in Zukunft von ihrer Offenheit und dem Willen ihrer Mitglieder, zugleich gemeinsam die innere Entwicklung der Europäischen Union zu festigen. Die Europäische Union wird auch weiterhin Demokratie, Stabilität und Wohlstand jenseits ihrer Grenzen fördern.

Mit der europäischen Einigung ist ein Traum früherer Generationen Wirklichkeit geworden. Unsere Geschichte mahnt uns, dieses Glück für künftige Generationen zu schützen. Dafür müssen wir die politische Gestalt Europas immer wieder zeitgemäß erneuern. Deshalb sind wir heute, 50 Jahre nach der Unterzeichnung der Römischen Verträge, in dem Ziel geeint, die Europäische Union bis zu den Wahlen zum Europäischen Parlament 2009 auf eine erneuerte gemeinsame Grundlage zu stellen.

Denn wir wissen: Europa ist unsere gemeinsame Zukunft."

Angesichts der Tatsache, dass generell mit einem Ratifikationszeitraum von ca. 22-24 Monaten zu rechnen ist, war dies ein sehr **ehrgeiziger Plan**, der wirklich nur dann erfolgreich sein konnte, wenn tatsächlich alle Staaten aktiv an dessen Verwirklichung mitwirkten. Es musste also dafür gesorgt werden, dass das neue Vertragswerk noch im Jahre 2007 – dann unter portugiesischer Präsidentschaft – unterzeichnet werden konnte. Tatsächlich begannen unmittelbar im Anschluss die Verhandlungen zwischen den Mitgliedstaaten über die genaue Ausgestaltung des neuen Vertrages.

Letztlich gelang es der deutschen Präsidentschaft dann nach langen Verhandlungen beim Europäischen Rat in Brüssel (am 21./22.06.) einen Konsens zu erzielen, der in einem relativ klaren Mandat für die kommende Regierungskonferenz mündete, bei der der endgültige Text dann angenommen werden sollte. Bis zuletzt stand eine solche Einigung auf der Kippe, weil insbesondere die neue Stimmenverteilung im Ministerrat höchst umstritten war.

XII. Der Vertrag von Lissabon[38]

Auf der Regierungskonferenz in Lissabon am 17./18.10.2007 konnte dann aber tatsächlich der endgültige Entwurf präsentiert werden. Er wurde am 13.12.2007 von allen Mitgliedstaaten förmlich in Lissabon unterzeichnet und bedurfte nunmehr der **Ratifikation in allen Mitgliedstaaten**.

Nach den schweren Rückschlägen, die der Integrationsgedanke durch die den Verfassungsvertrag ablehnenden Referenden in

---

[38] *Richter*, EuZW 2007, 631 sowie *Weber*, EuZW 2008, 7; *Terhechte*, EuR 2008, 143; *Oppermann*, DVBl. 2008, 473; *Herrmann*, JURA 2010, 161; *Mayer*, JuS 2010, 189. Ausführlich auch *Pache/Schorkopf* (Hrsg.), Die Europäische Union nach Lissabon, 2009.

Frankreich und den Niederlanden erlitten hatte, wurde schnell klar, dass die europäischen Regierungen Referenden nach Möglichkeit vermeiden würden. Tatsächlich verzichteten nicht nur Frankreich und die Niederlande, sondern auch Großbritannien auf ein solches.

In Irland kam ein solcher Verzicht jedoch nicht in Betracht, da ein Referendum dort verfassungsrechtlich vorgesehen war.[39] In einem ersten **Referendum**, das am 13.06.2008 stattfand, lehnten die Iren den Vertrag von Lissabon mit 53,4% der Stimmen ab. Vorangegangen war eine zum Teil stark populistische Stimmungsmache in Irland gegen den Vertrag, otfmals mit völlig aus der Luft gegriffenen Behauptungen. Diese erste Ablehnung führte zu einem erneuten Schock, auf den einige Politiker zum Teil überaus emotional reagierten. Schnell wurde sich dann jedoch darauf geeinigt, den Ratifikationsprozess nicht zu stoppen (immerhin hatten schon 18 Staaten ratifiziert) und der irischen Regierung die Möglichkeit zu geben, den anderen Mitgliedstaaten bis zum Ende des Jahres ihre Lösungsansätze für die bestehende Krisensituation zu präsentieren.

Tatsächlich verpflichtete sich Irland beim Treffen des Europäischen Rates im Dezember 2008, die Ratifikation des Vertrages anzustreben und im Herbst 2009 ein zweites Referendum durchzuführen.

Im Gegenzug erhielt Irland einige Zusicherungen. Unter anderem bleit es nun dabei, dass alle Mitgliedstaaten einen Kommissar stellen, indem sich der Rat politisch verpflichtet hat, einen entsprechenden Beschluss nach Art. 17 Abs. 5 EU zu fassen. Die aktuelle Kommission besteht denn auch aus 28 Kommissaren.

Dieses zweite Referendum, das am 02.10.2009 stattfand war dann tatsächlich erfolgreich, da nicht zuletzt die Finanzkrise zu einer deutlich proeuropäischeren Stimmung der Bevölkerung geführt hatte. Auch Polen und Tschechien ratifizierten anschließend den Vertrag, nachdem das Tschechische Verfassungsgericht sein erneutes „OK" gegeben hatte, so dass dieser am 1.12.2009 in Kraft treten konnte.

Auch in **Deutschland** gab es kleinere **Ratifikationsprobleme**. So hatten Bundestag und Bundesrat zwar relativ frühzeitig zugestimmt, allerdings verhinderten zahlreiche Verfassungsbeschwerden den Abschluss der Ratifikation. Das Bundesverfassungsgericht verneinte in seinem Lissabon-Urteil[40] zwar einen Verfassungsverstoß, bemängelte jedoch die Ausgestaltung der Beteiligungsrechte des Bundestages, die in einem Begleitgesetz geregelt waren. Erst nach der Neufassung dieses Gesetzes (nach Maßgabe der Vorgaben des Bundesverfassungsgerichts), konnte die Ratifikationsurkunde daher vom Bundespräsidenten unmittelbar vor dem irischen Referen-

---

[39] Allerdings ist diese Ansicht in Irland selbst nicht ganz unumstritten. Sie beruht allein auf einem Urteil des irländischen Verfassungsgerichts zur EEA.
[40] BVerfG NJW 2009, 2267 ff.

dum unterschrieben und in Rom hinterlegt werden, da das BVerfG von einem bis dahin bestehenden Ratifikationshindernis ausging.

Angesichts des sehr kurzen Zeitraums, der für die Ausarbeitung des „Vertrags von Lissabon" zur Verfügung stand, ist es kaum überraschend, dass sich dieser in vielen Bereichen stark **an dem gescheiterten Verfassungsvertrag orientiert**. Doch sind es gerade die Unterschiede zu diesem, die einen Hinweis über den gegenwärtigen Stand des Integrationsprozesses geben können. Zunächst **verzichtet** der neue Vertrag so gut wie vollständig auf alle **staatsähnlichen Bezeichnungen**. Er wird daher nicht als „Verfassung" bezeichnet, zudem sind die noch im Verfassungsvertrag ausdrücklich genannten Symbole wie Flagge, Hymne, Devise und Europatag gestrichen worden. Darüber hinaus wird es keinen europäischen Außenminister geben; dieser wird vielmehr auch weiterhin als „Hoher Vertreter für die Gemeinsame Außenpolitik" bezeichnet. Die Grundrechtecharta wird kein offizieller Teil des Vertrages, sondern lediglich durch einen Verweis[41] für rechtsverbindlich erklärt.

Allerdings wird diese Rechtsverbindlichkeit für Großbritannien und Polen nur eingeschränkt gelten; auch andere Staaten haben angekündigt, die Geltung der Charta in ihrem Land überprüfen zu wollen.

Wie im Verfassungsvertrag wird auch im „Vertrag von Lissabon" die **bisherige Säulenstruktur formell aufgelöst**. Die Europäischen Gemeinschaften gehen damit rechtlich vollständig in der neuen Europäischen Union auf. Rechtstechnisch besteht der Vertrag von Lissabon jedoch aus **zwei selbstständigen Vertragstexten**:

- dem Vertrag über die Europäische Union (**EU**) und
- dem Vertrag über die Arbeitsweise der Europäischen Union (**AEU**).

Beide Texte sind indes rechtlich gleichberechtigt. Es besteht also kein irgendwie geartetes Über- oder Unterordnungsverhältnis (siehe Art. 1 Abs. 3 EU). Dabei enthält der EU-Vertrag die grundlegenden Bestimmungen, listet die Ziele und Organe auf und stellt damit so etwas wie den **Grundlagenvertrag** dar. Dieser wird dann im Einzelnen durch den AEU-Vertrag ausgefüllt, der im Wesentlichen die bisherigen Bestimmungen der Gemeinschaftsverträge sowie die Neuerungen, die durch die gescheiterte Verfassung aufgenommen werden sollten, übernimmt.

---

[41] Siehe Art. 6 Abs. 1 EU.

Insgesamt enthält der Vertrag von Lissabon rund 90 % des Inhalts des bisherigen Verfassungsentwurfs. Er wird daher zum Teil auch als „**Mogelpackung**" bezeichnet, der die abgelehnte Verfassung „durch die Hintertür" einführe. Zu beachten ist aber, dass die vorgenommenen Änderungen genau die Bereiche betreffen, die im Rahmen der Verfassungsdebatte so besonders umstritten waren. Dies betrifft nicht zuletzt die symbolische Bezeichnung als Verfassung, die in manchen Bevölkerungsteilen zu großen Ängsten vor einem Superstaat Europa geführt hat.

XIII. Die Unionsverträge als Verfassung?

Aufgrund der mittlerweile erreichten Integrationsdichte stellt sich die Frage, ob es gerechtfertigt ist, die Unionsverträge bereits als **Verfassung** zu bezeichnen. Insbesondere in der deutschen Literatur wird diese Debatte überaus kontrovers geführt.[42]

Die Beantwortung dieser Frage hängt davon ab, inwieweit man bereit ist, den Begriff der Verfassung von seiner klassischen Bedeutung als der **Grundordnung eines Nationalstaates** zu lösen und auch auf neuere Formen der supranationalen Kooperation zu übertragen.

Als Staat im klassischen Sinne kann die Europäische Union jedenfalls nicht angesehen werden. Ihr fehlt es nicht nur an der sogenannten Kompetenz-Kompetenz, als Ausdruck der vollen Souveränität, sondern bereits an einem einheitlichen Staatsvolk. Wer somit ein solches Junktim zwischen Staat und Verfassung annimmt, muss bereits die **Verfassungsfähigkeit** der Union verneinen.[43]

Begründet wird diese Ansicht insbesondere damit, dass von einer Verfassung im eigentlichen Sinne erst dann gesprochen werden könne, wenn diese auf einen Akt zurückgehe, den das Staatsvolk selbst gesetzt habe oder diesem zumindest zugerechnet werden könne. Die Unionsverträge hingegen stützten sich lediglich auf den Gesamtwillen der einzelnen Mitgliedstaaten, weshalb sie sich von ihrer völkerrechtlichen Basis – trotz ihrer unbestreitbaren Integrationsdichte – nicht gelöst hätten.

---

[42] Siehe nur *Koenig*, DÖV 1998, 268; *Grimm*, JZ 1995, 586; *Schütz/Bruha/König*, Casebook Europarecht, S. 27 ff.; *Aust*, in: StudZR 2004, 195 ff.; *Starck*, in: FS Götz, S. 73 ff.; *Kirchhof*, in: Beckmann/Dieringer/Hufeld, Eine Verfassung für Europa, 2. Auflage 2005, S. 359 ff.; *Möllers*, Verfassunggebende Gewalt – Verfassung – Konstitutionalisierung, in: von Bogdandy/Bast, Europäisches Verfassungsrecht, 2. Auflage 2009, S. 227 ff.

[43] So etwa *Hillgruber*, in: Isensee/Kirchhof, HStR II, 2004 § 32 Rn 109 ff.; *Koenig*, NVwZ 1996, 551.

Der EuGH sprach hingegen bereits im Jahre 1986 vom EWG-Vertrag als der „**Verfassungsurkunde der Gemeinschaft**".[44] Auch das BVerfG meinte schon 1967, dass der EWG-Vertrag „gewissermaßen die Verfassung dieser Gemeinschaft"[45] darstelle, hat sich allerdings im Maastricht-Urteil[46] mit dem Begriff des **Staatenverbundes** von dieser Ansicht wohl wieder etwas distanziert.

Betrachtet man die einzelnen Verträge, so lässt sich konstatieren, dass diese mit ihren Regelungen zu den grundlegenden Bestimmungen der Union durchaus „verfassungstypische" Normen enthalten. Zu nennen sind hier vor allem die Regelungen zu den Organen und deren Befugnissen. Hinzu tritt die hohe Integrationsdichte, die sich insbesondere im Vorrang des Unionsrechts sowie dessen unmittelbarer Wirkung im nationalen Raum äußert.

Die allgemeinen Rechtsgrundsätze – speziell die Grundrechte –, vom EuGH entwickelt und überwacht und nunmehr verbindlich in der Charta der Grundrechte aufgeführt, ergänzen dieses Ordnungssystem, so dass sich letztlich die **grundlegenden Verhältnisse des Herrschaftsverbandes** der Union aus diesen Verträgen ableiten lassen.[47] Die EU übt damit erhebliche Hoheitsbefugnisse aus und sorgt selbstständig für dessen Beachtung.[48] Insgesamt hat die Union damit – sicherlich unterstützt vom allgemeinen Prozess der Globalisierung – hoheitliche Aufgaben des Staates in einem Maße übernommen, die es nach einer stark vertretenen Ansicht als gerechtfertigt erscheinen lassen, den Begriff der Verfassung vom Nationalstaat zu lösen und auf die EU zu übertragen,[49] womit der Weg frei ist, für einen „**postnationalen Verfassungsbegriff**"[50].

Die zuletzt genannte Ansicht hat sicherlich einige gute Argumente für sich. Dennoch wird man m.E. nach auch weiterhin eine Verfassungsfähigkeit der Union nicht annehmen können. Dabei ist es weniger entscheidend, dass die Verträge nicht auf einen einheit-

---

[44] EuGH Slg. 1986, 1339 Rn 23.
[45] BVerfGE 22, 293 (296).
[46] BVerfGE 89, 155.
[47] *Schütz/Bruha/König*, Casebook Europarecht, S. 30.
[48] *Bieber/Epiney/Haag*, Die Europäische Union, § 3 Rn 1.
[49] Siehe etwa *Calliess*, in: ders./Ruffert, EUV/AEUV, Art. 1 EU Rn 55 ff.; *ders.* JZ 2004, 1041; *Hirsch*, NJW 2000, 46 f.; *Hilf*, Integration 1994, 70. Fraglich ist, ob auch von einer Verfassung im formellen Sinne gesprochen werden kann. Dafür etwa *Schütz/Bruha/König*, Casebook Europarecht, offenlassend *Calliess*, in: ders./Ruffert, Art. 1 EU Rn 55 ff.
[50] *Calliess*, in: ders./Ruffert, EUV/AEUV-Vertrag, Art. 1 EU Rn 55 ff. Anders indes *Grimm*, Braucht Europa eine Verfassung, 1995, S. 11 ff. (48 f.).

lichen Staatswillen zurückgehen als vielmehr, dass es der Union an der **Verfassungsautonomie** fehlt. Von einer Verfassung kann wohl nur dann gesprochen werden, wenn sich der durch sie konstituierte Zusammenschluss diese selbst gegeben hat. Gerade diese Kompetenz fehlt jedoch der Union. Die Herren der Verträge sind wieterhin die einzelnen Mitgliedstaaten. Ohne deren Willen, können diese also nicht geändert werden. Genau dies aber unterscheidet die Union gegenwärtig noch etwa von den **Bundesländern**. Diese besitzen alle eine Verfassung und können diese auch selbstständig, d.h. ohne jede Mitwirkung des Bundes modifizieren und erlassen.

Die Tatsache, dass die Länder dabei gewisse Vorgaben der Bundesverfassung berücksichtigen müssen, vermag daran nichts zu ändern. Solange sich dieser Zustand nicht ändert, ist es daher nicht angebracht, den Unionsverträgen Verfassungscharakter zuzubilligen.

Aus diesem Grund war auch der „Verfassungsvertrag" keine Verfassung im eigentlichen Sinne, denn auch hier blieben die Mitgliedstaaten die „Herren der Verfassung", da nur sie die Kompetenz zur Änderung derselben hatten.

XIV. Erweiterungen der Europäischen Union

Die Union bestand bis zum Mai 2004 aus 15 Mitgliedstaaten. Im Laufe der Zeit waren also insgesamt neun Staaten beigetreten.

-	Großbritannien[51], Irland, Dänemark[52] (alle 1973);
-	Griechenland (1981);
-	Spanien, Portugal (beide 1986);
-	Österreich, Finnland und Schweden (alle 1995).

Dieser Zustand wurde auch als das „**Europa der 15**" bezeichnet. Zum 1. Mai 2004 traten auf einen Schlag zehn zumeist osteuropäische Staaten bei (sog. **Osterweiterung**). Die beigetretenen Mitglieder waren:

---

[51] Großbritannien hatte bereits 1961 einen Antrag auf Beitritt zur Gemeinschaft eingebracht. Dieser scheiterte jedoch an der ablehnenden Haltung des damaligen Staatspräsidenten *de Gaulle*. Auch ein zweiter britischer Beitrittsantrag wurde 1967 von Frankreich zurückgewiesen. Erst nach *de Gaulles* Rücktritt war der Weg für einen Beitritt Großbritanniens frei. Das Verhältnis zwischen der Gemeinschaft und Großbritannien bileb aber angespannt, bereits 1975 gab es ein erstes Mitgliedschaftsreferendum. Ein zweites wird nun am 23.6.2016 stattfinden.

[52] Auch Norwegen wollte frühzeitig der Gemeinschaft beitreten und stellte 1962 und 1967 Beitrittsanträge. Es kam sogar zur Unterzeichnung eines Beitrittsvertrags, der jedoch an einem negativen Referendum des norwegischen Volkes am 25.09.1972 scheiterte. Auch 1994 fiel das Referendum negativ aus.

-	Estland, Lettland, Litauen, Ungarn, Polen[53], Malta, Slovenien, Slowakei, Tschechische Republik und Zypern (alle Mai 2004; **„Europa der 25"**).[54]

Zum 01.01.2007 nahm die Union zwei weitere Mitglieder auf, am 1.7.2013 folgte Kroatien:[55]

-	Bulgarien und Rumänien, 2007; Kroatien, 2013 (**„Europa der 28"**).

Ein **Austritt** aus der Union war in den Verträgen bisher nicht vorgesehen. Es herrschte daher Streit darüber, inwieweit ein solcher zulässig gewesen wäre.[56] Möglich war jedenfalls ein einvernehmlicher Austritt eines Mitgliedstaates, denn die Mitgliedstaaten waren (und sind) die „Herren der Verträge". Problematisch war lediglich der **einseitige Austritt.** Ob auf die Regelungen der Wiener Vertragsrechtskonvention zurückgegriffen werden konnte war fraglich, da nicht alle Unionsstaaten dieser beigetreten waren. Unabhängig von der rechtlichen Zulässigkeit eines einseitigen Austritts, hätte sich ein solcher faktisch jedenfalls nicht verhindern lassen. Auch ein Vertragsverletzungsverfahren könnte daran sicherlich wenig ändern. Im Vertrag von Lissabon ist nunmehr erstmals ein ausdrückliches Austrittsrecht vorgesehen. Es findet sich im Art. 50 EU. Auf den ersten Blick erscheint ein solches Austrittsrecht nunmehr als eine gewisse Schwächung des Integrationsprozesses. Tatsächlich soll dieses Recht aber wohl eher die Freiwilligkeit des Zusammenschlusses verdeutlichen und dadurch gewissen Ängsten in der Bevölkerung entgegenwirken, zumal – wie gezeigt – ein Austritt auch bisher nicht zu verhindern gewesen wäre.

Generell richtet sich der **räumliche Geltungsbereich des EU-Vertrages** nach Art. 52 Abs. 1 und 2 EU sowie Art. 355 AEU. Danach umfasst dieser die Territorien der 28 Mitgliedstaaten. Indes finden sich einige interessante Sonderregelungen, vor allem für bestimmte überseeische Gebiete der Mitgliedstaaten. Im Übrigen kann es durch das völkerrechtliche Prinzip der **beweglichen Vertragsgrenzen** zu Erweiterungen (etwa „Beitritt" des ehemaligen DDR-Gebietes) oder aber Verkleinerungen (etwa Sezession Algeriens von Frankreich) kommen. Auch Grönland (zu Dänemark gehörig) entschied sich nach Erlangung des Autonomiestatus 1982 gegen einen Verbleib in der Union.

Die Union befindet sich auch weiterhin in zahlreichen Verhandlungen mit **weiteren Beitrittskandidaten.**

So wird etwa mit der Türkei bereits offiziell über einen Beitritt verhandelt, mit Mazedonien haben die Verhandlungen noch nicht begonnen. Serbien ist seit dem 1.3.2012 Beitrittskandidat, Albanien seit 2014. Als potenzielle zukünftige Beitrittskandidaten kommen darüber hinaus unter anderem Montenegro, das Kosovo sowie Bosnien und Herzegowina in Betracht. Auch die verbliebenen EWR- und EFTA-Staaten (Island, Liechtenstein, Norwegen, Schweiz) kommen für einen Beitritt langfristig in Betracht. Angesichts der gegenwärtigen Spannungen ist mit einem Beitritt der Ukraine hingegen auf längere Zeit nicht zu rechnen.

---

[53] Zu den verfassungsrechtlichen Grundlagen des Beitritts und der Mitgliedschaft Polens in der EU siehe *Jankowska-Gilberg*, in: Europarecht 2003, S. 417-439.
[54] Zu den Beitrittsanforderungen allgemein, *Nettesheim*, EU-Beitritt und Unrechtsaufarbeitung, in: Europarecht 2003, S. 36-64.
[55] Zum Weg Kroatiens in die EU siehe *Kusic*, APuZ 17/2013, 8 ff.
[56] Siehe hierzu *Zeh*, Recht auf Austritt?, ZEuS 2004, 173 ff. sowie *Waltemathe*, Austritt aus der EU, 2000.

Im Juli 2009 hat auch **Island** ein Beitrittsgesuch gestellt. Hintergrund des Antrags war die schwere Banken- und Finanzkrise in den Jahren 2008/2009, die Island an den Rand eines Staatsbankrotts brachte. Angesichts der besonderen Situation Islands hätte davon ausgegangen werden können, dass ein Beitritt relativ zeitnah erfolgen kann. Aufgrund der wirtschaftlichen Erholung des Landes hat Island seinen Beitrittsantrag nun aber vorerst wieder zurückgenommen.

Alle Kandidaten müssen bis zum Beitrittstermin dafür Sorge tragen, bestimmte wirtschaftliche und politische Bedingungen zu erfüllen (sog. **Kopenhagener Kriterien**).

Die Kopenhagener Kriterien verlangen Folgendes: **Politisch**: Institutionelle Stabilität, demokratische und rechtsstaatliche Ordnung, Wahrung der Menschenrechte sowie Achtung und Schutz von Minderheiten. **Wirtschaftlich**: funktionsfähige Marktwirtschaft und die Fähigkeit, dem Wettbewerbsdruck innerhalb des EU-Binnenmarktes standzuhalten.

Ferner müssen sie den unionalen Besitzstand, also den gesamten Bestand der unionsrechtlichen Normen, übernehmen (sog. **aquis communautaire**). Zuletzt muss die Union auch ihrerseits fähig sein, neue Mitglieder aufzunehmen. Gerade diese Aufnahmefähigkeit wird aktuell von vielen Seiten bestritten. Auch in der Bevölkerung grassiert insoweit wohl eine gewisse „Aufnahmemüdigkeit".

Überaus kontrovers diskutiert wird die Frage eines **Beitritts der Türkei** zur EU.[57] Schon im Jahre 1959 beantragte diese einen Assoziierungsstatus, im Jahre 1963 wurde ein entsprechender **Beitrittsassoziierungsvertrag** unterzeichnet, der einen späteren Beitritt „erleichtern" sollte. Bereits im Jahre 1987 stellte die Türkei dann einen Beitrittsantrag. Zunächst wurde jedoch lediglich eine angepasste Form einer Zollunion zwischen der Türkei und der Gemeinschaft beschlossen, die seit 1996 in Kraft ist. Nach der Osterweiterung wurde die Frage des Beitritts dann erneut aktuell. Aufgrund der bestehenden wirtschaftlichen aber vor allem politischen Probleme[58] ist höchst umstritten, ob die Türkei überhaupt aufgenommen werden kann.

Die Frage, ob die Türkei generell einen europäischen Staat darstellt, hat sich für die Praxis durch das abgeschlossene Assoziierungsabkommen erledigt. Damit hat die EU die generelle Beitrittsfähigkeit und damit auch die Zugehörigkeit zu „Europa" jedenfalls politisch anerkannt.

---

[57] Siehe auch *Langenfeld*, ZRP 2005, 73 ff.
[58] Dies betrifft nicht nur anhaltende Menschenrechtsverletzungen, sondern auch die Zypern-Frage. Die Türkei ist bisher nicht bereit, den südlichen Teil des Landes, der bereits zur EU gehört, völkerrechtlich anzuerkennen.

Anstelle einer Vollmitgliedschaft werden daher andere Lösungsmöglichkeiten vorgeschlagen, wie z.B. die von der CDU entwickelte **„privilegierte Partnerschaft"**. Auf ihrer Tagung im Dezember 2004 haben sich die Staats- und Regierungschefs jedoch darauf geeinigt, offiziell die Beitrittsverhandlungen zu beginnen. Besondere Fortschritte sind hier allerdings aufgrund der aktuellen Entwicklungen in der Türkei gegenwärtig nicht zu verzeichnen.

XV. Zur Zukunft der EU

Nach den ablehnenden Referenden in Frankreich und den Niederlanden befand sich die EU in einer **Krise**. Zu Recht wies *Günter Verheugen* in diesem Zusammenhang darauf hin, dass diese Krise normale Ausmaße überstieg und sich vielmehr als eine tiefe Vertrauenskrise darstellte und Zweifel an der europäischen Integration überhaupt aufwarf.[59] *Oppermann* sprach gar von einem **„Scherbenhaufen"** vor dem die „Verfassungsväter" nun stünden.[60] Die Griechenland- und Staatsschuldenkrise seit 2010/2011 hat den Glauben an die Integration erneut auf eine harte Probe gestellt.[61]

Diese Krise[n] war[en] nicht zuletzt Ausdruck einer generellen Unzufriedenheit der europäischen Bürger mit der Arbeit der Europäischen Union. Deren Strukturen seien viel zu komplex, unablässig würden unsinnige Regelungen erlassen und die Erweiterung um weitere Staaten erfolge viel zu schnell. Wenn diese pauschalen Verurteilungen auch offensichtlich so nicht durchschlagen, so lässt sich doch festhalten, dass es die EU nicht geschafft hat, dem Einzelnen das Europäische Projekt nahe zu bringen und dessen Erfolge herauszustellen.

Mehr als 60 Jahre nach Ende des Zweiten Weltkriegs reicht es der gegenwärtigen Generation schlicht nicht aus, wenn in diesem Zusammenhang pauschal auf die friedenssichernde Wirkung der EU verwiesen wird – wenngleich die Fragilität des europäischen Friedens durch die Entwicklungen in der Ukraine im Jahr 2014 wieder deutlich geworden sind.

---

[59]   *Verheugen*, Europa in der Krise, S. 7; so auch *Verhofstadt*, Die Vereinigten Staaten von Europa, S. 13.
[60]   *Oppermann*, Der Europäische Verfassungsvertrag – Legenden und Tatsachen, in FS Meyer 2006, 281 ff.
[61]   Dazu auch *Thiele*, EuZW 2011, 929.

Immerhin ist es durch den „**Vertrag von Lissabon**" erst einmal gelungen, die EU auf eine neue Vertragsgrundlage zu stellen, auch wenn das erste ablehnende Referendum in Irland gezeigt hat, dass die Probleme keineswegs als gelöst angesehen werden können. Auch der Vertrag von Lissabon hat insoweit nicht viel mehr als die allgemeine Handlungsfähigkeit der EU wieder hergestellt. Eine Lösung der **Finalitätsfrage** ist demgegenüber weiterhin nicht in Sicht. Wo also soll der weitere Integrationsprozess enden? Ist das Ziel tatsächlich die Errichtung der „Vereinigten Staaten von Europa" oder soll es beim bestehenden Integrationsstand bleiben? Ist dieser vielleicht schon zu weit fortgeschritten, so dass es zumindest in Teilbereichen einer Rückübertragung von Kompetenzen auf die Mitgliedstaaten bedarf? Wie weit reicht die Solidarität der Mitgliedstaaten untereinander, gerade im Bereich der Finanzen? In diesen so wichtigen Fragen ist zwischen den Mitgliedstaaten keine Einigkeit erkennbar.

In den Anfängen der Integration spielten diese Unterschiede keine nennenswerte Rolle. Die Grundlagen der eigenen Identität schienen durch die begrenzte Übertragung von Kompetenzen nicht gefährdet, zumal das Kernprojekt – die Errichtung des Binnenmarktes – von allen Mitgliedstaaten mitgetragen wurde. Durch die stetigen Reformen, die vor allem in den letzten zwei Jahrzehnten immer rascher aufeinander folgten, hat sich dieser Befund jedoch geändert. Die Integration umfasst nunmehr fast alle Lebensbereiche, ist also keineswegs allein auf die Wirtschaft begrenzt, ohne dass dieser Ausweitung eine wirklich öffentliche Debatte vorangegangen wäre. Die Eurokrise berührt nunmehr den sensiblen Bereich des Haushaltsrechts, durch die Flüchtlingskrise sind Fragen der eigenen Identität auf die Tagesordnung gerückt. Die gescheiterten Referenden haben insofern gezeigt, dass die **Grenzen des Grundkonsenses** über die Reichweite der Integration erreicht sind.[62]

Die Frage nach dem „**Warum**" einer weiteren Integration rückt dadurch zwangsläufig in den Mittelpunkt der Diskussion – vor allem dann, wenn der Bürger wie in der aktuellen Krisensituation eher die Nachteile der Integration zu spüren glaubt. Das britische Referendum über die Mitgliedschaft ist Ausdruck dieser Entwicklung. Eine Ausweitung der EU-Kompetenzen, ohne vorherige gründliche Debatte, hat in einer solchen Situation keine Aussicht mehr auf Erfolg. Der damit erforderlichen Diskussion darf nun gerade von Seiten der

---

[62] Vgl. auch *Streinz*, AöR 135 (2010), S. 1 (27).

EU nicht aus dem Weg gegangen werden. Sie muss für sich werben und darf den Fortgang der Integration nicht zu etwas Selbstverständlichem verklären. Die Vertiefung der Integration bedarf (ebenso wie andere politische Schritte) einer konkreten Rechtfertigung.

Historisch standen vor allem die **Sicherung des Friedens** sowie die Lösung der sog. „**Deutschen Frage**" (also die Verhinderung einer Hegemonialstellung Deutschlands innerhalb Europas) im Mittelpunkt der Integrationsrechtfertigung. Beide Motive sind vor dem Hintergrund der Turbulenzen auf dem Balkan und der Ukraine aber auch der aktuellen Euro- und Flüchtlingskrise, die die Ängste gegenüber einer deutschen Hegemonialstellung wieder geweckt haben, auch weiterhin aktuell. Daneben tritt in der heutigen Zeit aber auch der Versuch, Europa als „**Dritte Kraft**" neben Amerika auf der einen und Asien (China/Russland/Indien) auf der anderen Seite zu etablieren. Tatsächlich muss man sich klar sein, dass keine der beiden Seiten auf ein gespaltenes Europa Rücksicht nehmen wird. Wenn Europa für seine Werte auf der Weltbühne einstehen will, wird dies also nur durch ein gemeinsames Auftreten gelingen. Ein einzelner Nationalstaat (auch wenn er Frankreich oder Deutschland heißt) ist dazu schlicht nicht in der Lage.

Aufgabe der Union und der Regierungen ist es dabei, die Bürgerinnen und Bürger so gut wie möglich in die Diskussion einzubeziehen und mit diesem gemeinsam die **Vor- und Nachteile der Integration** zu erörtern. Das setzt aber voraus, dass der Einzelne auch bereit ist, an dieser Aufgabe mitzuwirken. Eine ehrliche Diskussion verlangt insofern stets auch die Bereitschaft des Einzelnen, sich zu informieren und die entsprechenden Angebote, die einem bereits heute offenstehen (Internet!) zu nutzen. Wenig hilfreich sind hingegen die Verbreitung negativer Klischees und Legenden.

Insgesamt erscheint ein grundsätzlicher Rückzug aus der Integration kaum vorstellbar – freilich ohne dass dadurch eindeutig vorgegeben wäre, welche Schritte nun folgen müssen. Einige Denkanstöße für eine mögliche weitere Entwicklung vermögen die folgenden „**Diskussionsbeiträge**" zu geben:

- *Verheugen*, Europa in der Krise 2005
- *Verhofstadt*, Die Vereinigten Staaten von Europa 2006
- *Habermas*, Zur Verfassung Europas, 2012
- *Schorkopf*, Der Europäische Weg, 2. Auflage 2015
- *Thiemeyer*, Europäische Integration, 2010
- *Menasse*, Der Europäische Landbote, 2012

42

- *Fischer*, Scheitert Europa?, 2014
- *Schulz*, Europas letzte Chance, 2014
- *Mak*, Was, wenn Europa scheitert?, 2012
- *Engels,* Auf dem Weg zum Imperium, 2014

Zusammenfassung § 2 (Zeittafel)

- 1946: Züricher Rede *Winston Churchills*
- 1950: *Schuman*-Plan
- 1951: Gründung der EGKS
- 1957: Gründung der EWG und EAG
- 1965: Beginn der sogenannten „toten Zeit" der Gemeinschaft
- 1966: Luxemburger Vereinbarung
- 1973: Beitritt Großbritannien, Dänemark, Irland
- 1981: Beitritt Griechenland
- 1986: Einheitliche Europäische Akte
- 1986: Beitritt Spanien, Portugal
- 1992: Vertrag von Maastricht, Gründung der EU
- 1995: Beitritt Österreich, Finnland, Schweden
- 1997: Vertrag von Amsterdam
- 2000: Vertrag von Nizza
- 2001: Erklärung von Laeken
- 2002: Einsetzung des Verfassungskonvents
- 2003: Präsentation des Verfassungsentwurfs
- 2004: Erste Osterweiterung der EU auf 25 Staaten am 01.05.
- 2004: Unterzeichnung des EVV am 29.10.
- 2004: Beschluss, mit der Türkei 2005 Beitrittsverhandlungen zu führen
- 2005: Nach Ablehnung des EVV durch Frankreich und die Niederlande zunächst Aussetzung des weiteren Ratifizierungsprozesses
- 2007: Beitritt Bulgarien und Rumänien
- 2007: Berliner Erklärung
- 2007: 13.12.2007 Unterzeichnung des Vertrages von Lissabon
- 2008: Erstes, gescheitertes Referendum in Irland
- 2009: Zweites, erfolgreiches Referendum in Irland und anschließende Ratifikation des Lissabon-Vertrages in Polen und Tschechien
- 2009: Inkrafttreten des Lissabon-Vertrages am 1.12.
- 2010: Beginn der Griechenland- und Eurokrise
- 2013: Beitritt Kroatiens (1.7.)
- 2014: Erste Wahlen zum EP mit Spitzenkandidaten
- 2015 Flüchtlingskrise

§ 3 ÜBERBLICK ÜBER DIE EUROPÄISCHE UNION

I. Allgemeines

Der Vertrag von Maastricht begründete die Europäische Union. Er stellte, wie es Art. 1 Abs. 2 EU a.F. ausdrücklich formulierte, „eine neue Stufe bei der Verwirklichung einer **immer engeren Union der Völker Europas** dar". Diese „erste EU" war durch das sog. „Drei-Säulen-Modell" charakterisiert:

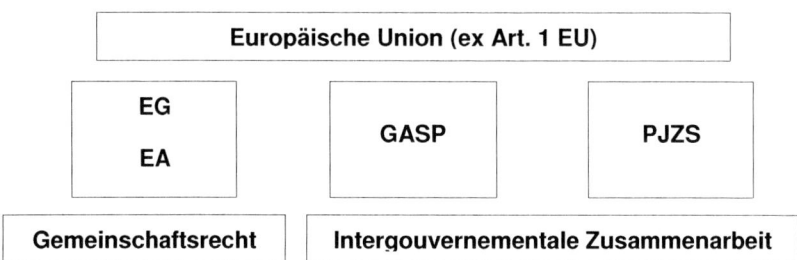

Zwischen diesen einzelnen Säulen war strikt zu unterscheiden. Die erste Säule umfasste die zwei (ehemals drei) **Gemeinschaften**, die angesichts ihres erreichten Integrationsgrades eine besondere Stellung einnahmen. Insbesondere das sogleich noch darzustellende Phänomen der Supranationalität (vor allem der sog. Vorrang des Gemeinschaftsrechts) galt allein für diese erste Säule. Bei den weiteren Säulen, den **„Politiksäulen"** der damaligen EU handelte es sich demgegenüber um eine zwar enge, aber gleichwohl völkerrechtlich übliche Zusammenarbeit der nationalen Regierungen (intergouvernementale Zusammenarbeit). Damit wurde durch den EU-Vertrag die rechtliche Eigenständigkeit der Gemeinschaften zunächst einmal nicht berührt. Vielmehr wurden die Gemeinschaften durch den EU-Vertrag lediglich mit den beiden anderen Säulen verklammert. Er fungierte mithin als Rahmenvertrag und enthielt zahlreiche gemeinsame Bestimmungen.

So war der Beitritt zur Union einheitlich geregelt – es war also nur ein Beitritt zur gesamten Union (also allen drei Säulen) möglich. Zudem fanden sich neben gemeinsamen Zielen ausdrückliche Formen der „Säulenzusammenarbeit". Nicht zuletzt der alte Art. 3 EU sorgte mit dem sog. **Prinzip der Kohärenz** dafür, dass sich die Union nicht innerhalb der einzelnen Säulen widersprüchlich verhielt.

Diese **Säulenstruktur** ist durch den Vertrag von Lissabon nunmehr formell **aufgelöst** worden. Alle drei Säulen sind also zur einheitlichen Europäischen Union verschmolzen, die „neue EU" ist damit insbesondere auch die **Rechtsnachfolgerin** der bisherigen Europäischen Gemeinschaft.

„Die Union tritt an die Stelle der Europäischen Gemeinschaft, deren Rechtsnachfolgerin sie ist" (Art. 1 Abs. 3 EU).

Diese existiert seit Inkrafttreten des Vertrags von Lissabon also nicht mehr. Demgegenüber wird die Selbstständigkeit der zweiten Gemeinschaft, der Europäischen Atomgemeinschaft, nicht berührt. Diese besteht mithin weiter, spielt aber weder in der Praxis, noch in der Ausbildung eine besondere Rolle, so dass im Folgenden auf eine Darstellung verzichtet wird.

Angesichts dieser formellen Auflösung der Säulenstruktur wäre es an sich naheliegend gewesen, alle Bestimmungen in einem einheitlichen Vertragswerk niederzulegen. So hatte es auch der gescheiterte Verfassungsvertrag vorgesehen. Die Regierungskonferenz hat diesen Weg jedoch nicht gewählt. Stattdessen teilt sich der Vertrag von Lissabon – wie bereits oben kurz dargestellt – in **zwei Vertragsteile**. Es sind dies

- der Vertrag über die Europäische Union (**EU**) sowie
- der Vertrag über die Arbeitsweise der Europäischen Union (**AEU**).

Zu diesen beiden Hauptverträgen treten noch zahlreiche Protokolle, in denen sich zum Teil sehr bedeutende Sonder- und Übergangsregelungen finden und die nach Art. 51 EU den gleichen Status wie die Hauptverträge aufweisen.[63]

Dabei fungiert der **EU-Vertrag** als so etwas wie der **Rahmenvertrag**, in dem sich die grundlegenden Bestimmungen finden, die dann anschließend im AEU-Vertrag im Einzelnen ausgestaltet werden. Gleichwohl ist dies nur eine grobe Aufteilung, die zudem nicht in allen Bereichen durchgehalten wird. Das Finden der gesuchten Norm oder Regelung setzt insoweit eine gewisse Erfahrung voraus, was nicht gerade als besonders bürgerfreundlich bezeichnet werden kann. Rechtlich gesehen sind beide Verträge gleichrangig (Art. 1 Abs. 3 EU).

Wenngleich die Säulenstruktur, wie angemerkt, durch den Vertrag von Lissabon formell aufgelöst wurde, lassen sich Spuren derselben gleichwohl weiterhin im Vertrag von Lissabon aufzeigen.

---

[63] Zu den rechtlichen Grundlagen der EU im Einzelnen siehe unten unter § 5.

So finden sich für die **bisherigen Politiksäulen** der alten EU – also der GASP und der PJZS – auch weiterhin **zahlreiche Sonderregelungen**. Besonders deutlich wird dies für die GASP, die insoweit auch räumlich von den anderen Politikbereichen getrennt und als einzige Politik in den EU-Vertrag integriert wurde. Auch für die PJZS bestehen etwa im Hinblick auf die Kontrolldichte des Europäischen Gerichtshofs gewisse Beschränkungen. Die Handlungsformen und Befugnisse in diesen besonderen Bereichen unterscheiden sich damit auch in Zukunft ganz wesentlich von den bereits zuvor gemeinschaftlich geregelten, supranationalen Politiken. Schon aus diesem Grund ist es also wichtig, Grundkenntnisse über den bisherigen Säulenaufbau der alten EU zu haben, da dieser gewissermaßen materiell (zumindest zum Teil) fortbesteht.

II. Der Aufbau des EU-Vertrages

Der EU-Vertrag bildet den **Rahmenvertrag der neuen EU** und enthält insoweit die grundlegenden Bestimmungen. Die Einzelheiten werden dann im AEU-Vertrag ausgeführt. Der EU-Vertrag ist in insgesamt sechs Titel unterteilt:

	Artikel (von/bis)	Inhalt
Titel I	Art. 1-8 EU	Gemeinsame Bestimmungen
Titel II	Art. 9-12 EU	Demokratische Grundsätze
Titel III	Art. 13-19 EU	Bestimmungen über die Organe
Titel IV	Art. 20 EU	Verstärkte Zusammenarbeit
Titel V	Art. 21-46 EU	Auswärtiges Handeln und Sicherheitspolitik
Titel VI	Art. 47-55 EU	Schlussbestimmungen

III. Die Rechtsnatur der „neuen EU"

Nach Art. 47 EU besitzt die Europäische Union **Rechtspersönlichkeit**. Sie ist damit fähig, Trägerin von Rechten und Pflichten zu sein. Mit dieser lapidaren Feststellung erledigt sich damit auch der alte Streit nach der Rechtsfähigkeit der bisherigen EU.

Nach überwiegender Ansicht, bestand eine solche nicht. Rechtsfähig waren vielmehr allein die beiden Gemeinschaften der ersten Säule.

Art. 47 EU regelt allein die völkerrechtliche Rechtspersönlichkeit, während die innerstaatliche Rechtspersönlichkeit in Art. 335 AEU bestimmt wird.

Die völkerrechtliche Rechtsfähigkeit hängt formal von der Anerkennung der EU durch andere Völkerrechtssubjekte ab, kann also durch die Mitgliedstaaten nicht einseitig bestimmt werden. An einer solchen Anerkennung bestehen jedoch keinerlei Zweifel.

Die EU ist indes insofern kein neues Rechtssubjekt als sie nach Art. 1 Abs. 3 EU **Rechtsnachfolgerin** der bisherigen Gemeinschaft ist. Sie ist damit unmittelbar in die Rechte und Pflichten der Gemeinschaft eingerückt; die Gemeinschaft ist mit Inkrafttreten des Vertrags von Lissabon als eigenständiges Rechtssubjekt erloschen.

Als Rechtsnachfolgerin übernimmt die EU damit auch die bisher allein der Gemeinschaft zukommende Eigenschaft als **supranationale Organisation.**

Supranationalität beschreibt die Möglichkeit einer internationalen Organisation, unabhängig von den Parlamenten der Mitgliedstaaten eigene Rechtsakte zu erlassen, die für die jeweiligen Staaten und u.U. auch deren Bürger unmittelbar verbindlich sind. Diese Organisationen verfügen somit über selbstständige, von den Mitgliedstaaten unabhängige Hoheitsrechte.

Der EuGH hat die Besonderheiten der damaligen Gemeinschaftsrechtsordnung folgendermaßen hervorgehoben (EuGH Slg. 1991, I-6079 Rn. 21):

„Nach ständiger Rechtsprechung des Gerichtshofs haben die Gemeinschaftsverträge eine neue Rechtsordnung geschaffen, zu deren Gunsten die Staaten in immer weiteren Bereichen ihre Souveränitätsrechte eingeschränkt haben und deren Rechtssubjekte nicht nur deren Mitgliedstaaten, sondern auch ihre Bürger sind [...].
Die wesentlichen Merkmale der so verfassten Rechtsordnung der Gemeinschaft sind ihr Vorrang vor dem Recht der Mitgliedstaaten und die unmittelbare Wirkung zahlreicher, für ihre Staatsangehörigen und für sie selbst geltenden Bestimmungen."

Danach umfasst der **Begriff der Supranationalität** drei Elemente:

- Vorrang der jeweiligen Rechtsakte vor mitgliedstaatlichem Recht,
- unmittelbare Wirkung einzelner Normen, verbunden mit der
- Begründung von Rechten und Pflichten Einzelner.

Hinzu tritt die verfahrensrechtliche Besonderheit, dass zahlreiche Rechtsakte – anders als im Bereich des Völkerrechts üblich – durch **Mehrheitsbeschluss** erlassen werden können. Die supranationalen Wirkungen treffen einen Mitgliedstaat mithin auch dann, wenn dieser überstimmt worden sein sollte. Die genauen Abstimmungsmodalitäten sind denn auch stets einer der größten Streitpunkte auf Vertragskonferenzen. Jeder Mitgliedstaat will hier sicherstellen, dass er nicht allzu leicht überstimmt werden kann. Die Mehrheitsregelungen müssen mithin versuchen, die Interessen sowohl der größeren als auch der kleineren Mitgliedstaaten hinreichend zu berücksichtigen, was sich nicht selten als äußerst schwierig erweist. Die gefundenen

Kompromisse sind denn auch regelmäßig überaus komplex und auf den ersten Blick bisweilen nur schwer nachvollziehbar.

Diese Supranationalität bildete den wesentlichen Unterschied zwischen der bisherigen ersten und der zweiten und dritten Säule der alten EU. Nur die Gemeinschaften wiesen diese Besonderheiten auf, für die anderen Bereiche (also die zweite und dritte Säule) galten sie nicht. Wie bereits angedeutet bestehen diese Unterschiede zumindest zum Teil weiter. Vor allem der **Bereich der GASP** kann aufgrund der bestehenden Regelungen nicht als supranational bezeichnet werden. Insbesondere kommt den dort getroffenen Regelungen grundsätzlich kein Vorrang vor nationalem Recht zu, zudem setzen alle wesentlichen Entscheidungen Einstimmigkeit voraus. Die heutige EU könnte somit auch als „**teilsupranational**" bezeichnet werden. Die genaue Erfassung des exakten Rechtscharakters der EU bereitet damit – wie auch bisher bei den Gemeinschaften – einige Probleme. Hierzu wurden und werden zahlreiche Theorien vertreten.

Die **Völkerrechtstheorie** wurde vor allem in der Anfangszeit der Gemeinschaften vertreten. Danach stellten die Gemeinschaften lediglich einen gewöhnlichen intergouvernementalen Zusammenschluss im Sinne des Völkerrechts dar. Diese Theorie berücksichtigt jedoch nicht die eben erwähnten Besonderheiten der Gemeinschaften und heutigen Union, insbesondere ihre (Teil-) Supranationalität und die daraus resultierende unmittelbare Anwendbarkeit bzw. Wirkung bestimmter Rechtsnormen. Sie wird daher heute eigentlich nicht mehr vertreten. Die **Bundesstaatstheorie** sieht die damaligen Gemeinschaften und heutige Union bereits als bundesstaatlich oder zumindest bundesstaatsähnlich an. Das Recht der Union verhalte sich somit zu Bundesrecht, wie Bundesrecht zu Landesrecht.

Problematisch an dieser Theorie ist vor allem, dass der Union die sogenannte **Kompetenz-Kompetenz** fehlt. Anders als in einem Bundesstaat, hat sie selbstständig nicht die Möglichkeit, ihre Kompetenzen zu erweitern. Sie sind dazu auf die Mitarbeit der Mitgliedstaaten in Form einer Vertragsänderung im Sinne des Art. 48 EU angewiesen, die wiederum nur durch eine Ratifikation durch die nationalen Parlamente möglich ist. Die Bundesrepublik dagegen könnte ihre Kompetenzen gegenüber den Ländern jederzeit durch eine Grundgesetzänderung (zumindest theoretisch) erweitern. Nach der **unionsrechtlichen** Theorie stellt die Union eine gänzlich neue Form der völkerrechtlichen Verbindung von Staaten dar, die weder als Staat noch als „normale" internationale Organisation einzuordnen ist. Tatsächlich befindet sich die Union wohl irgendwo dazwischen. Dieser Ansicht hat sich auch das BVerfG in BVerfGE 37, 271 (278) angeschlossen: „Die Gemeinschaft [heutige Union] ist selbst kein Staat, auch kein Bundesstaat. Sie ist eine im Prozess fortschreitender Integration stehende Gemeinschaft eigener Art."

In Maastricht-Urteil (BVerfG NJW 1993, 3047 Leitsatz 8) hat das BVerfG für die Union schließlich den Begriff des „**Staatenverbundes**" als eigenständige (neue) Kategorie ins Spiel gebracht: „Der EU-Vertrag begründet einen Staatenverbund zur Verwirklichung einer immer engeren Union der – staatlich organisierten – Völker Europas (Art. 1 EU), keinen sich auf ein europäisches Staatsvolk stützenden Staat."

IV. Werte und Ziele der Union

1. Überblick über die Werte der Union

Die **Werte der Union** finden sich in Art. 2 EU. Danach gründet sich die Union auf die Achtung der Menschenwürde, Freiheit, Demokratie, Gleichheit, Rechtsstaatlichkeit und die Wahrung der Menschenrechte einschließlich der Rechte der Personen, die Minderheiten angehören. Dieser Wertekanon ist nach Art. 2 S. 2 EU allen Mitgliedstaaten in einer Gesellschaft gemeinsam, die sich durch Pluralismus, Nichtdiskriminierung, Toleranz, Gerechtigkeit, Solidarität und die Gleichheit von Frauen und Männern auszeichnet. Wenngleich es sich zwangsläufig um relativ vage Begrifflichkeiten handelt, ist dieser Kanon rechtlich verbindlich. Er kann damit insbesondere als Auslegungshilfe für einzelne Bestimmungen herangezogen werden.

Aufgrund des divergierenden Verständnisses im Hinblick auf den Inhalt dieser Begriffe in den einzelnen Mitgliedstaaten, wird man die normative Wirkung dieser Regelung gleichwohl als eher gering einstufen müssen. Über einen Grundkonsens hinaus sind die mitgliedstaatlichen Vorstellungen schlicht zu unterschiedlich. Die Regelung fungiert von daher eher als öffentliches und damit vor allem für den Bürger sichtbares Bekenntnis zu den dort genannten Werten. Diesem kann dadurch mit wenigen Worten deutlich gemacht werden, welches Selbstverständnis der Union eigentlich zugrunde liegt.

Einzelne Elemente dieses Wertekanons werden bereits im EU-Vertrag selbst näher konkretisiert. Dies gilt zunächst für die Bindung an die **Grundrechte,** die in der Grundrechtecharta aus dem Jahre 2000 enthalten sind. Über Art. 6 Abs. 1 EU wird diese Charta durch einen Verweis erstmals verbindliches Recht für die gesamte Union. Politisch war es hingegen nicht durchsetzbar, die Charta – wie noch im Verfassungsvertrag vorgesehen – formell in die Verträge zu inkorporieren. Gleichwohl sollte die Bedeutung dieses Verweises nicht unterschätzt werden. Zum ersten Mal erhält die EU dadurch einen geschriebenen Grundrechtekatalog – eine Forderung, die das Bundesverfassungsgericht bereits in den 70er Jahren geäußert hatte – und ermöglicht vor allem dem Bürger damit einen erleichterten Einblick in die ihm gewährten Rechte. Allerdings ändert sich durch diesen Verweis am materiellen Gehalt des bisherigen Grundrechtsschutzes nur wenig; die EU hatte über die Rechtsprechung des EuGH schon vor dem Inkrafttreten des Lissaboner Vertrags einen vergleichbaren Grundrechtsschutz.

Der symbolische Wert ist indes kaum zu überschätzen. Ein gewisses Manko stellt es jedoch dar, wenn sich zwei Mitgliedstaaten diesem verbindlichen Verweis entziehen: Das **Vereinigte Königreich** und **Polen** haben im Protokoll Nr. 30 die Verbindlichkeit der Charta für ihren innerstaatlichen Bereich ganz erheblich eingeschränkt. Gleichwohl bleibt die Grundrechtecharta ein bedeutender Schritt für die EU im Hinblick auf die erforderliche Bürgernähe.

Im Rahmen der Vertragsverhandlungen hat es immer wieder solche Sonderwege einzelner Staaten gegeben. So hat das Vereinigte Königreich etwa auch das Sozialprotokoll zunächst nicht anerkannt. Mittlerweile ist dieses in das übliche Primärrecht der Verträge integriert und damit auch für das Vereinigte Königreich verbindlich. Insofern ist – so ist zu hoffen – auch der Vorbehalt im Hinblick auf die Grundrechtecharta nur ein Vorbehalt auf Zeit.

Das unionale Verständnis der **demokratischen Grundsätze** wird im zweiten Titel des EU-Vertrages (Art. 9-12 EU) noch näher ausgeführt. Danach achtet die Union zunächst die Gleichheit der Bürgerinnen und Bürger (Art. 9 EU). Zudem wird das europäische Repräsentationssystem erläutert (Art. 10-12 EU).

Die **demokratische Legitimation** der Union beruht auf **zwei Säulen, zu denen zwei weitere Elemente hinzutreten**. Die erste Säule bildet das Europäische Parlament mit den direkt gewählten Abgeordneten, die zweite Säule stellen die Ratsmitglieder dar, die ihrerseits den nationalen Parlamenten verantwortlich sind, vgl. Art. 10 Abs. 2 EU. Hinzu tritt die unmittelbare Beteiligung der Bürger nach Art. 11 EU (siehe sogleich). Über Art. 12 EU werden zudem (erstmals) die nationalen Parlamente direkt einbezogen. Für die Ermittlung eines möglicherweise bestehenden Demokratiedefizits der EU müssen alle diese Elemente auch und gerade in ihrer Entwicklung in der Praxis herangezogen und bewertet werden. So wurden etwa für die Europawahl 2014 erstmals **Spitzenkandidaten** aufgestellt, die sich um die Position des Kommissionspräsidenten bewarben. Die Wählerinnen und Wähler bekamen dadurch einen sehr viel direkteren Einfluss auf die Auswahl des Kommissionspräsidenten, dem sich letztlich auch die Staats- und Regierungschefs nicht entziehen konnten (obwohl sie zumindest rechtlich durchaus einen anderen Kandidaten hätten nominieren können). Solche faktischen Entwicklungen dürfen bei der Bewertung des „Demokratiestandes" der Union nicht unberücksichtigt bleiben. Eine unmittelbare Übertragung nationaler Demokratiemodelle ist jedenfalls weder möglich und angesichts der unterschiedlichen Verständnisse von Demokratie in den verschiedenen Mitgliedstaaten auch nicht sinnvoll.

Eine wirkliche Neuerung durch den Vertrag von Lissabon findet sich zudem in Art. 11 Abs. 4 EU. Danach besteht nunmehr für den Bürger die Möglichkeit, die Kommission dazu aufzufordern, im Rahmen ihrer Befugnisse geeignete Vorschläge zu einzelnen Themen zu unterbreiten. Erforderlich ist für eine solche **Bürgerinitiative** die

50

Beteiligung von mindestens einer Million Unionsbürgern.[64] Diese neue Form der Bürgerbeteiligung stellt sich als ein Versuch dar, die vermeintliche Bürgerferne der Union zu verringern. Der Bürger wird aufgerufen, sich aktiv in die Politik der Union einzumischen und seine Belange zu präsentieren. Dies wird auch in Art. 10 Abs. 3 EU hervorgehoben, in dem es heißt, dass alle Bürger das Recht haben, am demokratischen Leben der Union teilzunehmen.

Ob sich diese Instrumente als wirksam erweisen werden, um insbesondere das bürgerferne Image der Union aufzubessern, bleibt abzuwarten und hängt nicht zuletzt davon ab, ob die Bürgerinnen und Bürger bereit sind, die neuen Möglichkeiten der Beteiligung auch konsequent wahrzunehmen.

Werden die Fundamentalprinzipien durch einen Mitgliedstaat verletzt, besteht seit dem Vertrag von Amsterdam die Möglichkeit der EU, dieses Verhalten zu sanktionieren. Die Regelungen finden sich heute in Art. 7 EU und Art. 354 AEU. Es besteht danach die Möglichkeit des Rates, bestimmte Rechte des jeweiligen Mitgliedstaates temporär auszusetzen. Angesichts der Entwicklungen in Ungarn wurde dazu im Jahr 2014 eine Art Vorverfahren eingeführt, welches von der Kommission durchgeführt wird und im Jahr 2015 gegen Polen erstmals eingeleitet wurde.

2. Überblick über die Ziele der Union

Die **Ziele der EU** finden sich in Art. 3 EU. Auch hier hat der Bürger also die Möglichkeit, sich schnell einen Eindruck davon zu verschaffen, welche Zwecke mit der europäischen Integration angestrebt werden. Ähnliche Aussagen finden sich auch bereits in der **Präambel** zum EU-Vertrag; über die Aufnahme in den Vertrag selbst ist jedoch sichergestellt, dass den Zielen die erforderliche rechtliche Verbindlichkeit zukommt.

Der Zielkatalog ist im Laufe der Jahrzehnte stetig erweitert worden. Im Wesentlichen lassen sich die dort genannten Bereiche nunmehr in **zwei „Hauptziele"** untergliedern: **Wirtschaftlicher Zusammenhalt und (politische) Einung Europas**. Schon die beiden Präambeln deuten auf diese beiden Zielvorstellungen hin. So heißt es in der Präambel des EU-Vertrages:

„Entschlossen, die Stärkung und die Konvergenz ihrer Volkswirtschaften herbeizuführen und eine Wirtschafts- und Währungsunion zu errichten [...]."

Noch deutlicher wird dieses wirtschaftliche Ziel in der Präambel des AEU-Vertrages:

---

[64] Dazu *Guckelberger*, DÖV 2010, 745 ff. Die Umsetzungsverordnung ist am 1.4.2012 in Kraft getreten.

„In der Erkenntnis, dass zur Beseitigung der bestehenden Hindernisse ein einverständliches Vorgehen erforderlich ist, um eine beständige Wirtschaftsausweitung, einen ausgewogenen Handelsverkehr und einen redlichen Wettbewerb zu gewährleisten, [...]."

Das Ziel der **weiteren Einung Europas** ist in der Präambel des EU-Vertrages nicht ganz so deutlich ausgesprochen. Immerhin sind jedoch weiterhin Hinweise auf dieses Ziel vorhanden. So heißt es etwa gleich zu Beginn:

„Entschlossen, den mit der Gründung der Europäischen Gemeinschaften eingeleiteten Prozess der europäischen Integration auf eine neue Stufe zu heben, [...]."

Dies deutet darauf hin, dass die Treppe der europäischen Integration noch nicht vollständig erklommen ist, wenngleich zwangsläufig nicht klar ist, wie viele Stufen noch folgen werden. Deutlicher wird dieses Ziel indes in der Präambel des AEU-Vertrages. Gleich am Anfang findet sich dort folgende Formulierung:

„In dem festen Willen, die Grundlagen für einen immer engeren Zusammenschluss der europäischen Völker zu schaffen, [...]."

An späterer Stelle findet sich der Hinweis auf den sozialen Fortschritt der Union:

„Entschlossen, durch gemeinsames Handeln den wirtschaftlichen und sozialen Fortschritt ihrer Staaten zu sichern, indem sie die Europa trennenden Schranken beseitigen, [...]."

Insofern hält auch der Vertrag von Lissabon zumindest vorsichtig am **Ziel einer weiteren politischen Einung** fest. Allerdings bleiben die Feststellungen in der Präambel insoweit – anders als im Rahmen der wirtschaftlichen Einigung – äußerst vage. Eindeutige Ziele finden sich hier nicht. Damit deutet auch die Präambel darauf hin, dass im Hinblick auf den Fortgang dieser Entwicklung ein wirklicher Konsens unter den Mitgliedstaaten nicht besteht.

a) Die wirtschaftliche Kooperation

Die **wirtschaftliche Kooperation** hat zu Beginn der europäischen Integration die Hauptrolle gespielt. Nach dem Scheitern einer umfassenden politischen Einung durch das Veto der französischen Nationalversammlung konzentrierte man sich mit den Römischen Verträgen auf die **sektorelle Integration** im Bereich der Wirtschaft durch die Gründung der Europäischen *Wirtschafts*gemeinschaft. Diese wirtschaftlichen Ziele stehen auch heute noch im Vordergrund. Die Union ist damit weiterhin primär eine Wirtschaftsunion und kann auch auf diesem Feld ihre größten Erfolge vorweisen. Als Ziele dieser Art sind etwa zu nennen:

- die Errichtung eines Binnenmarktes,
- die Errichtung einer Wirtschafts- und Währungsunion,
- ein ausgewogenes Wirtschaftswachstum und Preisstabilität,
- eine wettbewerbsfähige soziale Marktwirtschaft,
- ein hohes Maß an Umweltschutz,
- Förderung des wissenschaftlichen und technischen Fortschritts,
- die Leistung eines Beitrags zu freiem und gerechtem Handel.

In den mehr als 50 Jahren der europäischen Integration hat die wirtschaftliche Kooperation zwischen den einzelnen Mitgliedstaaten eine **bemerkenswerte Dichte** erreicht. So gibt es heute quasi keinen wirtschaftlichen Bereich, der nicht zumindest auch durch europäische Normen mitbestimmt wird; in vielen Fällen bildet harmonisiertes Europarecht gar den einzig relevanten Ordnungsrahmen.

Mittlerweile wird man daher die wirtschaftliche Einigung als **im Wesentlichen abgeschlossen** ansehen können, auch wenn die nach Art. 26 AEU angestrebte Errichtung des Binnenmarktes insoweit eine **Daueraufgabe** bleiben wird, als es aufgrund sich stetig wandelnder ökonomischer Verhältnisse notwendig ist (nicht zuletzt im Dienstleistungsbereich), auch die unionsrechtlichen Bestimmungen entsprechend anzupassen und fortzuentwickeln. Einen wirklichen Abschluss des Binnenmarktes kann und wird es insofern nicht geben.

Jedenfalls wird man festhalten können, dass eine Vertiefung der wirtschaftlichen Kooperation und eine Harmonisierung nur noch auf wenigen Gebieten möglich sind. Dabei handelt es sich jedoch oftmals um Bereiche, in denen die einzelnen Mitgliedstaaten zum Teil sehr **unterschiedliche Ordnungsvorstellungen** besitzen, die auf unterschiedliche kulturelle, religiöse oder auch sittliche Wertvorstellungen zurückgehen. Hier sind die Mitgliedstaaten daher in der Regel nicht bereit, die auf die Ökonomie fixierte Auffassung der Kommission zu akzeptieren und pochen auf die Beibehaltung ihrer geschichtlich gewachsenen Besonderheiten. Ein Beispiel bildet etwa die gegenwärtig sehr kontrovers diskutierte Frage der **Liberalisierung des Glücksspielmarktes**. Die Kommission will eine solche nicht zuletzt über zahlreiche Vertragsverletzungsverfahren erzwingen, während viele Mitgliedstaaten – aus welchen Motiven auch immer – weiterhin sehr restriktive Regelungen beibehalten wollen.

Auch Deutschland hatte mit dem am 01.01.2008 in Kraft getretenen Glücksspielstaatsvertrag das staatliche Glücksspielmonopol aufrechterhalten. Zwar hat der EuGH diesen Staatsvertrag nunmehr tatsächlich als **Verstoß** gegen die Grundfreiheiten angesehen.[65] Begründet hat er dies jedoch allein mit der fehlenden Kohärenz der Regelungen. Er wendet sich also gerade nicht gegen ein Verbot als solches, welches von den Mitgliedstaaten damit durchaus vorgesehen werden kann. Der neue Glücksspielstaatsvertrag aus dem Jahr 2012 sieht denn auch weiterhin jedenfalls für den Lotteriebereich ein solches Monopol vor. Der EuGH hat dabei zwar noch nicht über diesen Vertrag entschieden, aber immerhin festgestellt, dass der Sonderweg Schlewig-Holsteins dessen Vereinbarkeit mit Europarecht nicht entgegensteht (Rs. C-156/13).

Auch der **Europäische Gerichtshof** anerkennt mit dem nunmehr im Wesentlichen bereits hergestellten Binnenmarkt also in immer stärkerem Maße einen Ermessensspielraum der Mitgliedstaaten im Hinblick auf kulturelle, religiöse und sittliche Besonderheiten. Diese neue Betrachtungsweise ist durchaus zu begrüßen. Denn tatsächlich kann nicht jede ordnungspolitische Frage allein durch die ökonomische Brille betrachtet werden. Dies mag in der Anfangszeit der Union mit all den offensichtlichen Handelshemmnissen notwendig gewesen sein – nur so konnte überhaupt das Ziel des Binnenmarktes erreicht werden. Mittlerweile ist es jedoch an der Zeit, Abstand von dieser **einseitigen Betrachtungsweise zu nehmen** und ein wenig mehr Mut zur Unterschiedlichkeit innerhalb der Union aufzubringen, getreu dem Motto „Einheit in Vielfalt". Das Scheren aller Fragen über den „ökonomischen Kamm" erscheint jedenfalls wenig zielführend und wird dem gemeinsamen Projekt langfristig eher schaden denn nützen.

b) Die politische Einung

Die **politische Einung** des europäischen Kontinents war von Anfang an langfristiges Ziel des Zusammenschlusses. Die wirtschaftliche Einigung war und ist insofern lediglich ein (wenngleich bedeutendes) Teilelement dieses übergeordneten Zieles. Man erhoffte sich einen „**spill-over-Effekt**", wonach die wirtschaftliche Einigung

---

[65] Siehe EuGH Rs. C-46/08, Urteil vom 8. September 2010.

nach und nach und Schritt für Schritt auch zu einer politischen Einung führen würde. Nachdem dieser Gedanke insbesondere durch den französischen Staatspräsidenten *Charles de Gaulle* immer mehr zurückgedrängt wurde[66], wurde er nach dessen Rücktritt zu Beginn der 70er Jahre behutsam wieder aufgenommen.

Man einigte sich auf die Errichtung einer „Europäischen Union", ohne jedoch konkrete Vorstellungen über diese festzulegen. Die EEA nahm diesen Vorschlag auf, und mit dem Vertrag von Maastricht ist die EU tatsächlich ins Leben gerufen worden. Mit dem Vertrag von Lissabon wird dieses Projekt nun vorsichtig fortgesetzt, nachdem sich der „Verfassungsvertrag" noch als zu großer Sprung entpuppt hatte.

Problematisch ist aber weiterhin, dass über das konkret mit der europäischen Integration angestrebte **Ziel** zwischen den einzelnen Mitgliedstaaten kein Konsens besteht, teilweise ist nicht einmal klar, welche Position von den einzelnen Mitgliedstaaten bzw. deren jeweiliger Regierung in dieser Hinsicht überhaupt vertreten wird. Einigkeit besteht allenfalls insoweit, als dass irgendeine Form der politischen Einung angestrebt werden soll. Einigen scheint dabei aber der bereits erreichte Zustand als ausreichend, während andere offen über das Ziel der Gründung der „**Vereinigten Staaten von Europa**" sprechen. Die Diskussionen im Zusammenhang mit der Eurokrise, haben die Zweiteilung der Mitgliedstaaten in dieser Frage erneut sichtbar gemacht. Dass diese Diskussion nun aufflammt, hat sicherlich auch etwas damit zu tun, dass das Ziel der wirtschaftlichen Integration jedenfalls im Kern abgeschlossen erscheint. Nicht zuletzt die betroffenen Unionsbürgerinnen und Unionsbürger stellen nunmehr offen die Frage nach dem Sinn einer weiteren Vertiefung der Integration über diese wirtschaftlichen Bereiche hinaus. Wozu, so die Ausgangsfrage, braucht es denn jetzt noch eine weitere politische Integration? Wem sollte eine solche nutzen und wie sollte sie ausgestaltet sein? Teilweise werden dabei Ängste vor einem „Superstaat" Europa hervorgerufen, der alle nationalen Besonderheiten aufhebt und Entscheidungen extrem bürgerfern mit Hilfe einer technokratisch besetzten Kommission trifft. Tatsächlich muss eine weitere politische Integration indes keineswegs mit einer fortschreitenden Entfremdung von den einzelnen Bürgerinnen und Bürgern einhergehen. Sinnvoll gestaltet kann ein föderal ausge-

---

[66] Gemeint ist hier insbesondere seine Vorstellung von einem „Europa der Vaterländer", die von einer Zusammenarbeit souveräner Nationalstaaten ausging.

richteter „Unionsstaat" vielmehr die außenpolitische Schlagkraft der einzelnen Mitgliedstaaten erhöhen, ohne damit zugleich bürger-nahe Entscheidungsstrukturen in regionalen Belangen aufgeben zu müssen. Ein Europa „in Vielfalt geeint" ist m.E. also durchaus möglich. Hier bedarf es insoweit einer umfassenden Diskussion. Zu vermeiden ist dabei allerdings der bisweilen aufkommende Reflex, jeden, der sich gegen eine erweiterte Integration ausspricht, sogleich als „schlechten" Europäer zu brandmarken. Angesichts des erreichten Integrationsstandes bedarf es vielmehr einer sachlich geführten Diskussion, die durch Argumente und nicht allein durch Emotionen geprägt ist. Es bleibt zu hoffen, dass diese also auch nach Inkrafttreten des Vertrags von Lissabon fortgeführt wird – mit aktiver Beteiligung der interessierten Öffentlichkeit.

Anders als der gescheiterte Verfassungsvertrag enthält der Vertrag von Lissabon keine Regelungen über die **Symbole der Union.** Eine solche Regelung war politisch nicht konsensfähig, da solche Symbole zu stark auf eine „Staatsähnlichkeit" der Union hingedeutet hätten. Auch wenn damit eine Verankerung in den Verträgen fehlt, bleiben die bisherigen Symbole der Union weiterhin bestehen. Sie werden mithin genauso genutzt werden wie bisher. Dies ergibt sich auch aus der Erklärung Nr. 52 zum Vertrag (obgleich diese nur von 16 Mitgliedstaaten abgegeben worden ist). Die Symbole der Union sind die folgenden: Flagge (12 goldene Sterne vor blauem Grund),[67] Hymne („Ode an die Freude" aus Beethovens 9. Symphonie ohne Text), Europatag (9. Mai, dem Tag der Schuman-Erklärung), Motto („In Vielfalt geeint") sowie der Euro als gemeinsame Währung.

V. Bestimmungen über die Organe

Der EU-Vertrag als Rahmenvertrag nennt in seinem Titel III auch die **grundlegenden Bestimmungen zu den Organen** der Union. Die Ausgestaltung dieser Bestimmungen erfolgt dann im AEU-Vertrag. Allerdings ist die Aufteilung teilweise nicht wirklich stringent. So finden sich im EU-Vertrag zum Teil äußerst detaillierte Bestimmungen (etwa zu Abstimmungsmodalitäten im Ministerrat), was letztlich daran liegt, dass diese bis zuletzt besonders umstritten waren. Dies betrifft auch die Ausführungen zur Kommission, die an dieser Stelle durchaus knapper hätten ausfallen können, was nicht zuletzt die Lesbarkeit des EU-Vertrages verbessert hätte.

Die Einzelheiten zu den Organen und sonstigen Institutionen werden in § 4 im Zusammenhang erläutert, da ansonsten in erheblichem Maße bereits auf den AEU-Vertrag vorgegriffen werden müsste.

---

[67] Die Zahl 12 steht nicht für die Zahl der Mitgliedstaaten, sondern für **Vollkommenheit, Einheit** und **Vollständigkeit.** Die Flagge war ursprünglich das Symbol des Europarates, der nunmehr eine leicht modifizierte Version benutzt. Sie wurde erstmals am 29.05.1986 offiziell in Brüssel gehisst.

VI. Bestimmungen über eine verstärkte Zusammenarbeit[68]

Im Titel IV (**Art. 20 EU**) finden sich die Bestimmungen über eine verstärkte Zusammenarbeit. Hiernach ist es unter bestimmten Voraussetzungen möglich, dass einzelne Mitgliedstaaten miteinander unter Inanspruchnahme der im EU-Vertrag vorgesehenen Organe, Handlungen und Verfahrensvorschriften kooperieren. Ziel dieser Regelung ist es, einen **Kompromiss zwischen Vertiefung der Integration und Erweiterung der Union** zu finden. Aufgrund der Tatsache, dass die Integration im Laufe der Zeit immer weiter in Kernbereiche der nationalen Souveränität vorgedrungen ist, wachsen die Widerstände einzelner Staaten gegen eine Übertragung von weiteren Kompetenzen auf die Union. Mit den Vorschriften zur verstärkten Zusammenarbeit soll daher eine „flexible Integration" ermöglicht werden, indem einzelne Staaten, die zu einer Vertiefung bereit sind, auf das Intrumentarium des EU-Vertrages zurückgreifen können. Sie können so eine Vorreiterrolle übernehmen, der andere Mitgliedstaaten nachfolgen können – im Idealfall bis alle Mitgliedstaaten teilnehmen und eine vollständige Integration des jeweiligen Politikbereiches erfolgt ist.

Die Diskussion über eine solche „**flexible Integration**" begann bereits Mitte der siebziger Jahre und wurde durch *Willy Brandt* angestoßen und im *Tindemans*-Bericht aus dem Jahre 1974 aufgegriffen. 1994 kam es angesichts der bevorstehenden Erweiterung zu einem erneuten Aufleben der Diskussion – zu nennen sind etwa das „Kerneuropa-Konzept" von *Schäuble* und *Lammers*, das Modell der konzentrischen Kreise der französischen Regierung und die Idee eines Europa à la carte, die insbesondere *John Major* favorisierte. Die konkreten Regelungen der abgestuften Integration wie sie zunächst im Amsterdamer-Vertrag aufgenommen wurden, gehen auf einen gemeinsamen Brief des Bundeskanzlers *Helmut Kohl* und des französischen Staatspräsidenten *Jacques Chirac* vom 06.12.1995 an den EU-Vorsitz zurück.

Durch den Vertrag von Nizza wurden diese Vorschriften erneut wesentlich reformiert. Dies hatte die Kommission bereits frühzeitig im Hinblick auf die bevorstehende Erweiterung angeregt. Auch das Parlament sah hierin eine Chance für die Fortentwicklung der Union. Der Vertrag von Lissabon hat diese Möglichkeit der engeren Kooperation übernommen, wobei der **Art. 20 EU** durch die **Art. 326 ff. AEU** näher ausgestaltet wird.

Die verstärkte Zusammenarbeit wirft – unabhängig von ihrer konkreten Ausgestaltung – zum Teil ganz erhebliche Probleme auf. Dies

---

[68] Hierzu *Streinz*, JuS 2013, 892 ff. Ausführlich (allerdings auf dem Stand von Nizza) *Linke*, Das Instrument der verstärkten Zusammenarbeit im Vertrag von Nizza, Diss. Göttingen 2005.

betrifft zum einen die institutionellen Bestimmungen (wie wird abgestimmt, dürfen die anderen Mitgliedstaaten anwesend sein?), zum anderen aber auch und gerade die rechtlichen Wirkungen der in diesem Zusammenhang erlassenen Rechtsakte (wer ist gebunden, was geschieht bei einem Austritt, inwieweit darf der EuGH die Regelungen heranziehen etc.?). Es entsteht zwangsläufig ein relativ **undurchsichtiges Ebenensystem** von Rechtsnormen, das nicht unbedingt zur Bürgerfreundlichkeit beiträgt. Auch aus diesem Grund sind die Bestimmungen bisher nur selten zur Anwendung gekommen[69] – hinzu tritt die damit verbundene Signalwirkung für den gesamten Integrationsprozess. Da die einheitliche Einführung einer Finanztransaktionssteuer bisher am Widerstand Großbritanniens scheitert, haben elf Mitgliedstaaten nunmehr im Grundsatz beschlossen insoweit auf die verstärkte Zusammenarbeit zurückzugreifen. Die Regelungen sind aber bisher nicht in Kraft getreten.

VII. Die Gemeinsame Außen- und Sicherheitspolitik

1. Überblick

Die Gemeinsame Außen- und Sicherheitspolitik (**GASP**) bildete bisher die sog. „zweite Säule" der EU. Zwar wurde diese Säulenstruktur nunmehr durch den Vertrag von Lissabon formal aufgelöst, gleichwohl behält die GASP weiterhin eine gewisse Sonderstellung im System der Europäischen Union. Dies wird vor allem dadurch deutlich, dass die GASP als einzige Politik vollständig im EU-Vertrag geregelt wurde. Im AEU-Vertrag taucht diese mithin überhaupt nicht auf.[70] Der Grund für diese Sonderstellung liegt darin, dass die GASP von den Mitgliedstaaten weiterhin zum **Kernbereich nationaler Souveränität** gezählt wird. Sie haben sich hier daher noch nicht zu einer Übertragung von Hoheitsrechten auf die Union durchringen können; sie wollen sich für den Ernstfall immer das Recht auf ein Veto und ein eigenes Vorgehen aufrechterhalten. Wie zuletzt die Syrien-Krise gezeigt hat, ist hier noch ein langer Weg zu gehen, bis andere Staaten das berüchtigte allein zuständige „Rote Telefon Europas" erreichen können. Dennoch darf dieser Befund nicht darüber hinwegtäuschen, dass die Mitgliedstaaten jedenfalls im „alltäglichen Geschäft" bereits in besonderer Weise kooperieren. Dies haben nicht zuletzt die unbestreitbaren Erfolge der EU im Rahmen des

---

[69] Etwa im Bereich des Patentrechts, vgl. Ratsbeschluss 2011/167/EU. Dazu jetzt auch EuGH, Rs-C-274/11. Siehe auch *Streinz*, JuS 2013, 892 (893).

[70] In Art. 205 AEU wird lediglich auf die Bestimmungen des EU-Vertrages verwiesen.

Friedensprozesses im Nahen Osten und nunmehr auch in der Ukraine gezeigt.

Die Regelungen zur GASP teilen sich in **zwei Kapitel** auf. Im ersten Kapitel (Art. 21-22 EU) finden sich zunächst allgemeine Bestimmungen für das auswärtige Handeln der Union; diese werden dann im zweiten Kapitel (Art. 23-46 EU) für die Außen- und Sicherheitspolitik (Art. 23-41 EU) und die Sicherheits- und Verteidigungspolitik (Art. 42-46 EU) jeweils durch besondere Bestimmungen ergänzt.

Die **Ziele der GASP** finden sich in Art. 21 EU. Danach lässt sich die Union bei ihrem Handeln von den Grundsätzen der Demokratie, Rechtsstaatlichkeit, der universellen Gültigkeit und Unteilbarkeit der Menschenrechte und Grundfreiheiten, der Achtung der Menschenwürde, der Gleichheit und Solidarität sowie der Achtung der Grundsätze der Charta der Vereinten Nationen und des Völkerrechts leiten. Im Rahmen der Vereinten Nationen setzt sie sich für multilaterale Beziehungen ein (Art. 21 II S. 2 EU).[71] Die Werte, derer sich die Union im Innenverhältnis verschrieben hat, sollen mithin auch das auswärtige Handeln der Union prägen.

Um die notwendige Einigkeit zu erreichen, die für ein wirksames auswärtiges Handeln erforderlich ist, bestimmt Art. 21 Abs. 3 II EU, dass die Union auf die **Kohärenz** zwischen den einzelnen Bereichen ihres auswärtigen Handelns sowie zwischen diesen und den übrigen Politikbereichen achtet. Diese Kohärenz soll vom Rat gemeinsam mit der Kommission und unter Unterstützung des Hohen Vertreters für die Außen- und Sicherheitspolitik sichergestellt werden. Auf der Grundlage dieser Grundsätze und Ziele werden die strategischen Interessen und Ziele nach Art. 22 Abs. 1 EU vom **Europäischen Rat** festgelegt. Dieser ist mithin für die generelle Ausrichtung der auswärtigen Politik der Union zuständig, was aufgrund seiner Besetzung mit den Staats- und Regierungschefs folgerichtig erscheint (vgl. Art. 15 Abs. 2 EU). Die Ausführung der dort festgelegten Leitlinien obliegt dann in der Regel dem Ministerrat, wobei der Hohe Vertreter der Union für Außen- und Sicherheitspolitik als Vorsitzender des Rates „Auswärtige Angelegenheiten" fungiert.

---

[71] Ein durchaus bemerkenswerter Satz, da die EU als internationale Organisation überhaupt kein Mitglied der Vereinten Nationen ist.

2. Der Hohe Vertreter

Die gesamte Außen- und Sicherheitspolitik wird nach Art. 18 Abs. 2 EU vom **Hohen Vertreter für die Außen- und Sicherheitspoltik** geleitet. Dieser wird vom Europäischen Rat mit qualifizierter Mehrheit und mit Zustimmung des Präsidenten der Kommission ernannt (Art. 18 Abs. 1 EU). Der Hohe Vertreter soll durch seine Vorschläge zur Festlegung der Außen- und Sicherheitspolitik beitragen und führt sie zudem im Auftrag des Rates durch. Um die Abstimmung mit den unterschiedlichen Gremien zu erleichtern, bestimmen Art. 18 Abs. 3 und Abs. 4 EU, dass er nicht nur den Vorsitz im Rat „Auswärtige Angelegenheiten" führt, sondern zudem kraft Amtes einer der Vizepräsidenten der Kommission ist – weshalb auch er sich (gemeinsam mit dem restlichen Kollegium) nach Art. 17 Abs. 7 EU einem Zustimmungsvotum des Parlaments stellen muss.

Nach Art. 15 Abs. 2 S. 2 EU nimmt er zudem an den Tagungen des Europäischen Rates teil. Dadurch ist er in besonderer Weise dafür geeignet, für die **Kohärenz des auswärtigen Handelns** Sorge zu tragen, wie es Art. 18 Abs. 4 S. 2 EU bestimmt. Dazu bestimmt Art. 27 Abs. 2 EU unter anderem, dass der Hohe Vertreter im Namen der Union den politischen Dialog mit Dritten führt und den Standpunkt der Union in internationalen Organisationen und auf internationalen Konferenzen vertritt. Unterstützung erfährt er in diesem Zusammenhang durch den mit dem Vertrag von Lissabon neu eingeführten **Europäischen Auswärtigen Dienst** (Art. 27 Abs. 3 EU).

Gewisse Probleme bereitet freilich die Tatsache, dass mit dem Präsidenten des Europäischen Rates (vgl. nur Art. 15 Abs. 6 EU) und dem Präsidenten der Kommission **zwei weitere Institutionen bestehen**, die die Union nach Außen vertreten. Eine klare Abgrenzung der Kompetenzen dieser drei Akteure findet sich im EU-Vertrag nicht. Für die Praxis beginnen sich freilich bereits erste Aufteilungen in dieser Hinsicht herauszukristallisieren. Danach trifft der Präsident des Europäischen Rates vor allem mit den Staats- und Regierungschefs zusammen, während der Hohe Vertreter in allen anderen Angelegenheiten (insbesondere Konferenzen etc.) zum Teil gemeinsam mit dem Kommissionspräsidenten auftritt.

Seit dem 1.11.2014 ist *Federica Mogherini* aus Italien Hohe Vertreterin, die die seit 2009 amtierende *Baroness Catherine Margaret Ashton* of *Upholland* (GBR) abgelöst hat. Erster Hoher Vertreter war zuvor *Javier Solana de Madariaga* (Spanien).

3. Bestimmungen für die Außen- und Sicherheitspolitik

Die Zuständigkeit der Union im Bereich der Außenpolitik erstreckt sich auf **alle Bereiche der Außenpolitik und Fragen der Sicherheit** der Union (Art. 24 Abs. 1 EU).[72] Allerdings wird in Art. 24 Abs. 1 II EU umgehend klargestellt, dass für das auswärtige Handeln besondere Bestimmungen und Verfahren gelten. So werden Beschlüsse grundsätzlich einstimmig getroffen, zudem ist der Erlass von (supranationalen) Gesetzgebungsakten ausgeschlossen. Das Parlament und die Kommission sind weit weniger integriert, als in den übrigen Politikbereichen, der EuGH ist ganz allgemein nicht zuständig – einzige Ausnahme bildet die Überwachung der Rechtmäßigkeit bestimmter Beschlüsse nach Art. 275 Abs. 2 AEU. Schon diese wenigen Ausführungen machen die Sonderrolle der GASP mehr als deutlich.

Für die Durchführung der beschlossenen Außen- und Sicherheitspolitik sieht Art. 25 EU **folgende Instrumente** vor (auf Art. 288 AEU kann insoweit **nicht** zurückgegriffen werden):

- Bestimmung allgemeiner Leitlinien,
- Erlass von Beschlüssen, sowie
- Ausbau der systematischen Zusammenarbeit der Mitgliedstaaten bei der Führung ihrer Politik.

Die Leitlinien werden vom Europäischen Rat bestimmt und vom Ministerrat durchgeführt, wobei auch der Hohe Vertreter für Außen- und Sicherheitspolitik und die Mitgliedstaaten in unterschiedlicher Form beteiligt sind (Art. 26 EU).

Nach Art. 31 EU beschließen sowohl der Europäische Rat als auch der Ministerrat grds. einstimmig. Etwas anderes gilt allein in den in Art. 31 Abs. 2 und 5 EU geregelten Fällen. Interessant ist die in Art. 31 Abs. 2 II EU getroffene Regelung, wonach ein Mitgliedstaat einer Überstimmung in diesen Fällen aus dem Weg gehen kann, indem er wesentliche Gründe nationaler Politik geltend macht. Kommt es im Anschluss zu keiner Einigung im Rat, wird die Sache „im Hinblick auf einen einstimmigen Beschluss" an den Europäischen Rat verwiesen. Diese Regelung erinnert von ihrem Wortlaut sehr stark an den **Luxemburger Kompromiss** und zeigt damit, welche Ängste die Mitgliedstaaten haben, im Bereich der GASP überstimmt zu werden – obwohl die Mehrheitsentscheidungen ohnehin allein relativ

---

[72] Dazu auch *Hofmeister*, JA 2010, 203.

unbedeutende Punkte und keinesfalls die generellen Leitlinien betreffen.

4. Bestimmungen für die Sicherheits- und Verteidigungspolitik

Die Gemeinsame Sicherheits- und Verteidigungspolitik ist nach Art. 42 EU integraler Bestandteil der GASP. Ziel ist es der Union eine auf zivile und militärische Mittel gestützte Operationsfähigkeit zu sichern. Die Aufgaben werden mit Hilfe der Fähigkeiten erfüllt, die von den Mitgliedstaaten bereitgestellt werden. Beschlüsse werden grds. einstimmig gefasst.

In ziviler Hinsicht geht es etwa um die Bereitstellung von Polizeibeamten (zur Ausbildung) oder anderen Experten aus dem Sicherheitsbereich (wie Staatsanwälte, Richter oder Strafvollzugsbeamte). In militärischer Hinsicht soll langfristig ein Rückgriff auf Truppen ermöglicht werden (regelmäßig kleine Einheiten in Bataillonsstärke) die innerhalb weniger Tage einsatzfähig sein sollen.[73] Mittlerweile hat es auch bereits die ersten Einsätze zur Krisenbewältigung gegeben: am 01.01.2003 eine zivile Polizeimission in Bosnien-Herzegowina und am 18.03.2003 eine erste militärische Mission in Mazedonien.

Durch eine Gemeinsame Aktion ist im Jahre 2004 eine **Europäische Verteidigungsagentur** mit Sitz in Brüssel gegründet worden.[74] Diese Agentur verfügt über eine eigene Rechtspersönlichkeit und hat unter dem Vorsitz des Hohen Vertreters für die GASP die Aufgabe, den Rat und die einzelnen Mitgliedstaaten in ihren Bemühungen um die Verbesserung der Verteidigungsfähigkeiten der Union im Bereich der Krisenbewältigung sowie der ESVP dauerhaft zu unterstützen. Im Vertrag von Lissabon ist diese Agentur primärrechtlich in **Art. 45 EU** aufgenommen worden.

VIII. Schlussbestimmungen

Der Titel VI (Art. 47-55 EU) enthält die Schlussbestimmungen des EU-Vertrages. Neben einigen **technischen Bestimmungen** etwa zur Stellung der Protokolle (Art. 51 EU), zum Geltungsbereich (Art. 52 EU), der Geltungsdauer (Art. 53 EU), dem Ratifikationserfordernis (Art. 54 EU) und der Verbindlichkeit der einzelnen Sprachfassungen (Art. 55 EU) finden sich hier vor allem die bedeutenden Rege-

---

[73]   *Terhechte*, in Schwarze, EU-Kommentar, Art. 42 EU Rn 5.
[74]   ABl. EG 2004 Nr. L 74/17.

lungen zur **Vertragsänderung** (Art. 48 EU) sowie zum **Beitritt** (Art. 49 EU) und erstmals auch zum **Austritt** aus der EU (Art. 50 EU).

1. Das Vertragsänderungsverfahren

Die Mitgliedstaaten bleiben auch nach dem Vertrag von Lissabon die Herren der Verträge. Die Union hat damit weiterhin nicht die sog. **Kompetenz-Kompetenz**, kann ihre Befugnisse mithin nicht einseitig zu Lasten der Mitgliedstaaten erweitern oder überhaupt verändern. Jede Vertragsänderung muss daher von den Mitgliedstaaten ausgehen. Bereits im alten EU-Vertrag bestanden für dieses Vertragsänderungsverfahren jedoch bestimmte Regelungen, die vor allem das Prozedere einer solchen Änderung festlegten. Auch im Vertrag von Lissabon regelt daher Art. 48 EU das Verfahren der Vertragsänderung.

Angesichts der Tatsache, dass die Mitgliedstaaten, die Herren der Verträge sind, könnten sie sich über diese Verfahrensregelungen letztlich auch hinwegsetzen. Voraussetzung ist allein, dass die beschlossenen Änderungen von allen Mitgliedstaaten ratifiziert werden. Aus politischen Gründen wird man sich indes an das kodifizierte Verfahren halten.

Neu ist indes, dass nunmehr erstmals zwischen dem **ordentlichen und dem vereinfachten Änderungsverfahren** unterschieden wird. Das ordentliche Änderungsverfahren findet sich in Art. 48 Abs. 2-5 EU, während sich die vereinfachten Änderungsverfahren in den Abs. 6 und 7 EU finden.

Das **ordentliche Änderungsverfahren** kann von den Mitgliedstaaten, dem Parlament oder der Kommission dadurch eingeleitet werden, dass die Änderungsvorschläge dem Rat vorgelegt werden, der diese anschließend dem Europäischen Rat übermittelt und den nationalen Parlamenten zur Kenntnis bringt. Sofern der Europäische Rat (nach Anhörung des Parlaments und der Kommission) die Prüfung der Vorschläge beschließt, wird vom Präsidenten des Europäischen Rates ein Konvent mit Vertretern der nationalen Parlamente, der Staats- und Regierungschefs der Mitgliedstaaten, des Europäischen Parlaments und der Kommission einberufen. Die **Konventsmethode**, mit der bei der Ausarbeitung des Verfassungsvertrages im Prinzip gute Erfahrungen gemacht wurden, wird damit zur Regel. Etwas anderes gilt nur dann, wenn der Europäische Rat aufgrund des geringen Umfangs der vorgeschlagenen Änderungen nach Zustimmung des Parlaments mit einfacher Mehrheit beschließt, dass eine Konventseinberufung nicht gerechtfertigt ist.

Sofern ein Konvent einberufen worden ist, gibt dieser eine Empfehlung an die **Konferenz der Vertreter der Regierungen der Mitgliedstaaten** ab (ohne Konvent wird diese Konferenz unmittelbar einberufen). Diese Konferenz hat nunmehr die Möglichkeit, die Änderungen zu beschließen, muss dabei aber nicht den Empfehlungen des Konvents folgen und kann mithin auch andere Änderungen vornehmen. Die Änderungen treten in Kraft, sobald sie von allen Mitgliedstaaten ratifiziert worden sind. Sofern dies nicht innerhalb von zwei Jahren nach der Unterzeichnung des Vertrages der Fall ist, oder wenn sonstige Ratifikationsprobleme auftreten, befasst sich der Europäische Rat mit der Frage des Fortgangs der Ratifikation.

Das **vereinfachte Änderungsverfahren** nach **Art. 48 Abs. 6 EU** ermöglicht zunächst erleichterte Veränderungen der Bestimmungen des Dritten Teils des AEU-Vertrages (Art. 26-197 AEU) und damit sämtlicher Politiken der Union. Hier kann der Europäische Rat einen einstimmigen Beschluss über die zu treffenden Änderungen treffen. Die Änderungen treten dann in Kraft, sobald sie von allen Mitgliedstaaten ratifiziert worden sind. Ausgeschlossen sind indes Änderungen, die zu einer Ausdehnung der der Union im Rahmen der Verträge übertragenen Zuständigkeiten führen sollen (Art. 48 Abs. 6 III EU). Solche können folglich allein im ordentlichen Änderungsverfahren getroffen werden. Das vereinfachte Verfahren kommt damit vornehmlich dort in Betracht, wo Kompetenzen der Union auf die Mitgliedstaaten zurückübertragen werden sollen, was freilich nur selten der Fall sein wird.

Interessanter ist insofern die in **Art. 48 Abs. 7 EU** vorgesehene vereinfachte Möglichkeit, vom Einstimmigkeitserfordernis im Rat zur qualifizierten Mehrheit zu wechseln. Möglich ist dies für den gesamten AEU-Vertrag sowie den Titel V (Art. 21-46 EU) des EU-Vertrages, wobei indes Beschlüsse mit militärischen oder verteidigungspolitischen Bezügen ausgenommen sind. Möglich ist zudem der Übergang vom besonderen zum ordentlichen Gesetzgebungsverfahren.

Erforderlich ist jeweils ein (einstimmiger) Beschluss des Europäischen Rates und die Zustimmung des Europäischen Parlaments (Art. 48 Abs. 7 IV EU). Zuvor muss die Initiative allerdings den nationalen Parlamenten zugeleitet werden. Erst wenn diese die Initiative nicht innerhalb von sechs Monaten ablehnen, darf der Beschluss vom Europäischen Rat und dem Europäischen Parlament gefasst werden.

2. Der Beitritt zur Union

Der Beitritt zur Union ist in **Art. 49 EU** geregelt. Danach kann jeder europäische Staat, der die in Art. 2 EU genannten Werte achtet und sich für ihre Förderung einsetzt beantragen, Mitglied der Union zu werden. Zuletzt hatte im Zuge der Finanzkrise Island einen solchen Antrag gestellt, das diesen nunmehr aber wieder zurückgenommen hat.

Der Beitrittsantrag wird an den Rat gerichtet, das Parlament und die nationalen Parlamente werden von diesem Antrag unterrichtet. Über diesen Beitrittsantrag wird sodann einstimmig vom Rat nach Anhörung der Kommission und Zustimmung des Parlaments beschlossen, wobei die vom Europäischen Rat vereinbarten Kriterien beachtet werden (gemeint sind die **Kopenhagener Kriterien**, s.o.).

Die notwendigen Anpassungen der Verträge sowie die Aufnahmebedingungen im Einzelnen werden durch ein Abkommen zwischen den Mitgliedstaaten und dem antragstellenden Staat geregelt. Da es sich hier um eine Vertragsänderung handelt, bedarf dieses Abkommen der Ratifikation durch alle Mitgliedstaaten.

3. Der Austritt aus der Union

Erstmals findet sich in **Art. 50 EU** nunmehr auch eine ausdrückliche Regelung zum Austritt aus der Union.[75] Durch diese Bestimmung wird insoweit deutlich gemacht, dass es sich bei der EU weiterhin um einen freiwilligen Zusammenschluss handelt, der also noch nicht die Stufe eines Bundesstaates erreicht hat. Die Regelung hat daher vor allem **symbolischen Charakter**, um Ängsten der Bevölkerung vor einer übermächtigen EU entgegenzuwirken.[76]

Auch zuvor wurde ein Austritt aus der EU für rechtlich zulässig angesehen. Umstritten war aber, wie ein solcher abzulaufen hatte: Während die Intergouvernementalisten ein einseitiges Austrittsrecht befürworteten, betonten die Supranationalisten, dass ein solcher eine einvernehmliche Vereinbarung aller Mitgliedstaaten voraussetzt. Herrschend war wohl die Ansicht der Supranationalisten.

Art. 50 Abs 1 EU sieht nun ein sehr **weitgehendes einseitiges Austrittsrecht** vor. Jeder Mitgliedstaat kann danach nach seinen verfassungsrechtlichen Vorschriften beschließen aus der EU auszu-

---

[75] Dazu auch *Jaekel*, JURA 2010, 87.
[76] Dazu auch *A. Thiele*, Austritt aus der EU, EuR 2016, i.E.

treten. An besondere unionsrechtliche Voraussetzungen ist das Austrittsrecht (wohl) nicht gekoppelt.[77]

In Deutschland müsste der **Bundestag einen Austrittsbeschluss** fassen, anschließend müsste der Bundesrat zustimmen, wobei in entsprechender Anwendung des Art. 23 Abs. 1 S. 3 GG jeweils 2/3-Mehrheiten erforderlich wären. Die Austrittserklärung wäre anschließend vom Bundespräsidenten zu unterzeichnen und an die EU zu übermitteln. Wegen des in Art. 23 Abs. 1 GG normierten Integrationsauftrags ist allerdings umstritten, ob bzw. wann ein solcher Austritt verfassungsrechtlich überhaupt zulässig wäre.[78]

Das **Verfahren des Austritts** ist in Art. 50 Abs. 2 EU im Einzelnen geregelt. Vorgesehen ist, dass die EU und der jeweilige Mitgliedstaat ein Abkommen über die Einzelheiten des Austritts abschließen, wobei auch der Rahmen für die künftigen Beziehungen dieses Staates zur Union berücksichtigt wird. Es wird vom Rat mit qualifizierter Mehrheit beschlossen und bedarf der Zustimmung des Parlaments. Mit Inkrafttreten des Abkommens oder andernfalls zwei Jahre nach der Mitteilung des Staates austreten zu wollen, finden die Unionsverträge auf diesen Staat keine Anwendung mehr. Allerdings kann diese Frist im Einvernehmen mit dem austretenden Staat durch den Europäischen Rat verlängert werden.

Der **Austritt** eines Mitgliedstaats war lange kaum vorstellbar. Er käme auch nur dann in Betracht, wenn der Mitgliedstaat zu dem Ergebnis kommen sollte, dass ein Austritt für ihn insgesamt vorteilhafter ist, als ein weiterer Verbleib in der Union. Das erscheint indes an sich eher unwahrscheinlich. Angesichts der Unsicherheiten über die Finalität der Integration, wird die Frage eines Austritts mittlerweile jedoch zumindest in einigen Staaten sehr viel offener diskutiert und als ernsthafte Option zumindest von einigen politischen Strömungen durchaus in Betracht gezogen. Das betrifft vornehmlich das Vereinigte Königreich, wo mit der „United Kingdom Independence Party" (UKIP) eine Partei existiert, deren Kernanliegen der Austritt aus der Union ist und die in den letzten Jahren erheblichen Zulauf erfahren hat. Der Premierminister *David Cameron* hat denn schon vor einiger Zeit angekündigt, mit der EU über die Neugestaltung der Mitgliedschaft Großbritanniens verhandeln und über das erzielte Ergebnis ein Referendum abhalten zu wollen.[79] Nachdem *Cameron* Ende 2015 seine Forderungen an die EU übermittelt hat, konnte bereits im Februar 2016 eine entsprechende Einigung erzielt werden.

---

[77] Vgl. dazu insgesamt auch *J. Zeh*, ZEuS 2004, 173 ff.
[78] Dazu auch *A. Thiele*, Der Austritt aus der EU, EuR 2016, i.E.
[79] Ein solches Referendum hat es in Großbritannien bereits im Jahr 1975 gegeben.

Das britische Volk ist nun aufgerufen, am **23. Juni 2016** über den Verbleib in der EU unter diesen neuen Bedingungen zu entscheiden. Wie dieses Referendum ausgeht ist offen – neben einigen Ministern des britischen Kabinetts befürwortet nicht zuletzt der beliebte Londoner Bürgermeister *Boris Johnson* einen Austritt. Das Ende der Integration muss ein solcher Austritt keineswegs bedeuten. Er wäre aber natürlich eine bedeutende Zäsur.

Durchgesetzt hat *Cameron* vor allem folgende Punkte: Erstens kann über ein besonderes „Notbremseverfahren" verhindert werden, dass EU-Ausländern volle Sozialleistungen gezahlt werden müssen. Diese Sonderregelung besteht für maximal sieben Jahre, wobei sie nur für neu einreisende EU-Ausländer für jeweils maximal vier Jahre gilt. Zweitens kann die Höhe des Kindergeldes vom Aufenthaltsort des Kindes abhängig gemacht werden. Drittens dürfen Nicht-Euro-Mitglieder nicht benachteiligt werden. Viertens ist Großbritannien nicht mehr an das Ziel einer „immer engeren Union" gebunden. Fünftens soll die Wettbewerbsfähigkeit gestärkt werden.

Zusammenfassung § 3

- Die EU wurde durch den Vertrag von Maastricht ins Leben gerufen und durch den Vertrag von Lissabon vollständig reformiert.
- Das bisherige Säulenmodell wurde formal aufgelöst. Allerdings bleiben Sonderregelungen für einzelne Bereiche (vor allem die GASP) weiterhin vorhanden. Zudem bleibt die EAG weiterhin neben der Union bestehen.
- Die „neue Union" ist Rechtsnachfolgerin der bisherigen Gemeinschaft und hat insofern auch deren supranationalen Charakter übernommen.
- Die vertraglichen Grundlagen der EU sind zwischen dem EU-Vertrag und dem AEU-Vertrag aufgeteilt.
- Im EU-Vertrag finden sich vor allem die grundlegenden Bestimmungen (Werte, Ziele, Beitritt, Austritt). Er fungiert daher als „Rahmenvertrag", der durch den AEU-Vertrag ausgefüllt wird.
- Einzige Ausnahme bildet die GASP, die vollständig im EU-Vertrag geregelt ist und für die zahlreiche Sonderbestimmungen bestehen. Eine besondere Stellung hat in diesem Zusammenhang der Hohe Vertreter, der sowohl Mitglied der Kommission, als auch Vorsitzender des Rates „Auswärtige Angelegenheiten" ist.
- Die Konventsmethode wird zur Regelmethode für Vertragsänderungen bestimmt. Daneben finden sich für bestimmte Bereiche vereinfachte Änderungsverfahren.
- Erstmals findet sich auch ein förmliches Austrittsrecht. Großbritannien wird im Juni 2016 ein Referendum über den Verbleib in der EU abhalten.

3. TEIL: INSTITUTIONEN/HANDLUNGSFORMEN/RECHTSSCHUTZ

In diesem dritten Teil soll das **institutionelle System** der Europäischen Union im Einzelnen erläutert werden. Die Darstellung umfasst neben den Organen (§ 4) auch die Rechtsquellen (§ 5), einen Überblick über die Stellung des Unionsrechts (§ 6), das Rechtsetzungsverfahren (§ 7), den Vollzug des Unionsrechts (§ 8), die Haftung der Union und der Mitgliedstaaten (§ 9) sowie den Rechtschutz (§ 10). Ausgeklammert bleiben zunächst die Politiken der Union, die dem vierten Teil vorbehalten sind. Im so verstandenen institutionellen System ist es durch den Vertrag von Lissabon zu ganz **erheblichen Änderungen** gekommen.

§ 4 DIE ORGANE DER UNION

I. Allgemein

Die Regelungen über die Organe sind – wie oben bereits angesprochen – zwischen dem EU-Vertrag und dem AEU-Vertrag aufgeteilt worden. Generell finden sich die grundlegenden Bestimmungen zu den Organen im EU-Vertrag, während die „detaillierten Bestimmungen" (Art. 13 Abs. 3 EU) im AEU-Vertrag enthalten sind. Indes wirkt diese Verteilung teilweise ein wenig willkürlich, so dass sich klare Angaben darüber, was genau unter detaillierten Bestimmungen zu verstehen ist, nicht machen lassen – zumal die Regelungen zur Europäischen Zentralbank und dem Rechnungshof ausschließlich im AEU-Vertrag enthalten sind.

Tatsächlich folgte die Aufteilung wohl eher dem Grad der **politischen Umstrittenheit** während der Verhandlungen. So finden sich im EU-Vertrag etwa ausführliche Bestimmungen zur Mehrheitsbeschlussfassung im Rat (Art. 16 Abs. 4-6 EU), die einen der strittigsten Punkte bei der Regierungskonferenz bildeten und die man auf den ersten Blick durchaus als detaillierte Bestimmungen ansehen könnte. Ähnliches gilt auch für die Frage der zukünftigen Besetzung der Kommission (Art. 17 Abs. 3-8 EU).

Die Zentrale Norm des Art. 13 EU listet die Organe der Union auf. Danach gibt es zunächst **sieben Hauptorgane**:

- Europäisches Parlament (EP);
- Europäischer Rat;
- Rat;
- Kommission;
- Gerichtshof;
- Europäische Zentralbank;
- Rechnungshof.

Die Zahl ist insoweit im Gegensatz zur Zahl der Organe der Gemeinschaft (fünf) angewachsen. Dies liegt zum einen daran, dass das bisherige Organ der alten EU – der Europäische Rat – im Zuge der Zusammenführung zur neuen Union nunmehr zu den Organen dazustößt. Zudem ist die schon bisher bestehende EZB durch den Vertrag von Lissabon als ordentliches Organ eingestuft worden.

In Art. 13 Abs. 2 EU ist festgehalten, dass jedes dieser Organe nach Maßgabe der ihm in den Verträgen zugewiesenen Befugnisse nach den Verfahren, Bedingungen und Zielen, die in den Verträgen festgelegt sind handelt. **Dieses Prinzip der begrenzten Einzelermächtigung** spielt vor allem im Bereich der Rechtsetzung der Union eine große Rolle (siehe § 7). Zudem sind die Organe zur loyalen Zusammenarbeit verpflichtet.

Nach Art. 13 Abs. 4 EU werden das Parlament, der Rat und die Kommission zudem von einem **Wirtschafts- und Sozialausschuss** (WSA) sowie einem **Ausschuss der Regionen** (AdR) unterstützt, die beratende Aufgaben wahrnehmen. Diese Ausschüsse werden zum Teil (sprachlich etwas unglücklich) als Hilfsorgane bezeichnet.

Der Sitz der einzelnen Organe und Einrichtungen ist in Durchführung des Art. 341 AEU in einem eigenen Protokoll festgelegt (Nr. 6). Das Protokoll besteht aus nur einem einzigen Artikel. Etwas verwirrend ist sicherlich die Sitzregelung des Parlaments. Danach hat dieses seinen Sitz in Straßburg. Zusätzliche Plenartagungen finden jedoch in Brüssel statt, ebenso tagen auch die Ausschüsse des Parlaments dort. Das Generalsekretariat befindet sich indes in Luxemburg. Diese unterschiedlichen Sitzorte führen zu nicht unerheblichen Reisekosten. So muss etwa der gesamte Parlamentsbetrieb mit allen wichtigen Akten, Mitarbeitern etc. von Brüssel nach Straßburg umziehen. Der Vorwurf an die einzelnen Europaabgeordneten, sich auf Kosten des europäischen Steuerzahlers solch ein „Reiseparlament" zu leisten, wie er teilweise in den Medien erscheint, ist jedoch unberechtigt. Denn die einzelnen Parlamentarier würden diese unsinnige Regelung umgehend ändern, wenn sie denn könnten. Da Protokolle jedoch über Art. 51 EU „Bestandteil des Vertrages" sind und daher nur im formellen Vertragsänderungsverfahren geändert werden können (Art. 48 EU), sind es allein die Mitgliedstaaten – und damit deren Staats- und Regierungschefs – die eine entsprechende Änderung vornehmen könnten. Dazu ist ein einstimmiger Beschluss mit anschließender Ratifikation notwendig, bei dem einige Mitgliedstaaten auf einen Sitz des Parlaments verzichten müssten – dazu sind diese jedoch nicht bereit. Bei den Verhandlungen zum Vertrag von Lissabon stand dieses Thema von daher überhaupt nicht auf der Tagesordnung.

II. Institutionelles Gleichgewicht/Regierungssystem

1. Institutionelles Gleichgewicht

Die Union übt Hoheitsgewalt aus, die sich den drei klassischen Gewalten (Legislative, Exekutive und Judikative) durchaus zuordnen lässt. Doch hat sich dieses System langsam entwickelt, indem die Kompetenzen der einzelnen Organe in unterschiedlichem Maße im

Laufe der Zeit ausgeweitet wurden. Ein abgeschlossenes Konzept im Hinblick auf die Verteilung dieser Gewalten gab es daher zu keinem Zeitpunkt. Es findet sich daher auf Unionsebene **nicht die klassische Form der Gewaltenteilung**, wie sie aus den Mitgliedstaaten bekannt ist. Insbesondere die Aufteilung der Gesetzgebungs- und Exektivfunktion weist zahlreiche Besonderheiten auf. So ist die Aufgabe der Legislative auf insgesamt drei Organe (Rat, Kommission und Parlament) aufgeteilt, wobei der Rat (bestehend aus Exekutivvertretern der Mitgliedstaaten) auch heute noch die bedeutendste Rolle spielt. Lediglich die Judikativfunktion ist ausschließlich dem EuGH zugewiesen.

Der Gerichtshof spricht daher seit dem *Meroni-Urteil* aus dem Jahre 1958[80] auch nicht von Gewaltenteilung, sondern von dem Erfordernis des **institutionellen Gleichgewichts**, das zwischen den Organen bestehen muss. Danach haben die Verträge ein **System der Zuständigkeiten** zwischen den verschiedenen Organen geschaffen, das jedem Organ seinen eigenen Auftrag innerhalb des institutionellen Gefüges und bei der Erfüllung der übertragenen Aufgaben zuweist.

Die Wahrung dieses institutionellen Gleichgewichts verlangt, dass jedes Organ seine Befugnisse unter Beachtung der Befugnisse des anderen Organs ausübt; entsprechende Verstöße müssen geahndet werden können. Mit dieser Begründung hat der EuGH daher z.B. die aktive Parteifähigkeit des Parlaments im Rahmen der Nichtigkeitsklage begründet, als der Vertrag selbst eine solche Möglichkeit noch nicht vorsah.[81] Das Prinzip des institutionellen Gleichgewichts stellt sich folglich als ein **vertragsimmanentes Prinzip** dar, welches bei der Auslegung der einzelnen Vertragsbestimmungen zu berücksichtigen ist und insbesondere dort herangezogen werden kann, wo die Verträge Lücken aufweisen oder ihrerseits unklar sind.

Allerdings ist hier größte **Vorsicht geboten**. Maßgeblich sind zunächst einmal die ausdrücklichen Bestimmungen der Verträge, die die Befugnisse der Organe im Einzelnen aufführen. Diese sind im Grundsatz als abschließend anzusehen, Erweiterungen bedürfen mithin grds. einer förmlichen Vertragsänderung durch die Mitgliedstaaten. Nur ganz ausnahmsweise kann es zulässig sein, dass der Gerichtshof entsprechende Erweiterungen unter Rekurs auf das institutionelle Gleichgewicht vornimmt.

---

[80] EuGH Slg. 1958, 1, 36.
[81] EuGH Slg. 1990, I-2041 Rn 23 ff. Mittlerweile ist das Parlament ein privilegierter Kläger.

II. Das europäische „Regierungssystem"

Angesichts dieser besonderen Organstruktur überrascht es nicht, dass sich die EU auch **keinem klassischen Regierungssystem** zuordnen lässt. Unterschieden werden insoweit – wenn man vom speziellen Schweizer Direktorialsystem absieht – das parlamentarische, das präsidentielle und das semi-präsidentielle Regierungssystem.

Typisch für das **parlamentarische Regierungssystem** ist dabei die Abhängigkeit der (gesamten) Regierung in ihrem Bestand vom jeweiligen Parlament.[82] Die Regierung kann durch das Parlament also jederzeit abgesetzt werden, weshalb dieses System durch eine besonders enge Zusammenarbeit dieser beiden Organe geprägt ist. Nun kann das Europäische Parlament zwar die Kommission stürzen (vgl. Art. 234 AEU, siehe sogleich). Diese bildet aber jedenfalls nicht die alleinige Regierung der EU. Für die Leitlinien der europäischen Politik (eine typische Regierungsaufgabe) ist vielmehr der Europäische Rat zuständig, der aber wiederum durch das Parlament nicht gestürzt werden kann – er ist ja mit den Staats- und Regierungschefs besetzt.

Das **präsidentielle Regierungssystem** (USA) ist hingegen durch eine strikte Trennung der Exekutive (Präsident) von der Legislative (Parlament) gekennzeichnet. Nun ließe sich zwar der Europäische Rat als Gesamtorgan gewissermaßen als „Präsident der EU" interpretieren. Wie soeben gezeigt, ist mit der Kommission gleichwohl jedenfalls ein bedeutender Teil der Exekutive vom Parlament abhängig.

Will man den Europäischen Rat tatsächlich als „Präsidenten der Union" akzeptieren, weist das Regierungssystem der Union die meisten Parallelen daher wohl mit dem **semi-präsidentiellen Regierungssystem** auf, das etwa in Frankreich besteht. Auch dort gibt es neben dem Präsidenten noch eine gesonderte Regierung, die in ihrem Bestand vom Parlament abhängig ist. Allerdings kann dort auch der Präsident die Regierung stürzen, was wiederum dem Europäischen Rat in Bezug auf die Kommission nicht möglich ist.

Insgesamt handelt es sich also bei der EU um ein **Regierungssystem sui generis**. Diese Erkenntnis mahnt insoweit zur Vorsicht,

---

[82] **Achtung**: Entscheidend ist also nicht die Wahl der Regierung durch das Parlament, wie das britische Beispiel belegt. Dort wird die Regierung von der Queen ernannt, kann aber vom Parlament jederzeit gestürzt werden.

wenn es darum geht, nationale Besonderheiten unbesehen auf die EU übertragen zu wollen.

III. Das Europäische Parlament (EP)

Regelungen zum EP finden sich in Art. 14 EU und in den Art. 223 ff. AEU. Im Hinblick auf das EP ist es tatsächlich so, dass sich die grundlegenden Bestimmungen im EU-Vertrag finden und die Details dem AEU-Vertrag vorbehalten sind. Das EP ist aus der Gemeinsamen Versammlung der EGKS, der Versammlung der EWG und der Versammlung der EAG hervorgegangen. Seit der EEA heißt es nunmehr auch offiziell „Europäisches Parlament".[83] Es besteht nach Art. 14 Abs. 2 EU aus **Vertretern der Unionsbürgerinnen und Unionsbürger.** Die bisherige Regelung sprach hingegen noch von den „Vertretern der Völker der in der Gemeinschaft zusammengeschlossenen Staaten". Der Vertrag von Lissabon bringt dadurch an dieser Stelle zum Ausdruck, dass sich die neue Union mehr denn je als eine Union der Bürgerinnen und Bürger versteht und insoweit das demokratische Element stärken will.

Über das EP wird die europäische Gewalt damit an die Unionsbürger gebunden. Allerdings ist diese Form der **demokratischen Legitimation** für die gesamte europäische Hoheitsgewalt nicht ausreichend. Die Kompetenzen des Parlaments sind noch immer begrenzt, wenngleich sie im Laufe der Zeit stetig ausgeweitet worden sind. Der Rat spielt insofern weiterhin eine ganz bedeutende Rolle auf der europäischen Ebene. Hinzu tritt das Problem des sog. **Demokratiedefizits** des Parlaments, das aus seiner ungleichen Besetzung resultiert (siehe sogleich). Zu der Legitimation der Union durch das Parlament muss daher weiterhin die Legitimation der Ratsvertreter über die nationalen Parlamente treten. Insgesamt beruht die Legitimation der Unionsgewalt damit auf dem EP *und* den nationalen Parlamenten gemeinsam.

Diese Ansicht ist durch das Bundesverfassungsgericht in seinem Lissabon-Urteil[84] noch einmal bekräftigt worden. Hinzu tritt seit dem Vertrag von Lissabon nunmehr die in **Art. 11 EU geregelte Möglichkeit der Bürgerbeteiligung.**

Die Rolle des Parlaments hat sich im Laufe der Zeit zunehmend gewandelt. Von einer mehr beratenden Versammlung in der Anfangs-

---

[83] Zuvor hieß es offiziell seit 1957 „Versammlung". Das EP beschloss jedoch bereits am 21.03.1958 selbstständig die Umbenennung in „Europäisches Parlament". Diese Bezeichnung war und ist auch seither anerkannt.
[84] NJW 2009, 2267 ff.

zeit, hat es sich mittlerweile zum (fast) **gleichberechtigten Gesetzgeber** entwickelt. Gleichwohl ist die zukünftige Entwicklung des EP nicht ganz klar. Vor allem durch das Lissabon-Urteil des Bundesverfassungsgerichts ist nicht sicher, ob eine Ausweitung der Befugnisse des EP weiterhin möglich ist. Denn das BVerfG geht davon aus, dass das Demokratiedefiztit des Parlaments (siehe sogleich) einer zu starken Ausweitung von Kompetenzen in dieser Hinsicht im Wege steht.

1. Zusammensetzung/Wahl

a) Allgemein

Das EP besteht nach Art. 14 Abs. 2 EU aus Vertretern der Unionsbürgerinnen und Unionsbürger, wobei deren Anzahl 750 nicht überschreiten darf. Hinzu kommt der Präsident des Parlaments. Anders als noch im Vertrag von Nizza ist die genaue Anzahl der jedem Mitgliedstaat zukommenden Parlamentarier nicht primärrechtlich festgelegt. Bestimmt ist lediglich, dass die Bürgerinnen und Bürger degressiv proportional, mindestens jedoch mit sechs Mitgliedern im EP vertreten werden. Kein Mitgliedstaat darf jedoch mehr als 96 Sitze erhalten. Die Einzelheiten sind einem einstimmigen Beschluss des Europäischen Rates vorbehalten, der sich an diesen Vorgaben orientieren muss.

Diese in Art. 14 Abs. 2 EU angesprochene degressiv proportionale Vertretung bildet den Ausgangspunkt des in der Öffentlichkeit so kontrovers diskutierten **Demokratiedefizits** des Parlaments. Aufgrund der unterschiedlichen Größe der einzelnen Mitgliedstaaten, unterscheiden sich die Stimmgewichte, die einem Wähler in einem kleinen Mitgliedstaat zukommen ganz erheblich von demjenigen eines Wählers in größeren Mitgliedstaaten.

So vertritt ein deutscher Abgeordneter gegenwärtig etwa 800.000 Wähler, während ein Abgeordneter aus Malta lediglich 80.000 Wähler vertritt. Eine Stimme aus Malta hat damit einen um den Faktor 10 höheren Erfolgswert im Hinblick auf die Besetzung des gesamten EP.

Dieses Missverhältnis stellt einen erheblichen Eingriff in den Grundsatz der **Gleichheit der Wahl** dar. Der Grund für diese ungleiche Verteilung liegt darin, dass es zum gegenwärtigen Zeitpunkt kein einheitliches europäisches Wahlvolk gibt. Ein europaweit annähernd gleich großer Erfolgswert setzt jedoch auch annähernd gleich große Wahlkreise voraus, was indes angesichts der unterschiedlichen Größe der Mitgliedstaaten nicht möglich ist. Dieses

Prinzip war in den Anfangsjahren der Gemeinschaft weniger problematisch, da das Parlament im Wesentlichen beratende Funktion hatte. In der heutigen Zeit sind jedoch die Befugnisse des Parlaments mehr und mehr gewachsen, insbesondere durch die Einführung des nunmehr als ordentliches Gesetzgebungsverfahren bezeichneten Mitentscheidungsverfahrens nach Art. 289 AEU.

Auch das **Bundesverfassungsgericht** hat nunmehr in seinem Urteil zum Vertrag von Lissabon klargestellt, dass die demokratische Legitimationskraft des EP mittlerweile erschöpft ist. Eine Ausweitung der Befugnisse des Parlaments ist insoweit nicht mehr ohne Weiteres möglich, bevor das Problem der Gleichheit der Wahl in angemessener Weise gelöst wird. Aus diesem Grund ist es fraglich, wie die Entwicklung des Parlaments in Zukunft weitergehen wird.

Die **Abgeordneten** sind **unabhängig** und damit weder an Aufträge noch an Weisungen gebunden. Wie auch die Bundestagsabgeordneten genießen sie zum Schutze dieser Unabhängigkeit **Immunität** sowie **Indemnität**.[85] Daneben erhalten die Abgeordneten eine Entschädigung.

Die einzelnen Abgeordneten haben sich innerhalb des EP größtenteils zu **Fraktionen** zusammengeschlossen (gegenwärtig sieben), einige Abgeordnete sind fraktionslos. Die Voraussetzungen einer Fraktionsbildung sind in Art. 29 der Geschäftsordnung geregelt. Die Fraktionen sind nicht nach Nationen gegliedert, sondern folgen der jeweiligen politischen Ausrichtung. Zum Teil ist es jedoch so, dass vor allem bei umstrittenen Themen faktisch eine Abstimmung nach Nationen stattfindet. Angesichts der Tatsache, dass das EP weiterhin eher als Gegenspieler zum Rat fungiert ist es ohnehin so, dass die einzelnen Fraktionen eine etwas geringere Rolle im politischen Prozess spielen, als dies etwa in Deutschland der Fall ist. Eine wirkliche Aufteilung in Regierung und Opposition gibt es dort noch nicht, es handelt sich bei der EU auch (noch) nicht um ein parlamentarisches Regierungssystem, mit der klassischen Aufteilung des Parlaments in zwei Lager. Die Kooperation zwischen den einzelnen Fraktionen ist von daher im EP relativ stark ausgeprägt, um so den Einfluss gegenüber dem Rat und auch der Kommission möglichst effektiv nutzen zu können, was durch das **Sprechen mit einer Stimme** wesentlich erleichtert wird.

---

[85] Vgl. Art. 46 GG.

Wie die erstmalige Aufstellung von Spitzenkandidaten zur Europawahl 2014 gezeigt hat, nimmt die Bedeutung der Binnendifferenzierung des EP allerdings auch ohne förmliche Vertragsänderung stetig zu. Das EP rückt insofern zunehmend in die Rolle eines „normalen" Parlaments in einem parlamentarischen Regierungssystem, das zumindest Teile der Regierung – hier die Kommission – konstitutiert und auch dauerhaft tragen muss.

Das EP hat darüber hinaus einen Präsidenten[86] sowie 14 Vizepräsidenten, die jeweils für zweieinhalb Jahre gewählt werden. Des Weiteren verfügt das EP gegenwärtig über zahlreiche ständige Ausschüsse. Seinen Hauptsitz hat das EP in **Straßburg**. Zusätzliche Tagungen finden in **Brüssel** statt. Das Generalsekretariat sitzt in **Luxemburg**.

b) Die Wahl

Die Abgeordneten des EP werden nach Art. 14 Abs. 3 EU in allgemeiner, unmittelbarer, freier und geheimer Wahl gewählt. Diese Aufzählung ähnelt derjenigen des Art. 38 Abs. 1 GG – allerdings fehlt aus oben genannten Gründen das Erfordernis einer gleichen Wahl. Eine solche Direktwahl findet seit 1979 statt. Bis dahin wurden Vertreter der nationalen Parlamente in das EP entsandt. In Art. 223 AEU ist vorgesehen, dass das Parlament einen Entwurf im Hinblick auf ein einheitliches Wahlverfahren in allen Mitgliedstaaten vorlegt, der dann vom Rat erlassen wird. Bisher ist es zu einem solchen Entwurf noch nicht gekommen, aktuell wird aber im Parlament über einen neuen Vorschlag verhandelt.[87] Über den im Jahre 1976 verabschiedeten und seitdem mehrfach modifizierten Direktwahlakt sind aktuell lediglich gewisse Mindestvoraussetzungen für die Wahl vorgesehen. Vorgegeben ist danach insbesondere die **Verhältniswahl**, im Übrigen differieren die nationalen Systeme allerdings ganz erheblich.[88]

Bei den Europawahlen 2014 haben die großen europäischen Parteien mit *Martin Schulz* und *Jean Claude Juncker* zudem erstmals europäische **Spitzenkandidaten** für die anstehende Wahl des Kommissionspräsidenten benannt. Entsprechende Regelungen sind we-

---

[86] Bisherige Präsidenten seit der Direktwahl: *Simone Veil* (79-82/F); *Piet Dankert* (82-84/NL); *Pierre Pflimlin* (84-87/F); *Sir Henry Plump* (87-89/VK); *Enrique Baron Crespo* (89-92/E); *Egon Klepsch* (92-94/D); *Klaus Hänsch* (94-98/D); *José Maria Gil-Robles* (98-00/E); *Nicole Fontaine* (00-02/F); *Patrick Cox* (02-04/IRL); *Josep Fontelles Borrell* (04-06/E); *Hans-Gert Pöttering* (06-09/D); *Jerzy Buzek* (09-11/P); *Martin Schulz* (seit 11/D).

[87] In dem Vorschlag ist nicht zuletzt eine europaweite Sperrklausel vorgesehen.

[88] Vgl. *Wüst/Tausendpfund*, 30 Jahre Europawahlen, APuZ 23-24/2009, S. 3 ff.

der im Direktwahlakt, noch an sonstiger Stelle ausdrücklich vorgesehen und sorgten daher nicht zuletzt bei den Staats- und Regierungschefs für eine gewisse Verwirrung.[89] Tatsächlich wurde dadurch der politische Druck auf die Staats- und Regierungschefs erheblich erhöht, nach der Wahl einen der beiden „gewählten" Kanndidaten für diesen Posten zu nominieren. Rechtlich war dieses Vorgehen jedenfalls zulässig, denn formal hätten die Staats- und Regierungschefs auch anders entscheiden können. Es handelte sich insofern um einen äußerst klugen politischen Schachzug des EP um zusätzlichen politischen Einfluss zu gewinnen. Im Ergebnis wurde mit *Jean Claude Juncker* dann auch der „siegreiche" Kandidat benannt – erstmals erfolgte diese Nominierung dabei nicht einstimmig im Europäischen Rat. Bei kommenden Wahlen dürfte die Nominierung von Spitzenkandidaten damit bereits „Normalität" sein.[90] Zukünftig können die Bürgerinnen und Bürger mit der Wahl zum EP also zugleich über die Besetzung der Kommissionsspitze mitbestimmen. Dieses Beispiel zeigt, auf welchen Wegen sich das Parlament auch ohne förmliche Vertragsänderung größeren Einfluss zu sichern vermag.

In Deutschland ist die Europawahl im **Europawahlgesetz** geregelt. Dieses sah eine Verhältniswahl mit einer 5% Sperrklausel vor.[91] Diese Sperrklausel hat das BVerfG aufgrund der spezifischen Funktion des Europäischen Parlaments als verfassungswidrig eingestuft.[92] Der Gesetzgeber reagierte mit der Einführung einer 3%-Klausel, die vom BVerfG jedoch unmittelbar vor der Europawahl 2014 erneut für verfassungswidrig erklärt wurde.[93] Das BVerfG begründete dieses Ergebnis mit der spezifischen Funktion und Stellung des EP, die sich insofern vom Bundestag erheblich unterscheide. Insbesondere hänge die Kommission als Regierung nicht davon ab, ständig von einer stabilen Mehrheit im Parlament getragen zu werden. Und auch im Gesetzgebungsprozess sei eine stabile Mehrheit des EP nicht immer erforderlich. Daher sei die mit der Sperrklausel verbundene Beschränkung der Wahlrechtsgleichheit nicht zu rechtfertigen. Die Entscheidung vermag freilich kaum zu überzeugen. Insbesondere wird der Parlamentarisierungsprozess innerhalb des EP (Stichwort Spitzenkandidaten) kaum hinreichend zur Kenntnis genommen.

Ein Problem der Wahlen zum EP stellt die erstaunlich geringe **Wahlbeteiligung** dar. Von dem Höchstwert von 63% bei den Wahlen im Jahre 1979 ist sie seitdem stetig gesunken und betrug bei der Wahl im Jahre 2014 nur noch 43% – immerhin in Deutschland stieg sie wohl auch aufgrund der Spitzenkandidaten auf 48,1%. Die

---

[89] In Art. 17 Abs. 7 EUV ist lediglich festgehalten, dass die Staats- und Regierungschefs bei der Benennung des Kommissionspräsidenten das Ergebnis der Wahlen zum EP berücksichtigen.

[90] Siehe auch *Holzner*, EuR 2015, 525 (541).

[91] Siehe hierzu BVerfGE 51, 222.

[92] BVerfG 2 BvC 4/10 vom 9.11.2011, E 129, 300. Siehe dazu auch die lesenswerten Sondervoten der Richter *Di Fabio* und *Mellinghoff*.

[93] BVerfG 2 BvE 2/13 vom 26.2.2014.

Ursachen dieser geringen Wahlbeteiligung sind umstritten.[94] Einen wesentlichen Faktor bildet dabei sicherlich der noch immer verbreitete Glaube, dass das EP ohnehin keinerlei Einfluss habe – wie die folgenden Ausführungen zeigen werden, ein Irrglaube. Hinzu kommt die Tatsache, dass die Wahlen zum EP gerne dafür genutzt werden, seinen Unmut über die aktuelle nationale Regierung zu äußern, was – so jedenfalls die Überlegung – auf Europaebene relativ ungefährlich ist, da das EP ja ohnehin nur einen geringen Einfluss hat (was aber wie gesagt nicht zutrifft). Die Bevölkerung ist über die genauen Aufgaben und den Einfluss des EP insoweit offensichtlich weiterhin noch nicht hinreichend informiert und nimmt die Europawahlen lediglich als „**Nebenwahlen**" wahr,[95] bei denen eine Stimmabgabe nicht so wichtig erscheint. Hier ist für die EU weiterhin sehr viel Aufklärungsarbeit zu leisten – aber auch die nationalen Politiker sind hier gefordert und müssen sich bemühen, ein differenziertes Bild der EU und auch des EP zu zeichnen.

c) Das Ende der Amtszeit

Die Amtszeit des Parlaments endet mit Ablauf der Legislaturperiode von fünf Jahren durch den Zusammentritt des neugewählten Parlaments. Fraglich ist, ob das Parlament darüber hinaus ein **Recht auf Selbstauflösung** besitzt.[96] Denkbar wäre, ein solches als Ausfluss der Autonomie des Parlaments, über alle internen Angelegenheiten selbstständig zu entscheiden (**Organautonomie**), herzuleiten. Dennoch wird diese Befugnis ohne eine entsprechende Regelung im Vertrag selbst wohl abzulehnen sein. Das Parlament soll sich im Konfliktfall nicht einfach seiner Verantwortung entziehen können.[97]

Darüber hinaus ist zu beachten, dass im Europäischen Parlament der **Grundsatz der Kontinuität** gilt. Bereits eingebrachte Rechtsakte müssen nach dem Zusammentritt des neuen Parlaments also nicht erneut eingebracht werden.[98]

2. Die Aufgaben

Klassischerweise kann man die Aufgaben eines Parlaments in drei Kategorien aufteilen: **Rechtsetzungs-, Kreations- und Kontrollbefugnisse**. Alle diese Formen finden sich auch beim Europäischen

---

[94] Siehe dazu auch *Wüst/Tausendpfand*, 30 Jahre Europawahlen, APuZ 23-24/2009, S. 3 (7 ff.).

[95] Vgl. dazu auch *Niedermeyer*, ZParl 2014, 523 ff.

[96] In Deutschland wird ein solches Recht dem Bundestag nicht zuerkannt. Es bestehen lediglich zwei Möglichkeiten einer außerordentlichen Auflösung des Parlaments, vgl. Art. 63 und 68 GG.

[97] A.A. sicher vertretbar.

[98] In Deutschland gilt dagegen der wohl nunmehr zu Verfassungsgewohnheitsrecht erstarkte Grundsatz der Diskontinuität. Alle nicht abgeschlossenen Entscheidungsprozesse müssen im neuen Bundestag von vorne beginnen.

Parlament, wobei die einzelnen Befugnisse jedoch einige Besonderheiten im Vergleich zu nationalen Parlamenten aufweisen.

a) Rechtsetzungsbefugnisse

Die Vertragsrevisionen der letzten Jahrzehnte waren stets auch mit einer Ausweitung der Rechtsetzungsbefugnisse des EP verbunden. Auch im Vertrag von Lissabon sind diese Befugnisse erneut gestärkt worden, so dass das EP heute als (fast) **gleichberechtigter Gesetzgeber** mit dem Rat (und der Kommission) bezeichnet werden kann. So führt auch Art. 14 Abs. 1 EU aus, dass das EP *gemeinsam* mit dem Rat als Gesetzgeber tätig wird.

Das Gesetzgebungsverfahren ist auf Unionsebene zwischen den drei Organen Kommission, Rat und Parlament aufgeteilt. Dabei ist es vor allem die Beteiligung des Parlaments die – abhängig vom anzuwendenden Verfahren – zum Teil sehr stark variiert. Welches Verfahren im Einzelfall zur Anwendung kommt, richtet sich nach der jeweiligen Kompetenznorm, die zugleich auch die Verfahrensmodalitäten enthält (zu den Einzelheiten siehe unten unter § 7).

Im Regelfall werden Gesetzgebungsakte im **ordentlichen Gesetzgebungsverfahren** nach Art. 289 Abs. 1, 294 AEU erlassen. In diesen Fällen ist das Parlament tatsächlich gleichberechtigter Gesetzgebungspartner des Rates. Das in Art. 294 AEU geregelte Verfahren weist dabei gewisse Ähnlichkeiten zum nationalen Gesetzgebungsprozess nach Art. 76 ff. GG auf, indem im Konfliktfall ein relativ komplizierter Einigungsprozess zwischen beiden Organen normiert wird.

Daneben finden sich **besondere Gesetzgebungsverfahren**, bei denen der Einfluss des Parlaments geringer ist. So darf es in einigen Fällen nur dem Ergebnis zustimmen (bzw. die Zustimmung verweigern)[99] oder wird sogar nur angehört.[100] Immerhin besteht über **Art. 48 Abs. 7 EU** die (vereinfachte) Möglichkeit, die Fälle, in denen ein solches besonderes Gesetzgebungsverfahren vorgesehen ist, in das ordentliche Gesetzgebungsverfahren zu überführen. Besondere Bedeutung kommt dem in **Art. 314 AEU geregelten Verfahren zum Erlass des Haushaltsplans** zu, bei dem das Parlament eine vergleichsweise starke Stellung genießt, wodurch es zugleich eine wichtige **Kontrollfunktion** übernimmt.

---

[99] Siehe etwa 19 Abs. 1 AEU.
[100] Siehe etwa 21 Abs. 3 AEU.

Anders als nationale Parlamente hat das EP grds. **keinerlei Initiativrecht** im Hinblick auf Gesetzgebungsakte (eine Ausnahme bildet etwa Art. 226 III AEU). Das **Initiativmonopol** liegt vielmehr grds. bei der **Kommission**. Immerhin kann das Parlament die Kommission zur Unterbreitung eines Vorschlags auffordern (Art. 225 AEU). Angesichts der gegenwärtigen Ausgestaltung des EP wäre dieses auch gar nicht in der Lage, als alleiniger Gesetzesinitiator zu agieren – auch auf der nationalen Ebene wird ein Großteil der Vorschläge nicht vom Bundestag, sondern von der Bundesregierung eingebracht. Gleichwohl wäre ein Initiativrecht des Parlaments vor allem im Bereich der Deregulierung hilfreich und hätte insofern nicht nur symbolische Bedeutung.

b) Kreationsbefugnisse

Das EP ist vor allem an der **Kreation der Kommission** maßgeblich beteiligt. So wird dem Parlament nach Art. 17 Abs. 7 EU zunächst vom Europäischen Rat ein Vorschlag für einen Kommissionspräsidenten unterbreitet, wobei das Ergebnis der Wahlen zum EP berücksichtigt werden muss. Gestützt auf diese Norm haben die großen europäischen Parteien zur EP-Wahl 2014 erstmals sogar eigene Spitzenkandidaten für den Posten des Kommissionspräsidenten aufgestellt. Tatsächlich wurde mit *Jean Claude Juncker* dann auch einer dieser Spitzenkandidaten vom Europäischen Rat nominiert. Der präsentierte Kandidat bedarf dann der Wahl durch das Parlament. Der auf diese Weise gewählte Präsident stellt anschließend „seine" Kommission zusammen und diese muss sich dann erneut (als Ganzes) dem Zustimmungsvotum des EP stellen. Erst wenn dieses zugestimmt hat, kann der Europäische Rat die neue Kommission förmlich ernennen. Durch dieses doppelte Beteiligungserfordernis (Wahl und Zustimmung) kommt dem Parlament eine nicht zu unterschätzende Einflussmöglichkeit bei der Besetzung der Kommission zu. Insbeondere im Vorfeld der Auswahl der Kandidaten übt das EP dadurch starken politischen Druck auf die Staats- und Regierungschefs aus und unterzieht alle nominierten Kandidaten einer umfassenden Befragung.

Nach Art. 228 Abs. 1 AEU wählt das EP einen **Bürgerbeauftragten**. Bei der Ernennung der Mitglieder des EZB-Direktoriums wird das EP nach Art. 283 Abs. 2 AEU angehört. Gleiches gilt für die Mitglieder des Rechnungshofes (Art. 286 Abs. 2 AEU).

c) Kontrollbefugnisse

Das EP besitzt zahlreiche **Kontrollbefugnisse** gegenüber der Exekutive der Union und erfüllt damit eine bedeutende Öffentlichkeitsfunktion. Neben seiner Funktion im **Haushaltsverfahren** nach Art. 314 AEU hat es nach Art. 226 AEU die Möglichkeit, einen nichtständigen **Untersuchungsausschuss** einzurichten, der behauptete

Verstöße gegen das Unionsrecht oder Missstände bei der Anwendung desselben prüft. Ein solcher Ausschuss wird auf Antrag eines Viertels der Mitglieder des EP eingesetzt. Darüber hinaus hat das EP als nunmehr privilegierter Kläger nach Art. 263 Abs. 2 AEU die Möglichkeit, jede Handlung eines Unionsorgans vom EuGH auf ihre Vereinbarkeit mit höherrangigem Unionsrecht überprüfen zu lassen.

Schärfstes Schwert bildet das in Art. 234 AEU vorgesehene **Misstrauensvotum** gegen die Kommission. Danach hat das EP die Möglichkeit, die Mitglieder der Kommission zur Niederlegung ihres Amtes zu zwingen, sofern ein entsprechender Misstrauensantrag mit der Mehrheit von zwei Dritteln des EP angenommen wird. Allerdings führen die Mitglieder bis zu ihrer förmlichen Ersetzung nach dem Verfahren des Art. 17 EU die laufenden Geschäfte zunächst weiter. Indem die Kommission damit in ihrem Bestand vom dauerhaften Vertrauen der Mehrheit des Parlaments abhängig ist, nähert sich das politische System der Union durchaus dem parlamentarischen Regierungssystem an.

Ein **konstruktives Misstrauensvotum** (wie es etwa das Grundgesetz vorsieht) und bei dem die Abwahl durch die Wahl einer neuen Kommission vollzogen würde, ist im Rahmen der Union nicht möglich. Dies liegt daran, dass die Kommission in einem mehrstufigen Verfahren vom EP und dem Europäischen Rat gemeinsam bestimmt wird. Ein alleiniges Ersetzungsrecht des Parlaments würde dieses Verfahren unterlaufen, da das Parlament seine Auffassung jederzeit durchsetzen könnte.

d) Sonstiges

Das EP muss unter anderem Beitrittsverträgen (Art. 49 EU) sowie bestimmten internationalen Abkommen zustimmen (Art. 218 Abs. 6 AEU).

3. Die Beschlussfassung

Das EP beschließt nach Art. 231 AEU grds. mit der **Mehrheit der abgegebenen Stimmen**. Die Einzelheiten in Bezug auf die Beschlussfassung – auch im Hinblick auf die Beschlussfähigkeit – werden in der Geschäftsordnung festgelegt, die sich das EP selbst gibt (Art. 231 Abs. 2, 232 AEU).

Das **Misstrauensvotum** gegen die Kommission (vgl. Art. 234 EU) bedarf der Mehrheit der gesetzlichen Mitgliederzahl als auch 2/3 der abgegebenen Stimmen (qualifizierte absolute Mehrheit).

IV. Der Europäische Rat

Der Europäische Rat gibt der Union nach Art. 15 Abs. 1 EU die für ihre Entwicklungen erforderlichen Impulse und legt die allgemeinen politischen Zielvorstellungen und Prioritäten fest. Er wird nicht gesetzgeberisch tätig. Der Europäische Rat fungiert insoweit als das **politische Leitorgan** der Union. Für das Alltagsgeschäft und damit auch für die Gesetzgebung ist hingegen der Rat zuständig. Als grobe Orientierung im Hinblick auf die Zuständigkeiten ließe sich insoweit festhalten: Grundlagenentscheidung = Europäischer Rat, ansonsten „normaler" Rat. Gerade im Zusammenhang mit der Eurokrise hat der Europäische Rat von seiner politischen Leitfunktion erheblichen Gebrauch gemacht und die wesentlichen Schritte zur Krisenbewältigung vorgegeben, während diese von der Kommission lediglich ausgeführt wurden. Es bleibt abzuwarten, inwieweit die neue Kommission unter *Jean Claude Juncker* in der Lage sein wird, das Heft des Handels über eigene Initiativen wieder stärker selbst in die Hand zu nehmen.

Die Institution des Europäischen Rates geht auf die ab den 70er Jahren (und damit nach *de Gaulles* Rücktritt) stattfindenden, regelmäßigen Treffen der Staats- und Regierungschefs zurück, die im Anschluss als Europäischer Rat bezeichnet wurden. Er fungierte damit von Anfang an vor allem als politisches Organ und wurde durch die EEA erstmals in das Primärrecht aufgenommen.

Einen festen Sitz hat der Europäische Rat nicht. Seit 2004 tagte dieser jedoch nur noch in **Brüssel**.

Achtung: Zum Teil treffen die Staats- und Regierungschefs anlässlich einer Tagung des Europäischen Rates eigene Beschlüsse. Dies Beschlüsse sind dann keine Handlungen des Europäischen Rates, sondern werden unmittelbar den Mitgliedstaaten zugerechnet.[101]

1. Die Zusammensetzung

Nach Art. 15 Abs. 2 EU besteht der Europäische Rat aus den **Staats- und Regierungschefs** der Mitgliedstaaten sowie dem Präsidenten des Europäischen Rates.[102] Hinzu tritt der Präsident der Kommission sowie der Hohe Vertreter der Union für die Außen und Sicherheitspolitik. In der Praxis eingebürgert hat sich zudem, dass der Präsident des Parlaments an den Beratungen teilnimmt.

---

[101] Siehe etwa *Oppermann/Classen/Nettesheim*, Europarecht, § 7 Rn 60.
[102] Der Belgier *Herman van Rompuy* war vom 2009-2014 erster Präsident des Europäischen Rates. Er ist im Dezember 2014 von dem Polen *Donald Tusk* abgelöst worden.

Die **Position des Präsidenten** des Europäischen Rates wurde durch den Vertrag von Lissabon eingeführt. Bisher war es so, dass jeweils ein Staats- oder Regierungschef die Präsidentschaft für ein halbes Jahr übernahm. Dieser häufige Wechsel machte eine kontinuierliche Arbeit des Europäischen Rates zum Teil sehr schwer. Schnell entwickelte sich daher die Praxis, dass jeweils die amtierende mit der bisherigen und auch der zukünftigen Präsidentschaft eng kooperierte. Durch die nunmehrige zweieinhalbjährige Amtszeit des Präsidenten verspricht man sich, die Kontinuität und Abstimmung noch einmal verbessern zu können.

Der Präsident wird vom Europäischen Rat nach Art. 15 Abs. 5 EU mit qualifizierter Mehrheit für eine Amtszeit von **zweieinhalb Jahren gewählt**, wobei eine Wiederwahl zulässig ist. Im Falle einer schweren Verfehlung kann der Europäische Rat den Präsidenten von seinem Amt entbinden (ebenfalls mit qualifizierter Mehrheit). Ein einzelstaatliches Amt darf der Präsident nicht bekleiden (Art. 15 Abs. 6 III EU).

Der Präsident führt den **Vorsitz im Europäischen Rat** und soll zudem die notwendigen Impulse für dessen Arbeit geben und – gemeinsam mit dem Präsidenten der Kommission – für die Vorbereitung und Kontinuität der Arbeiten des Europäischen Rates sorgen. Darüber hinaus nimmt er nach Art. 15 Abs. 6 II EU die Außenvertretung der Union in Angelegenheiten der GASP vor. Hier kommt es insoweit zu einer gewissen Überschneidung mit der Tätigkeit des Hohen Vertreters der Union für Außen- und Sicherheitspolitik. Wie sich diese Kompetenzverflechtung in der Praxis entwickelt, bleibt abzuwarten und hängt sicherlich nicht zuletzt von den jeweiligen Persönlichkeiten ab. Insgesamt besteht hier indes durchaus die Gefahr gewisser Reibungsverluste.

2. Die Aufgaben

Die Aufgaben des Europäischen Rates sind bereits oben skizziert worden. Er entwickelt die **politischen Leitlinien** der Union und gibt dieser dadurch die erforderlichen Impulse. Zwar wird der Europäische Rat nicht gesetzgebend tätig, gleichwohl haben seine Beschlüsse aus diesem Grund weitreichende Bedeutung, da der Rat im Rahmen seiner Tätigkeit als Gesetzgeber diese Leitlinien im Einzelnen umsetzt. Die überragende Bedeutung der „**Gipfeltreffen**" ist nicht zuletzt im Zusammenhang mit der Eurokrise deutlich geworden. Im Übrigen muss der Europäische Rat allen bedeutenden Veränderungen im Unionssystem zustimmen. Dies gilt etwa für den

Beschluss, ein Vertragsänderungsverfahren einzuleiten (Art. 48 Abs. 3 EU) oder die Überführung des besonderen in das ordentliche Gesetzgebungsverfahren (Art. 48 Abs. 7 EU).

3. Die Beschlussfassung

Der politischen Bedeutung seiner Beschlüsse angemessen bestimmt Art. 15 Abs. 4 EU, dass der Europäische Rat im Grundsatz im Konsens, also **einstimmig** entscheidet. Tatsächlich bildet diese Entscheidung im Konsens auch den absoluten Regelfall. Nach Art. 235 Abs. 1 III AEU steht eine Stimmenthaltung eines Mitgliedstaats einem solchen einstimmigen Beschluss nicht entgegen. Die förmliche Abstimmung ist im Europäischen Rat denn auch die absolute Ausnahme.

Nur selten sehen denn auch die Verträge überhaupt die Möglichkeit einer Beschlussfassung mit **qualifizierter Mehrheit** vor, was interessanterweise aber z.B. für die Wahl des Präsidenten nach Art. 15 Abs. 5 EU (siehe auch Art. 236 AEU) und den Vorschlag für den Kommissionspräsidenten nach Art. 17 Abs. 7 EU gilt. *Jean Claude Juncker* wurde denn auch erstmals nicht einstimmig, sonden gegen den Willen Großbritanniens und Ungarns nominiert. Sofern die qualifizierte Mehrheit vorgesehen ist, gelten für diese die Berechnungsmethoden der Art. 16 Abs. 4 EU und 238 Abs. 2 AEU (siehe Art. 235 Abs. 1 II AEU).

An Abstimmungen im Europäischen Rat nehmen weder dessen Präsident noch der Präsident der Kommission teil (Art. 235 Abs. 1 II 2 AEU). Auch der Hohe Vertreter ist nicht stimmberechtigt. Es besteht die Möglichkeit, sich von einem anderen Mitgliedstaat vertreten zu lassen (Art. 235 Abs. 1 AEU) – eine Option, die in der Praxis bereits genutzt worden ist.

V. Der Rat

Die Art. 16 EU sowie 237 ff. AEU befassen sich mit dem Rat, der in Abgrenzung zum Europäischen Rat (wie soeben festgestellt) im Wesentlichen für das Alltagsgeschäft der Union zuständig ist. Der Rat sorgt durch seine aus mitgliedstaatlichen Vertretern bestehende Zusammensetzung für die notwendige Rückbindung der EU-Tätigkeiten an die Mitgliedstaaten. *Herdegen* spricht insoweit von der „**Scharnierfunktion**" des Rates.[103]

---

[103] *Herdegen*, Europarecht, § 7 Rn 17.

Hier gilt es vor allem begrifflich genau aufzupassen. Der Rat darf nicht mit dem Europäischen Rat, als dem Leitorgan der EU und schon gar nicht mit dem Europarat (zu diesem noch unten im 6. Teil), einer internationalen Organisation außerhalb der EU, verwechselt werden.

Der Rat hat seinen Sitz in **Brüssel**, jedoch tagt er in den Monaten April, Juni und Oktober in **Luxemburg**. Daneben besteht die Möglichkeit, durch einstimmigen Beschluss des Rates einen anderen Tagungsort zu wählen.

1. Die Zusammensetzung

> **Fall 2:** Minister M möchte, anstatt an der Ratssitzung teilzunehmen, lieber mit seiner neuen Flamme auf Mallorca turteln. Er überlegt daher, den Staatssekretär S als seine Vertretung zur Sitzung zu schicken. Wäre dies zulässig?

Der Rat besteht aus je **einem Vertreter jedes Mitgliedstaates** auf Ministerebene, der befugt ist, für die Regierung des Mitgliedstaates verbindlich zu handeln und das Stimmrecht auszuüben (Art. 16 Abs. 2 EU). In einem föderalistischen Staat wie der Bundesrepublik ist damit die Möglichkeit eröffnet, **auch Landesminister** in den Rat zu entsenden. In der Praxis gewohnheitsrechtlich anerkannt ist jedoch zudem die Entsendung von Staatssekretären, was auch nach dem Vertrag von Lissabon weiterhin zulässig sein wird. Anders als die Kommission ist der Rat somit kein völlig unabhängiges Unionsorgan. Vielmehr werden hier auch oder sogar im Kern die Interessen der einzelnen Mitgliedstaaten vertreten.

Der Rat tagt nach Art. 16 Abs. 6 EU in **verschiedenen Zusammensetzungen**. Die einzelnen Zusammensetzungen werden vom Europäischen Rat nach Art. 236 lit. a) AEU mit qualifizierter Mehrheit gefasst. Primärrechtlich vorgegeben sind durch Art. 16 Abs. 6 II und III EU lediglich der Rat „Allgemeine Angelegenheiten" sowie der Rat „Auswärtige Angelegenheiten". Besondere Bedeutung kommt zudem dem Rat der Wirtschafts- und Finanzminister (ECOFIN) zu, der vom Europäischen Rat eingerichtet worden ist. Damit gibt es im Ergebnis also nicht einen Rat, sondern nach Themenbereichen zu unterscheidende Ratsformationen, die indes alle als Rat im Sinne des Art. 16 EU fungieren. Den **Vorsitz** im Rat auswärtige Angelegenheiten führt der Hohe Vertreter (Art. 18 Abs. 3 EU). Im Übrigen wechselt dieser nach einem System gleichberechtigter Rotation (Art. 16 Abs. 9 EU).

Die Arbeit „des Rates" bedarf von daher eines besonders hohen Maßes an **Vorbereitung und Kooperation**, um unnötige Überschneidungen und vor allem widersprüchliche Handlungen innerhalb der einzelnen Ratsformationen zu verhindern. Die dafür notwendige Unterstützung erhält der Rat vom sog. **Ausschuss der Ständigen Vertreter** (AstV, „COREPER"[104]), der nach Art. 16 Abs. 7 EU für die Vorbereitung der Arbeiten des Rates zuständig ist. Zudem besteht nach Art. 240 Abs. 2 AEU ein Generalsekretariat, das einem vom Rat ernannten Generalsekretär untersteht. Insgesamt sind beim Rat etwa 3000 Personen beschäftigt.

Als Neuerung durch den Vertrag von Lissabon tagt der Rat nunmehr zumindest dann, wenn er über Entwürfe zu Gesetzgebungsakten berät und abstimmt, **öffentlich** (Art. 16 Abs. 8 EU). Dies ist aus demokratietheoretischer Sicht sehr zu begrüßen. Diese neue Form der Öffentlichkeit kann dazu beitragen, die europäische Ebene stärker beim Bürger sichtbar zu machen. Vor allem besteht dadurch nunmehr die Möglichkeit, das Verhalten der Ratsvertreter zu beobachten und zu bewerten. Da es sich hier um nationale Politiker handelt, kann dieses Verhalten auch für nationale Wahlen von Bedeutung sein. Die Ratstagungen sind aus diesem Grund zweigeteilt in Gesetzgebungs- und sonstige Fragen.

Lösung Fall 2: Die Entsendung von Staatssekretären an Stelle von Ministern ist innerhalb der Union mittlerweile gewohnheitsrechtlich anerkannt. Die Entsendung des S durch M wäre daher grds. zulässig.

2. Die Aufgaben des Rates

Der Rat bildet – nunmehr gemeinsam mit dem Parlament – den **wesentlichen Gesetzgeber** der Union. Er ist an allen Rechtsakten durch einen zustimmenden Beschluss beteiligt und kann stets auch auf den Inhalt des Rechtsakts Einfluss nehmen. Seine Rolle ist insofern weiterhin ein wenig stärker einzuschätzen als diejenige des Parlaments. Diese Zusammenhänge sind folglich zu berücksichtigen, wenn sich nationale Politiker über einzelne Rechtsakte der EU beschweren und hierfür vor allem die Kommission verantwortlich machen. Tatsächlich wird die Kommission zwar diesen Rechtsakt vorgeschlagen haben, beschlossen wurde er dann indes von den Mitgliedern des Rates und damit von den nationalen Politikern selbst. Hier nutzen damit viele nationale Politiker allzu gern die noch immer bestehende Unkenntnis der Bevölkerung über die Rechtsetzungsprozesse in der Union aus.

---

[104] Abkürzung für „Comité des Représentants Permanents".

Neben dieser Rechtsetzungsaufgabe finden sich noch einige **weitere Aufgaben**, die dem Rat übertragen worden sind. Zu nennen sind etwa die Festlegung des Haushaltsplanes der EU (gemeinsam mit dem Parlament) nach Art. 314 AEU oder seine Rolle im Rahmen des Abschlusses von Übereinkünften mit Drittstaaten oder internationalen Organisationen (Art. 218 AEU). Nach Art. 252 I 2 AEU kann der Rat auf Antrag des EuGH einstimmig die Zahl der Generalanwälte erhöhen, die Verfahrensordnung des Gerichtshofs bedarf der Genehmigung durch den Rat (Art. 253 VI 2 AEU). Die Mitglieder des AdR und des WSA werden vom Rat ernannt (Art. 301 und 305 AEU). Nach Art. 241 AEU kann er die Kommission zur Unterbreitung von Vorschlägen auffordern. Er bestimmt die Höhe der Vergütung für zahlreiche Spitzenpositionen der EU (Art. 243 AEU). Darüber hinaus bestehen vereinzelte **Kontrollrechte** (etwa Klagemöglichkeit nach Art. 263 Abs. 2 AEU sowie Beantragung der Amtsenthebung eines Kommissionsmitglieds beim EuGH nach Art. 247 AEU).

3. Die Beschlussfassung

Nach Art. 238 Abs. 1 AEU beschließt der Rat, sofern vom Vertrag die einfache Mehrheit vorgesehen ist, mit der Mehrheit seiner Mitglieder. In diesem Verfahren hat jeder Staat eine Stimme. Die Mehrheit liegt bei 28 Mitgliedstaaten daher bei 15 Stimmen. Enthaltungen sind in diesem Fall zwar möglich, wirken sich indes im Ergebnis wie Nein-Stimmen aus.

Im Regelfall setzt jedoch ein Ratsbeschluss eine **qualifizierte Mehrheit** voraus (siehe Art. 16 Abs. 3 EU). Die Regelung der Modalitäten der qualifizierten Abstimmung – vor allem die Frage der Stimmgewichtung im Einzelnen – stellte regelmäßig einen besonders umstrittenen Punkt im Rahmen der Vertragverhandlungen dar. Den einzelnen Staaten ging es dabei darum, ihren Einfluss auf die Abstimmung im Rat zu maximieren; sie waren von daher nur sehr schwer zu notwendigen Kompromissen bereit. Auch bei den Verhandlungen zum Vertrag von Lissabon drohte die Regierungskonferenz vor allem an dieser Frage zu scheitern. Die bisher geltenden Regelungen nach dem Vertrag von Nizza waren daher überaus kompliziert, indem sie auf unterschiedlichste Konstellationen Rücksicht nehmen mussten.[105] Da die Regelungen auch nach dem Vertrag von Lissabon weiterhin zur Anwendung kommen können, sollen sie gleichwohl knapp dargestellt werden.

---

[105] Ausführlich dazu *Wedemeyer*, Mehrheitsbeschlussfassung im Rat der EU, 2008.

Die Mitgliedstaaten Deutschland, Frankreich, Italien und Großbritannien verfügen als die „großen" Mitgliedstaaten mit jeweils **29 Stimmen** über den größten Stimmenanteil. Es folgten Spanien und Polen (jeweils 27 Stimmen). Die wenigsten Stimmen hatte Malta (3). Insgesamt gibt es 352 Stimmen. Ein Beschluss kommt zustande, wenn eine Mehrheit der Mitgliedstaaten mit insgesamt 260 Stimmen zustimmt. Liegt dem Ratsbeschluss indes kein Kommissionsvorschlag zugrunde, müssen zwei Drittel der Staaten mit ebenfalls mindestens 260 Stimmen zustimmen. Bei jeder Abstimmung kann zudem jeder Mitgliedstaat verlangen, dass als „demographisches Netz"[106] auch 62 % der Bevölkerung der Europäischen Union hinter der Mehrheit stehen.

Die einzelnen Stimmen verteilen sich wie folgt:

Deutschland	29	Schweden	10
Ver. Königreich	29	Österreich	10
Frankreich	29	Slowakei	7
Italien	29	Dänemark	7
Spanien	27	Finnland	7
Polen	27	Irland	7
Rumänien	14	Litauen	7
Niederlande	13	Kroatien	7
Griechenland	12	Lettland	4
Tsch. Republik	12	Slowenien	4
Belgien	12	Estland	4
Ungarn	12	Luxemburg	4
Portugal	12	Lettland	4
Bulgarien	10	Malta	3

Durch dieses Verfahren, das sich als **Kompromiss** zwischen dem völkerrechtlichen Prinzip des „one country one vote" und einer Orientierung an den demographischen und wirtschaftlichen Verhältnissen darstellt, werden weiterhin die kleineren Mitgliedstaaten privilegiert, da sie gemessen an ihrer Größe einen überdurchschnittlichen Einfluss im Rat gewinnen.

Nach langwierigen Verhandlungen, bei denen vor allem Polen überzeugt werden musste, konnte sich im Vertrag von Lissabon auf eine Neuregelung geeinigt werden, die auf die bisher übliche Stimmengewichtung verzichtet. Danach setzt eine qualifizierte Mehrheit nach Art. 16 Abs. 4 EU voraus, dass

> - mindestens 55% der Mitgliedstaaten im Ministerrat, aktuell also 16 Mitgliedstaaten,
> - die mindestens 65% der EU-Bevölkerung repräsentieren

dem jeweiligen Beschluss zustimmen (**Prinzip der doppelten Mehrheit**). Eine Sperrminorität setzt mindestens vier Mitglieder des Rates voraus, andernfalls gilt die qualifizierte Mehrheit als erreicht. Leicht abweichende Regelungen gelten nach Art. 238 Abs. 2 AEU für den

---

[106] *Herdegen*, Europarecht, § 8 Rn 24.

Fall, dass der Rat nicht auf Vorschlag der Kommission entscheidet.[107] Allerdings wurde dieses neue Abstimmungsverfahren bis zum Jahre 2014 **suspendiert**. Bis dahin galten also weiterhin die oben skizzierten Regelungen nach dem Vertrag von Nizza.[108] Erst seit dem 01.11.2014 wird im Rat folglich nach den Neuregelungen abgestimmt. Bis zum 31.03.2017 hat jedoch jeder Mitgliedstaat die Möglichkeit, eine Abstimmung nach den alten Nizza-Regelungen zu beantragen. Erst ab dem 01.04.2017 wird nur noch das neue Prinzip der doppelten Mehrheit gelten.

Vereinbart wurde mit dem Vertrag von Lissabon zudem eine Fortgeltung des sog. **Kompromisses von Ioannina**.[109]

Durch diesen aus dem Jahre 1994 stammenden Beschluss wurde für den Fall knapper Mehrheiten (im Rahmen einer „qualifizierten Abstimmung") eine Art letzte Sicherung geschaffen. Danach sollte der Rat sich bemühen, alles in seiner Macht stehende zu tun, um innerhalb **einer angemessenen Zeit** eine zufriedenstellende Lösung zu finden, der mindestens 65 Stimmen zustimmen, falls eine qualifizierte Minderheit von 23-25 Stimmen erklärt, sich einem Beschluss der Mehrheit zu widersetzen (die Stimmzahlen beziehen sich auf die damalige Stimmenverteilung im Falle qualifizierter Abstimmungen und haben heute keine Gültigkeit mehr). Auch hierbei handelte es sich letztlich um eine Art **Gentleman´s Agreement**, wie auch bei der bereits genannten Luxemburger Vereinbarung.[110]

Generell wird dieser Kompromiss so interpretiert, dass auf Antrag einer **bestimmten Sperrminorität** eine Abstimmung auf die nächste Ratssitzung verschoben werden muss. Der Zeitraum zwischen diesen Sitzungen soll dann für die Suche nach einer „zufriedenstellenden" d.h. möglichst einstimmigen Lösung genutzt werden. Sollte eine solche indes nicht gefunden werden, kann auf der folgenden Ratssitzung wie gewohnt abgestimmt werden.

Einige Irritationen bestanden zunächst bezüglich der Frage des Zeitraums für den eine Abstimmung auf diese Weise maximal suspendiert werden kann. Polen schien dabei zeitweilig von einem Zeitraum von bis zu zwei Jahren auszugehen. Mittlerweile scheint man sich jedoch einig zu sein, dass eine Suspendierung regelmäßig nur für maximal drei Monate in Betracht kommt.

Neben diesem Verfahren der qualifizierten Mehrheit, sieht der Vertrag von Lissabon noch an einigen Stellen das Erfordernis einer **einstimmigen Beschlussfassung** vor. Notwendig ist also, dass alle

---

[107] In einem solchen Fall müssen mindestens 72% der Mitgliedstaaten (aktuell also 21) dem Beschluss zustimmen, die zudem mindestens 65% der Bevölkerung repräsentieren müssen.

[108] Siehe dazu das Protokoll Nr. 36 über die Übergangsbestimmungen.

[109] Siehe dazu die Erklärung Nr. 7.

[110] Siehe oben, § 4 IV.

Ratsmitglieder anwesend sind oder sich durch andere vertreten lassen. Die Stimmenthaltung eines Mitgliedstaates steht dem Zustandekommen eines solchen Beschlusses nicht entgegen (Art. 238 Abs. 4 AEU).

Unterschieden werden darüber hinaus **A-Punkte** und **B-Punkte** auf der Tagesordnung des Rates. A-Punkte sind solche, über die bereits im Vorfeld (also im AStV) Einigkeit erzielt wurde. Sie werden vom Rat ohne Aussprache genehmigt. Über B-Punkte muss vor der Abstimmung eine Aussprache erfolgen. Die „Feinheiten" des Abstimmungsverfahrens hat der Rat in seiner Geschäftsordnung festgelegt.

4. Staatsrechtliche Bindungen des deutschen Ratsvertreters[111]

Problematisch ist die Frage, inwieweit der deutsche Ratsvertreter bei seinen Handlungen im Ministerrat **staatsrechtlichen Bindungen** unterliegt. Probleme treten insbesondere dann auf, wenn im Rat ein Rechtsakt verabschiedet werden soll, der sich mit den Grundrechten des Grundgesetzes nicht vereinbaren lässt. Aufgrund des Vorrangs des Unionsrechts[112] würde ein solcher Rechtsakt grds. auch dem innerstaatlichen Recht vorgehen und könnte nach den Grundsätzen, die das BVerfG im Maastricht-Urteil aufgestellt hat, nur in engen Grenzen von diesem überprüft werden.

Muss also der Ratsvertreter aus staatsrechtlicher Sicht (vgl. Art. 1 Abs. 3 GG) einem solchen Rechtsakt die Zustimmung verweigern, da der grundgesetzliche Grundrechtsstandard nicht eingehalten wird? Diese Frage ist in der Literatur umstritten.[113] Aus unionsrechtlicher Sicht ist hier zu beachten, dass ein entsprechender Vorbehalt sämtlicher Ratsmitglieder den Integrationsprozess und damit die Weiterentwicklung der Union empfindlich stören könnte, die durch Art. 23 Abs. 1 GG immerhin eine verfassungsrechtliche Staatszielbestimmung darstellt.

Zudem würde der deutsche Ratsvertreter durch ein Festklammern an den grundgesetzlichen Standards im Rahmen der Verhandlungen im Rat in seinem politischen Verhandlungsspielraum übermäßig stark eingeengt. Andererseits wäre es nicht hinzunehmen, den Ratsvertreter überhaupt keinen verfassungsrechtlichen Bindungen zu unterwerfen. Insoweit gilt es einen angemessenen **Mittelweg** zu finden, der sowohl den notwendigen Verhandlungsspielraum des Rats-

---

[111] Siehe hierzu ausführlich *Herdegen*, Europarecht, § 7 Rn 35 ff.
[112] Siehe hierzu noch eingehend unten unter § 7.
[113] Siehe auch *Cornils*, AöR 129 (2004), S. 336 ff.

vertreters als auch die Grundrechte des GG in ausreichendem Maße berücksichtigt.

Art. 23 Abs. 1 GG als der Bestimmung, die die Regelungen zur Übertragung von Hoheitsrechten auf die Union enthält, gibt hier den Weg vor. Danach muss die Union demokratische, rechtsstaatliche, soziale und föderative Grundsätze wahren und ein dem GG im Wesentlichen vergleichbaren Grundrechtsschutz bieten. Es sind demnach dieser **„wesentliche" Grundrechtsschutz** sowie diese genannten Grundsätze, die auch der einzelne Ratsvertreter nicht preisgeben darf. Sollte dieser Standard unterschritten werden, muss der Ratsvertreter dem betreffenden Rechtsakt damit seine Zustimmung versagen. Wann diese Grenze erreicht ist, wird sich indes im Einzelfall nur schwer ermitteln lassen. Hier wird man dem Ratsvertreter einen gewissen **Einschätzungsspielraum** zugestehen müssen. Insoweit ist die in Art. 1 Abs. 3 GG angeordnete Bindung an die Grundrechte infolge der Regelung des Art. 23 Abs. 1 GG aufgehoben, dieser Bereich kann folglich in die Verhandlungen im Rat einbezogen werden. Keinesfalls überschritten werden darf indes die Grenze des Art. 79 Abs. 3 GG.

VI. Die Kommission

Regelungen zur Kommission finden sich in Art. 17 EU sowie in den Art. 244 ff. AEU. Die Kommission gilt als „Motor" der Union, indem sie immer mehr in die Rolle einer **europäischen Regierung** hineinwächst. Allerdings hat sie im bestehenden institutionellen System mit dem Europäischen Rat und dem Rat gleich zwei überaus mächtige politische Gegenspieler ohne deren Unterstützung sie keine wesentlichen Impulse für die europäische Entwicklung geben kann. Der bisweilen vorherrschende Eindruck einer übermächtigen Kommission ist insoweit ein wenig zu relativieren. Etwas anderes gilt indes für den Bereich der **Wettbewerbspolitik** – also für das Kartellrecht, die Fusionskontrolle und das Beihilfenrecht – wo die Kommission mit relativ umfangreichen und (vom Ministerrat) unabhängigen Kompetenzen ausgestattet ist. Die Kommission hat ihren Hauptsitz in **Brüssel**, einzelne Abteilungen finden sich in Luxemburg.

1. Die Zusammensetzung

Die Zusammensetzung der Kommission bildete im Rahmen der Verhandlungen zum Vertrag von Lissabon einen sehr umstrittenen Punkt. Man war sich zwar relativ schnell einig, dass die bisher bestehende Regelung (ein Kommissar pro Mitgliedstaat) auf Dauer nicht würde bestehen bleiben können, da eine so große Kommission nicht die notwendige Effektivität aufweist, die es für die exekutive Führung der Union bedarf. Eine Verkleinerung hätte auf der anderen Seite jedoch bedeutet, dass einzelne Mitgliedstaaten zeitweise auf einen „eigenen" Kommissar verzichten müssten. Aus dieser Ausgangssituation erklärt sich der nunmehr gefundene Kompromiss.

Danach wurde die bestehende Regelung zunächst bis zum 31. Oktober 2014 beibehalten (Art. 17 Abs. 4 EU). Ab dem 1.11.2014 sollte die Kommission dann nur noch aus einer Anzahl von Mitgliedern bestehen, die zwei Dritteln der Zahl der Mitgliedstaaten entspricht (Art. 17 Abs. 5 EU). Für die Auswahl dieser Mitglieder sieht Art. 17 Abs. 5 II EU ein noch näher auszugestaltendes **Rotationssystem** vor, bei dem das demografische und geographische Spektrum zum Ausdruck kommt. Die genauen Modalitäten sind vom Europäischen Rat nach Art. 244 AEU einstimmig festzulegen. Allerdings besteht nach Art. 17 Abs. 5 I EU die Möglichkeit, dass der Europäische Rat einstimmig eine Änderung dieser Anzahl beschließt, so dass ein Übergang zum Rotationssystem ab 2014 nicht zwingend ist und nun tatsächlich vertagt worden ist. Die aktuelle Kommission besteht also weiterhin aus einem Kommissar je Mitgliedstaat und damit 28 Mitgliedern.

Der neue Kommissionspräsident *Jean Claude Juncker* hat das Problem nun durch eine gewisse informelle **Hierarchisierung innerhalb der Kommission** zu lösen versucht. Danach übernehmen insgesamt sechs Vizepräsidenten sowie ein Erster Vizepräsident die Verantwortung für übergeordnete Bereiche, denen dann jeweils mehrere Kommissare zugeordnet werden. Das bewirkt zumindest eine faktische Verkleinerung, während rechtlich alle Kommissare (insbesondere innerhalb des Kollegiums) weiterhin gleichberechtigt bleiben müssen. Ob dieses innovative Modell angesichts der faktischen Beeinträchtigungen dieser Gleichberechtigung unionsrechtskonform ist, ist allerdings umstritten. Siehe *Branneck*, DVBl. 2015, 904.

Die einzelnen Mitglieder der Kommission werden nach Art. 17 Abs. 3 EU aufgrund ihrer allgemeinen Befähigung und ihres Einsatzes für Europa unter Persönlichkeiten ausgewählt, die volle Gewähr für ihre Unabhängigkeit bieten. Alle Mitglieder der Kommission sind **weisungsunabhängig** und üben ihre Tätigkeit allein zum Wohle der Union aus. Bei der Kommission handelt es sich insofern innerhalb der politischen Organe um das einzig wirklich europäische (siehe Art. 17 Abs. 3 EU; Art. 245 AEU). Kraft Amtes ist der Hohe Vertreter für Außen- und Sicherheitspolitik Mitglied der Kommission (als einer der Vizepräsidenten, Art. 18 Abs. 4 EU). Die Amtszeit beträgt fünf Jahre.

Eines der Kommissionsmitglieder nimmt das Amt des **Präsidenten**[114] wahr. Nach Art. 17 Abs. 6 EU hat der Präsident u.a. folgende Aufgaben:

- Festlegung der Leitlinien der Kommission;
- Beschluss über die interne Organisation der Kommission;
- Ernennung der Vizepräsidenten der Kommission mit Ausnahme des Hohen Vertreters für Außen- und Sicherheitspolitik.

Dem Präsidenten kommt damit insgesamt eine dem Bundeskanzler vergleichbare **Richtlinienkompetenz** zu, im Übrigen sind alle Kommissionsitglieder auch im Kollegium formal gleichberechtigt. Alle Kommissare üben die ihnen vom Präsidenten übertragenen Aufgaben unter seiner Leitung aus (Art. 248 AEU). Nach Art. 17 Abs. 6 II EU muss ein Kommissionsmitglied sein Amt niederlegen, wenn es dazu vom Präsidenten aufgefordert wird, eine Ausnahme gilt allein für den Hohen Vertreter für Außen- und Sicherheitspolitik. Für diesen greift die Regelung des Art. 18 Abs. 1 EU.

Das Kommissionskollegium kommt in der Regel mindestens **einmal wöchentlich** zusammen.

a) Die Ernennung der Kommissare

Das **Ernennungsverfahren** für die Kommissionsmitglieder ist in Art. 17 Abs. 7 EU geregelt. Danach einigt sich der Europäische Rat zunächst mit qualifizierter Mehrheit auf einen Kandidaten für das Amt des Präsidenten, wobei das Ergebnis der Wahlen zum EP berücksichtigt werden muss (Stichwort Spitzenkandidaten des EP).[115] Dieser Kandidat wird anschließend vom EP gewählt. Im Einvernehmen mit diesem neuen Präsidenten nimmt der Rat dann die Liste der Persönlichkeiten an, die vom Präsidenten als Mitglieder der Kommission vorgeschlagen werden. Die Kommission als Ganzes, einschließlich des Präsidenten und des Hohen Vertreters für Außen- und Sicherheitspoltik stellt sich anschließend einem Zustimmungsvotum durch das EP. Erst nach dieser Zustimmung kann die

---

[114] Die bisherigen Präsidenten waren: *Walter Hallstein* (58-60/D); *Jean Rey* (67-70/B); *Franco Maria Malfatti* (70-72/I); *Sicco Mansholt* (72-73/NL); *Francois Xavier Ortoli* (73-77/F); *Ray Jenkins* (77-81/VK); *Gaston Thorn* (81-85/L); *Jacques Delors* (85-94/F); *Jacques Santer* (95-99/L); *Romano Prodi* (99-04/I); *José Manuel Barroso* (04-14/P); *Jean Claude Juncker* (seit 14/L).

[115] Siehe auch *Holzner*, EuR 2015, 525 ff.

Kommission vom Europäischen Rat mit qualifizierter Mehrheit ernannt werden.

Insgesamt ist die Rolle des Parlaments bei der Benennung der Kommission durch den Vertrag von Lissabon noch einmal gestärkt worden und hat durch die Benennung von Spitzenkandidaten noch einmal zugenommen. Dies kommt auch darin zum Ausdruck, dass die Kommission nach **Art. 17 Abs. 8 EU** dem EP verantwortlich ist. Verliert die Kommission dieses Vertrauen, so droht ihr ein Misstrauensantrag nach Art. 234 AEU.

b) Das Ende der Mitgliedschaft

Die Amtszeit der Mitglieder endet

- mit Neubesetzung (Art. 246 I AEU),
- bei Todesfall (Art. 246 I AEU),
- beim Rücktritt einzelner (Art. 246 II AEU),
- beim Rücktritt aller Mitglieder (Art. 246 VI AEU) oder
- bei Amtsenthebung (Art. 247 AEU) bzw. Misstrauensvotum (Art. 234 AEU).

Ein solches Misstrauensvotum hat es bisher noch nicht gegeben. Allerdings wurde die *Santer*-Kommission von einem schweren Korruptionsskandal um die Kommissarin *Edith Cresson* erschüttert, der zu einem Rücktritt der gesamten Kommission am 15.03.1999 führte, womit diese einem Misstrauensantrag des Parlaments zuvorkam.

c) Die Behörde „Kommission"

Der Begriff „Kommission" wird in den Verträgen allein für das soeben beschriebene Kollegium der Kommissare verwandt. In der Praxis steht dieses Kollegium jedoch einer **Behörde** vor, die – zumindest in der Öffentlichkeit – ebenfalls als Kommission bezeichnet wird. Die Erfüllung der zahlreichen Aufgaben, die dem Kollegium zugewiesen sind, wäre ohne einen solchen behördlichen Unterbau – vergleichbar mit den nationalen Ministerien – überhaupt nicht zu leisten. Die Ausarbeitung von Gesetzesvorschlägen, das Ausführen der einzelnen Politiken – vor allem der Wettbewerbspolitik – und die sonstigen exekutivischen Aufgaben setzen ausreichend Fachpersonal voraus, das die einzelnen Kommissare und das Kollegium in die Lage versetzt, effektive Politik zu betreiben. Entgegen eines weit verbreiteten Klischees, ist dieser Behördenapparat im Vergleich zu den nationalen Ministerien und Verwaltungen nicht sonderlich groß, wenn man bedenkt, dass sich die Zuständigkeit der Kommission auf ganz Europa bezieht. Insgesamt arbeiten bei der Behörde „Kommission" gegenwärtig ca. **35.000 Personen**. Zum Vergleich: Allein München beschäftigt gegenwärtig ca. 33.000 Mitarbeiter. Dieser Vergleich hinkt natürlich ein wenig, da die Kommission in weit geringerem Maße mit originären Verwaltungsaufgaben betraut ist und insoweit einen geringeren Personalbedarf aufweist. Gleichwohl: Ein gigantischer Verwaltungsapparat ist die Kommission nicht.

Gegliedert ist die Kommission in 29 **Generaldirektionen**, denen mindestens ein Kommissar vorsteht. An der Spitze der Generaldirektionen steht jeweils ein **Generaldirektor**. Hinzu kommen gegenwärtig insgesamt neun sog. Dienste (juristischer Dienst, Übersetzungsdienst). Die Generaldirektionen und Dienste sind weiter in Direktionen und Referate aufgeteilt. Der Kommissar wird bei seiner Tätigkeit von seinem **Kabinett** unterstützt, das aus 6-9 direkt vom Kommissar ausgewählten Vertrauenspersonen besteht. Daneben besteht ein **Generalsekretariat**.

2. Die Aufgaben

Die Aufgaben der Kommission werden in Art. 17 Abs. 1 EU beschrieben:

- Förderung der Interessen der Union;
- Sorge für die Anwendung der Verträge;
- Überwachung des Unionsrechts unter der Kontrolle des EuGH;
- Ausführung des Haushaltsplans;
- Ausübung von Koordinierungs-, Exekutiv und Verwaltungsfunktionen;
- Außenvertretung (außer für den Bereich der GASP);
- Einleitung der jährlichen Programmplanung.

Diese Aufzählung zeigt das weite Spektrum der der Kommission übertragenen Aufgaben, die sich sowohl dem exekutivischen als auch dem legislativen Bereich zuordnen lassen. Deutlich wird dabei, dass vornehmlich die Kommission die politischen Impulse des Europäischen Rates in konkrete politische Maßnahmen und Handlungen umsetzen soll. Auch sie selbst kann dabei insbesondere im Wege der Programmplanung eigene Akzente setzen und zu einem nicht unerheblichen Grad dem politischen Tagesgeschäft der Union ihr eigenes Gepräge geben. Sie wird aus diesem Grund nicht zu Unrecht auch als „**Motor der Union**" bezeichnet – eine Funktion, die vor allem bei der ersten Kommission unter dem Präsidenten *Hallstein* deutlich wurde. Von besonderer Bedeutung ist in diesem Zusammenhang das sog. **Initiativmonopol** der Kommission, das durch den Vertrag von Lissabon allerdings ein wenig eingeschränkt wurde. Dieses, nunmehr in Art. 17 Abs. 2 EU kodifizierte Prinzip, sorgt dafür, dass Gesetzgebungsakte regelmäßig nur durch eine Initiative der Kommission in die Wege geleitet werden können.

Weder das Parlament noch der Rat können mithin (bis auf wenige ausdrücklich kodifizierte Ausnahmen) ein förmliches Gesetzgebungsverfahren einleiten. Beide Organe haben allerdings die Möglichkeit, die Kommission zur Unterbreitung eines entsprechenden Vorschlags aufzufordern (Art. 225 und 241 AEU). Eine Fortentwicklung des Unionsrechts ist daher ohne ein Tätigwerden der Kommission nicht möglich. Die Kommission trägt damit letztlich einen großen Teil der Verantwortung für das Fortkommen der Integration – möglicherweise einer der Gründe, warum sie ihr Initiativmonopol gerade in den letzten Jahrzehnten eher zu häufig als zu selten genutzt hat. Hinzuweisen ist indes noch einmal auf die Tatsache, dass es sich bei den von der Kommission vorgelegten Entwürfen allein um **Vorschläge** an den Rat und das Parlament handelt. Rechtlich verbindlich können diese also nur dann werden, wenn sie den Rat und in der Regel auch das Parlament passieren. Allein die Kommission für die gegenwärtig vermeintlich zu hohe Regelungsdichte europäischer Normen verantwortlich zu machen, greift daher bei weitem zu kurz.

Nach **Art. 293 Abs. 1 AEU** kann der Rat von einem Vorschlag der Kommission inhaltlich zwar abweichen. Das setzt jedoch einen einstimmigen Beschluss des Rates voraus. Zudem hat die Kommission die Möglichkeit, ihren Vorschlag jederzeit zu ändern, sofern ein Beschluss des Rates noch nicht ergangen ist. Nach Ansicht des EuGH umfasst dieses Recht der Kommission auch die Möglichkeit, einen Vorschlag vor Beschluss des Rates vollständig zurückzunehmen (sofern dies ausreichend begründet wird), siehe EuGH, Rs. C-409/13. Das ist freilich umstritten, siehe *Deutelmoser*, NVwZ 2015, 1577.

Neben dieser besonderen Tätigkeit im Rahmen der Gesetzgebung ist die Kommission vor allem für die **Einhaltung des gesamten Unionsrechts** zuständig. Sie überwacht insoweit die Umsetzung des Unionsrechts in den einzelnen Mitgliedstaaten und hat die Möglichkeit, vermeintliche Verstöße vor dem EuGH im Wege des Vertragsverletzungsverfahrens[116] zu rügen. Besonders häufig wird die Kommission hier im Bereich der sog. **Grundfreiheiten** tätig, die ein wesentliches Element im Rahmen des angestrebten Binnenmarktes darstellen, weshalb Verstöße der Mitgliedstaaten überaus streng verfolgt werden (Einzelheiten im 4. Teil). Einen weiteren Bereich stellen nicht oder fehlerhaft umgesetzte Richtlinien dar. Im **Wettbewerbsrecht** verfügt die Kommission zudem über sehr stark ausgeprägte eigenständige Verwaltungsbefugnisse und hat z.B. die Möglichkeit, Kartellabsprachen mit hohen Bußgeldern zu belegen. Aufgrund dieser Überwachungs- und Kontrollbefugnisse wird die Kommission auch als die „**Hüterin des Unionsrechts**" bezeichnet.

Insgesamt kann die Kommission damit durchaus als die **Regierung Europas** bezeichnet werden, wenngleich sie – anders als nationale Regierungen – in ihrer Tätigkeit stark von anderen Organen (Euro-

---

[116] Zu diesem unter § 10. Ausführlich *Thiele*, Europäisches Prozessrecht, § 5.

päischer Rat, Ministerrat und Europäisches Parlament) abhängt. Sie ist damit eine vergleichsweise schwache Regierung, kann aber mit den Mitteln, die ihr zur Verfügung stehen durchaus starke eigene Impulse setzen. Das hängt aber nicht zuletzt von der Persönlichkeit des Kommissionspräsidenten ab und inwieweit dieser in der Lage ist, seine politischen Ideen vor allem gegenüber den Staats- und Regierungschefs der Mitgliedstaaten durchzusetzen.

3. Die Beschlussfassung

Gemäß Art. 250 AEU beschließt die Kommission grds. mit der **Mehr-heit ihrer Mitglieder.** Erforderlich sind damit gegenwärtig 15 Stimmen. Weniger bedeutende Entscheidungen können vom Kollegium auf einzelne Kommissare delegiert werden. Im Grundsatz aber gilt, dass eine Entscheidung der Kommission nur durch das gleichberechtigte Kommissarskollegium getroffen werden kann. Die Geschäftsordnung der Kommission regelt die weiteren Einzelheiten (vgl. Art. 250 II AEU).

VII. Der Europäische Gerichtshof (EuGH)

Dem Europäischen Gerichthof ist im institutionellen System der Union die Rechtsprechungsfunktion zugewiesen. Die Ausübung der hoheitlichen Befugnisse der Union bedarf aus rechtsstaatlichen Gründen zwingend einer solchen Kontrolle durch ein **unabhängiges Gerichtsorgan.** Treffend umschreibt Art. 19 Abs. 1 EU daher die Aufgabe des Gerichtshofs mit der Sicherung der Wahrung des Rechts bei der Auslegung und Anwendung der Verträge. Durch den Vertrag von Lissabon ist es auch im Bereich des EuGH zu zahlreichen Änderungen gekommen, ohne dass das bestehende Rechtsschutzsystem jedoch grundlegend umgestaltet worden wäre.[117] Seinen Sitz hat der Gerichtshof weiterhin in **Luxemburg**.

1. Die Zusammensetzung

Nach Art. 19 Abs. 1 EU besteht der EuGH aus dem Gerichtshof, dem Gericht und den Fachgerichten. Das Organ des Gerichtshofs, teilt sich mithin in drei „Unterorgane", die praktisch den bestehenden Instanzenzug auf Unionsebene widerspiegeln. Wenn vom EuGH gesprochen wird, muss insofern stets deutlich gemacht werden, ob man vom Gesamtorgan oder lediglich von der höchsten In-

---

[117] Siehe dazu *Thiele*, Das Rechtsschutzsystem nach dem Vertrag von Lissabon, EuR 2010, 30 ff. sowie *Mächtle*, JuS 2014, 508 ff.

96

stanz (also dem Gerichtshof) spricht. Alle diese „Gerichte" sind damit Teil des einheitlichen Organs „Gerichtshof der Europäischen Union". Zwischen ihnen besteht folglich – wie es auch bereits nach dem Vertrag von Nizza der Fall war – ein Intra- und kein Interorganverhältnis.[118]

a) Der Gerichtshof[119]

Der Gerichtshof besteht aus **einem Richter je Mitgliedstaat** (Art. 19 Abs. 2 I EU). In personeller Hinsicht müssen die ausgewählten Richter jede Gewähr für Unabhängigkeit bieten und in ihrem Staat die für die höchsten richterlichen Ämter erforderlichen Voraussetzungen erfüllen oder Juristen von anerkannt hervorragender Befähigung sein (Art. 253 I AEU). Die Richter werden von den Regierungen der Mitgliedstaaten im gegenseitigen Einvernehmen ernannt. Seit dem Vertrag von Lissabon muss zuvor jedoch ein **Richterwahlausschuss** angehört werden, der eine Stellungnahme zur Eignung der Bewerber für ein Richteramt abgibt.

Die Zweckmäßigkeit dieses Ausschusses wurde in der Vorauflage dieses Lehrbuchs noch bezweifelt, da ungeeignete Bewerber auch von den Mitgliedstaaten nicht vorgeschlagen würden. Mittlerweile hat der Ausschuss jedoch bereits in zwei Fällen Bewerber für nicht geeignet erklärt und für einen Vorschlagswechsel gesorgt. Die Auffassung der Vorauflage muss insofern revidiert werden. Gleichwohl bleibt das Problem, dass der AEU-Vertrag weiterhin keinerlei Vorgaben für das nationale Auswahlverfahren enthält, die insofern in der Regel einfach von der Exekutive vorgenommen wird.[120] Dies erscheint aufgrund der Bedeutung der Entscheidung problematisch.

Der Gerichtshof wird von acht **Generalanwälten** unterstützt, für die die gleichen persönlichen Voraussetzungen wie für die Richter gelten (Art. 252 Abs. 1 und 253 AEU). Die Zahl der Generalanwälte kann durch einstimmigen Beschluss des Rates auf Antrag des Gerichtshofs erhöht werden. Seit dem 1.7.2013 sind denn auch neun Generalanwälte am EuGH tätig, im Oktober 2015 kommen zwei weitere dazu. Aufgabe der Generalanwälte ist es nach Art. 252 Abs. 2 AEU in völliger Unparteilichkeit und Unabhängigkeit begründete **Schlussanträge** zu den Rechtssachen zu stellen.[121] Sie bereiten damit letztlich die Entscheidung des Gerichts vor. Diese Schlussanträge sind für das Verständnis der Urteile des EuGH von erheblicher Bedeutung. In der Praxis folgt der EuGH regelmäßig den Auffassungen des Generalanwalts, was dazu führt, dass die ei-

---

[118] Siehe nur *Thiele*, Europäisches Prozessrecht, § 2 Rn 1.
[119] Zur internen Struktur auch *Kokott/Sobotta*, EuGRZ 2013, 465 ff.
[120] Vgl. dazu *Thiele*, Europäisches Prozessrecht, § 2 Rn 39 ff.
[121] Siehe dazu auch *Seyr*, JuS 2005, 315.

gentlichen Urteile oftmals für deutsche Verhältnisse relativ kurz ausfallen. Um ein Urteil vollständig zu verstehen, ist die Lektüre des Schlussantrags unerlässlich, zumal sich in diesen – anders als in den Urteilen – ausführlich mit den verschiedenen Ansichten in der Literatur auseinandergesetzt wird. Allerdings wird mittlerweile in ca. 50% der Fälle nach Art. 20 S. 5 der Satzung des EuGH auf einen Schlussantrag verzichtet.

Den Richtern sind in der Praxis weiterhin jeweils bis zu drei persönliche **Referenten** zugeordnet, den Generalanwälten vier.[122] Aus ihrer Mitte wählen die Richter ihren **Präsidenten** für einen Zeitraum von drei Jahren. Dieser leitet die rechtsprechende Tätigkeit und die Verwaltung des Gerichtshofs. Zudem gibt es einen **Kanzler**, der für die Dauer von sechs Jahren gewählt wird. Dieser leitet die Gerichtskanzlei.

Nach Art. 251 AEU tagt der Gerichtshof in Kammern oder als Große Kammer. Möglich ist ausnahmsweise auch eine Tagung als Plenum. Die Einzelheiten sind der Satzung des Gerichtshofs vorbehalten.

b) Das Gericht (EuG)

Das EuG wurde dem EuGH mit Wirkung vom 26.11.1989 zunächst beigeordnet, seit dem Vertrag von Nizza wird es als eigenständige Institution aufgeführt.[123] Es besteht gemäß Art. 19 Abs. 2 III AEU aus mindestens **einem Richter je Mitgliedstaat**, wobei die genaue Zahl in der Satzung des Gerichtshofs festgelegt wird (Art. 254 I AEU). Jedem Richter sind jeweils zwei Referenten zugeordnet. Generalanwälte können für das EuG in der Satzung vorgesehen werden. Auch das EuG tagt grds. in Kammern, ausnahmsweise entscheidet die große Kammer, der Einzelrichter oder das Plenum. Urteile des EuG können nach Maßgabe der Satzung des EuGH mit einem auf Rechtsfragen beschränkten Rechtsmittel angegriffen werden, Art. 256 Abs. 1 II AEU. Rechtsmittelgericht ist der Gerichtshof.

Die Voraussetzungen für eine Richterposition am Gericht sind formal etwas niedriger als für den Gerichtshof. Nach Art. 254 II AEU müssen sie „nur" jede Gewähr für Unabhängigkeit bieten und über die Befähigung zur Ausübung hoher richterlicher Tätigkeiten verfügen.

---

[122] Eine überaus geringe Zahl in Anbetracht der unzähligen Verfahren, die vor den EuGH gebracht werden. Auch den Bundesverfassungsrichtern sind bis zu vier wissenschaftliche Mitarbeiter zugeordnet. Sie werden mitunter etwas ironisch als „**3. Senat**" bezeichnet, vgl. *Schlaich/Korioth*, Das BVerfG, Rn 48.

[123] Seit 1990 ist die amtliche Sammlung der Rechtssachen daher zweigeteilt. Serie I enthält die Entscheidungen des EuGH (Aktenzeichen „**C" für Cour**), Serie II die Entscheidungen des EuG (Aktenzeichen „**T" für Tribunal**). Seit 1993 erscheinen jeweils getrennte Bände.

c) Die Fachgerichte

Art. 257 AEU sieht vor, dass das Parlament und der Rat gemäß dem ordentlichen Gesetzgebungsverfahren dem Gericht beigeordnete Fachgerichte bilden können, die für Entscheidungen im ersten Rechtszug über bestimmte Kategorien von Klagen zuständig sind, die auf besonderen Sachgebieten erhoben werden. Gegen ihre Entscheidungen kann ein Rechtsmittel beim EuG und anschließend beim Gerichtshof eingelegt werden, vgl. Art. 257 III AEU. In diesen Fällen ist das Rechtssystem der Union damit **funktionell dreistufig** ausgestaltet. Die Zusammensetzung der einzelnen Kammern wird primärrechtlich nicht determiniert. Vielmehr soll in dem die Kammer einsetzenden Rechtsakt auch über die Zusammensetzung des „Fachgerichts" entschieden werden (Art. 257 II AEU).

Bisher ist als einzige gerichtliche Kammer das Gericht für den öffentlichen Dienst (EuGöD) errichtet worden. Es ist erstinstanzlich für alle Klagen von EU-Beamten zuständig, sofern es um dienstliche Angelegenheiten geht.

d) Die Ernennung der Mitglieder

Gemäß Art. 253, 254 AEU werden die Richter und Generalanwälte des EuGH und des EuG von den Regierungen der Mitgliedstaaten im gegenseitigen Einvernehmen (nach Anhörung des Wahlausschusses) auf sechs Jahre ernannt. Es handelt sich damit bei der Ernennung um einen **uneigentlichen Ratsbeschluss**, der den Mitgliedstaaten unmittelbar zuzurechnen ist. Eine teilweise Neubesetzung der Stellen findet alle drei Jahre statt, um eine gewisse Kontinuität der Rechtsprechung zu gewährleisten.

Keine unmittelbaren Vorgaben finden sich hingegen im Hinblick auf das nationale Auswahlverfahren der Richter. In der Regel finden sich hier auch nur wenige innerstaatliche Vorschriften – eine Tatsache, die im Hinblick auf die erforderliche demokratische Legitimation der Richter problematisch erscheint.

e) Sonstiges

An der Behörde EuGH sind insgesamt gut 2000 Personen beschäftigt, darunter ein Großteil Juristen. Eine große Anzahl dieser Personen ist im **Sprachendienst** tätig. Dabei ist zu beachten, dass alle schriftlichen Übersetzungen der Verfahrensdokumente und Urteile von Volljuristen angefertigt werden müssen.

2. Die Aufgaben

a) Allgemein

Der EuGH sichert gemäß Art. 19 Abs. 1 die **Wahrung des Rechts** bei der Auslegung und Anwendung der Verträge. Der Begriff „Recht" umfasst das gesamte primäre und sekundäre Unionsrecht sowie die vom EuGH entwickelten allgemeinen Rechtsgrundsätze.[124] In den Art. 259 ff. AEU werden die unterschiedlichen Verfahren genannt, die vor dem EuGH/EuG angestrebt werden können.[125] Die wichtigsten sind:

- Vertragsverletzungsverfahren (Art. 259 AEU);
- Nichtigkeitsklage (Art. 263 AEU);
- Untätigkeitsklage (Art. 265 AEU);
- Vorabentscheidungsverfahren (Art. 267 AEU);
- Amtshaftungsklage (Art. 268 AEU).

Im Bereich der GASP ist der Zuständigkeitsbereich des EuGH gemäß Art. 275 AEU stark eingeschränkt.

Der EuGH folgte bei seiner Rechtsprechung in der Vergangenheit einer sehr dynamischen, an den Vertragszielen und praktischen Wirksamkeit des Unionsrechts orientierten Interpretationsmethode. Häufig begründete er die weite Auslegung einer unionsrechtlichen Norm mit dem **„effet utile"** („praktische Wirksamkeit"), schloss dadurch Lücken und entwickelte das Unionsrecht somit kontinuierlich weiter. Oftmals wurde der EuGH daher auch als **„Motor der europäischen Integration"** bezeichnet, was eher als versteckte Kritik gemeint war. Das Gericht bewegte sich bei seiner Auslegung einige Male sehr am Rande einer noch **zulässigen Rechtsfortbildung** und streifte den Bereich der Rechtserzeugung, der eigentlich den anderen Organen bzw. (für das Primärrecht) den Mitgliedstaaten vorbehalten ist.[126] Dabei ist jedoch zu beachten, dass für den EuGH

---

[124] Anders als im deutschen Recht, bestehen für die unterschiedlichen Rechtsgebiete keine eigenen spezialisierten Gerichte (etwa Arbeitsgericht, Verwaltungsgericht etc.). Der EuGH ist vielmehr ein **Einheitsgericht**.

[125] Näher zu den einzelnen Verfahren siehe unter § 8 (Rechtsschutzverfahren). Ausführlich *Thiele*, Europäisches Prozessrecht 2. Auflage 2014.

[126] Siehe auch *Thiele*, Europäisches Prozessrecht, § 3 Rn 23 ff. und ausführlich *Walter*, Rechtsfortbildung durch den EuGH, 2009. Siehe auch *Streinz*, AöR 135 (2010), S. 1. Besonders umstritten war dabei die *Francovich*-Entscheidung, in der der Gerichtshof die Staatshaftung der Mitgliedstaaten entwickelte, siehe EuGH Slg. 1991, I-5357. Umfassend dazu *Thiele*, Haftungsrecht, in Terhechte, Verwaltungsrecht der EU, § 39.

insoweit andere Maßstäbe gelten müssen, als für nationale Gerichte, da die Union bereits ihrem Wesen nach auf Fortentwicklung angelegt ist. Mit der im Wesentlichen abgeschlossenen Errichtung des Binnenmarktes ist zudem festzustellen, dass der Gerichtshof in immer größerem Maße bereit ist, **nationale Ermessens- und Beurteilungsspielräume** anzuerkennen. Er akzeptiert mithin nationale Besonderheiten, die geschichtliche, sittliche oder kulturelle Ursprünge haben. Für den Bereich der Grundfreiheiten bedeutet dies, dass die Frage der Rechtfertigung von Eingriffen in den einzelnen Mitgliedstaaten unterschiedlich beurteilt werden kann.

Als Beispiele aus jüngerer Zeit sind insoweit die *Laserdrome-Entscheidung* (zum Menschenwürdebegriff) und die Entscheidung zum Fremdbesitzerverbot bei Apotheken zu nennen (zur Auslegung der Rechtfertigungsgründe der Grundfreiheiten) sowie zuletzt die Entscheidung zum portugiesischen Glücksspielmonopol.[127] Die populistisch geäußerte Kritik des ehemaligen Bundespräsidenten *Herzog* erscheint jedenfalls in dieser Form ganz unangebracht und bei weitem zu schlicht.[128]

b) Die Rolle der nationalen Gerichte

Neben dem Gerichtshof sind auch die nationalen Gerichte für die Kontrolle der Einhaltung des Unionsrechts zuständig. Dies betrifft insbesondere die Fälle, in denen das Unionsrecht durch nationale Behörden vollzogen wird.[129] Gegen diese nationalen Vollzugsakte kann der Einzelne allein vor den nationalen Gerichten vorgehen, die hierbei auch die Konformität mit dem gesamten Unionsrecht überprüfen müssen.

Bei der Wahrnehmung dieser Aufgaben handeln die nationalen Gerichte mithin als „**funktionale Unionsgerichte**"[130] und gehören damit zur dritten Unionsgewalt im weiteren Sinne. Zur Wahrung der Rechtseinheit erforderlich ist indes eine gewisse **Kooperation der einzelnen Gerichte** mit dem EuGH, die im Vorabentscheidungsverfahren (Art. 267 AEU) ihre vertragliche Grundlage gefunden hat. Danach hat der EuGH in Auslegungsfragen das „letzte Wort" und zudem das **Verwerfungsmonopol** bzgl. sekundären Unionsrechts (Einzelheiten unter § 10).

Diese besondere Rolle der nationalen Gerichte und des nationalen Rechtssystems insgesamt ist in der Rechtsprechung des EuGH zuletzt stark betont worden. Diese Rechtsprechung ist nunmehr insoweit kodifiziert worden, als die Mitgliedstaaten nach

---

127 EuGH Rs. C-42/07, Urteil vom 08.09.2009.
128 Siehe *Herzog/Gerken*, Stoppt den Europäischen Gerichtshof, FAZ vom 08.09.2008. Dazu auch *Streinz*, AöR 135 (2010), S. 1 ff.
129 Zum Vollzug des Unionsrechts siehe § 10.
130 *Thiele*, Europäisches Prozessrecht, § 2 Rn 61.

Art. 19 Abs. 1 II EU aufgefordert sind, die erforderlichen Rechtsbehelfe zu schaffen, damit ein wirksamer Rechtsschutz in den vom Unionsrecht erfassten Bereichen gewährleistet ist.

VIII. Die Europäische Zentralbank (EZB)[131]

Regelungen zur Europäischen Zentralbank finden sich in den Art. 127 ff. und 282 ff. AEU. Die EZB bildet gemeinsam mit den nationalen Zentralbanken das Europäische System der Zentralbanken (ESZB). Die EZB sowie die nationalen Zentralbanken, deren Währung der Euro ist, bilden das Eurosystem und betreiben die Währungspolitik der Union. Die EZB selbst besitzt Rechtspersönlichkeit und ist in der Ausübung ihrer Befugnisse und der Verwaltung ihrer Mittel **unabhängig**. Sonstige Stellen der Union als auch die Regierungen der Mitgliedstaaten haben diese Unabhängigkeit zu achten (Art. 282 Abs. 3 und Art. 130 AEU). Diese besondere Form der Unabhängigkeit der Zentralbank von der Politik wird als eine wesentliche Voraussetzung dafür angesehen, die **Preisstabilität** einer Währungszone zu gewährleisten.[132] Unmittelbares Vorbild war insoweit die Stellung der deutschen Bundesbank. Die EZB sitzt in **Frankfurt**.

1. Die Zusammensetzung

Beschlussorgane der EZB sind der Europäische Zentralbank-Rat sowie das Direktorium der EZB (Art. 283 Abs. 1 und Art. 129 Abs. 1 AEU). Das **Direktorium** besteht aus dem Präsidenten, dem Vizepräsidenten und vier weiteren Mitgliedern. Der **EZB-Rat** besteht neben dem Direktorium aus den Präsidenten der nationalen Zentralbanken, deren Währung der Euro ist.

Die **Mitglieder des Direktoriums** werden vom Europäischen Rat auf Empfehlung des Rates, der hierzu das EP und den EZB-Rat anhört, mit qualifizierter Mehrheit für eine Amtszeit von acht Jahren ernannt. Es muss sich dabei um Staatsangehörige der Mitgliedstaaten handeln, die zudem aus dem Kreis der in Währungs- und Bankfragen anerkannten und erfahrenen Persönlichkeiten stammen müssen. Eine Wiederernennung ist zur Sicherung der Unabhängigkeit nicht möglich.

---

[131] Dazu ausführlich *Gaitanides*, Das Recht der Europäischen Zentralbank 2005.
[132] Zur Unabhängigkeit auch *Thiele*, Berliner Online Beiträge zum Europarecht Nr. 98.

2. Die Aufgaben[133]

Vorrangige Aufgabe des von der EZB geleiteten ESZB ist es, die **Preisstabilität** im Euro-Raum zu gewährleisten (Art. 282 Abs. 2 AEU). Nur soweit dieses Ziel gesichert erscheint unterstützt es die allgemeine Wirtschaftspolitik in der Union. Art. 127 Abs. 2 AEU führt die grundlegenden Aufgaben der EZB auf, die alle vorrangig zur Wahrung der Preisstabilität ausgeübt werden müssen:

- Festlegung und Durchführung der Geldpolitik der Union;
- Durchführung der Devisengeschäfte;
- Haltung und Verwaltung der offiziellen Währungsreserven der Mitgliedstaaten;
- Förderung des reibungslosen Funktionierens der Zahlungssysteme.

Die EZB hat dazu das ausschließliche Recht, **Euro-Banknoten** im Euroraum zu genehmigen, die dann sowohl von der EZB als auch den nationalen Zentralbanken ausgegeben werden können. Die Mitgliedstaaten behalten hingegen das Recht zur Ausgabe von Euromünzen (Art. 128 AEU).

Hauptgremium stellt nach Art. 12 der Satzung der EZB (Protokoll Nr. 4) der **EZB-Rat** dar. Dieser erlässt die Leitlinien und Beschlüsse, die notwendig sind, um die Erfüllung der dem ESZB nach den Verträgen und der Satzung zugewiesenen Aufgaben zu gewährleisten. Er legt die Geldpolitik fest, gegebenenfalls einschließlich von Beschlüssen in Bezug auf geldpolitische Zwischenziele, Leitzinssätze und die Bereitstellung von Zentralbankgeld im ESZB. Das **Direktorium** führt die Geldpolitik gemäß diesen Leitlinien aus und kann dazu den nationalen Zentralbanken Weisungen erteilen. Zudem bereitet es die Sitzungen des EZB-Rates vor.

Im Übrigen wird die EZB nach Art. 127 Abs. 4 AEU zu allen Rechtsetzungsvorschlägen im Zuständigkeitsbereich der EZB und von den nationalen Behörden zu allen Entwürfen für Rechtsvorschriften in ihrem Zuständigkeitsbereich gehört. Sie kann anderen Organen oder nationalen Behörden Stellungnahmen zu in ihren Zuständigkeitsbereich fallenden Fragen abgeben.

Seit dem 1.11.2014 nimmt die EZB zudem bedeutende Aufsichtsaufgaben im Rahmen des sog. **„Single Supervisory Mechanism"** (SSM) wahr. Seitdem ist die EZB damit die zentrale Bankenaufsichtsbehörde der Eurozone. Inwieweit es sich als zweckmäßig er-

---

[133] Ausführlich dazu *Gaitanides*, Das Recht der EZB, 2005 sowie *Thiele*, Das Mandat der EZB und die Krise des Euro, S. 23 ff.

weist, gerade eine Zentralbank mit dieser Aufgabe zu betrauen, ist dabei überaus umstritten.[134]

3. Die Beschlussfassung

Regelungen zur Beschlussfassung finden sich erneut in der **Satzung der EZB** (Protokoll Nr. 4). Danach wird mittlerweile nach einem Rotationsprinzip abgestimmt. Dieses (umstrittene) Rotationssystem gilt seit dem Beitritt Litauens am 1.1.2015. Deutschland nimmt danach an jeder fünften Ratssitzung ohne Stimmrecht teil (ebenso Frankreich, Italien, Spanien und die Niederlande). Die anderen 14 Mitgliedstaaten teilen sich weitere 11 Stimmrechte.

IX. Der Europäische Rechnungshof (ERH)

Ein gemeinsamer Rechnungshof für die damaligen drei Gemeinschaften besteht seit 1977. Seit 1993 (Maastricht) zählt er ausdrücklich zu den Unionsorganen. Die Aufgaben des Rechnungshofes und dessen Zusammensetzung regeln die Art. 285 ff. AEU. Danach nimmt dieser die **Rechnungsprüfung** wahr. Sein Jahresbericht wird im Amtsblatt der Union veröffentlicht. Ebenso wie auch die EZB ist der ERH unabhängig. Er sitzt in **Luxemburg**.

1. Die Zusammensetzung

Der Rechnungshof besteht gemäß Art. 285 II AEU aus **einem Staatsangehörigen je Mitgliedstaat**. Die Mitglieder müssen jede Gewähr für ihre Unabhängigkeit bieten und müssen in ihren Staaten Rechnungsprüfungsorganen angehören oder angehört haben oder für dieses Amt besonders geeignet sein. Sie werden auf sechs Jahre vom Rat mit qualifizierter Mehrheit ernannt und wählen aus ihrer Mitte einen Präsidenten. Wiederernennung ist – anders als im Falle der EZB – zulässig. Die Verwaltung des Rechnungshofes wird von einem Generalsekretär geleitet. Insgesamt sind beim ERH etwa 500 Personen beschäftigt.

2. Die Aufgaben

Der ERH hat nach Art. 285 AEU die Aufgabe der Rechnungsprüfung.[135] Geprüft werden danach alle Einnahmen und Ausgaben

---

[134] Ausführlich *Thiele*, Finanzaufsicht, S. 193 ff.
[135] Zu den Tätigkeiten des ERH *Verschraegen*, in: Neisser/Verschraegen, Die Europäische Union, Rn 11.165.

der Union. Zudem werden auch alle Einnahmen und Ausgaben jeder von der Union geschaffenen Einrichtung oder sonstigen Stelle geprüft, soweit dies vom Gründungsakt nicht ausgeschlossen wird (Art. 287 AEU). Der Rechnungshof legt dem EP und dem Rat eine Erklärung über die Zuverlässigkeit der Rechnungsführung sowie die Rechtmäßigkeit und Ordnungsmäßigkeit der zugrunde liegenden Vorgänge vor, die im Amtsblatt der Union veröffentlicht wird. Überprüft wird zudem die Wirtschaftlichkeit der Haushaltsführung. Die jährlichen Berichte und Stellungnahmen werden mit der Mehrheit seiner Mitglieder angenommen.

X. Die Europäische Investitionsbank (EIB)

Die EIB wurde bereits 1958 gegründet. Gemäß Art. 309 AEU ist es ihre Aufgabe, zu einer ausgewogenen und reibungslosen Entwicklung des Binnenmarktes im Interesse der Union beizutragen. Hierzu finanziert sie wirtschaftlich sinnvolle und solide Investitionsvorhaben mit langfristigen Darlehen. Die erforderlichen Geldmittel verschafft sie sich auf dem Kapitalmarkt. Mittlerweile ist sie der größte nichtstaatliche Kreditgeber und -nehmer. Sie ist mit eigener Rechtspersönlichkeit ausgestattet und sitzt in **Luxemburg**.

XI. Weitere Neben- und Hilfsorgane

Neben den bisher genannten Hauptorganen bestehen noch zahlreiche weitere Hilfsorgane und Einrichtungen innerhalb der EU. Von diesen sollen hier die beratenden Einrichtungen (1) und der vermittelnd tätig werdende Bürgerbeauftragte (2) genannt werden. Zuletzt wird noch auf weitere Einrichtungen hingewiesen (3).

1. Die beratenden Einrichtungen

Nach Art. 300 AEU werden das EP, der Rat und die Kommission von einem **Wirtschafts- und Sozialausschuss** (WSA) und einem **Ausschuss der Regionen** (AdR) beratend unterstützt. Diese Beratungstätigkeit üben diese Einrichtungen zum einen dadurch aus, dass sie im Gesetzgebungsverfahren mit Anhörungsrechten ausgestattet sind. Zum anderen können sie auch von sich aus oder auf Anfrage der genannten Organe **Stellungnahmen** abgeben. Beide Einrichtungen sitzen in **Brüssel**.

Der **WSA** setzt sich aus Vertretern der Organisationen der Arbeitgeber und Arbeitnehmer sowie anderen Vertretern der Zivilgesellschaft, insbesondere aus dem sozialen und wirtschaftlichen, dem staatsbürgerlichen, dem beruflichen und dem kulturellen Bereich zusammen. Die genaue Zusammensetzung, vor allem die Zahl der jedem Mitgliedstaat zustehenden Mitglieder, wird vom Rat einstimmig auf Vorschlag der Kommission bestimmt (Art. 301 II AEU). Die Mitglieder werden für eine Amtszeit von fünf Jahren vom Rat ernannt, Wiederernennung ist zulässig. Der Rat setzt auch die Vergütung der einzelnen Mitglieder fest.

Der **AdR**[136] setzt sich aus Vertretern der regionalen und lokalen Gebietskörperschaften zusammen, die entweder ein auf Wahlen beruhendes Mandat in einer regionalen oder lokalen Gebietskörperschaft innehaben oder gegenüber einer gewählten Versammlung politisch verantwortlich sind. Die genaue Zusammensetzung wird erneut einstimmig vom Rat festgelegt. Die Amtszeit beträgt ebenfalls fünf Jahre, eine Vergütung ist für diese allerdings nicht vorgesehen. Sie werden jedoch für die anfallenden Reisekosten entschädigt.

Anders als der WSA ist der AdR nunmehr zur Wahrung seiner Rechte auch klagebefugt (Art. 263 Abs. 3 AEU). Nach Art. 8 des Protokolls zur Subsidiarität kann er zudem Verstöße gegen das Subsidiaritätsprinzip rügen, freilich ohne im Übrigen am Frühwarnsystem des Protokolls beteiligt zu werden. Warum eine Klagemöglichkeit des WSA zur Wahrung seiner Rechte nicht vorgesehen wurde, ist unklar.

Insgesamt ist der **Einfluss** dieser beratenden Einrichtungen als relativ **gering** einzustufen. Immerhin nutzt vor allem die Kommission die Expertise des WSA und auch des AdR bei der Erstellung ihrer Gesetzgebungsvorschläge. Im Übrigen darf nicht unterschätzt werden, dass beide Einrichtungen die Möglichkeit eines Netzwerkes der Mitglieder ermöglichen, die aus allen Bereichen und Regionen Europas stammen. Sie sorgen damit auch dafür, den europäischen Gedanken in das tägliche Leben der Unionsbürger zu tragen.

2. Der Bürgerbeauftragte

Gemäß Art. 228 AEU ernennt das EP einen **Bürgerbeauftragten**. Dieser ist befugt, Beschwerden von jedem Bürger der Union oder von jeder natürlichen oder juristischen Person mit Wohnort oder satzungsmäßigem Sitz in einem Mitgliedstaat über Missstände bei der Tätigkeit der Organe oder Institutionen der Union, mit Ausnahme des Gerichtshofs und des EuG in Ausübung ihrer Rechtsprechungsbefugnisse, entgegenzunehmen. Auf diese Weise sollen die Beziehungen der Bürger zu den Institutionen der Union verbessert

---

[136] Ausführlich zu diesem *Thiele*, Der Ausschuss der Regionen, in: Härtel, Handbuch Föderalismus, § 93.

werden. Dazu legt der Bürgerbeauftragte dem Parlament **jährlich einen Bericht** über die Ergebnisse seiner Untersuchungen vor, zu denen er von sich aus oder aufgrund der eingegangenen Beschwerden befugt ist, vgl. Art. 228 Abs. 1 II AEU. Er wird nach der Wahl zum EP jeweils für die Dauer einer Wahlperiode ernannt, wobei eine Wiederwahl zulässig ist.

Die homepage des Bürgerbeauftragten, wo Beschwerden online abgegeben werden können, lautet: www.ombudsman.europa.eu.

4. Sonstige Einrichtungen

Neben den genannten bestehen überaus viele weitere dezentrale Einrichtungen innerhalb der EU. Dabei ist es auch für einen Fachmann nicht einfach, hier den Überblick zu behalten. Die Rechtsgrundlagen für die Errichtung dieser Agenturen oder Ämter bilden teils die Geschäftsordnungskompetenzen, teils die einschlägigen Sachkompetenzen. Oftmals wird jedoch (zusätzlich) auf die Ergänzungskompetenz des Art. 352 AEU zurückgegriffen. Beides ist zwar rechtlich nicht unproblematisch aber im Ergebnis zulässig, solange gegen die Handlungen dieser Einrichtungen der erforderliche Rechtschutz gewährleistet wird.[137] **Beispiele** sind etwa:

- Europäische Agentur für Grundrechte (Wien);
- Europäische Umweltagentur (Kopenhagen);
- Europäische Stiftung für Berufsbildung (Turin);
- Europäisches Markenamt (Alicante);
- Europäische Drogenbeobachtungsstelle (Lissabon);
- Europäisches Hochschulinstitut (Florenz);
- Europäisches Zentrum für die Förderung der Berufsbildung (Saloniki);
- Europäische Finanzaufsichtsbehörden – EBA, EIOPA, ESMA (London, Frankfurt, Paris).

Eine **Übertragung von Kompetenzen** auf solche Agenturen ist allerdings **nicht grenzenlos** möglich. Vielmehr dürfen insoweit lediglich genau umgrenzte Ausführungsbefignisse unter Beachtung objektiver Tatbestandsmerkmale übertragen werden. Unzulässig ist hingegen eine Übertragung von Befugnissen, „die nach freiem Ermessen auszuüben sind und die einen weiten Ermessensspielraum voraussetzen.‟

---

[137] Sinnvollerweise sollten diesbezügliche Regelungen in der jeweiligen Gründungsverordnung aufgenommen werden, was Art. 263 Abs. 5 AEU jetzt auch vorsieht. Ist dies nicht der Fall wird man Art. 263 Abs. 4 AEU analog heranziehen können.

Dies würde laut EuGH zu einer unzulässigen „tatsächlichen Verlagerung von Verantwortung" führen.[138]

XII. Exkurs: Das „Sprachenproblem"[139]

In den nunmehr 28 Mitgliedstaaten der Union werden 24 verschiedene Sprachen gesprochen. Die Verträge sind in allen diesen Sprachen abgefasst, wobei die unterschiedlichen Fassungen jeweils gleichermaßen verbindlich sind (**authentische Sprachen, Art. 55 EU**). Dieses Phänomen kann zu Auslegungsschwierigkeiten bei den einzelnen Normen führen, wobei letztlich der EuGH berufen ist, eine Lösung herbeizuführen.

Unabhängig von dieser Frage ist es jedoch erforderlich, dass die Union für alle ihre Bürger verständlich ist und bleibt. Insbesondere die Rechtsakte der Union müssen daher in allen Sprachen veröffentlicht werden (**Amtssprachen**), wobei mittlerweile alle authentischen Sprachen auch Amtssprachen sind.[140] Darüber hinaus muss es selbstverständlich sein, dass der Bürger sich in seiner Landessprache an die Organe der Union wenden kann, insbesondere in gerichtlichen Verfahren in seiner Landessprache gehört wird (vgl. Art. 24 IV AEU).[141]

All dies erfordert eine **ungeheure Übersetzungs- und Dolmetscherarbeit**, die wohl als einzigartig bezeichnet werden kann.

Um sich einen Eindruck davon zu verschaffen, lohnt sich der Besuch einer Gerichtsverhandlung beim EuGH: Jeweils links und rechts von den Gerichtssälen finden sich Dolmetscherkabinen mit Dolmetschern, die das Geschehen simultan in alle Amtssprachen übersetzen. Die Dolmetscher selbst übersetzen nur in ihre eigene Muttersprache, was zum Teil gewisse Probleme bei der personellen Besetzung bereitet.

Die Zuhörer der Verhandlung finden an jedem Platz Köpfhörer und können sich die gewünschte Sprache per Knopfdruck einstellen. Bereits unmittelbar nach Urteilsverkündung lässt sich das Urteil im Internet in allen Amtssprachen abrufen.

---

[138] Siehe dazu EuGH Rs. 9/56 (*Meroni*) sowie zuletzt EuGH, Rs. C-270/12 (Vereinigtes Königreich/Rat und Parlament). Dazu auch *Manger*-Nestler, GPR 2014, 141 ff.

[139] Hierzu insgesamt *Oppermann*, Das Sprachenproblem der Europäischen Union – reformbedürftig?, in: ZEuS 2001, 1 ff.; *Luttermann/Luttermann*, JZ 2004, 1002 ff.

[140] Seit dem 01.01.2007 ist auch irisch offizielle Amtssprache.

[141] Vgl. auch Art. 2 und 3 der VO Nr. 1 des Rates vom 15.04.1958, ABl. 1958 Nr. 17 S. 385. Allgemein dazu: *Gundel*, in EuR 2001, 776 ff. sowie *Oppermann*, ZEuS 2001, 1 ff.

Die Kosten dieses gigantischen Übersetzungs- und Dolmetscherapparates sind sehr hoch,[142] insbesondere die Übersetzung der Rechtsakte erfordert eine ungeheure Gründlichkeit und beansprucht sehr große Summen.[143] Innerhalb der Behörden und Organe ist eine Einschränkung dieser Sprachenvielfalt daher unumgänglich. So ist etwa innerhalb der Kommission festgelegt, dass Dokumente der Kommission als Kollegium in Englisch, Deutsch und Französisch vorgelegt werden. **Arbeitssprachen** im Behördenbetrieb sind regelmäßig Englisch und Französisch. Dem Parlament hingegen werden weiterhin alle Dokumente in sämtlichen Sprachen vorgelegt. Zur Begründung wird angeführt, dass von einem Parlamentarier nicht erwartet werden kann, eine der drei „Hauptsprachen" zu beherrschen. Dies wäre eine zu große Beschränkung des passiven Wahlrechts.

---

[142] Gegenwärtig ca. 1 Milliarde Euro jährlich.
[143] Es darf jedoch nicht ihre integrationsfördernde Wirkung verkannt werden. Im Übrigen ist eine Übersetzung in alle Amtssprachen Voraussetzung einer unmittelbaren Wirkung der jeweiligen Rechtsnormen, vgl. BVerfGE 89, 155 (185).

Zusammenfassung § 4

- Die Union hat **sieben** Hauptorgane: Parlament, Europäischer Rat, Rat, Kommission, Gerichtshof, Zentralbank und Rechnungshof.

- Das **Parlament** besteht aus den Vertretern der Unionsbürger. Es ist mittlerweile (fast) gleichberechtigt mit dem Rat an der Rechtsetzung beteiligt und hat des Weiteren verschiedene Kontroll- und Kreationsbefugnisse. Insbesondere wirkt es maßgeblich bei der Benennung der Kommission mit.

- Der **Europäische Rat** ist das politische Leitorgan der EU. Er setzt sich aus den Staats- und Regierungschefs zusammen und wird nicht gesetzgeberisch tätig.

- Der **Rat** besteht aus einem Vertreter je Mitgliedstaat auf Ministerebene. Er ist gemeinsam mit dem Parlament der Gesetzgeber der Union. Die Beschlussfassung erfolgt grds. im Wege der qualifizierten (doppelten) Mehrheit. Bis zum Jahr 2017 kann aber jeder Mitgliedstaat eine Abstimmung nach den bisherigen Regelungen der Stimmengewichtung verlangen..

- Die **Kommission** bildet die Exekutive der Union. Sie gilt als Hüterin des Unionsrechts und Motor der Integration. Sie besteht aus einem Kommissar je Mitgliedstaat. Ob es nach 2014 zu einer Verkleinerung kommen wird, ist offen.

- Der **Europäische Gerichtshof** bildet das Rechtsprechungsorgan der Union. Er setzt sich zusammen aus dem Gerichtshof, dem Gericht und den Fachgerichten. Er sichert die Wahrung des Rechts bei der Auslegung und Anwendung der Verträge.

- Die **Zentralbank** setzt sich aus dem Direktorium und den Präsidenten der nationalen Zentralbanken zusammen, deren Währung der Euro ist. Ihre vorrangige Aufgabe ist die Wahrung der Preisstabilität.

- Der **Rechnungshof** überwacht die Tätigkeit aller genannten Organe und überprüft insbesondere deren Wirtschaftlichkeit.

- **Weitere Einrichtungen** sind die EIB, der WSA, der AdR und der Ombudsmann.

§ 5 DIE RECHTSQUELLEN DER UNION

Unter einer Rechtsquelle wird gemeinhin eine „Erkenntnisquelle für positives Recht" verstanden. Die unionsrechtlichen Rechtsquellen bilden folglich den unionalen Ordnungsrahmen – das Unionsrecht. Wie im nationalen Recht werden diese Rechtsquellen auch auf europäischer Ebene vor allem im Hinblick auf ihre Stufe in der Normenhierarchie unterschieden. Im Unionsrecht existieren insoweit **primäre** („primäres Unionsrecht"), **ungeschriebene** („allgemeine Rechtsgrundsätze") und **sekundäre** („sekundäres Unionsrecht") Rechtsquellen. Vereinzelt wird für bestimmte Rechtsakte auch der Begriff des **tertiären Unionsrechts** verwandt.

I. Primäres Unionsrecht

Das **primäre Unionsrecht** stellt die Grundlage des Unionsrechts dar. Im Rahmen der Normenhierarchie nimmt es die **höchste Rangstufe** ein. Es umfasst folgende Teile:

> - sämtliche Vertragstexte (also EU- und AEU-Vertrag);
> - sämtliche Anhänge und Protokolle zu diesen Verträgen;
> - Beitrittsverträge neuer Mitgliedstaaten;
> - allgemeine Rechtsgrundsätze.

Eine gewisse Zwischenstellung zwischen Primär- und Sekundärrecht nehmen von der Union ratifizierte völkerrechtliche Verträge ein (siehe sogleich).

1. Die Vertragstexte

Zum Primärrecht gehören zunächst die verbleibenden beiden Verträge also der EU- und der AEU-Vertrag. Nach der Auflösung der Säulenstruktur gehören damit auch die bisherigen Säulen zwei und drei zum primären Unionsrecht, wenngleich zum Teil einige Besonderheiten bestehen bleiben.

> **Fall 3 (nach EuGH Slg. 1963, 1, Van Gend & Loos):** Das Transportunternehmen FRG führt Produkte von der Bundesrepublik in die Niederlande ein. Auf ein bestimmtes Produkt erhebt die niederländische Finanzverwaltung einen Wertzoll von 8 %. Dieser ergibt sich aus einer Zolltabelle der Niederlande. Die Firma FRG fühlt sich hierdurch in ihren Rechten aus Art. 30 AEU verletzt (Verbot von Ein- und Ausfuhrzöllen zwischen den Mitgliedstaaten). Zu Recht?

Grundsätzlich behandelt das primäre Unionsrecht Rechte und Pflichten der Mitgliedstaaten und der Unionsorgane. In einigen Bereichen werden jedoch auch Rechte und Pflichten natürlicher und juristischer Personen direkt angesprochen.

Viele solcher Regelungen sind vom Gerichtshof mittlerweile für unmittelbar anwendbar erklärt worden; auch einzelne Bürger sind damit unter Umständen Adressaten primärrechtlicher Regelungen.

Obwohl es sich bei den Unionsverträgen an sich um völkerrechtliche Verträge handelt, kann sich der Einzelne auf solche unmittelbar anwendbaren Normen berufen und **eigene, subjektive Rechte** geltend machen. In solchen Fällen sind mitgliedstaatliche Gerichte und Behörden verpflichtet, diese Normen unmittelbar als geltendes Recht zu beachten; diese Normen wirken damit wie innerstaatliche Gesetze. Im Rahmen der Normenhierarchie gehen diese Regelungen im Ergebnis allen nationalen Vorschriften vor (sog. Vorrang des Unionsrechts).

Entgegenstehende nationale Normen müssen insoweit unberücksichtigt bleiben und dürfen nicht angewendet werden. Dieses Ergebnis überrascht, ist heute jedoch allgemein anerkannt. Dieser unbedingte Vorrang wird vom EuGH mit der Eigenständigkeit der Unionsrechtsordnung begründet. Prinzipiell anerkennt auch das BVerfG heute diese Situation und überprüft Unionsrecht daher nur noch sehr bedingt auf Verstöße gegen das Grundgesetz, wenngleich das Lissabon-Urteil auf eine gewisse Verschärfung der Prüfungskompetenz hindeutet, siehe ausführlich unter § 6.

Ausdrücklich finden sich solche Regeln in den Art. 20-24 sowie 101, 102 AEU. Der EuGH hat jedoch frühzeitig in der Entscheidung *van Gend & Loos*[144] entschieden, dass auch andere Bestimmungen der Verträge unter bestimmten Voraussetzungen **unmittelbar anwendbar** sein können (mit allen eben angedeuteten Konsequenzen). Auch diese Normen begründen somit Rechte und ggf. Pflichten für den einzelnen Unionsbürger. Diese Voraussetzungen sind:

> - die Norm muss rechtlich vollkommen sein, d.h. die Bestimmung muss klar und hinreichend formuliert sein, sodass sie ohne jede weitere Konkretisierung anwendbar ist;
> - sie muss den Mitgliedstaaten Handlungs- oder Unterlassungspflichten auferlegen;
> - sie muss inhaltlich unbedingt sein, d.h. die Bestimmung darf mit keinem Vorbehalt oder zeitlichem Aufschub versehen sein.

---

[144] EuGH Slg. 1963, 1 ff.

Von besonderer Bedeutung sind in diesem Zusammenhang die europäischen **Grundfreiheiten** (siehe im 4. Teil), denen der EuGH frühzeitig eine solche Wirkung zugesprochen hat.

Seit dem Vertrag von Lissabon sind nunmehr auch die **Grundrechte** der Grundrechtecharta unmittelbar anwendbares Unionsrecht. Bis dahin kannte das damalige Gemeinschaftsrecht **keinen kodifizierten Grundrechtekatalog**. Auch die in Nizza feierlich proklamierte Grundrechtecharta hatte zunächst **keinen Primärrechtsstatus**.[145]

Der EuGH hatte jedoch schnell diesen Mangel durch die Herausbildung von Gemeinschaftsgrundrechten zu heilen versucht. Die einzelnen Grundrechte entwickelte er dabei unter Berücksichtigung der Verfassungen der Mitgliedstaaten und insbesondere durch Rückgriff auf die EMRK (vgl. ex Art. 6 Abs. 2 EU).

Der Verfassungsvertrag hatte die Grundrechtecharta noch als zweiten Teil vollständig in die Verträge inkorporiert. Ein solch ausdrückliches Bekenntnis zu den Grundrechten war bei den Verhandlungen zum Vertrag von Lissabon politisch nicht mehr durchsetzbar. Vor allem das Vereinigte Königreich und Polen widersetzten sich einer solchen Inkorporation. Stattdessen wird die Charta nunmehr allein durch einen Verweis für die Union rechtsverbindlich. Auch ohne förmliche Inkorporation stellt die Grundrechtecharta damit aber nunmehr den geschriebenen **Grundrechtekatalog der Union** dar. In **Art. 6 Abs. 1 EU** heißt es nun:

„Die Union erkennt die Rechte, Freiheiten und Grundsätze an, die in der Charta der Grundrechte der Europäischen Union [...] niedergelegt sind; die Charta und die Verträge sind rechtlich gleichrangig.

Vor allem der letzte Halbsatz macht deutlich, dass zwischen der Charta und den Verträgen keinerlei Hierarchieverhältnis besteht. Die Charta ist also „vollwertiges" Primärrecht.

Die Charta selbst enthält neben den **klassischen Grundrechten**[146] zum Teil einige Bestimmungen – etwa zur Solidarität – deren rechtliche Verbindlichkeit nicht ganz klar ist. **Adressaten** der darin enthaltenen Rechte und Freiheiten sind nach Art. 51 der Charta die Organe, Einrichtungen und sonstigen Stellen der Union sowie die Mitgliedstaaten, sofern diese Unionsrecht durchführen.[147] Nach Art. 52

---

[145] Zur Charta auch *Calliess*, EuZW 2001, 261.
[146] Vgl.dazu *Kingreen*, Jura 2014, 295 ff.
[147] Zur Bindung der Mitgliedstaaten siehe *Cremer*, EuGRZ 2011, 545 ff. Der EuGH hat diese Regelung sehr weit ausgelegt, was zu heftiger Kritik – auch durch das

der Charta sind Einschränkungen zwar zulässig, müssen indes gesetzlich vorgesehen sein und zudem den Wesensgehalt achten. Darüber hinaus ist der Grundsatz der **Verhältnismäßigkeit** zu wahren.[148]

Für das **Vereinigte Königreich** und **Polen** gilt die Sonderregelung des **Protokolls Nr. 30**. Insbesondere werden damit durch die Charta für diese Staaten keine einklagbaren Rechte geschaffen, soweit diese nicht im jeweiligen nationalen Recht vorgesehen sind. Die Folgen dieser Bestimmung für den Grundrechtsschutz sind nicht ganz klar. Fraglich ist vor allem, inwieweit der bisher bestehende Grundrechtsschutz, der vom Gerichtshof für alle Mitgliedstaaten entwickelt worden war, für diese Staaten verbindlich bleibt. Hierfür spricht die Regelung des Art. 6 Abs. 3 EU.

Daneben bleibt es jedoch nach **Art. 6 Abs. 3 EU** dabei, dass die Grundrechte, wie sie in der EMRK gewährleistet sind und wie sie sich aus den Verfassungsüberlieferungen der Mitgliedstaaten ergeben, als allgemeine Grundsätze Teil des Unionsrechts sind. Insoweit besteht gewissermaßen ein doppeltes System des Grundrechtsschutzes. Nimmt man die nationale Ebene hinzu, steht der einzelne Bürger damit insgesamt **drei Schutzebenen** gegenüber – hinzu tritt die EMRK selbst, die damit die vierte Ebene darstellt, wenngleich ein formeller Beitritt der EU zur EMRK nach dem Gutachten 2/13 des EuGH schwierig geworden sein dürfte will.[149] Sonderlich glücklich erscheint diese „Mehrebenenstruktur" insgesamt nicht.[150]

Das BVerfG hat die Situation der Grundrechtsgewährleistung auf Unionsebene lange Zeit kritisch beobachtet. Für das BVerfG stellte sich hier die Frage, inwieweit es sekundäres Unionsrecht am Maßstab der deutschen Grundrechte überprüfen will. Hervorzuheben ist hier zunächst der sogenannte „**Solange-I Beschluss**" aus dem Jahre 1974.[151] Darin monierte das Gericht das Fehlen eines geschriebenen Grundrechtskatalogs und „drohte" offen damit, sekundäres Unionsrecht am Maßstab der deutschen Grundrechte zu messen und eventuell für unanwendbar im deutschen Rechtsraum zu erklären. Ziel war sicherlich auch, dadurch den Druck auf die Union zu erhöhen, einen Grundrechtskatalog in das Primärrecht aufzunehmen. Verfassungsbeschwerden gegen sekundäres Unionsrecht waren also grds. zulässig. Vor einer solchen Entscheidung hatte jedoch stets ein Vorabentscheidungsverfahren zu ergehen (Art. 267 AEUV). Im Jahre 1986 relativierte das Gericht diese Aussagen jedoch in seinem „**Solange-II Beschluss**"[152], nachdem „Solange-I" zum Teil auf heftige Kritik gestoßen war. Das Gericht ging hier nunmehr von einem ausreichenden Grundrechtsschutz auf Unionsebene auch ohne einen entsprechenden Katalog aus und hob

---

BVerfG geführt hat, vgl. EuGH, Rs. C-617/10 (**Fransson**) und die „Antwort" des BVerfG, 1 BvR1215/07, Rn. 88 ff. Siehe auch *Kirchhof*, NVwZ 2014, 1537 ff.

[148]   Zum Stand des erreichten Schutzes siehe *Schroeder* EuZW 2011, 462 ff.

[149]   Mit dem Inkrafttreten des 14. Zusatzprotokolls sind von Seiten der EMRK die Voraussetzungen für einen solchen Beitritt indes geschaffen worden.

[150]   Siehe dazu auch *Streinz/Ohler/Herrmann*, Der Vertrag von Lissabon zur Reform der EU, S. 99 ff.

[151]   BVerfGE 37, 271.

[152]   BVerfGE 73, 339.

insbesondere die Rechtsprechung des EuGH hervor. Es stellte ferner fest, dass das Schutzniveau im Wesentlichen dem Grundrechtsschutz des GG gleich zu achten ist. Solange dies der Fall sei, überprüfe das BVerfG sekundäres Unionsrecht nicht mehr am Maßstab der deutschen Grundrechte. Verfassungsbeschwerden gegen sekundäres Unionsrecht waren nunmehr also unzulässig, solange der Beschwerdeführer nicht nachweisen konnte, dass der EuGH in seinem Schutzniveau abgesunken war. In der **Maastricht-Entscheidung**[153] bestätigte das BVerfG diese Auffassung.[154] In der Entscheidung zum **Vertrag von Lissabon** hat das Gericht diese Ausführungen erneut im Wesentlichen bestätigt. Durch den nunmehr geschriebenen Grundrechtskatalog auf Unionsebene erscheint es damit sehr unwahrscheinlich, dass das BVerfG einem unionalen Sekundärakt die innerstaatliche Rechtsverbindlichkeit aufgrund eines Grundrechtsverstoßes absprechen wird.

Die soeben erläuterte unmittelbare Anwendbarkeit primärrechtlicher Normen gilt grds. nur zwischen dem Bürger und dem jeweiligen Mitgliedstaat (**vertikale Wirkung**). Eine unmittelbare Anwendbarkeit zwischen Privatpersonen (**horizontale Wirkung**) kommt dagegen nur dann in Betracht, wenn der Vertrag dies ausdrücklich vorsieht. Art. 157 AEU (die Bestimmung, die gleiches Entgelt für Männer und Frauen im Arbeitsleben fordert) gilt laut EuGH danach auch in Privatrechtsverhältnissen.

> **Lösung Fall 3:** Die Firma FRG wäre in ihren Rechten aus Art. 30 AEU verletzt, wenn sie sich als juristische Person auf diese Norm unmittelbar berufen könnte und deren Tatbestand erfüllt wäre. Art. 30 AEU verbietet grds. die Erhebung von Ein- und Ausfuhrzöllen zwischen den Mitgliedstaaten. Als Zoll ist dabei jeder Geldbetrag anzusehen, der bezahlt werden muss, damit eine Ware über eine Grenze in ein Land eingeführt werden darf. Auch der Wertzoll der Niederlande wird hiervon erfasst. Der Tatbestand ist erfüllt. Weiterhin müssten bei Art. 30 AEU die Voraussetzungen der unmittelbaren Anwendbarkeit gegeben sein. Der Wortlaut des Art. 30 AEU enthält ein klares und uneingeschränktes Verbot, eine Verpflichtung, nicht zu einem Tun, sondern zu einem Unterlassen der Mitgliedstaaten. Im Übrigen ist die Norm auch mit keinem Vorbehalt der Staaten eingeschränkt, der ihre Erfüllung von einem internen Rechtsetzungsakt abhängig machen würde. Die Voraussetzungen, die der EuGH entwickelt hat, liegen also vor. Art. 30 AEU ist somit als unmittelbar anwendbar anzusehen. Die Erhebung des Wertzolls ist damit unionsrechtswidrig und verletzt die FRG in ihren Rechten. FRG braucht keinen Zoll zu zahlen.

2. Protokolle, Anhänge und Erklärungen

Im Anschluss an die einzelnen Verträge finden sich Protokolle und Anhänge. Diese sind gemäß Art. 51 EU **Bestandteil der Verträge und damit dem Primärrecht** zuzuordnen. In diesen finden sich Ausnahmeregelungen für einzelne Staaten und Konkretisierungen des Vertragstextes. Hier zeigt sich somit, dass die Vertrags-

---

[153] BVerfG NJW 1993, 3047.
[154] *Streinz*, EuZW 1994, 329. Zum status quo auch *Frenz/Kühl*, Jura 2009, 401 ff.

verhandlungen durch unterschiedlichste nationale Interessen geprägt sind, die zeitweise nicht alle unter einen Hut zu bringen sind.
Um die Verhandlungen hier nicht gänzlich scheitern zu lassen,
werden diese Protokolle und Anhänge eingesetzt.

Erklärungen werden ebenfalls den Verträgen beigefügt. Sie entfalten grds. keine Rechtswirkungen, haben aber vor allem politische
Bedeutung. Dies gilt insbesondere dann, wenn diese Erklärung von
allen Mitgliedstaaten gemeinsam abgegeben wird.

3. Allgemeine Rechtsgrundsätze[155]

Neben diesen geschriebenen existieren auch **ungeschriebene
Rechtsquellen,** die als allgemeine Rechtsgrundsätze der Union bezeichnet werden. Durch sie werden Lücken im Ordnungssystem des
Unionsrechts geschlossen; als Ergänzung der vertraglichen Regelungen gelten sie als **Teil des Primärrechts**.

Zur Gewinnung dieser Rechtsgrundsätze bedient sich der EuGH der
Rechtsordnungen der Mitgliedstaaten, die er in einem Akt „**wertender Rechtsvergleichung**" auf Gemeinsamkeiten untersucht. Insbesondere im Bereich der Grundrechte griff der EuGH als Beleg für die
Gemeinsamkeit der Verfassungsüberlieferungen dabei auf die
EMRK zurück, soweit diese entsprechende Regelungen enthielt.
Mittlerweile sind die Grundrechte der Grundrechtscharta unmittelbar
geltendes Primärrecht (Art. 6 Abs. 1 EU). Die Grundrechte sind
damit jetzt insoweit nicht mehr Teil der allgemeinen Rechtsgrundsätze. Allerdings bleibt die „wertende Rechtsvergleichung" auch in
diesem Bereich nach Maßgabe des Art. 6 Abs. 3 EU beachtlich.

Die wichtigsten durch den EuGH auf diese Weise anerkannten Prinzipien sind:

-	die Grundrechte nach Art. 6 Abs. 3 EU
-	das Verhältnismäßigkeitsprinzip;[156]
-	der Vertrauensschutz;[157]
-	das Gebot der Rechtssicherheit.[158]

---

[155] Ausführlich zu diesen *Lecheler*, Allgemeine Grundsätze des Unionsrechts, in:
Merten/Papier, Handbuch der Grundrechte, Bd. VI/1, § 158.
[156] EuGH Slg. 1977, 1211.
[157] EuGH Slg. 1975, 533. Siehe auch Slg. 1983, 2633 Rn 30. Hier betont der EuGH,
„dass die Grundsätze des Vertrauensschutzes und der Rechtssicherheit Bestandteile der Rechtsordnung der Gemeinschaft [Union] sind."
[158] EuGH Slg. 1966, 103.

Neben diesen aus den Verfassungstraditionen der Mitgliedstaaten gewonnenen Grundsätzen existieren auch **unionsrechtliche allgemeine Rechtsgrundsätze**. Diese ergeben sich aus den Besonderheiten des Unionsrechts und sind vom EuGH nach und nach entwickelt worden. Zu nennen sind:

> - das Gebot der Unionstreue;
> - die unmittelbare Wirkung des Unionsrechts und dessen Vorrang vor jeglichem nationalen Recht.

4. Völkerrechtliche Verträge

Völkerrechtliche Verträge der Union gehören streng genommen nicht zum europäischen Primärrecht. Gemäß Art. 216 Abs. 2 AEU sind sie für die Organe der Union und für die einzelnen Mitgliedstaaten verbindlich und gehen damit aber dem europäischen Sekundärrecht vor. Sie stehen also zwischen Primär- und Sekundärrecht.

Umstritten ist in diesem Bereich vor allem, in welchen Bereichen die Union über eine Kompetenz zum Abschluss völkerrechtlicher Verträge verfügt. Der Gerichtshof geht mittlerweile davon aus, dass hier eine **Parallelität zwischen Innen- und Außenkompetenz** besteht.[159] Besteht eine Kompetenz für den internen Bereich, besteht somit zugleich die notwendige Kompetenz, um mit dritten Staaten Verträge abzuschließen. Ist die Innenkompetenz von der Union bereits wahrgenommen worden, handelt es sich sogar um eine ausschließliche Kompetenz der Union, bis dahin besteht eine konkurrierende Kompetenz mit den Mitgliedstaaten (AETR-Rechtsprechung, EuGH, Slg. 1971, 263). Durch den **Vertrag von Lissabon** ist diese Rechtsprechung in Art. 3 Abs. 2 AEU kodifiziert worden.

II. Sekundäres Unionsrecht

Der Begriff „**Sekundäres Unionsrecht**" steht für die von den Organen geschaffenen Rechtsakte. Die verschiedenen Arten werden in Art. 288 AEU genannt. Sekundäres Unionsrecht umfasst danach:

> - Verordnungen, Art. 288 II AEU;
> - Richtlinien, Art. 288 III AEU;
> - Beschlüsse, Art. 288 IV AEU;
> - Empfehlungen & Stellungnahmen, Art. 288 V AEU.

Zu beachten ist Folgendes: Art. 288 AEU begründet für sich genommen **keine Kompetenznorm**. Er nennt lediglich generell die Handlungsmöglichkeiten, die der Union zustehen. Die jeweilige Kompetenz muss das handelnde Organ aus einer anderen Vertragsbestim-

---

[159] Dazu *Streinz*, Europarecht, Rn 593 ff.

mung herleiten, in der regelmäßig auch die Formen genannt werden, in denen diesbezüglich gehandelt werden darf.

Bezüglich der **Begrifflichkeiten** verbleibt es nach dem Vertrag von Lissabon – bis auf die Ersetzung der Entscheidung durch den Beschluss – bei dem nach Nizza bestehenden Zustand. Die noch im Verfassungsvertrag vorgesehene Änderung, Verordnungen und Richtlinien nunmehr als „Gesetze" und „Rahmengesetze" zu bezeichnen, war aufgrund der Staatsnähe dieser Begriffe politisch nicht mehr erwünscht.

Wenngleich eine Umbennung der einzelnen Rechtsakte durch den Vertrag von Lissabon nicht erfolgt ist, wird nunmehr zwischen Gesetzgebungsakten und Rechtsakten ohne Gesetzgebungscharakter unterschieden. Entscheidend für die Einordung eines Rechtsakts ist nach Art. 289 Abs. 3 AEU nicht die Art des Rechtsakts, sondern das Erlassverfahren, in dem der Rechtsakt zustande gekommen ist. Nur sofern dieser in einem Gesetzgebungsverfahren erlassen wurde, kommt ihm auch Gesetzgebungscharakter zu. Unmittelbare Konsequenzen hat diese Einteilung prinzipiell jedoch nicht. Insbesondere innerhalb der Normenhierarchie nehmen beide Rechtsaktformen zunächst einmal die gleiche Position ein, solange sich ihr Erlass nur unmittelbar auf eine vertragliche Bestimmung stützt. Anderes gilt allein dann, wenn der jeweilige Rechtsakt der Durchführung eines Gesetzgebungsaktes dient, wie dies in Art. 290 bzw. 291 AEU vorgesehen ist. Diese Durchführungsrechtsakte stehen in der Normenhierarchie dann unterhalb des jeweiligen Gesetzgebungsaktes.

Die Frage, ob es sich um einen Gesetzgebungsakt handelt, ist auch für das Protokoll über die Rolle der nationalen Parlamente in der EU und das Subsidiaritätsprotokoll entscheidend, da sich beide allein auf Gesetzgebungsakte beziehen. Auch im Rahmen der Nichtigkeitsklage nach Art. 264 Abs. 4 AEU spielt diese Differenzierung eine Rolle, siehe dazu unten in § 10.

1. Verordnungen, Art. 288 II AEU

Verordnungen könnte man – trotz der nicht erfolgten förmlichen Umbenennung – als die **„Gesetze" der Union** bezeichnen. Der Begriff ist insoweit nicht mit der Verordnung aus dem deutschen Verwaltungsrecht zu verwechseln. Die Verordnung ist gemäß Art. 288 II AEU allgemein gültig, in allen ihren Teilen verbindlich und gilt unmittelbar in jedem Mitgliedstaat. Beim Erlass der Verordnung ist der Unionsgesetzgeber an die Grundrechte der Charta gebunden. Gleiches gilt hier für die Mitgliedstaaten, soweit sie die betreffende Verordnung vollziehen (Art. 51 der Charta). Verordnungen können im Gesetzgebungsverfahren, dann als Gesetzgebungsakte (Art. 289 Abs. 3 AEU) oder außerhalb eines solchen, etwa unmittelbar durch die Kommission erlassen werden. In beiden Fällen kommt der jeweiligen Verordnung zunächst einmal der gleiche Rang in der unionalen Normenhierarchie zu. Etwas anderes gilt nur dann, wenn es sich um Verordnungen handelt, die der Durchführung eines Gesetzgebungsaktes dienen. Dann genießt der Gesetzgebungsakt (regelmäßig auch in der Form einer Verordnung) Vorrang. Die Stellung in der Normenhierarchie kann damit nicht unmittelbar aus der Art des Rechtsakts erschlossen werden.

a) Die Wirkungen der Verordnung

Die Verordnung erfasst eine Vielzahl von Sachverhalten **generell** und **abstrakt** und gilt in allen Mitgliedstaaten (wie auch materielle Gesetze im nationalen Recht). Dieses Merkmal grenzt die Verordnung vom Beschluss ab, der in der Regel lediglich einen konkreten Einzelfall betrifft.

Jede einzelne Regelung der Verordnung ist als geltendes Recht zu beachten. Hierin unterscheidet sich die Verordnung von der Richtlinie, die nur hinsichtlich des zu erreichenden Ziels verbindlich ist. Jeder, der von der Verordnung erfasst wird, muss die in ihr enthaltenen Regelungen beachten und sich insoweit nach ihr richten.

Die Verordnung gilt **unmittelbar** in allen Mitgliedstaaten, d.h., dass die Bestimmungen der Verordnung nicht erst in mitgliedstaatliches Recht umgesetzt werden müssen.

Der Gerichtshof hat sogar entschieden, dass die mitgliedstaatliche Umsetzung einer Verordnung, die allein dessen Wortlaut wiederholt, grds. unzulässig ist, da sie die unmittelbare Wirkung der Verordnung in Frage stellen könnte, EuGH Slg. 1985, 1057. Etwas anderes gilt natürlich dort, wo die Verordnung ausdrücklich den Erlass mitgliedstaatlicher Durchführungsakte verlangt.

Mit Inkrafttreten wird die Verordnung somit für die nationalen Behörden und Gerichte verbindlich, auch der einzelne Bürger kann durch sie unmittelbar berechtigt oder verpflichtet werden.[160] Diese unmittelbare Wirkung der Verordnungen macht gerade die Besonderheit des Unionsrechts aus („**Supranationalität**").

Durch dieses Prinzip wird die einheitliche Anwendung des Unionsrechts in allen Mitgliedstaaten gewährleistet. Für die Verordnung gilt somit grds. folgendes Schaubild:

---

[160] Vgl. *Streinz*, Europarecht, Rn 380.

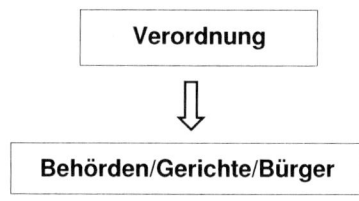

b) Delegierte Rechtsetzung und Durchführungsakte[161]

Nach Art. 290 AEU besteht die Möglichkeit, der Kommission in Gesetzgebungsakten die Befugnis zu übertragen, Rechtsakte ohne Gesetzescharakter mit allgemeiner Geltung zur Ergänzung oder Änderung bestimmter nicht wesentlicher Vorschriften des betreffenden Gesetzgebungsaktes zu erlassen (**delegierte Gesetzgebung**). Die Bedingungen unter denen eine solche Übertragung erfolgt, werden in dem jeweiligen Gesetzgebungsakt aufgeführt, wobei Art. 290 Abs. 2 AEU die denkbaren Alternativen aufzählt. In den betreffenden Gesetzgebungsakten werden Ziele, Inhalt, Geltungsbereich und Dauer der Befugnisübertragung ausdrücklich festgelegt, alle wesentlichen Aspekte sind dem Gesetzgebungsakt vorbehalten.

Diese Ermächtigung erinnert stark an die Bestimmung des Art. 80 GG. Es ist davon auszugehen, dass die Kommission entsprechende Regelungen ebenfalls im Wege der Verordnung erlassen wird. Diese Verordnungen stehen in der Normenhierarchie dann unter dem einsetzenden Rechtsakt (wenngleich es sich dabei in der Regel ebenfalls um eine Verordnung handeln wird, der allerdings kein Gesetzescharakter zukommt). Sie können insoweit als **tertiäres Unionsrecht** bezeichnet werden.

Gleiches gilt auch für die sog. **Durchführungsverordnungen** der Kommission nach Art. 291 AEU. Zu diesen kann die Kommission (und ausnahmsweise der Rat) ermächtigt werden, falls die Durchführung auf Unionsebene besser als auf mitgliedstaatlicher Ebene verwirklicht werden kann.

Beim Erlass solcher Durchführungsverordnungen behält sich der Rat nach dem (neuen) **Komitologie-Beschluss** je nach Materie unterschiedliche Mitsprache- und Kontrollrechte vor. Siehe hierzu auch unten § 7 (Rechtsetzung).

---

[161] Zum nicht ganz klaren Verhältnis von Art. 290 zu Art. 291 AEU siehe *Sydow*, JZ 2012, 157 ff. sowie *Bueren*, EuZW 2012, 167 ff.

2. Richtlinien, Art. 288 III AEU[162]

Der Rechtsakt der „Richtlinie" ist in Art. 288 III AEU genannt. Dieser bestimmt, dass die Richtlinie für jeden Mitgliedstaat, an den sie gerichtet ist, hinsichtlich des zu erreichenden Ziels verbindlich ist. Sie sind von daher in gewisser Weise mit den früheren **innerstaatlichen Rahmengesetzen** vergleichbar.[163]

Anders als die Verordnung, gilt die Richtlinie in den einzelnen Mitgliedstaaten damit nicht unmittelbar, sondern muss durch den nationalen Gesetzgeber, an den sie gerichtet ist, erst in nationales Recht umgesetzt werden.

In der Regel wird den Mitgliedstaaten hierfür ausdrücklich eine gewisse Frist eingeräumt, die sich in den letzten Artikeln der Richtlinie findet. Bezüglich der Ausgestaltung der Rechtsnormen verbleibt den nationalen Gesetzgebern insoweit ein gewisser Gestaltungsspielraum. Voraussetzung ist jedoch, dass das zu erreichende Ziel der Richtlinie nicht beeinträchtigt wird.

Bei der Umsetzung der Richtlinie müssen die Mitgliedstaaten diejenigen innerstaatlichen Handlungsformen wählen, die für die Gewährleistung der praktischen Wirksamkeit des Unionsrechts am besten geeignet sind (**Gebot der effektiven Umsetzung**). Auszuscheiden hat daher regelmäßig eine Umsetzung in bloßen Verwaltungsvorschriften. Es muss jeweils sichergestellt sein, dass sich die durch die Richtlinie Begünstigten auf ihre unionsrechtliche Rechtsposition vor nationalen Behörden und Gerichten berufen können, was regelmäßig die nationale Gesetzes- oder Verordnungsform voraussetzt.

Bezüglich der **Grundrechtsbindung des nationalen Gesetzgebers** ist zu unterscheiden: Soweit die Richtlinie dem nationalen Gesetzgeber keinen Spielraum bei der Umsetzung überlässt, hat die Umsetzung so zu erfolgen, wie in der Richtlinie vorgesehen. Ein eventueller Verstoß gegen Grundrechte des GG ist unbeachtlich. Obwohl der deutsche Gesetzgeber handelt, ist dieser hier ausnahmsweise nicht Adressat der Grundrechte des GG. Maßgeblich sind allein die Grundrechte der Charta. Überlässt die Richtlinie dagegen – wie regelmäßig – einen Spielraum bei der Umsetzung, so hat der Gesetzgeber eine Umsetzung zu wählen, die die Anforderungen der

---

[162] *Götz*, NJW 1992, 1849 ff.
[163] Der Verfassungsentwurf bezeichnete die bisherigen Richtlinien auch ausdrücklich als Europäische Rahmengesetze, vgl. Art. I-33 VerfE.

deutschen Grundrechte bestmöglich verwirklicht. Es gilt damit für die Richtlinie im Grundsatz folgendes Bild:

a) Wirkung der Richtlinie

aa) Grundsatz

Bezüglich der Wirkungen der Richtlinie sind mehrere Zeitpunkte zu unterscheiden. So kann die Richtlinie bereits *vor* Ablauf der Umsetzungsfrist und *vor* Umsetzung im innerstaatlichen Raum Rechtswirkungen entfalten. So müssen die Mitgliedstaaten etwa während der Umsetzungsfrist alle Handlungen unterlassen, die geeignet sind, das von der Richtlinie verfolgte Ziel ernstlich zu gefährden.[164] Diese Verpflichtung leitet der EuGH aus dem aus Art. 4 Abs. 3 EU stammenden **Gebot der Unionstreue** ab.

Des Weiteren **können** die Organe der Mitgliedstaaten innerstaatliche Normen bereits vor Ablauf der Umsetzungsfrist richtlinienkonform auslegen.[165] Eine aus Art. 4 Abs. 3 EU herzuleitende Verpflichtung zu einer solchen Auslegung besteht jedoch nicht. Nach Umsetzung der Richtlinie in nationales Recht ist dieses Recht richtlinienkonform auszulegen.[166] Ferner stehen die nunmehr der Richtlinie angepassten Rechtsvorschriften **nicht mehr zur alleinigen Disposition des Gesetzgebers**. Sie dürfen von ihm nicht mehr entgegen den Richtlinienvorgaben geändert werden.

Zur Reichweite der richtlinienkonformen Auslegung nationalen Rechts vgl. die umstrittene Entscheidung des BGH, Urteil vom 26.11.2008, VIII ZR 200/05. Dazu *Gsell*, JZ 2009, 522 ff. sowie *Frenz*, EWS 2009, 222 ff. Siehe auch BVerfG, Beschluss vom 26.09.2011, 2 BvR 2216/06 sowie *Herresthal* JuS, 2014, 289 ff. Der BGH geht hier generell sehr weit. Kritisch daher auch *Michael/Payandeh*, NJW 2015, 2392.

---

[164] EuGH Slg. 1997, I-7411.
[165] Siehe BGHZ 138, 55. Zum öffentlichen Recht siehe *Kühling*, JuS 2014, 481 ff.
[166] EuGH Slg. 1984, 1891.

bb) Unmittelbare Wirkung

> **Fall 4:** Lehrerin J.E.T. hat in Großbritannien (Newcastle) drei Jahre lang an einer Universität studiert und mit ihrem Diplom die Qualifikation erworben, als vollwertige Gymnasiallehrkraft zu arbeiten. Als sie im Mitgliedstaat D jedoch als Gymnasiallehrkraft arbeiten möchte, wird ihr dies unter Berufung auf die dortigen Voraussetzungen verweigert. Danach sei ein Gymnasiallehrdiplom nur ein solches, das in mehr als drei Jahren Studium erworben wurde. J.E.T. fragt daher ihren Sohn A, der sich bereits seit einiger Zeit mit Europarecht befasst, was sie machen könnte. Dieser verweist sie auf eine Richtlinie des Rates (89/48/EWG), wonach die Mitgliedstaaten einem Unionsbürger den Zugang zu einem bestimmten Beruf nicht verweigern dürfen, wenn er in einem anderen Mitgliedstaat der Union in diesem Beruf arbeiten darf. Mitgliedstaat D hat diese Richtlinie nicht fristgerecht umgesetzt. Kann sich J.E.T. dennoch erfolgreich darauf berufen?

Letztlich stellt sich die Frage, welche Wirkung einer Richtlinie für den Fall zukommt, dass der Staat die betreffende Richtlinie bis zum Ablauf der Frist gar nicht oder aber fehlerhaft in nationales Recht umsetzt.

Unstreitig begründet dies eine **Vertragsverletzung** des betreffenden Mitgliedstaates, die der Kommission die Möglichkeit eröffnet, im Wege des Vertragsverletzungsverfahrens gegen diesen vorzugehen. Ein solches Verfahren allein garantiert aber weiterhin keine Umsetzung der Richtlinie, was für die Einheitlichkeit des Rechts in der Union äußerst misslich ist. Der EuGH hat daher festgestellt, dass es für den Einzelnen in solchen Konstellationen möglich sein kann (und muss), sich auf Rechtsnormen einer nicht umgesetzten Richtlinie zu berufen, soweit diese auf die Begründung subjektiver Rechte abzielen.[167] Die Voraussetzungen, die der EuGH für eine solche **unmittelbare Wirkung** aufgestellt hat, sind danach:

> - die Umsetzungsfrist der Richtlinie ist abgelaufen, ohne dass sie richtig oder vollständig in nationales Recht umgesetzt wurde,
> - die Bestimmungen der Richtlinie müssen inhaltlich unbedingt und hinreichend genau bestimmt sein.

Hinreichend genau ist eine Richtlinie dann, wenn sich aus der Richtlinie selbst der **begünstigte Personenkreis** sowie dessen **Rechte** eindeutig bestimmen lassen. Wenn eine Richtlinie diese Voraussetzungen erfüllt, entfaltet sie insoweit auch **ohne vorherige Umsetzung** im innerstaatlichen Rechtsraum unmittelbare Wirkung. Folge

---

[167] EuGH Slg. 1974, 1337. Seither st. Rspr. Zur Direktwirkung auch *Langenfeld*, DÖV 1992, 955 ff.; *Weiß*, DVBl. 1998, 568 ff.; *von Danwitz*, JZ 2007, 697 ff.

davon ist, dass innerstaatliche Gerichte und Behörden die jeweiligen Bestimmungen der Richtlinie als unmittelbar geltendes Recht zu beachten haben.

Insoweit kann sich auch der Einzelne, an den die Richtlinie an sich nicht gerichtet ist, auf ihn begünstigende Bestimmungen unmittelbar berufen. Der EuGH begründet diese unmittelbare Wirkung insbesondere mit dem „**effet utile**". Danach wäre die praktische Wirksamkeit des Unionsrechts beeinträchtigt, wenn der Eintritt der Rechtswirkungen einer Richtlinie allein davon abhinge, dass die Mitgliedstaaten ihrer Umsetzungspflicht nachkommen. Hinzu tritt jedoch vor allem der **Sanktionsgedanke**.

Ein Mitgliedstaat soll sich seinen unionsrechtlichen Pflichten nicht durch Verstreichenlassen der Umsetzungsfrist entziehen können. Dadurch wird folglich in gewisser Weise auch die mangelnde Effektivität des Vertragsverletzungsverfahrens ausgeglichen. Das BVerfG hat diese Form der Rechtsfortbildung mittlerweile grds. gebilligt.[168]

Fraglich ist jedoch nunmehr wie weit diese Form der unmittelbaren Wirkung reichen soll. Greift sie also nur für begünstigende Regelungen oder kommt auch eine Auferlegung von Pflichten des Einzelnen durch eine nichtumgesetzte Richtlinie in Betracht?

Fall 5 (nach EuGH Rs. 80/86, Slg. 1987, 3969): Eine Richtlinie des Rates bestimmt, dass die Mitgliedstaaten dafür sorgen müssen, dass nur natürliches Mineralwasser in den Handel gelangt und legt hierfür einen Straftatbestand fest. Gegen die Firma L wurde daraufhin ein Strafverfahren eingeleitet, da sie mit Kohlensäure versetztes Leitungswasser als „Mineralwasser" vertrieben hatte. Der betreffende Staat hatte die Richtlinie zu diesem Zeitpunkt jedoch noch nicht umgesetzt. Kann sich die Staatsanwaltschaft dennoch darauf berufen?

Im Verhältnis Bürger – Staat (**vertikale Wirkung**) hat sich hierbei ganz einhellig folgende Meinung durchgesetzt: Eine Richtlinie kann in diesem Verhältnis grds. nur dann unmittelbar wirken, wenn sie dem Einzelnen Rechte gegenüber dem jeweiligen Mitgliedstaat verleiht. D.h. der Staat kann sich nicht auf die unmittelbare Wirkung einer Richtlinie berufen, wenn er dem Einzelnen Pflichten auferlegen will. Begründet wird dies insbesondere mit dem **Verbot widersprüchlichen Verhaltens**: Der Staat kann nicht untätig bleiben, um sich anschließend auf unionale Richtlinien zu berufen, die er eigentlich längst in nationales Recht hätte umsetzen müssen.

---

[168] BVerfGE 75, 223 (235 ff.).

Lösung Fall 4: J.E.T. könnte sich auf diese Richtlinie berufen, wenn ihr ausnahmsweise *unmittelbare Wirkung* zukäme. Dann müssten die vom EuGH entwickelten Voraussetzungen vorliegen. Laut Sachverhalt hat der Mitgliedstaat D die Richtlinie nicht fristgerecht umgesetzt. Des Weiteren müssten die Bestimmungen der Richtlinie hinreichend genau bestimmt sein. Die Richtlinie bestimmt, dass Mitgliedstaaten Unionsbürgern den Zugang zu einem bestimmten Beruf nicht verwehren dürfen, wenn sie in einem anderen Mitgliedstaat den Beruf ausüben dürfen. Hieraus ergibt sich somit ein hinreichend klares Verbot an die Mitgliedstaaten, das auch von keiner Bedingung abhängt. Die Normen der Richtlinie entfalten somit unmittelbare Wirkung. J.E.T. kann sich erfolgreich auf diese Richtlinie berufen. Trotz der entgegenstehenden mitgliedstaatlichen Voraussetzungen darf ihr der Zugang zum Gymnasiallehrerberuf nicht verwehrt werden.

Lösung Fall 5: Die Staatsanwaltschaft könnte sich erfolgreich auf die Richtlinie berufen, wenn die Grundsätze der unmittelbaren Wirkung einer nicht umgesetzten Richtlinie auch dann gelten, wenn der Staat dem Bürger Pflichten auferlegt. Die Grundsätze der unmittelbaren Wirkung sollen jedoch unter anderem Sanktionscharakter haben. Ein Staat, der seiner Pflicht zur Umsetzung nicht nachkommt, soll hieraus keine Vorteile schöpfen können. Eine unmittelbare Richtlinienwirkung zu Lasten des Bürgers wäre mit diesem Sanktionsgedanken nicht vereinbar. Im Übrigen hätte der Mitgliedstaat jederzeit die Möglichkeit, sich die Eingriffsbefugnisse zu verschaffen, indem er die Richtlinie umsetzt. Eine unmittelbare Wirkung zu Lasten des Bürgers ist somit abzulehnen. Die Staatsanwaltschaft kann sich nicht auf die Richtlinie berufen.

Fraglich ist jedoch, inwieweit auch im Verhältnis Privater zueinander eine unmittelbare Wirkung in Betracht kommt (**horizontale Wirkung**). Gemeint sind also die Fälle, in denen Rechtsnormen einer nicht umgesetzten Richtlinie den einen Vertragspartner bevorteilen, während sie den anderen benachteiligen. Zu denken wäre z.B. an erweiterte Rücktrittsgründe oder kürzere Kündigungsfristen im Mietrecht. Sowohl die hL als auch der EuGH lehnen eine solche Wirkung jedoch zu Recht ab.[169] Die Direktwirkung hat insbesondere Sanktionscharakter; der betreffende Mitgliedstaat soll für seine Untätigkeit „bestraft" werden.

Der einzelne Bürger kann für solche Untätigkeit jedoch nichts. Er muss darauf vertrauen können, dass nachteilige Wirkungen einer Richtlinie ihn erst nach deren Umsetzung in nationales Recht treffen können. Im Übrigen würde hierdurch der Unterschied zwischen Verordnung und Richtlinie verwischt. Bei einer horizontalen Wirkung von Richtlinien wäre eine Richtlinie nach Ablauf der Umsetzungsfrist praktisch nichts anderes als eine Verordnung.

---

[169] EuGH Slg. 1994, I-3325; *Lecheler*, Europarecht, S. 132; *Oppermann/Classen/Nettesheim*, Europarecht, § 9 Rn 111 f., dort auch zu neueren Entwicklungen („Mangold").

Eine horizontale Wirkung kommt nicht umgesetzten Richtlinien somit grds. nicht zu.

Beachtung verdient jedoch eine **Entscheidung** des EuGH aus dem Jahre 2001.[170] Hier lieferte die italienische Firma Unilever an die Firma Central Food 648 Liter natives Olivenöl. Allerdings entsprach die Etikettierung nicht den nationalen Vorschriften. Sie entsprach dagegen einer von der italienischen Regierung trotz Fristablaufs nicht umgesetzten Richtlinie. Central Food verweigerte daraufhin die Zahlung unter Hinweis auf die nach nationalem Recht fehlerhafte Etikettierung. Der EuGH gab der Klage Unilevers dennoch statt. Auf den ersten Blick scheint dieses Ergebnis überraschend, läuft es doch auf eine unmittelbare Wirkung einer Richtlinie in einem Privatrechtsverhältnis hinaus. Anders als in den sonstigen Fällen wird der betroffenen Person jedoch durch die Wirkung der Richtlinie kein Recht entzogen, welches dieser nach nationalem Recht gewährt worden wäre.[171] Vielmehr wird dem Vertragspartner allein zugemutet, sich gegenüber nationalen Behörden ebenfalls auf die unmittelbare Wirkung der Richtlinie zu berufen. Dies ist jedoch zulässig. Central Food musste somit zahlen. Eine Änderung der Dogmatik ist hierin also nicht zu sehen. Fall auch bei *Thiele*, Standardfälle Europarecht, Fall 6.

Probleme bereiten darüber hinaus die sogenannten Richtlinien mit **Doppelwirkung**. Gemeint sind damit solche Richtlinien, die sich für bestimmte Personen in vertikaler Hinsicht begünstigend auswirken, jedoch für andere belastende Wirkung entfalten. Zu denken ist etwa an eine Richtlinie, die für Anlagenbetreiber aus Gründen des Gesundheitsschutzes bestimmte Genehmigungsvorbehalte aufstellt. Solche Genehmigungsvorbehalte sind für den Anlagenbetreiber belastend, wirken sich jedoch für diejenigen Personen, die in den Schutzbereich der Richtlinie einbezogen sind, begünstigend aus. Fraglich ist somit, ob der Begünstigte in diesen Fällen sein von der Richtlinie gewährtes Recht vor den nationalen Behörden durchsetzen kann, selbst wenn sich daraus mittelbar negative Auswirkungen für den Dritten ergeben. Dies ist überaus umstritten.[172] Der EuGH scheint eine unmittelbare Wirkung in diesen Fällen aufgrund der Zwischenschaltung einer staatlichen Behörde zu bejahen.[173]

---

[170] EuGH EuZW 2001, 153.

[171] In diesem Fall berief sich die Beklagte allein auf ein nationales Verbotsgesetz, das ihr selbst keinerlei Rechte eingeräumt hatte. Vgl. auch *Gundel*, EuZW 2001, 143 ff.

[172] Dazu: *Papier*, DVBl. 1993, 810 ff.; *Royla/Lackhoff*, DVBl. 1998, 1116 ff.

[173] EuGH Slg. 1996, I-5819. Dazu auch *Ruffert*, in: Calliess/ders., EUV/AEUV, Art. 288 AEUV Rn 83 ff.

Der Fall der unmittelbaren Wirkung europäischer Richtlinien stellt sich damit wie folgt dar:

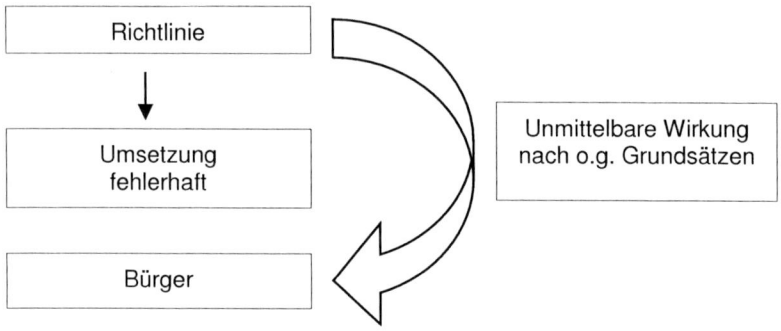

b) Staatshaftung bei fehlerhafter Umsetzung

Fall 6 (nach EuGH, NJW 1991, 5357, *Francovich*): Die Richtlinie 80/987/EWG sieht einen Mindestschutz für Arbeitnehmer bei Zahlungsunfähigkeit des betreffenden Arbeitgebers vor. Davon erfasst werden insbesondere bestehende Lohnansprüche. Erreicht werden soll dies durch einen unabhängigen Garantiefonds, den die Staaten in einer bestimmten Frist einzurichten haben. Nachdem der Arbeitnehmer F ohne Erfolg die Zwangsvollstreckung gegen seinen Arbeitgeber betrieben hatte, verklagt er den Staat I auf Schadensersatz, da I seiner Umsetzungsfrist nicht nachgekommen sei. **Mit Erfolg?**

Nicht fristgerecht oder fehlerhaft umgesetzte Richtlinien führen unter Umständen zu erheblichen Beeinträchtigungen der Einheitlichkeit des Unionsrechts. Dies kann insbesondere dem einzelnen Bürger grds. nicht lange zugemutet werden, denn das Institut der unmittelbaren Wirkung bietet ja nur dann Abhilfe, wenn die entsprechenden Regelungen auch tatsächlich inhaltlich unbedingt sind. In Privatrechtsverhältnissen scheidet sie gar vollständig aus. Es bleiben mithin viele Fälle, in denen die Geltung der subjektiven Rechte der Richtlinie von einer mitgliedstaatlichen Umsetzung abhängen. Um den Staat daher zu einer möglichst zügigen Umsetzung zu bewegen, hat der EuGH im Fall *Francovich*[174] Voraussetzungen entwickelt, die unter Umständen einen **Schadensersatzanspruch des Einzelnen gegen den jeweiligen Mitgliedstaat** bei unterbliebener oder fehlerhafter Umsetzung begründen können. Im konkreten Fall ging es um eine Richtlinie zum Arbeitnehmerschutz, die die Italienische Republik nicht fristgerecht umgesetzt hatte. Der Arbeitneh-

---

[174] EuGH, NJW 1991, 5357 ff. Ausführlich dazu *Thiele*, Haftungsrecht, in: Terhechte, Verwaltungsrecht der EU, § 39.

mer *Francovich* verklagte hierauf den italienischen Mitgliedstaat. Der EuGH führte hierzu aaO aus:

„Die volle Wirksamkeit der gemeinschaftsrechtlichen Bestimmungen wäre beeinträchtigt und der Schutz der durch sie begründeten Rechte gemindert, wenn der Einzelne nicht die Möglichkeit hätte, für den Fall eine Entschädigung zu verlangen, dass seine Rechte durch einen Verstoß gegen Gemeinschaftsrecht verletzt werden, die einem Mitgliedstaat zuzurechnen sind."

Voraussetzungen eines solchen **Haftungsanspruchs** sind danach:

- die betreffende Richtlinie zielt auf die Verleihung von Rechten an Einzelne ab und der Inhalt dieser Rechte kann auf Grundlage der Richtlinie bestimmt werden;
- es besteht ein unmittelbarer Kausalzusammenhang zwischen dem Verstoß gegen die Umsetzungspflicht und dem bei dem Einzelnen eingetretenen Schaden;
- das zuständige Gesetzgebungsorgan muss „hinreichend qualifiziert", d.h. offenkundig und erheblich gegen die Pflicht zur ordnungsgemäßen Richtlinienumsetzung verstoßen haben.

Problematisch und umstritten ist an diesen Voraussetzungen insbesondere das Merkmal des **„hinreichend qualifizierten"** Verstoßes. Er liegt dabei unstrittig vor, wenn der betreffende Mitgliedstaat keinerlei Maßnahmen getroffen hat, um die Richtlinie umzusetzen. Probleme bereitet der Begriff jedoch grds. bei fehlerhaft umgesetzten Richtlinien. Ab welcher Schwelle hier von einem solchen Verstoß gesprochen werden kann, ist zweifelhaft. Der EuGH verlangt, dass der Mitgliedstaat die ihm für sein Handeln aus dem Unionsrecht gesetzten Ermessensgrenzen offenkundig und erheblich überschritten hat.[175]

Lösung Fall 6: Fraglich ist zunächst, ob der Richtlinie nicht unter Umständen unmittelbare Wirkung zukommt. Zwar ist die Umsetzungsfrist abgelaufen, allerdings lässt sich aus den Normen der Richtlinie nicht ablesen, wer Schuldner der angesprochenen Garantieansprüche sein soll. Dem jeweiligen Staat verbleibt hier ein großer Spielraum. Deshalb kommt auch nicht pauschal der Staat als solcher als Schuldner in Betracht, da durchaus andere Lösungsmöglichkeiten (wie etwa eine neue allgemeine Versicherung) denkbar wären. In Betracht kommen daher lediglich Schadensersatzansprüche des F gegen den Staat. Solche Ansprüche sind nötig, wenn die volle Wirkung der unionsrechtlichen Bestimmungen allein davon abhängt, dass der Staat tätig wird und der Einzelne deshalb im Falle einer Untätigkeit des Staates die ihm durch das Unionsrecht zuerkannten Rechte nicht geltend machen kann. Hier zielte die Richtlinie darauf ab, dem einzelnen Arbeitnehmer einen Garantieanspruch gegen den zahlungsunfähigen Arbeitgeber (und damit also Rechte) zu verleihen. Diese waren auch klar bestimmt, lediglich

[175] EuGH, Slg. 1996, I-1631, 1668.

die Person des Schuldners blieb unklar. Zwischen dem Schaden und der staatlichen Untätigkeit besteht auch ein direkter kausaler Zusammenhang. Hätte der Staat die Richtlinie rechtzeitig umgesetzt, wäre F aus dem Garantiefonds befriedigt worden. Da der Staat in diesem Fall die Richtlinie überhaupt nicht umgesetzt hat, liegt auch unstreitig ein hinreichend qualifizierter Verstoß vor. Die Voraussetzungen, die der EuGH für Schadensersatzansprüche des Einzelnen gegen den Staat entwickelt hat, sind somit erfüllt. F hat gegen den Mitgliedstaat I einen Anspruch auf Schadensersatz.

3. Beschlüsse, Art. 288 IV AEU

Die bisherige Entscheidung ist durch den Vertrag von Lissabon durch die neue Handlungsform des **Beschlusses** ersetzt worden. Der Beschluss ist danach in allen seinen Teilen verbindlich. Sofern er an bestimmte Adressaten gerichtet ist, ist er nur für diese Adressaten verbindlich. Regelmäßig bezieht sich der Beschluss auf einen konkreten Einzelfall und ähnelt in dieser Form dann dem nationalen **Verwaltungsakt** des § 35 VwVfG. Adressaten eines solchen Beschlusses können sowohl die Mitgliedstaaten als auch natürliche und juristische Personen sein. Außerhalb des Beihilfen- und Wettbewerbsrechts richten sich die Beschlüsse jedoch regelmäßig an einen oder mehrere Mitgliedstaaten.

4. Stellungnahmen und Empfehlungen, Art. 288 V AEU

Stellungnahmen und Empfehlungen sind gemäß Art. 288 V AEU **nicht verbindlich**. Bei den Empfehlungen wird dem Adressaten ein bestimmtes Verhalten nahegelegt. Die Stellungnahme kennzeichnet die Beurteilung einer gegenwärtigen Lage oder bestimmter Vorgänge in der Union. Diesen Handlungsformen kommt insbesondere politische und auch psychologische Bedeutung zu. Die Mitgliedstaaten haben sie jedoch als „Ratschläge" zu beachten. Diese Pflicht ergibt sich insbesondere aus Art. 4 Abs. 3 EU (**Stichwort: „Unionstreue"**).[176]

5. Sonstige[177]

Neben diesen geschriebenen Handlungsformen existieren in der Praxis noch einige weitere **ungeschriebene**. Zu nennen sind hier etwa die **Entschließungen, Erklärungen** und die **Aktionsprogramme**.

---

[176] Siehe auch EuGH Slg. 1989, 4407.
[177] Siehe hierzu auch ausführlich *Schütz/Bruha/König*, Casebook Europarecht, S. 175 ff.

Entschließungen (solche werden vom Rat, Europäischen Rat oder dem Parlament erlassen) enthalten Auffassungen und Absichten über die weitere Entwicklung der Union und konkrete Aufgaben für die nahe Zukunft. Ihnen kommt insbesondere politische Bedeutung zu. **Erklärungen** können sich zum einen wie die Entschließungen auf die (politische) Zukunft der Union beziehen. Sie entsprechen dann im Wesentlichen den Entschließungen. Zum anderen können Erklärungen auch im Zusammenhang mit der Beschlussfassung im Rat abgegeben werden (diese werden dann zum Teil auch als Protokollerklärungen bezeichnet). Es handelt sich hier also um gemeinsame oder einseitig erklärte Auffassungen der Ratsmitglieder über die Auslegung der gefassten Ratsbeschlüsse. **Aktionsprogramme** schließlich werden vom Rat oder der Kommission erstellt. Sie dienen der Konkretisierung der Gesetzgebungsprogramme, die teilweise in den Gründungsverträgen niedergelegt sind. Hier finden sich dann etliche Vorschläge für kommende Rechtsetzungsakte, mit denen man bestimmte Ziele erreichen will. Diese Vorschläge ergehen regelmäßig in zwei Stufen: in einem **Grünbuch** werden zunächst noch relativ unkonkrete Vorschläge und Konzepte präsentiert. Diese werden an die Mitgliedstaaten und andere Interessierte mit der Bitte um Stellungnahme verteilt. Im Anschluss verfasst die Kommission dann die vollständigen Rechtsetzungsvorschläge, wobei sie die Stellungnahmen berücksichtigt und veröffentlicht diese in einem **Weißbuch**.

6. Die Rangordnung unionsrechtlicher Normen

Zwischen den einzelnen Rechtsnormen besteht ein **striktes Rangverhältnis**. An der Spitze stehen die primärrechtlichen Normen sowie die ungeschriebenen Rechtsgrundsätze. Es folgen die völkerrechtlichen Verträge der Union sowie das Völkergewohnheitsrecht. Die unterste Stufe bildet das sekundäre Unionsrecht, also Verordnungen, Richtlinien und Beschlüsse. Innerhalb des Sekundärrechts besteht zunächst keine weitere Hierarchie. Insbesondere genießen Gesetzgebungsakte im Grundsatz keine besondere Stellung. Anderes gilt allein für delegierte und Durchführungsrechtsakte, die als tertiäres Recht unter dem Sekundärrecht stehen.

Zusammenfassung § 5

- Im Unionsrecht werden primäre, sekundäre und tertiäre Rechtsquellen unterschieden.
- Zu den primären Rechtsquellen gehören insbesondere die Vertragstexte, die angehängten Protokolle und die allgemeinen Rechtsgrundsätze.
- Unter bestimmten Voraussetzungen ist es möglich, dass auch primärrechtliche Normen unmittelbar wirken. Der Einzelne kann sich dann direkt auf diese Normen berufen.
- Besondere Bedeutung kommt seit dem Vertrag von Lissabon der Grundrechtecharta zu, die über einen Verweis nunmehr zum Primärrecht gehört.
- Zu den allgemeinen Rechtsgrundsätzen gehören vor allem der Grundsatz der Verhältnismäßigkeit und der Rechtssicherheit.
- Das Sekundärrecht ist in Art. 288 AEU geregelt. Es umfasst im Wesentlichen die Verordnung, die Richtlinie, den Beschluss sowie Empfehlungen und Stellungnahmen.
- Die Verordnung bildet das „*Gesetz*" der Union. Sie gilt unmittelbar in jedem Mitgliedstaat.
- Die Richtlinie richtet sich dagegen grds. an die einzelnen Mitgliedstaaten und bedarf der *Umsetzung*. Unter bestimmten Voraussetzungen ist jedoch auch eine unmittelbare Wirkung gegenüber dem einzelnen Bürger denkbar. Es besteht daneben ggf. ein Haftungsanspruch des Einzelnen bei fehlerhafter Umsetzung.
- Beschlüsse bilden den „Verwaltungsakt" des Unionsrechts.
- Stellungnahmen und Empfehlungen sind grds. rechtlich unverbindlich.
- Als tertiäres Recht werden delegierte und Durchführungsrechtsakte bezeichnet, die etwa in Form einer Verordnung ergehen können.
- Als sonstige Handlungsformen sind die Entschließungen, Erklärungen und Aktionsprogramme zu nennen.

§ 6 DIE STELLUNG DES UNIONSRECHTS[178]

Fall 7: Der Rat erlässt eine Verordnung, wonach unter bestimmten Voraussetzungen der Import von Bananen aus Ländern außerhalb der Union verboten wird. *Banana Joe,* der unter anderem mit seiner Import-Firma bisher auch solche Bananen importierte, erhält von einer nationalen Behörde daraufhin einen Untersagungsbescheid. *Banana Joe* ist entrüstet, geht zum Verwaltungsgericht und erhebt Anfechtungsklage, unter anderem mit der Begründung, dass der auf der Verordnung beruhende Untersagungsbescheid ihn in seinem Grundrecht der Berufsfreiheit verletze. Auch der Richter hat gewisse Zweifel an der Vereinbarkeit mit der Berufsfreiheit des *Banana Joe* und legt die Frage dem EuGH im Rahmen des Vorlageverfahrens gemäß Art. 267 AEU vor. Der EuGH teilt die Bedenken allerdings nicht. Der Richter ist mittlerweile jedoch von einer Verletzung des deutschen Art. 12 GG überzeugt. Kann er das BVerfG im Rahmen des Art. 100 GG zulässigerweise anrufen?

Um die Wirkungen des Unionsrechts vollständig zu erfassen, ist es erforderlich, auch dessen Auswirkungen auf das nationale Recht näher zu beleuchten. Es stellt sich vor allem die Frage, welchen **Rang** das Unionsrecht im nationalen Rechtssystem einnimmt. Nur wenn dessen Stellung eindeutig geklärt ist, lassen sich eventuelle Kollisionen zugunsten der im jeweiligen Fall höherrangigen Norm auflösen.

Das Verhältnis des Unionsrechts zum mitgliedstaatlichen Recht war insbesondere in den Anfangsjahren der Union umstritten. Mittlerweile ist dessen Stellung innerhalb des nationalen Rechtssystems jedoch im Grundsatz anerkannt: Das Unionsrecht genießt **danach Anwendungsvorrang vor jeglichem nationalen Recht**[179]. Dies gilt prinzipiell auch für das nationale Verfassungsrecht.[180] Folge davon ist, dass nationale Behörden und Gerichte nationale Normen nicht anwenden dürfen, sofern unmittelbar wirkendes primäres oder sekundäres Unionsrecht dem entgegensteht.

Es handelt sich dabei jedoch lediglich um einen **Anwendungs- und nicht um einen Geltungsvorrang**.[181] Im Konfliktfall wird das deutsche Recht also nicht außer Kraft gesetzt, sondern lediglich nicht angewendet. In den Bereichen, in denen Unionsrecht keine Anwendung findet (also in Fällen ohne „grenzüberschreitendes Ele-

---

[178] Siehe *Möller,* Jura 2006, 9; *Terhechte,* JuS 2008, 403; *Polzin,* JuS 2012, 1.
[179] Besondere Probleme bereitete die dogmatische Anerkennung des Vorrangs in Großbritannien angesichts der dort bestehenden Parlamentssouveränität. Dazu auch *Horspool,* European Union Law, S. 167 ff. sowie *Graf von Bernstorff,* Einführung in das englische Recht 2005, S. 17 f.
[180] Dazu sogleich.
[181] BVerfGE 75, 223.

132

ment"), bleibt das nationale Recht weiterhin gültig und ist von den jeweiligen Behörden und Gerichten wie üblich heranzuziehen.

Auch das **BVerfG** hat den Anwendungsvorrang des Unionsrechts vor einfachem Gesetzesrecht anerkannt. Anders als der EuGH hat es jedoch bzgl. des Vorrangs vor nationalem Verfassungsrecht (insbesondere der Grundrechte) einige Vorbehalte aufgestellt. Die Auffassungen des EuGH und des BVerfG sollen daher hier kurz dargestellt werden.

I. Die Auffassung des EuGH

Der EuGH leitet den unbedingten Vorrang des Unionsrechts aus der Unionsrechtsordnung selbst her. Auf diese Weise will der EuGH die Einheit und die Wirksamkeit des Unionsrechts in allen Mitgliedstaaten gewährleisten. Er führte dazu in der Rechtssache *Costa/ENEL* aus,

„dass dem vom Vertrag geschaffenen, somit aus einer **autonomen Rechtsquelle** fließenden Recht wegen dieser seiner Eigenständigkeit keine wie immer gearteten innerstaatlichen Rechtsvorschriften vorgehen können, wenn ihm nicht der Charakter als Gemeinschaftsrecht aberkannt und wenn nicht die Rechtsgrundlage der Gemeinschaft selbst in Frage gestellt werden soll."[182]

Aus der Formulierung „keine wie immer gearteten innerstaatlichen Rechtsvorschriften" wird deutlich, dass der EuGH einen Vorrang auch und gerade vor nationalem Verfassungsrecht annimmt. Seit dieser Entscheidung sind dieser Vorrang und die Folgen für die nationale Rechtsordnung in ständiger Rechtsprechung des Gerichtshofs konkretisiert worden. Besonders deutlich hat der EuGH seine Auffassung in der **Simmenthal-II** Entscheidung gemacht:

„Aus alledem folgt, dass jeder im Rahmen seiner Zuständigkeit angerufene staatliche Richter verpflichtet ist, das Gemeinschaftsrecht uneingeschränkt anzuwenden und die Rechte, die es den Einzelnen verleiht, zu schützen, indem er jede möglicherweise entgegenstehende Bestimmung des nationalen Rechts, gleichgültig, ob sie früher oder später als die Gemeinschaftsnorm ergangen ist, unangewendet lässt... Danach ist auf die Frage zu antworten, dass das staatliche Gericht, das im Rahmen seiner Zuständigkeit die Bestimmungen des Gemeinschaftsrechts anzuwenden hat, gehalten ist, für die volle Wirksamkeit dieser Norm Sorge zu tragen, indem es erforderlichenfalls jede – auch spätere – entgegenstehende Bestimmung des nationalen Rechts **aus eigener Entscheidungsbefugnis unangewendet lässt**, ohne dass es die vorherige Beseitigung dieser Bestimmung auf gesetzgeberischem Wege oder durch irgendein anderes verfassungsrechtliches Verfahren beantragen oder abwarten müsste".[183]

[182] EuGH Slg. 1964, 1251 (1270).
[183] EuGH Slg. 1978, 629.

Der EuGH erteilt damit jedem nationalen Richter die Befugnis, selbstständig die Vereinbarkeit nationalen Rechts mit Unionsrecht zu überprüfen und entgegenstehendes nationales Recht im jeweiligen Fall nicht anzuwenden. Der deutsche Richter darf somit im Hinblick auf die praktische Wirksamkeit des Unionsrechts kein Normenkontrollverfahren gemäß Art. 100 GG einleiten. Das BVerfG hat diese Rechtsprechung des EuGH grds. anerkannt.

Im Verfassungsvertrag wurde der Vorrang des Unionsrechts ausdrücklich festgeschrieben. Dies war politisch jedoch mit dem Vertrag von Lissabon nicht durchsetzbar. Allerdings wird immerhin in einer gemeinsamen Erklärung zum Vorrang (Erklärung Nr. 17) auf die diesbezügliche Rechtsprechung verwiesen, wodurch deutlich wird, dass auch die Mitgliedstaaten den Vorrang im Grundsatz anerkennen. Aus verfassungsrechtlicher Sicht gilt freilich auch dieses Anerkenntnis nur unter den vom BVerfG aufgestellten Vorbehalten, siehe sogleich.

II. Die Auffassung des BVerfG

Das BVerfG leitet die Stellung anders als der EuGH nicht aus dem Unionsrecht selbst her. Ausgangspunkt für die Überlegungen des BVerfG bildet vielmehr **der innerstaatliche Rechtsanwendungsbefehl** der Zustimmungsgesetze zu den Unionsverträgen.[184] Diese Zustimmungsgesetze (und damit letztlich das europäische Primärrecht) überprüft das BVerfG umfassend am Maßstab des Grundgesetzes und damit vornehmlich an Art. 23 Abs. 1 GG (zuletzt beim Vertrag von Lissabon). Denn, so die Überlegung des BVerfG, wenn das Grundgesetz in Art. 23 Abs. 1 GG bestimmte Anforderungen an die Übertragung von Hoheitsrechten aufstellt, dann muss die Erfüllung dieser Anforderungen (vor der endgültigen Übertragung) auch vom BVerfG überprüft werden können. Mit dieser Überprüfungskompetenz, die ja vor Inkrafttreten der jeweiligen Reformverträge erfolgt, dürfte dabei auch der EuGH keine grds. Bedenken haben.

Sofern die Hoheitsübertragung den Anforderungen des Art. 23 Abs. 1 GG genügt, hat das BVerfG dann auch keine grundsätzlichen Bedenken im Hinblick auf den Vorrang des Europarechts gegenüber **einfachem Recht.** Insoweit habe der deutsche Gesetzgeber von der Möglichkeit Gebrauch gemacht, seinen ausschließlichen Herrschaftsanspruch für seinen Hoheitsbereich zurückzunehmen und dem Unionsrecht als eigenständige Rechtsordnung unmittelbare Geltung und Anwendungsvorrang vor innerstaatlichem einfachem Recht einzuräumen. Inwieweit dies jedoch auch für nationales Ver-

---

[184] BVerfGE 73, 339.

fassungsrecht gilt, ließ das BVerfG zunächst offen. Zu dieser Frage äußerte es sich schließlich in seiner **Solange-Rechtsprechung**.

Das BVerfG betonte hier zunächst, dass Art. 24 GG a.f. nicht dazu ermächtige, durch Übertragung von Hoheitsrechten die Identität der geltenden Verfassung der Bundesrepublik Deutschland durch Einbruch in die sie konstituierenden Strukturen aufzugeben. Ein solches unaufgebbares Essential sei insbesondere der Grundrechtsteil des GG. Es stellte im **Solange-I-Beschluss** daher fest:

„**Solange** der Integrationsprozess der Gemeinschaft nicht soweit fortgeschritten ist, dass das Gemeinschaftsrecht auch einen von einem Parlament beschlossenen und in Geltung stehenden, formulierten Katalog von Grundrechten enthält, der dem des Grundrechtskatalogs des Grundgesetzes adäquat ist, ist die Vorlage eines Gerichts der Bundesrepublik Deutschland an das Bundesverfassungsgericht zulässig und geboten [...]"[185].

Das BVerfG stellte also ausdrücklich klar, dass es sich für befugt ansah, Sekundärakte der heutigen Union unmittelbar am Maßstab der deutschen Grundrechte zu überprüfen und gegebenenfalls für unanwendbar im deutschen Rechtsraum zu erklären. Entsprechende Vorlagen deutscher Gerichte nach Art. 100 GG oder aber Verfassungsbeschwerden wären somit grds. denkbar und zulässig.

Der daraufhin durch die Rechtsprechung des EuGH entwickelte Grundrechtsschutz mündete im Jahre 1986 in den sogenannten **Solange-II-Beschluss**. Das Gericht ging zwar auch hier nicht von einem unbedingten Vorrang des Unionsrechts vor dem GG aus, erklärte jedoch den Grundrechtsschutz auf Unionsebene (durch die Rechtsprechung des EuGH) als nunmehr für vergleichbar mit dem des GG. Es führte aus:

„**Solange** die Europäischen Gemeinschaften, insbesondere die Rechtsprechung des EuGH, einen wirksamen Schutz der Grundrechte gegenüber der Hoheitsgewalt der Gemeinschaften generell gewährleisten, der dem vom Grundgesetz als unabdingbar gebotenen Grundrechtsschutz **im Wesentlichen gleichzuachten** ist, zumal den Wesensgehalt der Grundrechte generell verbürgt, wird das BVerfG seine Gerichtsbarkeit über die Anwendbarkeit von abgeleitetem Gemeinschaftsrecht, das als Rechtsgrundlage für ein Verhalten deutscher Gerichte oder Behörden im Hoheitsbereich der Bundesrepublik Deutschland in Anspruch genommen wird, nicht mehr ausüben und dieses Recht nicht mehr am Maßstab der Grundrechte des Grundgesetzes überprüfen; entsprechende Vorlagen nach Art. 100 I GG sind somit unzulässig".[186]

Das Gericht machte also deutlich, dass eine Überprüfung des Sekundärrechts am Maßstab der deutschen Grundrechte bzw. von

---

[185] BVerfGE 37, 271.
[186] BVerfGE 73, 339.

nationalem Recht, welches zwingende Vorgaben des Unionsrechts umsetzte nunmehr zwar grds. ausscheide. Dies gelte jedoch nur, solange ein angemessener Grundrechtsschutz auf Unionsebene gewährleistet sei.

Eine weitere grundsätzliche Klärung des Verhältnisses von Unionsrecht zu nationalem Verfassungsrecht erfolgte in der **Maastricht-Entscheidung**.[187] Sie erging aufgrund einiger Verfassungsbeschwerden gegen das deutsche Zustimmungsgesetz zum Vertrag von Maastricht. Bezüglich der Frage, inwieweit Sekundärakte der Union am Maßstab deutscher Grundrechte zu überprüfen sind, erfolgte dabei **keine grundsätzliche Abkehr von Solange-II**. Das Gericht prägte hier zunächst den Begriff des „**Kooperationsverhältnisses**":

„Das BVerfG gewährleistet durch seine Zuständigkeit [...], dass ein wirksamer Schutz der Grundrechte für die Einwohner Deutschlands auch gegenüber der Hoheitsgewalt der Gemeinschaften generell sichergestellt ist und dieser dem vom Grundgesetz als unabdingbar gebotenen Grundrechtsschutz im Wesentlichen gleich zu achten ist, zumal den Wesensgehalt der Grundrechte generell verbürgt [...]. Allerdings übt das BVerfG seine Gerichtsbarkeit über die Anwendbarkeit von abgeleitetem Gemeinschaftsrecht in Deutschland in einem „**Kooperationsverhältnis**" zum EuGH aus, in dem der EuGH den Grundrechtsschutz in jedem Einzelfall für das gesamte Gebiet der Europäischen Gemeinschaften garantiert, das BVerfG sich deshalb auf eine generelle Gewährleistung der unabdingbaren Grundrechtsstandards beschränken kann".[188]

Im Ergebnis blieben Normenkontrollen bzw. Verfassungsbeschwerden damit auch weiterhin grds. unzulässig, wenn nicht nachgewiesen werden konnte, dass der EuGH generell den unabdingbaren Grundrechtsschutz nicht mehr gewährleistet.

Das Gericht stellte sodann jedoch noch einen **weiteren Vorbehalt** auf. So erklärte sich das BVerfG auch dafür zuständig, zu überprüfen, ob die Union beim Erlass von Sekundärakten innerhalb der ihr durch das Zustimmungsgesetz des deutschen Gesetzgebers übertragenen Kompetenzen gehandelt hat. Soweit dies nicht der Fall sei, sei der Sekundärrechtsakt nicht von der ursprünglichen Hoheitsübertragung gedeckt und daher verfassungswidrig:

„Würden etwa europäische Einrichtungen oder Organe den EU-Vertrag in einer Weise handhaben oder fortbilden, die von dem Vertrag, wie er dem deutschen Zustimmungsgesetz zugrunde liegt, nicht mehr gedeckt wäre, so wären die daraus hervorgehenden Rechtsakte im deutschen Hoheitsbereich nicht verbindlich. Die deutschen Staatsorgane wären aus verfassungsrechtlichen Gründen gehindert, diese Rechtsakte in Deutschland anzuwenden. Dementsprechend prüft das BVerfG, ob

---

[187] BVerfGE 89, 155.
[188] BVerfGE 89, 155.

Rechtsakte der europäische Einrichtungen und Organe sich **in den Grenzen der ihnen eingeräumten Hoheitsakte halten** oder aus ihnen ausbrechen".[189]

Unklar blieb insoweit jedoch, ob jeder Kompetenzverstoß als ausbrechender Rechtsakt in diesem Sinne angesehen werden muss, oder ob dieser ggf. eine gewisse Qualität erreichen muss. Diese Klärung erfolgte erst Jahre später in seinem Honeywell-Beschluss (siehe sogleich).

In seinem **Beschluss zum Bananenmarkt**[190] verwies das Gericht im Hinblick auf den Grundrechtsschutz erneut auf seine Solange-Rechtsprechung und lehnte eine Prüfung anhand der deutschen Grundrechte angesichts des bestehenden Grundrechtsschutzes auf Unionsebene (vorerst) ab.

Vorlagen oder Verfassungsbeschwerden gegen unionales Sekundärrecht oder gegen nationales Recht, welches zwingende Vorgaben des sekundären Unionsrechts umsetzte zum BVerfG waren seitdem somit nur ausnahmsweise dann zulässig, wenn das vorlegende Gericht oder der Beschwerdeführer substantiiert darlegen konnte, dass der betreffende Sekundärrechtsakt der Union

- entweder deshalb nichtig ist, weil er gegen den unabdingbaren Grundrechtsstandard verstößt oder
- als ausbrechender Rechtsakt nicht von den Kompetenzen der Union gedeckt wird.

Bis zum heutigen Tag ist es zu einer solchen Verwerfung durch das BVerfG noch nicht gekommen. Insgesamt erschien der Vorrang des Unionsrechts damit auch vor Verfassungsrecht als jedenfalls in der Praxis gesichert. In seinem **Lissabon-Urteil** wiederholte das BVerfG denn auch die obigen Grundsätze, begründete dann jedoch noch einen **dritten Vorbehalt**. Danach müsse die Feststellung einer Unanwendbarkeit im deutschen Rechtsraum auch dann erfolgen, wenn innerhalb oder außerhalb der übertragenen Hoheitsrechte diese mit Wirkung für Deutschland so ausgeübt würden, dass eine Verletzung der durch Art. 79 Abs. 3 GG unverfügbaren [...] Verfassungsidentität die Folge sei. In der Sache stelle es daher keinen Widerspruch zur gebotenen Europarechtsfreundlichkeit dar, wenn ausnahmsweise und unter besonderen und engen Voraussetzungen, das BVerfG

---

[189]   BVerfGE 89, 155.
[190]   BVerfGE 102, 147, bestätigt erneut durch BVerfGE 118, 79.

Recht der Europäischen Union für in Deutschland nicht anwendbar erkläre (Rn 340).

Diese sog. **Identitätskontrolle** kommt damit zu den bereits seit Maastricht geltenden Vorbehalten noch hinzu. Wann eine Verletzung der Verfassungsidentität angenommen werden kann, bleibt freilich nebulös. Unklar ist insbesondere ob eine Identitätsverletzung auch in Betracht kommt, obwohl kein ausbrechender Rechtsakt vorliegt.

In seinem **Mangold-Beschluss** hat es diese Ausführungen zumindest partiell entschärft und insbesondere erstmals die Anforderungen für die Feststellung eines ausbrechenden Rechtsakts näher konkretisiert.[191] Voraussetzung ist danach ein **hinreichend qualifizierter Kompetenzverstoß**. Das kompetenzwidrige Handeln der Unionsgewalt muss also offensichtlich sein und im Kompetenzgefüge zu einer strukturell bedeutsamen Verschiebung zulasten der Mitgliedstaaen führen. Zudem muss der EuGH stets die Möglichkeit erhalten, zuvor über den relevanten Kompetenzverstoß zu entscheiden. Dem EuGH kommt dabei in den Worten des BVerfG ein „Anspruch auf Fehlertoleranz" zu.

Trotz dieser „Entschärfung" hat das BverfG im Zusammenhang mit der Eurokrise **erstmals eine Vorlage** an den EuGH eingeleitet,[192] da nach seiner Auffassung das OMT-Programm der EZB mit dessen Mandat nicht vereinbar sei. Mit den eher zurückhaltenden Ausführungen des Mangold-Beschlusses ist diese erste Vorlage allerdings weder prozessual noch inhaltlich in Einklang zu bringen.[193] In der Sache ist der EuGH dem BVerfG denn auch nicht gefolgt, siehe EuGH, Rs. C-64/14. Die abschließende Entscheidung des BVerfG dürfte im Laufe des Jahres 2016 ergehen.

III. Stellungnahme

Das Unionsrecht setzt dessen einheitliche Geltung im gesamten Unionsgebiet voraus. Bestünden in dieser Hinsicht weitgehende Vorbehalte in allen Mitgliedstaaten, so wäre dies wohl das Ende der Union als **Rechtsgemeinschaft** und auch das Ende des europäischen Projekts. Vom unionsrechtlichen Standpunkt aus ist es insoweit verständlich, dass der EuGH einen unbedingten Vorrang des Unionsrechts auch vor nationalem Verfassungsrecht annimmt.

Auf der anderen Seite muss freilich beachtet werden, dass die Mitgliedstaaten – auch nach Auffassung des EuGH – weiterhin als die **„Herren der Verträge"** anzusehen sind. Die EU beruht also wei-

---

[191] Dazu *Polzin*, JuS 2012, 1 ff.; *Funke*, ZG 2011, 166 ff.; *Mayer*, Jura 2011, 532 sowie *Thiele*, Karlsruhes souveräne Entscheidung, lto.de.
[192] BVerfG, Beschluss vom 14.1.2014, 2 BvR 2728/13.
[193] Siehe dazu *Thiele*, German Law Journal 15 (2014), 241 sowie *Heun*, JZ 2014, 331. Ausführlich auch *Thiele*, Das Mandat der EZB und die Krise des Euro, 2013.

terhin auf einem **völkerrechtlichen Vertrag** souveräner Mitgliedstaaten, die die Bedingungen ihrer Mitgliedschaft aufgrund ihrer verfassungsrechtlichen Bestimmungen selbst festlegen können. Für die Bundesrepublik ist dies Art. 23 GG, der eine Mitgliedschaft in der Union nur unter Wahrung der darin genannten Grundsätze zulässt.

Die Einhaltung dieser verfassungsrechtlichen Grundsätze muss dann aber auch in letzter Instanz vom Bundesverfassungsgericht überwacht werden können. Diese Kompetenz gilt zunächst einmal für das deutsche Zustimmungsgesetz zu den europäischen Revisionsverträgen. Hier hat das Gericht die Möglichkeit, das europäische Rechtssystem auf seine Vereinbarkeit mit dem GG zu untersuchen. Im Rahmen dieser Prüfung gilt es zu beachten, dass das GG selbst die Europäische Einigung als Staatsziel ansieht und laut Präambel ein vereintes Europa anstrebt. Problematisch ist es von daher, wenn das Bundesverfassungsgericht der Regelung des Art. 23 GG iVm Art. 79 Abs, 3 GG vergleichsweise enge Integrationsgrenzen zieht.

Insbesondere dürfe danach die Schwelle zu einem europäischen Bundesstaat nicht überschritten werden, da die Staatlichkeit der Bundesrepublik von Art. 79 Abs. 3 GG umfasst und geschützt werde. Dieser Schluss ist angesichts des unklaren Begriffs der Staatlichkeit zumindest überraschend. Immerhin verlieren auch die Bundesländer ihre Staatlichkeit nicht durch ihre Integration in den deutschen Bundesstaat. Offensichtlich geht es dem Bundesverfassungsgericht damit eher um die Wahrung der Souveränität der Bundesrepublik.

Was jedoch unter Souveränität in Zeiten der Globalisierung zu verstehen ist, ist hoch umstritten – im GG selbst findet sich der Begriff zudem nicht. Die Gefahr ist insoweit groß, dass das BVerfG hier Vorbehalte aufstellt, die dem GG in dieser Form überhaupt nicht entnommen werden können, indem der Souveränitätsbegriff mit eigenen Vorstellungen über Staatlichkeit gefüllt wird.[194] Tatsächlich gleicht das Lissabon-Urteil bisweilen eher einem Lehrbuch der allgemeinen Staatslehre als einem Urteil, welches die Bestimmungen des GG auslegt. Die Interpretation des Art. 23 GG und nicht die Annahme einer Prüfungskompetenz überhaupt ist insoweit zu kritisieren.

---

[194] Siehe auch *Nettesheim*, Der Staat 2012, 313 ff.

Von dieser notwendigen Kontrolle des Zustimmungsgesetzes ist die **Kontrolle des europäischen Sekundärrechts** zu unterscheiden. Zwar ließe sich argumentieren, dass die Gundsätze des Art. 23 GG auch in der täglichen Praxis beachtet werden müssen. Für diese stetige Überwachung findet sich jedoch mit dem EuGH ein Rechtsprechungsorgan, welches diese Aufgabe für das gesamte Unionsgebiet übertragen bekommen hat. Eine weitere Überprüfung durch das Bundesverfassungsgericht erscheint von daher unnötig. Zwar ist auch der EuGH zu Fehlurteilen fähig, die im konkreten Einzelfall durchaus einen Verstoß gegen Art. 23 GG darstellen können. Abgesehen davon, dass dies auch für das Bundesverfassungsgericht gilt, ist hier aber zu beachten, dass das GG mit seiner Integrationsoffenheit dieses Risiko bewusst eingeht und der europäischen Rechtsebene das notwendige Vertrauen entgegenbringt. Zudem stellen nationale Vorbehalte im Hinblick auf das europäische Sekundärrecht eine besonders große Gefahr für die Rechtseinheit in Europa dar. Das Bundesverfassungsgericht sollte seine angenommene Reservekompetenz für die Überprüfung des Sekundärrechts daher überdenken und jedenfalls sehr restriktiv interpretieren.

Die Tendenzen im angesprochenen Mangold-Beschluss waren daher zu begrüßen. Vgl. *Thiele*, Karlsruhes souveräne Entscheidung, abrufbar unter www.lto.de. Sie dürften nach der OMT-Vorlage allerdings wohl keine Geltung mehr beanspruchen.

IV. Die Prüfung in einer Klausur

Es stellt sich die Frage, wie die Auffassungen des EuGH und des BVerfG in einer verfassungsrechtlichen Klausur zu integrieren sind. Wenige Probleme bereitet dabei die **Überprüfung des deutschen Zustimmungegesetzes** zu den europäischen Änderungsverträgen. Hier kommt sowohl eine **Verfassungsbeschwerde**, eine **abstrakte Normenkontrolle** oder ein **Organstreit** in Betracht. Für die Verfassungsbeschwerde folgt die notwendige Beschwerdebefugnis dabei nicht aus den Grundrechten, sondern aus einer möglichen Verletzung des Wahlrechts aus Art. 38 GG. Dieses würde durch eine zu weitgehende Kompetenzübertragung auf die EU nämlich entwertet. Der Wähler hat aber einen Anspruch mit dem Bundestag auch das politische „Zentralorgan" zu wählen. Dieser muss also signifikante Aufgaben behalten. Im Rahmen eines durch einen Abgeordneten oder eine Fraktion eingelegten Organstreits müsste hingegen schlüssig dargelegt werden, dass verfassungsrechtlich zwingend beim Bundestag angesiedelte Kompetenzen unzulässig auf die EU übertragen werden.

Bzgl. der **Überprüfung des Sekundärrechts** kommen die Verfassungsbeschwerde oder eine konkrete Normenkontrolle in Betracht. Dabei sind im Rahmen der Zulässigkeit folgende Probleme zu beachten.

Beispiel bei *Thiele*, Standardfälle Europarecht, Fall 1; *Koch/Ilgner*, JuS 2011, 540 sowie *Thiemann*, Jura 2012, 735, 902; *Winkler*, Ad Legendum 2012, 272.

1. Die Verfassungsbeschwerde (VB)

Für die Verfassungsbeschwerde gilt Folgendes: Beschwerdegegenstand ist gemäß Art. 93 Abs. 1 Nr. 4a GG jeder **Akt der öffentlichen Gewalt**. Grds. kann das BVerfG dabei nur Akte der deutschen öffentlichen Gewalt überprüfen. Sekundärakte der Union kämen also an sich nicht in Betracht. Folgt man der Ansicht des EuGH, wäre eine VB also bereits an dieser Stelle als unzulässig abzuweisen.

Folgt man jedoch dem Ansatz des BVerfG, so sind auch Rechtsakte der Union grds. taugliche Beschwerdegegenstände. Das BVerfG behält sich ja auch bei diesen eine Prüfungskompetenz vor. In einer Klausur wäre mithin deutlich zu machen, dass die europäische Integration nichts an der Staatlichkeit der Mitgliedstaaten ändern darf, weshalb auch Sekundärrechtsakte zumindest im Grundsatz vom BVerfG überprüft werden müssen.

Achtung: Sofern sich der Beschwerdeführer gegen **nationales Recht** wendet, welches zwingende Vorgaben des Unionsrechts ausgestaltet, liegt formal ein deutscher Hoheitsakt vor. In diesen Fällen stellen sich Zulässigkeitsfragen also allein bei der Frage der Beschwerdebefugnis. Denn auch die Überprüfung von nationalem Umsetzungrecht darf nur eingeschränkt erfolgen, um den Vorrang des Unionsrechts nicht auszuhöhlen.

Im Rahmen der **Beschwerdebefugnis** wären dann jedoch die Grundsätze des BVerfG zum Kooperationsverhältnis darzustellen. Das gilt sowohl im Falle einer VB unmittelbar gegen Sekundärrecht wie auch einer VB gegen nationales Recht, welches zwingende sekundärrechtliche Vorgaben des Unionsrechts umsetzt.

Es besteht danach nämlich nur dann die Möglichkeit der Verletzung **deutscher Grundrechte**, wenn der Beschwerdeführer nachweisen kann, dass der EuGH bzgl. des betreffenden Grundrechts nicht mehr den vom Grundgesetz geforderten unabdingbaren Grundrechtsschutz gewährleistet. Grds. genügt nämlich auch nach der Ansicht des BVerfG der europäische Grundrechtsschutz den Anforderungen des GG. Um einen solchen Nachweis zu erbringen genügt es dabei nicht, eine einzelne Entscheidung des EuGH zu zitieren, die mit den deutschen Grundrechten nicht im Einklang steht. Denn eine vollständige Gleichheit des Schutzumfangs wird nicht verlangt. Es muss vielmehr der Nachweis gelingen, dass der EuGH generell unter den geforderten Standard „gerutscht" ist, also keinen vergleichbaren Schutz mehr bietet.

Eine mögliche Verletzung bestünde auch dann, wenn substantiiert vorgetragen werden könnte, dass die Union bei dem **betreffenden Rechtsakt in besonderer also offenkundiger Weise aus ihren Kompetenzen ausgebrochen** ist, also das Prinzip der begrenzten Einzelermächtigung verletzt hat. Grundrechte sind in einem solchen Fall zwar nicht unmittelbar betroffen. Das kompetenzwidrige Verhalten der Union stellt sich aber wohl als unzulässiger Eingriff in Art. 2 Abs. 1 iVm Art. 20 Abs. 3 GG dar. Zudem dürfte der Beschwerdeführer nach den Ausführungen auch in diesen Fällen einen Verstoß gegen Art. 38 Abs. 1 GG rügen können, da bei einem Kompetenzverstoß eine Aushöhlung der Parlamentsrechte und damit eine Entleerung des Wahlrechts droht.

Zuletzt wäre ein Verstoß auch dann denkbar, wenn eine Verletzung der Verfassungsidentität geltend gemacht werden könnte. Welche Anforderungen an einen solchen Fall zu stellen sind, ist freilich unklar.

Im Regelfall wird weder das eine noch das andere gelingen. Insgesamt könnte man insoweit von dem Erfordernis einer **qualifizierten Beschwerdebefugnis** sprechen. Sollte es doch einmal der Fall sein, dass oben genannte Voraussetzungen erfüllt sind, so ist zu beachten, dass vor einer Entscheidung des BVerfG über das Vorabentscheidungsverfahren nach Art. 267 AEU die Entscheidung des EuGH einzuholen wäre, sofern eine solche noch nicht erfolgt ist.

2. Die konkrete Normenkontrolle

Die konkrete Normenkontrolle setzt als Vorlagegegenstand grds. ein **formelles deutsches Gesetz** voraus. An dieser Stelle sollte man erneut die Auffassung des EuGH nennen, wonach das BVerfG im Ergebnis für eine Überprüfung des betreffenden Rechtsakts nicht zuständig wäre. Das BVerfG würde demgegenüber erneut anders entscheiden: Soweit das vorlegende Gericht einen der drei Vorbehalte substantiiert vortragen kann, würde das BVerfG von einem zulässigen Vorlagegegenstand ausgehen. Eine entsprechende Vorlage wäre zulässig, wobei erneut zu beachten ist, dass zunächst eine Entscheidung des EuGH eingeholt werden müsste.

Sofern es sich bei der Vorlage zwar um ein deutsches Gesetz handelt, das aber zwingende Vorgaben des Unionsrechts umsetzt, läge zwar formal ein zulässiger Vorlagegegenstand vor. Erneut müsste das vorlegende Gericht in einem solchen Fall aber das Vorliegen eines der drei Vorbehalte substantiiert darlegen. Das sollte dann auch unter dem Prüfungspunkt Vorlagegegenstand diskutiert werden.

Lösung Fall 7: Das BVerfG geht davon aus, dass auf der Unionsebene mittlerweile ein dem deutschen Grundrechtskatalog vergleichbarer Grundrechtsstandard gewährleistet wird. Solange dies der Fall ist, wird das BVerfG seine Gerichtsbarkeit über die Anwendbarkeit von abgeleitetem Unionsrecht, das als Rechtsgrundlage für ein Verhalten deutscher Gerichte oder Behörden im Hoheitsbereich der Bundesrepublik Deutschland in Anspruch genommen wird, nicht mehr ausüben und dieses Recht mithin nicht mehr am Maßstab der Grundrechte des Grundgesetzes überprüfen (BVerfGE 79, 339). Der Richter rügt hier die Verletzung eines deutschen Grundrechts aufgrund einer Verordnung der EU. Einen solchen Unionsrechtsakt überprüft das BVerfG jedoch grds. nicht mehr nach den Grundsätzen deutscher Grundrechte. Maßgebend sind allein eventuelle Verstöße gegen Unionsgrundrechte, die in ihrem Umfang nicht völlig mit den deutschen Grundrechten übereinstimmen müssen. Für diese ist jedoch grds. der EuGH zuständig. Lediglich bei Kompetenzüberschreitungen der Union bzw. bei Verstößen gegen den Mindeststandard deutscher Grundrechte behält sich das BVerfG das Recht vor, auch solche Rechtsakte für unanwendbar im deutschen Rechtsraum zu erklären. Ein solcher Verstoß ist hier jedoch nicht ersichtlich. Die Vorlage des Richters nach Art. 100 GG ist damit unzulässig.

Zusammenfassung § 6

- Das Unionsrecht genießt Vorrang vor jeglichem nationalen Recht.

- Der EuGH geht dabei von einem unbedingten Vorrang vor jeglichem nationalen Recht aus, der aus dem Unionsrecht selbst folgt.

- Das BVerfG anerkennt den unbedingten Vorrang lediglich für das einfache nationale Recht.

- Der Vorrang vor der nationalen Verfassung steht danach unter dem Vorbehalt, dass der EuGH einen angemessenen Grundrechtsschutz gewährleistet und die EU nicht aus ihren Kompetenzen ausbricht. Zudem muss zu jedem Zeitpunkt die Identität der Verfassung gewahrt werden.

- Das BVerfG begründet diese Vorbehalte mit dem innerstaatlichen Rechtsanwendungsbefehl, der auf Art. 23 GG beruht.

§ 7 DAS RECHTSETZUNGSVERFAHREN DER UNION

Im Folgenden soll das Rechtsetzungsverfahren der Union erläutert werden. Dabei geht es nicht um eine Darstellung der Entstehung des Primärrechts. Dieses kann allein durch die Mitgliedstaaten als den Herren der Verträge im Wege der Vertragsänderung gemäß Art. 48, 49 EU modifiziert und geändert werden. Die Ausführungen beziehen sich vielmehr auf das Verfahren, welches zur Setzung des unionalen Sekundärrechts zur Anwendung kommt. Hier stellt sich zunächst die Frage nach dem Umfang der unionalen Kompetenzen, in welchen Bereichen die Union mithin überhaupt tätig werden darf (und in welcher Form). Anschließend gilt es zu klären, nach welchen Verfahren und unter Beteiligung welcher Organe Unionsrecht auf diesen Gebieten gesetzt werden kann.

I. Die unionalen Kompetenzen

1. Die begrenzte Einzelermächtigung

Die Union besitzt (noch) **keine Staatsqualität**. Dies äußert sich insbesondere darin, dass sie nicht umfassend zur Rechtsetzung befugt ist. Ihr fehlt gerade die für ein Staatswesen charakteristische **Kompetenz-Kompetenz**. Wenn die Union insoweit hoheitlich tätig werden will, kann sie dies nur in den Bereichen, die sie von den Mitgliedstaaten übertragen bekommen hat; eine einseitige Erweiterung ihrer Kompetenzen kommt somit – anders als dies etwa in Deutschland für den Bund der Fall ist – nicht in Betracht.

In diesen übertragenen Bereichen verzichten die Staaten auf die Ausübung ihrer hoheitlichen Befugnisse und unterwerfen sich der Union. Alle anderen Bereiche verbleiben demgegenüber bei den Mitgliedstaaten, Art. 5 Abs. 2 EU. Für jeden Rechtsakt der Union muss sich in den Verträgen folglich eine ausdrückliche Rechtsgrundlage finden lassen, die es erlaubt, die betreffende Materie auf Unionsebene zu regeln. Dieses grundlegende Prinzip wird als das **Prinzip der begrenzten Einzelermächtigung**[195] bezeichnet, vgl. Art. 5 Abs. 2 EU.

Dies äußert sich auch in Art. 296 AEU, der laut EuGH beinhaltet, dass sich aus dem betreffenden Rechtsakt dessen Rechtsgrundlage ergeben muss. In der Regel wird diese deshalb dem Rechtsakt vorangestellt.

---

[195] Compétence d´attribution; conferred powers. Der EuGH selbst spricht von **begrenzter Ermächtigung**, siehe EuGH Slg. 1996, I-1759 Rn 24.

Diese Einzelermächtigungen oder auch Kompetenzen sind – anders als man dies etwa vom Grundgesetz gewohnt ist – nicht an einer zentralen Stelle in den Verträgen zusammengefasst. Vielmehr finden sie sich über den gesamten Vertrag verteilt und zwar in der Regel direkt an der Stelle, an der auch die jeweilige Unionspolitik aufgeführt wird. Die Kompetenzen im Bereich der Umweltpolitik finden sich daher etwa in den Art. 191 ff. AEU, diejenigen zur Energiepolitik in Art. 194 AEU und die Wettbewerbskompetenzen in den Art. 101 ff. AEU. Der Umfang der Kompetenzen ist insoweit nicht unmittelbar aus den Verträgen ablesbar. Zwar findet sich nunmehr in den Art. 2 ff. AEU eine **Zusammenstellung der Arten und der Zuständigkeiten** der Union. Einen Kompetenzkatalog in dem Sinne, dass Maßnahmen der Union unmittelbar auf einen dieser Artikel gestützt werden könnten, stellt diese Aufstellung jedoch nicht dar. Tatsächlich erfolgt hier nur eine Art Zusammenfassung der verschiedenen Arten der Zuständigkeiten und der Bereiche, für die Kompetenzen bestehen, ohne aber selbst Kompetenznormen zu enthalten. Immerhin wird für den Bürger so eine gewisse Systematik erkennbar. Zudem lässt sich aus der Aufteilung erkennen, in welchen Bereichen die Kompetenzen der Union am stärksten (ausschließliche Kompetenz) und in welchen Bereichen sie am schwächsten (Unterstützungskompetenz) ausgeprägt sind. Auch lassen sich den Bestimmungen allgemeine Vorgaben für die Ausübung der unterschiedlichen Kompetenzarten entnehmen. Weiterhin muss die Union jedoch für einen konkreten Rechtsakt eine individuelle Kompetenznorm außerhalb dieses Kataloges aufweisen können, auf die der Rechtsakt gestützt werden kann, was sich auch aus Art. 2 Abs. 6 AEU ergibt. Bis auf eine gewisse Systematisierung der Kompetenzarten hat sich damit an der nach Nizza bestehenden Rechtslage zunächst einmal wenig geändert.

Die einzelnen Kompetenzen überschneiden sich zum Teil. Für die Wahl der einschlägigen Kompetenzgrundlage hat der EuGH folgende Richtlinien aufgestellt:

- Im Rahmen des Zuständigkeitssystems der Union muss sich die Wahl der Rechtsgrundlage auf objektive, gerichtlich nachprüfbare Umstände gründen. Zu diesen Umständen gehören insbesondere das Ziel und der Inhalt des betreffenden Rechtsakts;
- Art. 352 AEU als Rechtsgrundlage ist nur statthaft, wenn der Rechtsakt auf keine andere Vertragsbestimmung gestützt werden kann.[196]

---

[196] EuGH, Slg. 1987, 1493 ff.

Kommen mehrere Kompetenzgrundlagen in Betracht, so kann der Rechtsakt auf alle einschlägigen Kompetenzgrundlagen gestützt werden. Probleme entstehen jedoch dann, wenn die einzelnen Grundlagen unterschiedliche Beteiligungsformen der anderen Organe, etwa des Parlaments, vorsehen. So ist es etwa denkbar, dass eine Bestimmung die Zustimmung des Parlaments verlangt, während die andere lediglich Anhörungsrechte postuliert. Hier sollte die Wahl der Rechtsgrundlage nach dem **Schwerpunkt des jeweiligen Rechtsakts** erfolgen, der sich dabei nach dem mit ihr verfolgten Hauptzweck ermitteln lässt.

Fraglich ist jedoch, was geschehen soll, wenn ein solcher Schwerpunkt nicht ersichtlich ist. Teilweise wird in solchen Fällen angenommen, dass sich hier die Kompetenzgrundlage durchsetzt, die die höchsten Anforderungen im Hinblick auf die Beteiligungsrechte des Parlaments bzw. der Stimmzahl im Rat vorsieht, um so eine Aushöhlung der jeweiligen Befugnisse zu vermeiden.[197] Richtigerweise wird man dem Rat und auch der Kommission jedoch eine gewisse **Einschätzungsprärogative** zubilligen müssen, die sich jedoch auf nachvollziehbare Gründe stützen muss. Aufgrund der Tatsache, dass mittlerweile das ordentliche Gesetzgebungsverfahren zur Regel geworden ist, hat sich dieses Problem im Vergleich zu den Anfängen der europäischen Union freilich ganz erheblich entschärft.

Zunächst legt damit die Kommission die einschlägige Kompetenz im Rahmen ihres Gesetzgebungsvorschlags fest, wobei sie die oben genannten Grundsätze zu beachten hat. Der Rat kann jedoch von dieser Grundlage durch einstimmigen Beschluss abweichen und eine andere wählen (Art. 293 Abs. 1 AEU).

Das **Bundesverfassungsgericht** hat in seinem Lissabon-Urteil im Übrigen darauf hingewiesen, dass es eine zu extensive Auslegung der einzelnen Kompetenznormen nicht akzeptieren wird. Es hat damit noch einmal deutlich gemacht, dass das Prinzip der begrenzten Einzelermächtigung nicht durch eine zu weite Interpretation der eingeräumten Kompetenzen ausgehöhlt werden darf.

2. Die „Implied-Powers" - Lehre

Eine gewisse Abschwächung des Prinzips der begrenzten Einzelermächtigung stellt allerdings die im Grundsatz anerkannte sog. **Implied-Powers-Lehre** dar, die der EuGH in Anlehnung an ähnliche Prinzipien im Bereich des allgemeinen Völkerrechts entwickelt hat. Diese Lehre besagt, dass die Bestimmungen der Verträge im Zusammenhang mit den ausdrücklich gegebenen Unionskompetenzen zugleich diejenigen Vorschriften beinhalten, bei deren Fehlen sie sinnlos wären oder nicht in vernünftiger und zweckmäßiger Weise zur Anwendung gelangen könnten. Implied-Powers sind damit prin-

---

[197] So etwa *Lecheler*, Europarecht, S. 156; wohl auch der EuGH Slg. 1991, I-2867.

zipiell vergleichbar mit den ungeschriebenen Bundeskompetenzen im deutschen Verfassungsrecht (Kompetenz kraft Sachzusammenhangs, Annexkompetenz oder Kraft Natur der Sache).

Dazu der EuGH:[198]

„Der Gerichtshof hält, ohne sich dabei an eine extensive Auslegung zu begeben, die Anwendung einer sowohl im Völkerrecht als auch innerstaatlichen Recht allgemein anerkannten Auslegungsregel für zulässig, wonach die Vorschriften eines völkerrechtlichen Vertrages oder eines Gesetzes zugleich diejenigen Vorschriften beinhalten, bei deren Fehlen sie sinnlos wären oder nicht in vernünftiger und zweckmäßiger Weise zur Anwendung gelangen könnten."

Diese Implied-Powers-Lehre führt damit zu einer Ausdehnung der ausdrücklich genannten Unionskompetenzen – sie stellt eine Kompetenzerweiterung dar. Es ist daher wenig überraschend, dass das Bundesverfassungsgericht vor einer zu weiten Interpretation dieser Implied-Powers gewarnt hat. Auch sie droht nämlich das Prinzip der begrenzten Einzelermächtigung zu untergraben und kann damit die Eigenschaft der Mitgliedstaaten als Herren der Verträge beeinträchtigen.

Einen bedeutenden – und allgemein auch anerkannten – Anwendungsfall der Implied-Powers entwickelte der Gerichtshof im Bereich der Außenkompetenzen (sog. **AETR-Rechtsprechung**[199]).

Danach besteht im Bereich der völkerrechtlichen Vertragsschließungskompetenzen eine Parallelität zwischen Innen- und Außenkompetenzen der Union. Mit Ausübung der Innenzuständigkeit entsteht danach regelmäßig auch eine entsprechende ausschließliche Außenzuständigkeit der EU, ohne dass dies in den Verträgen explizit vorgesehen wäre. Die Mitgliedstaaten können in diesen Bereichen dann nicht mehr tätig werden. Solange die Union nach innen indes von ihrer Kompetenz noch keinen Gebrauch gemacht hat, sind die Mitgliedstaaten und die Union konkurrierend zuständig.

Diese Form einer Implied-Power ist im Vertrag von Lissabon nunmehr kodifiziert worden. Sie findet sich in Art. 3 Abs. 2 AEU, was zugleich belegt, dass die AETR-Rechtsprechung akzeptiert war.

Einen weitaus umstritteneren Bereich der Implied-Powers stellt nach der neueren Rechtsprechung des Gerichtshofs die **Strafgewalt der Union** dar. Danach enthalten die allgemeinen Kompetenznormen (etwa zum Umweltschutz) grds. auch die Befugnis, die Mitgliedstaaten zur Schaffung von strafrechtlichen Sanktionen zu verpflichten. Die Kommission macht in ihren Gesetzgebungsvorschlägen von

---

[198] EuGH Slg. 1960, 681.
[199] EuGH Slg. 1971, 263; *Streinz*, Europarecht Rn 593 ff.

dieser nunmehr in **Art. 83 AEU** kodifizierten Kompetenz daher auch regen Gebrauch.[200] Das BVerfG hat demgegenüber deutlich gemacht, dass die Strafgewalt einen essentiellen Teil der Staatlichkeit der Mitgliedstaaten darstellt, der an die Union weder abgetreten worden ist, noch abgetreten werden kann. Es bleibt insofern abzuwarten, ob das Bundesverfassungsgericht diese neue Tendenz in der Praxis der Unionsorgane auf Dauer akzeptieren wird.

3. Die Vertragsabrundungskompetenz des Art. 352 AEU

Problematisch im Hinblick auf das Prinzip der begrenzten Einzelermächtigung ist auch die **Vertragsabrundungskompetenz** des Art. 352 AEU. Danach kann der Rat einstimmig auf Vorschlag der Kommission und nach Zustimmung des Parlaments die geeigneten Vorschriften erlassen, sofern ein Tätigwerden der Union im Rahmen der in den Verträgen festgelegten Politiken erforderlich erscheint und die hierfür erforderlichen Befugnisse in den Verträgen nicht vorgesehen sind. Diese Regelung erinnert sehr stark an eine allgemeine Generalklausel für das Tätigwerden der Union und ist vor allem in der Anfangszeit der Integration nicht selten in Anspruch genommen worden. Häufig sind einzelne ausdrückliche Kompetenznormen erst nach einer Inanspruchnahme des Art. 352 AEU in die Verträge aufgenommen worden.[201] Art. 352 AEU stellte insoweit ein überaus hilfreiches Mittel für die Fortentwicklung der Integration dar, indem er ein Handeln in Bereichen ermöglichte, die in dieser Form noch nicht auf die Union übertragen worden waren. Dass das Bundesverfassungsgericht vor allem diese Norm als besonders bedenklich einstuft, ist insofern kaum überraschend. Eine extensive Interpretation dieser Regelung wäre von daher im heutigen Stand der Integration kaum durchsetzbar. Rechtsakten, die allein auf dieser Grundlage erlassen werden, kommt letztlich nur eine äußerst geringe (politische) Legitimation zu. Auch die Kommission hält sich insoweit mit der Anwendung dieser Norm mittlerweile sehr zurück.

Die Regelung des Art. 352 AEU enthält darüber hinaus selbst einige Bestimmungen, die eine extensive Inanspruchnahme dieser Norm verhindern sollen. So bestimmt zunächst Art. 352 Abs. 2 AEU, dass die Kommission die nationalen Parlamente auf Vorschläge gesondert aufmerksam machen muss, die auf diese Grundlage gestützt werden sollen. Art. 352 Abs. 3 AEU untersagt zudem eine auf Art.

---

[200] Siehe nur *Oppermann/Classen/Nettesheim,* Europarecht, § 33 Rn 21.
[201] Siehe auch *Streinz*, AöR 135 (2010), S. 1 (17).

352 Abs. 1 AEU gestützte Harmonisierung, sofern eine solche im jeweiligen Bereich von anderen Vertragsbestimmungen explizit ausgeschlossen wird. Eine Anwendung des Art. 352 Abs. 1 AEU im Bereich der GASP ist generell ausgeschlossen (Art. 352 Abs. 4 AEU).

Zu beachten ist, dass Art. 352 AEU nicht nur vollständig fehlende Kompetenzen ersetzen, sondern auch bestehende modifizieren kann. Lässt eine Kompetenz also z.B. lediglich eine Regelung durch eine Richtlinie zu, wäre es denkbar, iVm Art. 352 AEU auch eine Verordnung zu erlassen, sofern die oben genannten Voraussetzungen erfüllt sind.

II. Kompetenzarten

Die Kompetenzarten wurden bisher regelmäßig nach **ausschließlichen, geteilten und unterstützenden Kompetenzen** unterschieden. Der bereits erwähnte neue Kompetenzkatalog in Art. 2 ff. AEU nimmt diese Differenzierung auf und erläutert diese Kompetenzarten nunmehr im Einzelnen. Für die Ausübung aller Kompetenzen ist im Übrigen nach Art. 5 Abs. 1 EU stets der Grundsatz der **Verhältnismäßigkeit** zu wahren.

Wichtig ist noch einmal der **Hinweis**: In den Art. 2 ff. AEU findet sich keine eigenständigen Kompetenzgrundlage, sondern lediglich eine Kategorisierung bestehender Kompetenzen. Ein Rechtsakt kann also nicht unmittelbar auf diese Regelungen gestützt werden.

1. Ausschließliche Kompetenz, Art. 3 AEU

Sofern die Verträge der Union eine **ausschließliche Kompetenz** übertragen, so kann in diesem Bereich allein die Union gesetzgeberisch tätig werden und verbindliche Rechtsakte erlassen. Die Mitgliedstaaten dürfen insoweit keinerlei Regelungen mehr erlassen, die diese Bereiche berühren, grds. auch dann nicht, wenn die Union selbst noch nicht tätig geworden ist. Die Mitgliedstaaten dürfen nur tätig werden, wenn sie von der Union hierzu ermächtigt werden, oder um Rechtsakte der Union durchzuführen (Art. 2 Abs. 1 AEU). Nach der Rechtsprechung des Gerichtshofs durften die Mitgliedstaaten in diesen Fällen darüber hinaus auch dann aktiv werden, sofern die Unionsorgane völlig untätig geblieben waren, obwohl eine Regelung zwingend erforderlich erscheint. In einem solchen Fall können die Mitgliedstaaten dann vorübergehend als **Sachwalter des Gemeinsamen Interesses** rechtssetzend tätig werden.[202] Bisher muss-

---

[202] EuGH Slg. 1981, 1045. Siehe auch *Schütz/Bruha/König*, Casebook Europarecht, S. 207.

ten die Bereiche ausschließlicher Kompetenz durch Auslegung ermittelt werden. Mit dem Vertrag von Lissabon sind diese indes nunmehr in Art. 3 Abs. 1 AEU aufgelistet. Umfasst sind danach:

- die Zollunion;
- die Festlegung der Wettbewerbsregeln;
- die Währungspolitik der Euro-Staaten;
- Erhaltung der Meeresschätze und die
- Handelspolitilk.

Hinzu tritt nach Art. 3 Abs. 2 die bisher nur als Implied-Power anerkannte ausschließliche Außenkompetenz der Union.[203]

2. Geteilte Kompetenz, Art. 4 AEU

Wird der Union eine **geteilte** (oder konkurrierende) **Kompetenz** übertragen, so können sowohl die Union als auch die Mitgliedstaaten in diesem Bereich gesetzgeberisch tätig werden und verbindliche Rechtsakte erlassen. Die Mitgliedstaaten nehmen ihre Zuständigkeit dabei wahr, sofern und soweit die Union ihre Zuständigkeit nicht ausgeübt hat. Sie nehmen sie erneut wahr, sofern und soweit die Union entschieden hat, ihre Kompetenz nicht mehr auszuüben (Art. 2 Abs. 2 AEU). Es handelt sich damit um eine der konkurrierenden Kompetenz des deutschen Verfassungsrechts vergleichbare Kompetenzart. Die Bereiche der geteilten Kompetenz sind in Art. 4 AEU aufgelistet. Hauptbereiche sind danach:

- den Binnenmarkt;
- die Sozialpolitik;
- den wirtschaftlichen, sozialen und territorialen Zusammenhalt;
- die Landwirtschaft;
- die Umwelt;
- den Verbraucherschutz;
- den Verkehr;
- die transeuropäische Netze;
- die Energie;
- den Raum der Freiheit, der Sicherheit und des Rechts;
- die gemeinsame Sicherheitsanliegen im Bereich der öffentlichen Gesundheit.

---

[203] Vgl auch Art. 216 AEU. Dazu *Hauck*, Jura 2013, 199.

Eine besondere Rolle spielt im Rahmen dieser geteilten Kompetenz das in Art. 5 Abs. 3 EU genannte und durch ein gesondertes Protokoll im Einzelnen ausgestaltete **Subsidiaritätsprinzip**.[204] Danach wird die Union in diesen Bereichen nur tätig, sofern und soweit die Ziele der in Betracht gezogenen Maßnahmen von den Mitgliedstaaten weder auf zentraler noch auf regionaler oder lokaler Ebene ausreichend verwirklicht werden können, sondern wegen ihres Umfangs oder ihrer Wirkungen auf Unionsebene besser zu verwirklichen sind.

Bei diesem Subsidiaritätsprinzip handelt es sich damit um eine **Kompetenzausübungsschranke**, die insoweit mit Art. 72 Abs. 2 GG vergleichbar erscheint. Wie auch auf nationaler Ebene hängt die Wirksamkeit dieser Klausel vor allem davon ab, welchen Ermessensspielraum der Gerichtshof den gesetzgebenden Organen der Union im Hinblick auf deren Voraussetzungen zubilligt und welche Nachweispflichten er in dieser Hinsicht insbesondere von der Kommission verlangt.

Diese Verpflichtung zur Subsidiarität hat auch im Rahmen der Verhandlungen zum Vertrag von Lissabon eine große Rolle gespielt. Ganz allgemein ist dieses aus der *katholischen Soziallehre* stammende Prinzip in den letzten Jahren immer stärker in den Vordergrund gerückt. Das dieses Prinzip näher ausgestaltende **Protokoll Nr. 2** ist daher durch den Vertrag von Lissabon ganz erheblich modifiziert worden. Eine besondere Stärkung haben hier vor allem die nationalen Parlamente erfahren, die im Wege eines „**Frühwarnsystems**" nunmehr rechtzeitig von den Rechtsetzungsvorschlägen der Kommission informiert werden (Art. 4 des Protokolls). Die nationalen Parlamente haben dann die Möglichkeit, innerhalb von acht Wochen nach der Zuleitung des Entwurfs eine Stellungnahme abzugeben, warum ihrer Ansicht nach die Vorgaben der Subsidiarität vom jeweiligen Entwurf nicht eingehalten werden.

Zuletzt eröffnet Art. 8 des Protokolls den nationalen Parlamenten die Möglichkeit, einen Verstoß gegen das Subsidiaritätsprinzip vor dem Gerichtshof (mit einer besonderen Form der Nichtigkeitsklage) zu rügen (**Subsidiaritätsklage**).[205] Ob sich diese neuen Formen der Kooperation mit den nationalen Parlamenten bewähren werden, hängt nicht zuletzt davon ab, wie die Parlamente mit diesen neuen Rechten umgehen.

---

[204] Siehe auch die Fallbearbeitung bei *Knauff*, JuS 2009, 440 ff.
[205] Dazu auch *Thiele*, EuR 2010, 30 ff.

Angesichts der ohnehin schon begrenzten Ressourcen muss es doch als äußerst fraglich erscheinen, ob die Parlamente mit dieser Aufgabe nicht ein wenig überfordert sind – schon wegen der zum Teil äußerst engen Fristen. Zu bedauern ist insoweit, dass der **AdR** nicht mit in dieses Frühwarnsystem einbezogen worden ist, der diese Aufgabe wohl besser leisten könnte.

3. Unterstützungskompetenz, Art. 6 AEU

Sofern der Union als schwächste Kompetenzart lediglich eine **Unterstützungskompetenz** zugewiesen ist, tritt diese Zuständigkeit der Union nicht an die Stelle derjenigen der Mitgliedstaaten. Es besteht insoweit eine Form der parallelen Kompetenz mit einem gewissen Vorrang der mitgliedstaatlichen Zuständigkeit – die Union soll ja allein unterstützend, koordinierend oder ergänzend tätig werden.

Insgesamt ist diese Kompetenzart damit nicht nur die schwächste (aus der Sicht der Union), sondern auch die am wenigsten greifbare (aus der Sicht des Rechtsanwenders). Zwangsläufig stellt sich hier die Frage, welchen Umfang eine solche Unterstützung annehmen kann, ohne dass dadurch die mitgliedstaatlichen Kompetenzen übermäßig beeinträchtigt werden. Bei der Auslegung der einzelnen Bestimmungen ist insoweit eine gewisse Vorsicht anzuraten.

Die Bereiche der unterstützenden Kompetenz sind in Art. 6 AEU aufgezählt. Es handelt sich danach um den Schutz und die Verbesserung der menschlichen Gesundheit, die Industrie, die Kultur, den Tourismus und die allgemeine berufliche Bildung, die Jugend und den Sport – alles Bereiche, in denen die Mitgliedstaaten auf einer eigenständigen Kompetenz zum Teil äußerst vehement pochen. Gewisse Konflikte sind damit vorprogrammiert.

III. Die Rechtsetzungsverfahren

Die Union kennt auch nach dem Vertrag von Lissabon **kein einheitliches Verfahren**, in dem die in Art. 288 AEU genannten Rechtsakte erlassen werden. Vielmehr werden diese sowohl von unterschiedlichen Normgebern als auch in unterschiedlichen Verfahren erlassen, ohne dass dies zunächst einmal einen Einfluss auf die Qualität des Rechtsakts und vor allem dessen Stellung in der Normenhierarchie der Union hätte. In den einzelnen Kompetenznormen werden daher stets auch der Normgeber und das anzuwendende Verfahren geregelt.

Zum Teil sind einzelne Organe – häufig die Kommission[206] – zum Erlass abstrakt-genereller Rechtsakte befugt, wobei die anderen Organe in unterschiedlicher Form beteiligt sein können.[207] In der Regel ist jedoch das Verfahren für den Erlass abstrakt-genereller Rechtsakte zwischen der Kommission, dem Rat und dem Parlament aufgeteilt.

Grundsätzlich besitzt dabei die **Kommission** das sogenannte **Initiativrecht** (vgl. Art. 17 Abs. 2 EU). Sie schlägt also regelmäßig dem Rat und dem Parlament den betreffenden Rechtsakt vor, die anschließend darüber beraten.

Der Rat kann nach Art. 293 I AEU durch einstimmigen Beschluss vom Vorschlag der Kommission inhaltlich abweichen. Andererseits kann die Kommission ihren Vorschlag nach Art. 293 II AEU inhaltlich jederzeit ändern und mit ausreichender Begründung sogar zurücknehmen (vgl. EuGH, Rs. C-409/13), bis der Rat einen Beschluss gefasst hat. Vor allem dieses Rücknahmerecht ist allerdings umstritten, vgl. *Deutelmoser*, NVwZ 2015, 1577 ff.

Während der Rat anschließend stets auch maßgeblichen Einfluss auf den Inhalt des Rechtsaktes hat, variiert die Art der Beteiligung des Parlaments von einer bloßen Anhörung über ein Zustimmungsrecht bis hin zu einer Mitentscheidung über den Inhalt des Rechtsakts:

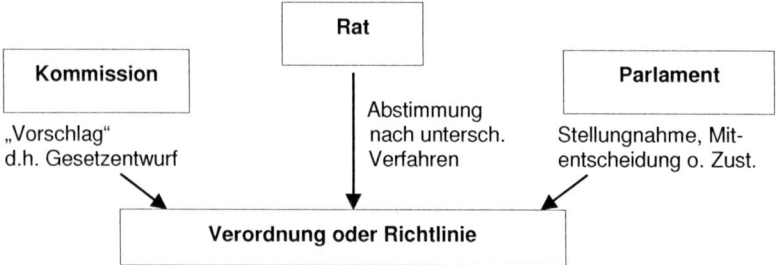

Den Regelfall bildet dabei mittlerweile das Mitentscheidungsrecht des Parlaments. Das in diesem Fall anzuwendende Verfahren wird im Vertrag von Lissabon daher auch als das **ordentliche Gesetzgebungsverfahren** bezeichnet (Art. 289 Abs. 1 AEU). Die Einzelheiten dieses Verfahrens finden sich in Art 294 AEU. Die Kompetenznormen, bei denen dieses Verfahren zur Anwendung kommen soll, enthalten dementsprechend nur noch einen Verweis auf diese

---

[206] Vgl. etwa Art. 106 III, 108 IV AEU.
[207] Siehe etwa Art. 223 Abs. 2 AEU.

Regelung. Im Rahmen dieses Verfahrens fungieren der Rat und das Parlament als gleichberechtigte „**Mitgesetzgeber**".

Die drei Organe stimmen ihr Verhalten dabei regelmäßig im Rahmen der sog. informellen **Trilog-Verhandlungen** miteinander ab, um auf diesem Weg eine Gesetzesverabschiedung bereits in der ersten Lesung zu ermöglichen. Rund **80%** der Gesetzesvorhaben können aufgrund solcher „**first reading agreements**" in der ersten Lesung abgeschlossen werden. Rund 15% der Vorhaben werden zumindest im Rahmen der zweiten Lesung aufgrund der weitergeführten informellen Verhandlungen („**second reading agreements**") abgeschlossen. In diesen Verhandlungen wird dem Berichterstatter des Parlaments das Mandat erteilt, mit den anderen Organen über den Rechtsakt Verhandlungen zu führen. Dieser Berichterstatter hat somit erheblichen Einfluss auf den Inhalt des Rechtsakts. Dieses informelle Verfahren spielt in der Praxis damit eine ganz erhebliche Rolle, erscheint aufgrund der Intransparenz demokratietheoretisch allerdings als nicht unproblematisch.

Wie auch im deutschen Gesetzgebungsverfahren sieht Art. 294 AEU daher auch einen Vermittlungsausschuss für den Fall vor, dass sich Parlament und Rat zunächst nicht auf eine gemeinsame Linie verständigen können. Kommt indes auch hier keine Einigung zustande, so ist der Rechtsakt gescheitert.

Der Rat hat also keine Möglichkeit, das ablehnende Votum des Parlaments (etwa durch einen qualifizierten Mehrheitsbeschluss) zu überstimmen. Fällt die Beteiligung des Parlaments geringer aus, spricht der Vertrag von Lissabon von einem **besonderen Gesetzgebungsverfahren**. Hier schwankt die Beteiligung zwischen bloßer Anhörung – also dem Recht des Parlaments auf eine Stellungnahme – bis zu einem Zustimmungsrecht des Parlaments. In beiden Fällen ist dem Parlament damit ein unmittelbarer Einfluss auf den Inhalt des Rechtsakts verwehrt.

Immerhin kann es im Falle eines Zustimmungsvorbehalts den Rechtsakt insgesamt scheitern lassen, wodurch der Rat gezwungen ist, die Position des Parlaments im Vorfeld zur Kenntnis zu nehmen, um eine solche Ablehnung nicht zu riskieren. Auch die wenigen Fälle, in denen das Parlament einen Rechtsakt selbstständig mit Beteiligung des Rates erlässt (regelmäßig Zustimmungserfordernis) werden als besonderes Gesetzgebungsverfahren bezeichnet.

Alle Rechtsakte, die in einem solchen (ordentlichen oder besonderen) Gesetzgebungsverfahren erlassen werden, werden nach Art. 289 Abs. 3 AEU als **Gesetzgebungsakte** bezeichnet. Sie unterscheiden sich in ihrer Qualität jedoch grds. nicht von Rechtsakten, die in anderen Verfahren – etwa eigenständig durch die Kommission – erlassen werden. Eine „Gesetzgebungsverordnung" steht also gleichrangig neben einer solchen „Kommissionsverordnung". Anderes gilt allein dann, wenn die Kommission nach Art. 290 bzw. 291 Abs. 2 AEU delegierte oder Durchführungsrechtsakte erlässt, die sich nicht unmittelbar auf die Verträge, sondern auf einen Gesetzgebungsakt stützen. Diese stehen dann unterhalb des umzusetzenden Gesetzgebungsaktes (als tertiäres Unionsrecht).

Der Vertrag von Lissabon unterscheidet zwischen **delegierten Rechtsakten** der Kommission nach Art. 290 AEU und **Durchführungsrechtsakten** der Kommission nach Art. 291 AEU.[208] Delegierte Rechtsakte dienen der Konkretisierung des Basisrechtsakts und ähneln damit den Rechtsverordnungen des deutschen Rechts nach Art. 80 GG. Das wird auch bei den in Art. 290 AEU genannten Delegationsvoraussetzungen deutlich. Durchführungsrechtsakte regeln demgegenüber den mitgliedstaatlichen Vollzug des Basisrechtsakts. Hier soll die Kommission Durchführungsverordnungen erlassen können, soweit die Durchführung des Unionsrechts einheitlicher Bedingungen bedarf. Für den Erlass von Durchführungsrechtsakten nach Art. 291 AEU finden sich in der auf Art. 291 Abs. 3 AEU gestützten **Komitologieverordnung**[209] besondere Verfahrensvorschriften. Für delegierte Rechtsakte nach Art. 290 AEU gilt diese Verordnung nicht.

Alle Rechtsakte sind nach Art. 296 II AEU mit einer **Begründung** zu versehen, wobei auf die in den Verträgen vorgesehenen Vorschläge, Initiativen, Empfehlungen, Anträge oder Stellungnahmen Bezug genommen werden muss. Diese Begründung ist Teil des Rechtsakts, wird daher mit diesem im Amtsblatt veröffentlicht und kann folglich auch als Auslegungshilfe herangezogen werden. Die Rechtsakte werden vom **Präsidenten** des erlassenden Organs (bzw. der erlassenden Organe) **unterzeichnet** und anschließend im Amtsblatt veröffentlicht. Soweit nichts anderes im Rechtsakt bestimmt wurde, treten sie am zwanzigsten Tag nach der Veröffentlichung in Kraft (Art. 297 AEU).

---

[208] Dazu *Sydow*, JZ 2012, 157 ff.; *Edenharter*, DÖV 2011, 645 ff.
[209] VO (EU) Nr. 182/2011 vom 16.02.2011.

Zusammenfassung § 7

- Für die Rechtsetzung der Union gilt das Prinzip der **begrenzten Einzelermächtigung**. Die Union muss also eine Kompetenz nachweisen, um handeln zu können. Eine einseitige Erweiterung übertragener Kompetenzen kommt nicht in Betracht.
- Unterschieden werden ausschließliche, geteilte und unterstützende Kompetenzen der Union.
- Im Bereich der geteilten Kompetenz gilt nach Art. 5 Abs. 3 AEU das **Subsidiaritätsprinzip**.
- Für alle Handlungen der Union gilt daneben das Verhältnismäßigkeitsprinzip.
- Das Verfahren der Rechtsetzung richtet sich nach der jeweiligen Kompetenzgrundlage. Es beginnt regelmäßig mit einem Vorschlag der Kommission, anschließend beschließt der Rat mit unterschiedlicher Beteiligung des Parlaments.
- Bestimmte Verfahrensarten sind abstrakt geregelt worden. In den jeweiligen Kompetenznormen findet sich dann jeweils nur noch ein Verweis auf die entsprechende Norm.
- Besondere Bedeutung hat hier das **ordentliche Gesetzgebungsverfahren** nach Art. 289, 294 AEU.

§ 8 DER VOLLZUG DES UNIONSRECHTS

I. Überblick

Soeben wurde geklärt, wie das Sekundärrecht der Union „in die Welt" kommt. Nunmehr stellt sich die Frage, wie sichergestellt wird, dass dieses Recht auch beachtet, also vollzogen wird. Zu klären ist mithin, wer hierfür zuständig ist und nach welchem Verfahren (auch bezüglich des Rechtsschutzes) dies geschieht. Hier wären aus Sicht der Union grds. verschiedene Lösungsansätze denkbar.

Zum einen könnte die Union selbst die Aufgabe des Vollzugs übernehmen. Sie hätte damit einen unmittelbaren Einfluss auf die Effektivität des Vollzugs und wäre nicht auf externe Behörden (etwa solche der Mitgliedstaaten) angewiesen. Dies würde jedoch bedeuten, dass die Union eigene Behörden einrichten müsste, obwohl solche in den einzelnen Mitgliedstaaten ja grds. bereits vorhanden wären. Dies würde den Etat der EU somit ganz erheblich belasten. Die Union wäre dann wohl im Schwerpunkt eine „Vollzugsunion". Zum anderen widerspräche eine solche Lösung auch dem Subsidiaritätsprinzip, würde es doch die nationalen Verwaltungsgrundsätze durch ein unionsrechtliches System gänzlich verdrängen. Aus diesen Gründen hat sich die Union im Grundsatz gegen diese Lösung entschieden und auf einen eigenen Verwaltungsunterbau verzichtet. Vielmehr werden regelmäßig die Mitgliedstaaten herangezogen, die das Sekundärrecht nach ihren Verwaltungsgrundsätzen vollziehen (**indirekter Vollzug**). Es existiert insoweit auch kein einheitliches europäisches Verwaltungsverfahrensgesetz oder ähnliches. Allerdings verlangt der Gerichtshof, dass stets sichergestellt wird, dass das europäische Recht effektiv zur Anwendung kommt und durchgesetzt wird.

Nur ausnahmsweise wird die Union auch selbst im Rahmen des Vollzugs tätig (**direkter Vollzug**). Dies gilt vor allem im Bereich des Wettbewerbsrechts.

Dieses Prinzip ähnelt insoweit dem bundesstaatlichen Zustand, wie ihn das Grundgesetz vorgibt. Auch hier gilt, dass die Vollziehung der Bundesgesetze grds. Sache der Länder ist, wobei die Möglichkeit besteht, dass der Bund im Einzelfall auch selbst tätig wird. Die Vereinigten Staaten haben sich hingegen im Grundsatz für das Trennungsmodell entschieden. Hier ist also tatsächlich jede Ebene (Bund/Länder) grds. auch für den Vollzug der eigenen Regelungen zuständig.

II. Direkter Vollzug

Vollzieht die Union ihr Recht selbstständig, spricht man von **direktem Vollzug**. Zu unterscheiden sind hier zum einen der unionsinterne Vollzug und zum anderen der unionsexterne Vollzug. Zum unionsinternen Bereich gehören etwa die Personalangelegenheiten, die Materialverwaltung und insgesamt die innere Organisation der Union. Im unionsexternen Vollzug wird die Union gegenüber den Mitgliedstaaten oder aber den einzelnen Individuen tätig. Hauptbereich ist hier das Wettbewerbsrecht (Art. 101 ff. AEU). Zu nennen sind auch die Beihilfenkontrolle (Art. 107 ff. AEU) oder die Verwaltung der Strukturfonds (Art. 175 ff. AEU).

In diesen Bereichen besteht grds. **kein kodifiziertes Verfahrensrecht**. Dennoch findet dieser Vollzug nicht im rechtsfreien Raum statt. Es haben sich im Laufe der Zeit bestimmte Verfahrensgrundsätze entwickelt, an die die Unionsorgane gebunden sind. Zu nennen sind das Prinzip der **Rechtmäßigkeit der Verwaltung**[210] (sowohl Gesetzesvorrang als auch Gesetzesvorbehalt), der Grundsatz der Rechtssicherheit und des Vertrauensschutzes und das Prinzip der Verhältnismäßigkeit. Auch an die **unionalen Grundrechte**, wie sie nunmehr in der verbindlichen Charta kodifiziert worden sind, sind die vollziehenden Unionsbehörden gebunden, vgl. Art. 51 Abs. 1 GrCH.

III. Indirekter Vollzug

In den allermeisten Fällen vollziehen die Mitgliedstaaten selbst das Unionsrecht. Man spricht hier daher von **indirektem Vollzug**. Zu unterscheiden sind der **mittelbare** und der **unmittelbare indirekte Vollzug**.

In Deutschland richtet sich die Frage der Zuständigkeit für den Vollzug (Bund oder Länder) nach den allgemein geltenden Vorschriften, also den Art. 30, 83 GG. Zu fragen ist also, wer für eine entsprechende nationale Regelung zuständig wäre. Zu beachten ist aber Art. 108 Abs. 1 S. 1 GG.

1. Unmittelbarer Vollzug

Dieser betrifft die Bereiche, in denen Unionsrecht vollzogen wird, das in den einzelnen Mitgliedstaaten unmittelbar wirkt, also keines weiteren nationalen Umsetzungsaktes bedarf (Hauptfall: Verord-

---

[210] Da es auf Unionsebene keine „Gesetze" gibt, wird hier von Rechtmäßigkeit und nicht von Gesetzmäßigkeit gesprochen.

nungen). Bezüglich des anzuwendenden Verfahrens gelten im Wesentlichen die nationalen Vorschriften, hier also das jeweilige **Verwaltungsverfahrensgesetz**. Teilweise enthalten die einzelnen europarechtlichen Normen jedoch eigene Verfahrensvorschriften, die dann vorrangig anzuwenden sind. Bei der Anwendung des nationalen Verfahrensrechts sind jedoch nach der Rechtsprechung des EuGH zwei Dinge zu beachten: Das Unionsrecht muss zunächst in der gleichen Weise wie nationales Recht vollzogen werden (**Diskriminierungsverbot**), es darf also grds. nicht zwischen dem Vollzug von nationalem und dem Vollzug von Unionsrecht unterschieden werden. Zudem darf die Anwendung des nationalen Rechts nicht die Tragweite und Wirksamkeit des Unionsrechts beeinträchtigen (**Effizienzgebot**).[211] Insgesamt kommt den nationalen Behörden damit ein ganz erheblicher Spielraum im Hinblick auf die Art und Weise des Vollzugs zu. Allerdings nutzt der Gerichtshof vor allem das Effizienzgebot in letzter Zeit auch dazu, um diesen nationalen Spielraum zu beschränken und allgemeine, unionsweit gültige Grundsätze für den Vollzug aufzustellen.[212] Dies hat zu einigen bemerkenswerten Beeinflussungen des nationalen Verfahrensrechts geführt (siehe sogleich). Nach Art. 51 Abs. 1 der GrCH sind die nationalen Behörden bei der Durchführung des Unionsrechts zudem an die **Grundrechte der GrCH** gebunden; die nationalen Grundrechte sind hingegen nicht anwendbar. Das gilt in jedem Fall soweit das unionale Recht keine Vollzugsspielräume gewährt. Umstritten ist allerdings inwieweit die nationalen Grundrechte zumindest dort anwendbar sind, wo solche Spielräume bestehen. Das BVerfG scheint davon auszugehen, dass in diesen Fällen allein die nationalen Grundrechte Anwendung finden, während der EuGH wohl eine parallele Anwendung der europäischen und der nationalen Grundrechte annimmt.

2. Mittelbarer Vollzug

Diese Vollzugsart bezeichnet den Vollzug der Normen, die zur Umsetzung unionaler Vorgaben in nationales Recht umgesetzt wurden (etwa umgesetzte Richtlinien). Auch hier gelten im Grundsatz die nationalen Verwaltungsvorschriften, wobei wiederum das Effektivitätsgebot und das Diskriminierungsverbot zu beachten sind. Notwendig ist hier also insbesondere eine **unionsrechtskonforme Auslegung** der das Unionsrecht umsetzenden nationalen Bestim-

---

[211] Zu damit verbundenen Modifikationen des nationalen Verwaltungsrechts sogleich.
[212] Vgl. *Oppermann/Classen/Nettesheim*, Europarecht, § 12 Rn 37.

mungen. Soweit keine Umsetzungsspielräume bestehen, gelten auch hier allein die unionalen Grundrechte. Umstritten ist, wie im Rahmen des direkten Vollzugs, inwieweit die unionalen Grundrechte auch dort Anwendung finden, soweit Umsetzungsspieläume bestehen.

IV. Einwirkungen des Unionsrechts[213]

Das Unionsrecht hat im Laufe der Zeit zu zahlreichen Modifikationen des deutschen Verwaltungsrechts geführt, die vor allem im Rahmen des indirekten unmittelbaren Vollzugs zu beachten sind. Diese folgen insbesondere aus der aus **Art. 4 Abs. 3 EU** resultierenden Verpflichtung der Mitgliedstaaten zur effektiven Durchsetzung des Unionsrechts unter loyaler Zusammenarbeit mit den Unionsorganen (Unionstreue und Effektivitätsprinzip).

a) Widerruf/Rücknahme nach §§ 48, 49 VwVfG

Die aus Art. 4 Abs. 3 EU folgende Pflicht zur Rücksichtnahme auf Unionsbelange kann unter anderem die Rückforderung von Zahlungen (vor allem Subventionen) gebieten, die mit dem Unionsrecht nicht im Einklang stehen. Auch eine solche Aufhebung eines (bestandskräftigen) Verwaltungsaktes richtet sich generell nach nationalem Verfahrensrecht (§§ 48, 49 VwVfG). Der **Vertrauensschutz** des Einzelnen wird jedoch durch die Belange des Unionsrechts eingeschränkt.[214]

„Der Grundsatz, wonach bei Anwendung der nationalen Rechtsvorschriften keine Unterschiede zu gleichartigen, rein nationalen Verfahren gemacht werden dürfen, beinhaltet allerdings auch die Verpflichtung, dass bei der Anwendung einer Bestimmung, die wie § 48 I 1 VwVfG die Rücknahme eines rechtswidrigen Verwaltungsaktes von der Würdigung der verschiedenen in Rede stehenden Interessen, also des öffentlichen Interesses an der Rücknahme des Verwaltungsaktes einerseits und des Vertrauensschutzes für seinen Adressaten andererseits, abhängig macht, dem Interesse der Gemeinschaft in vollem Umfang Rechnung getragen wird."[215]

Besondere Bedeutung haben die Grundsätze im Bereich des Beihilfenrechts. Der EuGH macht einen Vertrauensschutz des Empfängers nationaler Beihilfen davon abhängig, dass das in Art. 108 Abs.

---

[213] Dazu insgesamt *Schwarze* (Hrsg.), Das Verwaltungsrecht unter europäischem Einfluss, Baden-Baden 1996; *Stern*, Verwaltungsprozessuale Probleme in der öffentlich-rechtlichen Arbeit, 8. Auflage, § 26; *Ludwigs*, NJW 2015, 3484. Überblick bei *Frenz*, Öffentliches Recht, Rn 604 ff.; *Dünchheim*, Verwaltungsprozessrecht unter europäischem Einfluss, Diss. Köln 2002.

[214] EuGH Slg. 1983, 2633.

[215] EuGH, aaO Rn 32.

3 AEU vorgesehene Kontrollverfahren eingehalten wurde.[216] Ist dies nicht der Fall, überwiegt damit grds. das öffentliche (unionsrechtliche) Interesse am rechtmäßigen Vollzug des Unionsrechts. Dies ist auch vom BVerwG mittlerweile anerkannt.[217]

Liegt sogar ein **bestandskräftiger Beschluss** der Kommission vor, der den Mitgliedstaat auffordert, eine entgegen dem Unionsrecht erteilte Subvention zurückzunehmen, besteht für die nationalen Behörden keinerlei Rücknahmeermessen. Die Beihilfe muss zurückgefordert werden.[218] In solchen Fällen bildet auch die ansonsten absolut geltende Ausschlussfrist des § 48 Abs. 5 VwVfG keine der Rücknahme entgegenstehende Grenze.[219] Die Anwendung dieser Norm würde im Ergebnis die Rückforderung einer zu Unrecht gewährten Beihilfe praktisch unmöglich machen. Die praktische Wirksamkeit des Unionsrechts wäre daher beeinträchtigt. Einzige zeitliche Grenze bildet der unionsrechtliche Vertrauensschutz.

Dieser spielt in diesen Fällen indes regelmäßig keine Rolle, da Art. 15 der VO 659/1999 die Rückforderung ohnehin auf einen Zeitraum von zehn Jahren begrenzt.

Beachtung verdient ein **Urteil des EuGH** aus dem Jahre 2004.[220] Dieses betraf ein Unternehmen, das Ausfuhrerstattungen zunächst erhalten hatte, anschließend jedoch zurückzahlen musste, da es die Waren nach Ansicht der zuständigen Behörden nicht der zutreffenden Position des Gemeinsamen Zolltarifs zugeordnet hatte. Die gegen diese Entscheidung eingelegte Klage blieb ohne Erfolg, ein Vorabentscheidungsverfahren wurde zu keinem Zeitpunkt eingeleitet. In einem weiteren Verfahren, an dem das Unternehmen gar nicht beteiligt war, legte der EuGH die Zollvorschriften jedoch in deren Sinne aus. Das Unternehmen wandte sich daher erneut an die Behörde und verlangte die Ausfuhrerstattungen zurück. Diese berief sich auf die **Bestandskraft der Entscheidung** und stellte fest, dass ein Urteil des EuGH nicht zur Aufhebung einer früheren Entscheidung führen würde.

Dem widersprach der EuGH jedoch im daraufhin eingeleiteten Vorabentscheidungsverfahren. Die Richter erkannten zwar die Bedeu-

---

[216] EuGH Slg. 1990, 3437.
[217] BVerwGE 92, 81.
[218] BVerwGE 92, 87.
[219] EuGH Slg. 1997, I-1591.
[220] Urteil des EuGH vom 14. Januar 2004, Rs C-453/00. Dazu auch *Skouris*, in: FS Götz, S. 233 sowie zu neueren Entwicklungen *Ludwigs*, DVBl. 2008, 1164.

tung der Rechtskraft an, nannten jedoch vier Voraussetzungen unter denen auch eine solche Entscheidung wieder aufgehoben werden muss:

- die Behörde hat die rechtliche Möglichkeit dazu;
- die Bestandskraft ist aufgrund eines letztinstanzlichen Urteils eingetreten;
- dieses Urteil beruht auf einer unrichtigen Auslegung des Unionsrechts und kam zustande, weil das letztinstanzliche Gericht entgegen seiner Vorlagepflicht den EuGH nicht angerufen hat;
- der Betroffene wendet sich an die Behörde, sobald er von dem für ihn günstigen EuGH-Urteil gehört hat.

Im deutschen Recht kann unter diesen Voraussetzungen die grds. im Ermessen der Behörde stehende Befugnis, eine bestandskräftige Entscheidung gemäß **§§ 48, 51 VwVfG** zurückzunehmen, wegen eines begangenen Unionsrechtsverstoßes zu einer gebundenen Entscheidung werden.

b) Die Anordnung des Sofortvollzugs

Auch die **vorläufige Suspendierung** des Unionsrechts in einzelnen Staaten kann eine ganz erhebliche Beeinträchtigung der Rechtseinheit im Unionsgebiet darstellen. Aus dieser europarechtlichen Perspektive erscheint daher auch der grds. eintretende Suspensiveffekt des deutschen Widerspruchs nach § 80 VwGO problematisch. Der EuGH hat daher festgestellt, dass nationale Behörden bei der Entscheidung den sofortigen Vollzug nach § 80 Abs. 2 Nr. 4 VwGO anzuordnen, dieses unionsrechtliche Interesse berücksichtigen müssen, sofern der ansonsten eintretende Suspensiveffekt Unionsrecht betreffen würde. Das Ermessen im Hinblick auf die Anordnung des Sofortvollzugs wird dadurch unionsrechtlich aufgeladen. Denkbar ist insofern, dass sich dieses Ermessen der nationale Behörde auf null reduziert, eine Anordnung also zwingend ergehen muss. Aufgrund des Vorrangs des Unionsrechts kann eine solche Anordnung unter Umständen sogar dann geboten sein, wenn die nationalen Voraussetzungen für eine solche überhaupt nicht erfüllt sind. Im Grundsatz jedoch können die europarechtlichen Vorgaben durch eine unionrechtskonforme Auslegung im nationalen Recht umgesetzt werden.

c) Vorläufiger Rechtsschutz durch die Gerichte

Letztlich sind auch im Rahmen des vorläufigen Rechtsschutzes die Einwirkungen des Unionsrechts zu beachten. Auch hier besteht das Problem darin, dass vorläufiger Rechtsschutz zu einer **zeitlich begrenzten Suspendierung** des Europarechts führen kann. Der Gerichtshof hat daher sehr restriktive Voraussetzungen aufgestellt, unter denen ein nationales Gericht vorläufigen Rechtsschutz gewähren darf, der Unionsrecht betrifft. Danach darf das nationale Gericht den Vollzug eines aufgrund von Unionsrecht ergangenen Rechtsaktes nur aussetzen, wenn:[221]

- es erhebliche Zweifel an der Gültigkeit des betreffenden Unionsrechts hat und gleichzeitig dem EuGH die betreffende Norm vorlegt;
- die Entscheidung zudem dringlich ist und ohne die Gewährung des vorläufigen Rechtsschutzes dem Antragsteller ein schwerer und nicht wiedergutzumachender Schaden droht;
- das Gericht das Interesse der Union am Vollzug angemessen berücksichtigt.

Zusammenfassung § 8

- Beim Vollzug des Unionsrechts ist zwischen direktem und indirektem Vollzug zu unterscheiden.

- Direkter Vollzug bezeichnet den Vollzug durch die Unionsorgane selbst. Er bildet die Ausnahme.

- Der indirekte Vollzug bezeichnet den Vollzug durch die Mitgliedstaaten. Er bildet den Regelfall und richtet sich im Grundsatz nach nationalem Recht. Der indirekte Vollzug lässt sich wiederum in den unmittelbaren und den mittelbaren Vollzug unterteilen. Bei letzterem ist vor allem auf die Notwendigkeit unionsrechtskonformer Auslegung der nationalen Bestimmungen zu achten.

- Das Unionsrecht führt zu gewissen Modifikationen des nationalen Rechts. In Deutschland sind insbesondere die Regelungen über die Aufhebung von Verwaltungsakten, die Anordnung des Sofortvollzugs und den vorläufigen Rechtsschutz betroffen.

---

[221] Dazu auch *Thiele*, Europäisches Prozessrecht, § 9 Rn 57 ff.

§ 9 DIE HAFTUNG DER UNION UND DER MITGLIEDSTAATEN[222]

Durch die europäische Integration sieht sich der Einzelne nicht mehr allein einer nationalen, sondern vielmehr auch einer **supranationalen Hoheitsgewalt** ausgesetzt. Die Europäische Union ist von den einzelnen Mitgliedstaaten mit eigenen Hoheitsrechten ausgestattet worden, das durch die Union gesetzte Recht besitzt nach mittlerweile allgemein anerkannter Auffassung Vorrang vor entgegenstehendem nationalen Recht. Sofern der Einzelne durch diese neue Form der Hoheitsgewalt geschädigt wird, muss er die Möglichkeit haben, diese Schäden von der Union ersetzt zu verlangen. Auch die Europäische Union ist nämlich **rechtsstaatlichen Grundsätzen** verpflichtet.[223] Es kommt damit also zunächst zu einer **Erweiterung der potenziellen staatshaftungsrechtlichen Anspruchsgegner**, indem die Europäische Union neben die Bundesrepublik als potenzielles Haftungssubjekt tritt. Die möglichen Ansprüche gegen die Europäische Union sind im AEU-Vertrag in Art. 340 AEU geregelt (siehe unter I.).

Daneben kommt es durch die Europäische Union jedoch auch zu einer gewissen **Modifikation bzw. Erweiterung der nationalen Haftungsinstitute**. Sofern nationale Hoheitsträger handeln, sind diese nun nicht mehr allein an das nationale, sondern ebenso an das Unionsrecht gebunden. Damit stellt sich die Frage, welche Ansprüche der Einzelne hat, wenn er dadurch geschädigt wird, dass nationale Stellen Unionsrecht (etwa im Rahmen des indirekten Vollzugs) verletzt haben. Anders als die Haftung der Union enthalten die Verträge für eine solche Haftung indes keinerlei Rechtsgrundlage. Diese musste daher vom Gerichtshof durch **Richterrecht** entwickelt werden, was im unmittelbaren Anschluss an die ersten Entscheidungen Anfang der neunziger Jahre vor allem in Deutschland zu massiver Kritik an der extensiven Auslegungsmethode des EuGH geführt hat. Diese Haftung der Mitgliedstaaten wegen der Verletzung von Unionsrecht wird hier unter II. dargestellt.

Beide Bereiche der Haftung – Unionshaftung und mitgliedstaatliche Haftung – sind durch die neuere Rechtsprechung des Gerichtshofs nunmehr in ihren Haftungsvoraussetzungen im Wesentlichen angeglichen worden. Durch diese zu begrüßende **Kohärenz** besteht da-

---

[222] Ausführlich dazu *Thiele*, Haftungsrecht, in: Terhechte, Verwaltungsrecht der EU, § 39.

[223] Ansonsten dürfte die Bundesrepublik der Union auch gar nicht beitreten bzw. müsste sie wieder verlassen, siehe Art. 23 Abs. 1 GG.

mit ein einheitliches Haftungssystem im gesamten europäischen Verwaltungsverbund.

I. Die Haftung der Union[224]

Die Haftungsgrundlage für die Haftung der Union findet sich in Art. 340 AEU. Grundlegend ist dabei die Unterscheidung der vertraglichen Haftung (1) von der außervertraglichen Haftung der Union (2). Auf die völkerrechtliche Haftung der Union soll an dieser Stelle nicht näher eingegangen werden.

1. Die vertragliche Haftung

Die vertragliche Haftung umfasst Ansprüche gegen die Union aus verwaltungs- oder privatrechtlichem Vertrag. Solche Verträge kann die Union ob ihrer Rechtspersönlichkeit mit natürlichen oder juristischen Personen nach allgemeinen Regeln schließen. Nach Art. 340 Abs. 1 AEU richtet sich diese vertragliche Haftung nach dem Recht, welches auf den betreffenden Vertrag anzuwenden ist.

Für **privatrechtliche Verträge** wird gemeinhin angenommen, dass sich das anwendbare Recht nach dem Internationalen Privatrecht des Forumstaates richtet. Regelmäßig wird dies zu einer Anwendung des nationalen Rechts führen. Angesichts der Regelung des Art. 340 AEU erscheint es indes überzeugender, ohne Rekurs auf das Internationale Privatrecht unmittelbar auf das jeweilige nationale Recht zurückzugreifen.[225] Praktisch spielt diese Frage jedoch keine Rolle, da in den von der Union abgeschlossenen Verträgen das anwendbare Recht regelmäßig ausdrücklich festgelegt wird.[226]

Für **öffentlich-rechtliche Verträge** gilt im Wesentlichen dasselbe, allerdings ist hier umstritten, ob sich diese nicht stets nach Unionsrecht zu richten haben. Da es den Vertragspartnern auch hier frei

---

[224] Ausführlich zu den Zwecken dieser Haftung *Thiele*, Haftungsrecht, in: Terhechte, Verwaltungsrecht der EU, § 39.

[225] So auch *Detterbeck/Windthorst/Sproll*, § 5 Rn. 9 unter Hinweis darauf, dass es sich bei der Europäischen Union eben nicht um eine ausländische juristische Person im Sinne des Internationalen Privatrechts handelt. Siehe schon *Detterbeck*, AöR 125 (2000), S. 202 (206 f.).

[226] Es handelt sich dann im Falle der Kommission in der Regel um das belgische, im Falle der EZB um das deutsche und beim EuGH um das luxemburgische Recht, vgl. *Stelkens*, EuZW 2005, 299 (301). Häufig wird auch das Recht des Staates gewählt, in dem die Leistung erbracht wird.

steht, das anwendbare Recht zu bestimmen, ist auch diese Frage indes eher akademischer Natur.

Zuständig für Schadensersatzansprüche aus vertraglicher Haftung der Union sind im Grundsatz die **nationalen Gerichte**.[227] Dies ergibt sich aus Art. 274 AEU, da eine ausdrückliche Zuweisung an die Unionsgerichte fehlt und erscheint angesichts der Tatsache, dass in materieller Hinsicht regelmäßig nationales Recht anzuwenden ist, auch zweckmäßig. Nach Art. 272 AEU besteht freilich die Möglichkeit in dem jeweiligen Vertrag eine Zuständigkeit der europäischen Gerichtsbarkeit zu begründen, was jedenfalls bei bedeutenden Verträgen auch regelmäßig geschieht.

2. Die außervertragliche Haftung

Die außervertragliche Haftung erfasst im Grundsatz alle Schädigungen, die aus der Tätigkeit der Union resultieren und nicht auf einem vertraglichen Verhältnis nach Art. 340 Abs. 1 AEU beruhen.[228]

Nach Art. 340 Abs. 2 AEU richtet sich die außervertragliche Haftung der Union nach den **allgemeinen Rechtsgrundsätzen**, die den Rechtsordnungen der Union gemeinsam sind. Die materiellen Haftungsvoraussetzungen werden damit nicht primärrechtlich im Einzelnen festgelegt, deren Entwicklung wird vielmehr dem Gerichtshof übertragen, der sich indes an den – freilich selbstständig zu ermittelnden – mitgliedstaatlichen Rechtsgrundsätzen orientieren muss.

Durch Art. 340 Abs. 2 AEU wird die **Rechtsvergleichung** dadurch quasi zum normativen Programm erhoben und stellt nicht mehr allein eine zusätzliche, ergänzende Erkenntnisquelle dar. Diese Rechtsvergleichung ist ihrerseits jedoch auf die Rechtsordnungen der Mitgliedstaaten begrenzt – andere Rechtsordnungen dürfen damit grundsätzlich nicht herangezogen werden. Das europäische Haftungsrecht ist dadurch in besonderer Weise auf das Recht der Mitgliedstaaten bezogen, welches seinerseits von den entwickelten europäischen Grundsätzen beeinflusst wird. Art. 340 Abs. 2 AEU erzeugt so eine Art Kontinuum zwischen der mitgliedstaatlichen und der europäischen Rechtsordnung.[229]

Die einzelnen Grundsätze entwickelt der Gerichtshof im Sinne einer **„wertenden Rechtsvergleichung"**, bei der weder der kleinste gemeinsame Nenner, noch das „Maximalhaftungsrecht" den Ausschlag

---

[227] *Schweitzer/Hummer/Obwexer*, Rn. 894; *Detterbeck/Windthorst/Sproll*, § 5 Rn 14; *Detterbeck*, AöR 125 (2000) S. 202 (208); *Lasok/Millett*, Rn. 148, 208 f.

[228] Zum Begriff auch *Fuß*, RTDE 17 (1981), 1 (4).

[229] Im Einzelnen *Thiele*, Haftungsrecht, in: Terhechte, Verwaltungsrecht der EU, § 39.

geben. Berücksichtigt werden vielmehr auch die Besonderheiten der Unionsrechtsordnung.

Siehe dazu die Entscheidung *Schöppenstedt*. In dieser hatte der Generalanwalt ausgeführt, dass „für das Gemeinschaftsrecht nicht nur Regelungen maßgeblich [sind], die sich in allen Mitgliedstaaten finden, es ist nicht das niedrigste Niveau ausschlaggebend, und es gilt nicht, „die Norm der untersten Grenze" anzuwenden. Angezeigt ist vielmehr – wie stets, wenn sich die Rechtsprechung auf allgemeine Grundsätze bezieht – ein wertendes Vorgehen, bei dem insbesondere die speziellen Vertragsziele und die Besonderheiten der Gemeinschaftsstruktur berücksichtigt werden müssen [...]."[230]

Ein Anspruch gegen die Union hat danach die **folgenden Voraussetzungen**:

- Es muss eine Handlung eines Unionsorgans vorliegen. Dazu zählen neben den Hauptorganen auch die Neben- und Hilfsorgane.
- Dieses Organ muss eine drittschützende Rechtspflicht verletzt haben. Ein solcher Drittschutz fehlt etwa bei der alleinigen Verletzung von Form- oder Verfahrensvorschriften. Die Verletzung muss sich zudem als „hinreichend qualifiziert" darstellen.
- Es muss letztlich ein ersatzfähiger Schaden durch die betreffende Handlung in kausaler Weise verursacht worden sein.

Soweit die Voraussetzungen erfüllt sind, besteht gegen die Union ein Anspruch auf Schadensersatz. **Ein Verschulden der handelnden Organe ist nicht erforderlich.** Ersetzt werden auch der entgangene Gewinn und immaterielle Schäden. Ein eventuelles **Mitverschulden** des Anspruchstellers ist jedoch zu berücksichtigen. Haftungsschuldner ist stets die Union als Ganzes, die sich das Handeln ihrer Organe zurechnen lassen muss. Sie wird grds. von der Kommission und dem die Schädigung verursachenden Organ vertreten.

Die Haftung der Union stellt eine Unrechtshaftung dar. Stets ist es also erforderlich, dass das betreffende Organ rechtswidrig gehandelt hat. Ob das Unionsrecht daneben auch eine **Haftung für rechtmäßiges Handeln** kennt – wie dies etwa auch in Deutschland der Fall ist – war lange Zeit unklar. Nachdem das EuG unlängst einen solchen Anspruch im Grundsatz bejahte,[231] trat der Gerichtshof dem jedoch in der daraufhin ergangenen Rechtsmittelentscheidung entgegen.[232] Jedenfalls in der Praxis ist so ein „Aufopferungsanspruch" damit zunächst einmal ausgeschlossen.

---

[230] Schlussantrag GA *Roemer*, in Rs. 5/71, Slg. 1971, 975, 990.
[231] EuG Rs. T-69/00 (*FIAMM*), Slg. 2005, II-0000.
[232] Siehe EuGH Rs. C-120/06 P und C-121/06 P (*FIAMM*), Slg. 2008, I-0000 Rn. 169.

Für einen solchen Anspruch spräche nicht zuletzt das Erfordernis eines umfassenden Individualrechtsschutzes auf Unionsebene. Ausführlich zu dieser Frage *Thiele*, Haftungsrecht, in: Terhechte, Verwaltungsrecht der EU, § 39 Rn 46 ff.

Die Durchsetzung des Haftungsanspruchs erfolgt durch die **Amtshaftungsklage** nach Art. 268 AEU.

II. Die Haftung der Mitgliedstaaten

1. Überblick und Rechtsgrundlage

Soweit die Mitgliedstaaten Unionsrecht fehlerhaft vollziehen, ist fraglich, inwieweit sie für hierdurch entstandene Schäden haften. Hier **fehlt eine primärrechtliche Festlegung.** Die einzelnen Mitgliedstaaten kennen jeweils eigene Anspruchsgrundlagen, vgl. etwa § 839 BGB iVm Art. 34 GG. Der EuGH hat jedoch darüber hinaus im **Wege der Rechtsfortbildung eigene Haftungsgrundsätze** entwickelt[233] und so zu einer gewissen Vereinheitlichung des europäischen Haftungsrechts beigetragen. Mittlerweile hat er zudem die Haftungsvoraussetzungen des Anspruchs aus Art. 340 Abs. 2 AEU denjenigen der mitgliedstaatlichen Haftung angeglichen, so dass nunmehr im Hinblick auf die Verletzung von Unionsrecht ein im Wesentlichen einheitliches Haftungsrecht in der gesamten Union besteht. Diese Entwicklung ist vor allem aus Sicht des einzelnen Unionsbürgers zu begrüßen, der von einem solchermaßen kohärenten Haftungssystem profitiert. Unterschiedliche Voraussetzungen einer Haftung abhängig von der den Verstoß begehenden Ebene, wären tatsächlich kaum nachvollziehbar.

Vor allem in der deutschen Literatur stieß die Rechtsprechung des Gerichtshofs und dessen Entwicklung eines Haftungsanspruchs gegen die Mitgliedstaaten jedoch auf äußerst harsche Kritik. Vorgeworfen wurde diesem eine Überschreitung der Kompetenzen der Union und ein nicht zu rechtfertigender Eingriff in den staatlichen Hoheitsbereich der Staatsfinanzen.

Inhaltlich konnte diese Kritik zu keinem Zeitpunkt überzeugen, wenngleich zuzugeben ist, dass die Herleitung der Haftung in der Rechtssache *Francovich*[234] in der Tat äußerst knapp ausfällt und nur wenige Seiten umfasst. Angesichts der bestehenden Aufteilung der Vollzugskompetenzen, bei denen der Großteil des Vollzugs des Unionsrechts bei den Mitgliedstaaten angesiedelt ist, wäre der Schutz der unionsrechtlich begründeten Rechte des Einzelnen aber tatsächlich lückenhaft, wenn eine

---

[233] Zu der Rechtsgrundlage des Anspruchs und der Rechtsfortbildungskompetenz des EuGH, siehe *Detterbeck/Windthorst/Sproll*, Staatshaftungsrecht 2000, § 6 Rn 18 ff.

[234] EuGH, Slg. 1991, I-5357.

Ersatzpflicht der Mitgliedstaaten für Schädigungen, die auf einem Unionsrechtsverstoß beruhen, nicht bestünde.

Mittlerweile sind die Grundsätze auch allgemein anerkannt, die Kritik bezieht sich allenfalls noch auf einzelne Ausgestaltungen, nicht aber auf das Institut als solches. Die bedeutende Entscheidung, in der der Gerichtshof den mitgliedstaatlichen Haftungsanspruch begründete, war die Rechtssache *Francovich*.[235] Thematisch ging es zunächst um die Haftung der Mitgliedstaaten für die Nichtumsetzung von Richtlinien. Mittlerweile hat der EuGH diese Grundsätze jedoch auf die Fälle einer fehlerhaften Umsetzung von Richtlinien, der Nichtanpassung von nationalen Gesetzen an das primäre Unionsrecht sowie für behördliche Verstöße gegen (primäres) Unionsrecht erweitert.[236] Entscheidend ist damit mittlerweile allein ein Verstoß gegen Unionsrecht, unabhängig davon welcher Art dieser sein sollte.

Dieser Anspruch findet seine Grundlage zwar unmittelbar im Unionsrecht, wird laut EuGH indes „**im Rahmen des nationalen Haftungsrechts**"[237] geltend gemacht, was dem Gedanken der Subsidiarität entspricht. Allerdings darf die Anwendung des nationalen Rechts nach dem Effektivitätsgedanken nicht dazu führen, dass die Geltendmachung des unionalen Haftungsanspruchs unmöglich gemacht wird. Generell wird man dabei sagen können, dass nationale Regelungen unter keinen Umständen die Haftung dem Grunde nach ausschließen dürfen, wenn die unionsrechtlich vorgegebenen Haftungsvoraussetzungen erfüllt sind. Lediglich die Haftungsausfüllung ist eigenständigen nationalen Regelungen zugänglich.

Ein Fallbeispiel zur Haftung der Mitgliedstaaten findet sich bei *Thiele*, Standardfälle Europarecht, Fall 9.

2. Haftungsvoraussetzungen

Der Anspruch setzt die hinreichend qualifizierte (b) Verletzung einer unionsrechtlichen Schutznorm voraus (a), die zu einem kausalen Schaden geführt hat (c). Die Haftungsvoraussetzungen entsprechen damit im Grundsatz denjenigen der Haftung der Union nach Art. 340 Abs. 2 AEU (Stichwort: **Kohärentes Haftungssystem**).

---

[235] EuGH Slg. 1991, I-5357.
[236] Dazu *Detterbeck/Windthorst/Sproll*, Staatshaftungsrecht 2000, § 6 Rn 25.
[237] EuGH Slg. 1996, I-1029.

a) Die Verletzung einer Schutznorm

Zunächst muss durch eine mitgliedstaatliche Stelle eine **unions-rechtliche Schutznorm verletzt** worden sein, d.h. eine Norm, die nicht ausschließlich im Interesse der Allgemeinheit besteht, sondern zumindest auch im Interesse des Betroffenen.[238]

Wichtige primärrechtliche Schutznormen sind vor allem die **Grundfreiheiten** des AEU-Vertrages.[239] Schutznormen können darüber hinaus aber auch sekundärrechtlich geregelt sein, etwa in Richtlinien oder Verordnungen.

Die Verletzung der Schutznorm kann durch ein Tun oder aber Unterlassen des jeweiligen Mitgliedstaats begangen werden.

Erfasst ist auch der Erlass oder Nichterlass eines formellen Gesetzes.[240] **Der unionsrechtliche Staatshaftungsanspruch greift also auch im Falle legislativen Unrechts.** Hierin liegt ein wesentlicher und bedeutender Unterschied zum nationalen Amtshaftungsanspruch. Eine Haftung ist also auch dann möglich, wenn der parlamentarische Gesetzgeber gegen eine unionale Schutznorm verstößt. Der Verstoß kann zum einen im **Erlass** eines gegen europäische Regelungen verstoßenden Gesetzes liegen.

Beispiel: Der Bundestag erlässt ein Gesetz, das gegen die Warenverkehrsfreiheit des Art. 34 AEU verstößt, wodurch ein Geschäftsinhaber erhebliche Umsatzeinbußen erleidet. Oder: Ein in der Richtlinie vorgesehenes Recht wird durch den Bundestag nur ungenügend umgesetzt, wodurch dem Einzelnen ein Schaden entsteht.

Denkbar ist darüber hinaus aber auch der Fall, dass es der nationale Gesetzgeber unterlässt, eine unionsrechtlich geforderte Norm zu erlassen. Klassisches und besonders klausurrelevantes Beispiel ist in diesem Zusammenhang die **nicht rechtzeitige Umsetzung einer europäischen Richtlinie**, die subjektive Rechte des Einzelnen enthält. Dazu folgendes

Beispiel: (nach EuGH, NJW 1991, 5357, *Francovich*): Die Richtlinie 80/987 EWG sieht einen Mindestschutz für Arbeitnehmer bei Zahlungsunfähigkeit des betreffenden Arbeitgebers vor. Davon erfasst werden insbesondere bestehende Lohnansprüche. Erreicht werden soll dies durch einen unabhängigen Garantiefonds, den die Staaten in einer bestimmten Frist einzurichten haben. Nachdem der Arbeitnehmer F ohne Erfolg die Zwangsvollstreckung gegen seinen Arbeitgeber betrieben hatte, ver-

---

[238] Anerkannt hat der EuGH als Schutznorm etwa die Grundfreiheiten, die gemeinschaftsrechtlichen Grundrechte oder das allgemeine Diskriminierungsverbot.

[239] Zu den Grundfreiheiten siehe unter § 12 sowie *Thiele*, JA 2005, 621.

[240] Hier liegt gerade ein wesentlicher Unterschied zum deutschen Amtshaftungsanspruch, der legislatives Unrecht nach überwiegender Auffassung grds. nicht erfasst.

klagt er den Staat I auf Schadensersatz, da I seiner Umsetzungsfrist nicht nach-gekommen sei. **Mit Erfolg?**

Richtlinien als grds. **zweistufiger Rechtsakt** setzen prinzipiell vo-raus, dass sie von den Mitgliedstaaten innerhalb einer bestimmten Frist umgesetzt werden. Bis dies geschieht, können sich einzelne Unionsbürger im Grundsatz nicht auf die in der Richtlinie aufge-führten Bestimmungen berufen.

Etwas anderes gilt nur im seltenen Fall der sog. **unmittelbaren Wirkung** von Richt-linien (s.o.). Eine solche kommt allerdings nur in Betracht, wenn die Umsetzungsfrist der Richtlinie abgelaufen ist, ohne dass sie vollständig oder richtig in nationales Recht umgesetzt worden ist. Zudem müssen aber auch die Bestimmungen der Richtlinie inhaltlich unbedingt und hinreichend genau bestimmt sein. Letzteres ist im **Bei-spielsfall** nicht gegeben. Zwar ist die Umsetzungsfrist abgelaufen, allerdings lässt sich aus den Normen der Richtlinie nicht ablesen, wer Schuldner der angesproch-enen Garantieansprüche sein soll. Dem jeweiligen Staat verbleibt hier ein großer Spielraum. Deshalb kommt auch nicht pauschal der Staat als solcher als Schuldner in Betracht, da durchaus andere Lösungsmöglichkeiten (wie etwa eine neue allgemeine Versicherung) denkbar wären. Eine unmittelbare Wirkung der Richtlinie scheidet hier mithin aus.

In Fällen fehlerhafter oder unterbliebener Umsetzung bleibt die Richtlinienbestimmung damit für den Einzelnen völlig wirkungslos. Um den Staat zu einer zügigen Umsetzung der Richtlinie anzuhal-ten, hat der EuGH daher festgestellt, dass **ein solches Verhalten einen Staatshaftungsanspruch nach sich ziehen kann**, sofern die Richtlinie auf die Gewährung subjektiver Rechte des Einzelnen abzielte. Ausreichend ist also die bloße „Verheißung" eines subjekti-ven Rechts in der jeweiligen Richtlinie.[241] So verhält es sich auch im vorliegenden Beispielsfall. Zwar sind die Rechte nicht so hinreichend bestimmt, dass eine unmittelbare Wirkung in Betracht käme. Hier zielte die Richtlinie jedoch jedenfalls erkennbar darauf ab, dem ein-zelnen Arbeitnehmer einen Garantieanspruch gegen den zahlungs-unfähigen Arbeitgeber (und damit also Rechte) zu verleihen, wobei auch dessen Mindesthöhe aus der Richtlinie erkennbar war.

Damit liegt in der Nichtumsetzung innerhalb der gesetzten Frist auch die Verletzung einer unionsrechtlichen Schutznorm.

Achtung: Nicht jede Nichtumsetzung einer Richtlinie zieht also Schadensersatzan-sprüche nach sich. Dies ist nur der Fall, wenn die Richtlinie darauf abzielt, dem Ein-zelnen Rechte zu gewähren.

Zu beachten ist auch Folgendes: Der Mitgliedstaat kann einer Haftung nicht da-durch entgehen, dass er einwendet, dass die Umsetzungsfrist zu kurz bemessen ge-wesen sei, so dass eine rechtzeitige Umsetzung gar nicht möglich war. In einem sol-chen Fall muss der Mitgliedstaat vielmehr rechtzeitig vor Ablauf der Frist versuchen,

---

[241] *Cornils*, Der gemeinschaftsrechtliche Staatshaftungsanspruch, S. 124.

bei den unionalen Institutionen eine Verlängerung der Frist zu erreichen. Immerhin ist er ja durch seine Mitgliedschaft im Rat über den Lauf der Frist bestens informiert, bzw. hat deren Länge selbst mitbestimmt.

Umstritten war lange Zeit, ob eine Haftung auch durch unionsrechtswidrige nationale Gerichtsentscheidungen ausgelöst werden kann, insbesondere ob das Richterprivileg des § 839 Abs. 2 BGB Anwendung findet.[242] Der EuGH hat in der **Entscheidung *Köbler***[243] nunmehr festgestellt, dass der Grundsatz der mitgliedstaatlichen Haftung ganz generell auch anwendbar ist, wenn der Verstoß durch die Entscheidung eines letztinstanzlichen Gerichts begangen wird.[244] Dies folge daraus, dass der betreffende Mitgliedstaat völkerrechtlich als Einheit zu betrachten sei, unabhängig davon, welche Gewalt den jeweiligen Verstoß begehe.

Allerdings sind im Rahmen der weiteren Prüfung die Besonderheiten der richterlichen Unabhängigkeit zu berücksichtigen. Dies gilt vor allem für die Frage, ob sich die Verletzung des Unionsrechts auch als hinreichend qualifiziert darstellt (siehe sogleich).

Damit besteht nunmehr im Grundsatz also eine **Staatshaftung für Verstöße gegen Unionsrecht durch alle drei Gewalten**.

Der haftende Hoheitsträger wird durch das Unionsrecht nicht festgelegt. Dies stellt damit einen Bereich dar, in dem der „nationale Haftungsrahmen" Anwendung findet. Gerade in Bundesstaaten ist es aus unionsrechtlicher Sicht nicht zu beanstanden, wenn nationale Haftungsregelungen die Gliedstaaten als haftende Körperschaft bestimmen.[245] Aber auch andere selbstständige öffentlich-rechtliche Körperschaften, Anstalten oder Stiftungen sind zulässige Anspruchsgegner. Aus dem Effizienzgebot ergibt sich indes die Notwendigkeit einer **subsidiären Haftung des Gesamtstaates**, wenn eine Inanspruchnahme des vorgesehenen Haftungssubjekts aus rechtlichen oder tatsächlichen Gründen nicht oder nicht ausreichend möglich sein sollte.[246]

b) Hinreichend qualifiziert

Der Rechtsverstoß muss **hinreichend qualifiziert** sein.[247] Wesentliches Kriterium ist wie im Falle der Haftung der Union, ob das mitgliedstaatliche Organ die Grenzen des ihm vom Unionsrecht eingeräumten Ermessens offenkundig und erheblich überschritten

---

[242] Siehe hierzu *Wegener*, EuR 2002, 785; *Deckert*, EuR 1997, 203.
[243] EuGH NJW 2003, 3539. Siehe hierzu *Kremer*, NJW 2004, 480; *Frenz*, DVBl. 2003, 1522; *Gundel*, EWS 2004, 8.
[244] Dazu auch *Schöndorf-Handbold*, JuS 2006, 112.
[245] Siehe auch *Travers*, ELRev. 22 (1997), 173 (173 ff.) sowie *Tridimas*, CMLRev. 38 (2001), 301 (317 ff.).
[246] Vgl. EuGH, Slg. 2000, I-5123 Rn. 34.
[247] Dazu auch Koenig, EWS 2009, 249 ff.

hat.[248] Bei der Bestimmung des Grades der Verletzung sind gleichwohl die **funktionsspezifischen Besonderheiten** des handelnden Organs zu berücksichtigen. Im Ergebnis bestehen daher Unterschiede, je nachdem, ob es sich um einen Fall der administrativen, legislativen oder judikativen Haftung handelt. Die Feststellung, ob im jeweiligen Fall eine hinreichend qualifizierte Verletzung vorliegt, obliegt den nationalen Gerichten. Diese müssen jedoch die EuGH-Rechtsprechung berücksichtigen. In Zweifelsfällen haben alle mitgliedstaatlichen Gerichte die Möglichkeit und letztinstanzliche Gerichte die Pflicht, den EuGH im Wege der **Vorabentscheidung** mit einzubeziehen, der dann zum Teil äußerst detaillierte Vorgaben in Bezug auf den jeweiligen Einzelfall gibt. Sofern dem Gerichtshof alle notwendigen Informationen in tatsächlicher Hinsicht bekannt sind, prüft dieser das Vorliegen der Haftungsvoraussetzungen ausnahmsweise auch selbst.[249]

Fraglich ist, wann im Falle der **fehlerhaften Richtlinienumsetzung** ein hinreichend qualifizierter Verstoß vorliegt. Dabei geht der EuGH jedenfalls davon aus, dass ein solcher stets gegeben ist, wenn der betreffende Mitgliedstaat innerhalb der Umsetzungsfrist keinerlei Maßnahmen getroffen hat, um die Richtlinie umzusetzen. Hier ist der nationale Gesetzgeber also völlig untätig geblieben. Probleme bereitet diese Frage jedoch dann, wenn der Gesetzgeber eine Umsetzung vorgenommen hat, diese jedoch fehlerhaft oder unvollständig erfolgte. Ab welcher Schwelle hier von einem solchen Verstoß gesprochen werden kann, ist zweifelhaft. Der EuGH verlangt, dass der Mitgliedstaat die ihm für sein Handeln aus dem Unionsrecht gesetzten Ermessensgrenzen offenkundig und erheblich überschritten hat.[250]

Im Falle eines schutznormverletzenden letztinstanzlichen **Gerichtsurteils** kommt eine Haftung nur in Betracht, wenn das Gericht „offenkundig gegen das geltende Recht" verstoßen hat. Eine Verletzung der Vorlagepflicht nach Art. 267 Abs. 3 AEU genügt wohl für sich genommen noch nicht.[251] Der Grund für diese Verschärfung der Haftungsvoraussetzungen liegt in der richterlichen Unabhängigkeit. Die funktionsspezifischen Unterschiede der Haftung zeigen sich an dieser Stelle damit besonders deutlich.

c) Schaden und Kausalität

Der eingetretene Schaden muss letztlich kausal auf dem Verstoß gegen Unionsrecht beruhen. Hier kann im Wesentlichen auf die aus

---

[248] Siehe etwa EuGH, Slg. 1998, I-1531 Rn. 109. Dazu auch *Tridimas*, CMLRev. 38 (2001), 301 (310 ff.).
[249] Vgl. EuGH, Slg. 1996, I-5063 Rn. 49.
[250] EuGH, Slg. 1996, I-1631, 1668.
[251] Siehe hierzu auch die Besprechung von *Obwexer*, EuZW 2003, 726 (727).

dem deutschen Recht bekannte **Äquivalenztheorie** abgestellt werden.

3. Rechtsfolge

Liegen die oben genannten Voraussetzungen vor, so richten sich die Art und der Umfang der Haftung im Grundsatz nach **nationalen Grundsätzen**. Dabei ist jedoch zu beachten, dass die nationale Ausgestaltung der Haftungsfolgen eine effektive Haftung gewährleisten muss; der unionsrechtliche Anspruch darf also nicht unterlaufen werden.[252]

In diesem Zusammenhang untersagt ist dabei zunächst eine Diskriminierung der unionalen Ansprüche im Vergleich zu ähnlichen nationalen Ansprüchen. Unzulässig ist daher etwa eine Regelung, die eine Ausschlussfrist für unionsrechtliche Ansprüche enthält, die im Vergleich zu nationalen Ansprüchen deutlich kürzer ist.[253] Zudem darf der Anspruch insgesamt nicht so ausgestaltet sein, dass das Erlangen einer Entschädigung übermäßig erschwert oder praktisch unmöglich gemacht wird.

Hinsichtlich der Art der Haftung wird man wohl davon ausgehen können, dass neben einer möglichen **Naturalrestitution** auch eine Beschränkung auf die Gewährung einer **Geldentschädigung** zulässig ist. Da in Deutschland bisher keine besonderen Haftungsregelungen für den unionalen Staatshaftungsanspruch bestehen, richtet sich die Art und der Umfang des Schadensersatzes nach den allgemeinen Regeln **der §§ 249 ff. BGB**. Geschuldet ist damit im Grundsatz **Naturalrestitution**. Anders als im deutschen Amtshaftungsanspruch ist eine solche auch nicht ausgeschlossen, da es sich hier nicht um einen übergeleiteten, sondern um einen unmittelbar gegen den Staat gerichteten Anspruch handelt.

Nach den allgemeinen Regelungen wird man daher aber auch **§ 254 BGB** auf den unionsrechtlichen Anspruch anwenden können. Dies folgt nicht zuletzt aus der Überlegung, dass entsprechende Normen in allen europäischen Rechtsordnungen vorhanden sind. Ein Mitverschulden des Geschädigten kann also zu einer Anspruchskürzung oder – in besonderen Fällen – gar zu einem vollständigen Anspruchsausschluss führen. Ein Mitverschulden ist auch dann anzunehmen, wenn es der Betroffene schuldhaft versäumt hat, rechtzeitig geeignete Rechtsmittel zu ergreifen.

Zur Frage der Anwendbarkeit des **Verweisungsprivilegs** des § 839 Abs. 1 S. 2 BGB siehe *Thiele*, Haftungsrecht, in: Terhechte, Verwaltungsrecht der EU, § 39 Rn 94.

---

[252] *Baldus/Grzeszick/Wienhues*, Staatshaftungsrecht Rn 230 ff.
[253] EuGH Slg. 1997, I-4046.

Die Verjährung richtet sich nach den **allgemeinen nationalen Grundsätzen**, Grenzen setzt wiederum allein das Effektivitätsgebot. Der Gerichtshof ist in diesem Bereich indes äußerst großzügig und hat jüngst sogar eine nationale Verjährungsfrist von nur einem Jahr akzeptiert.[254] Gerade für den Bereich des legislativen Unrechts erscheint es indes fraglich, ob eine solch kurze Frist·tatsächlich einen hinreichend effektiven Individualrechtsschutz gewährleistet. In Deutschland sind jedenfalls ohne Weiteres die allgemeinen Regelungen anzuwenden, so dass sich die Verjährung nach den §§ 194 ff. BGB bestimmt und nach § 195 BGB regelmäßig drei Jahre beträgt.

Sofern man den unionsrechtlichen Staatshaftungsanspruch als eine Form der Amtshaftung ansieht, sind für diesen nach Art. 34 GG, § 40 Abs. 2 VwGO die **ordentlichen Gerichte** zuständig. Erste Instanz sind nach § 71 Abs. 2 Nr. 2 GVG die Landgerichte. Sofern unionsrechtliche Fragen aufkommen, besteht für alle nationalen Gerichte die Möglichkeit und für letztinstanzliche die Pflicht, den Gerichtshof nach Art. 267 AEU anzurufen, wodurch die **notwendige Kohärenz** im gesamten Unionsgebiet gesichert ist.

4. Exkurs: Prüfung in der Klausur[255]

Probleme bereitet die Frage, wie der unionsrechtliche Anspruch in einer **Klausur** zu prüfen ist. Fraglich ist insbesondere der „Rahmen des nationalen Haftungsrechts". Welche nationalen Bestimmungen bleiben anwendbar und welche nicht? In einer Klausur empfiehlt sich wohl folgendes Vorgehen: Zunächst sollten die nationalen Ansprüche (also insbesondere die Amtshaftung des § 839 BGB iVm Art. 34 GG) ohne Rücksicht auf das Europarecht geprüft werden. Allerdings sollte in der Klausur/Hausarbeit klargestellt werden (am besten in einer Fußnote), dass zunächst allein der nationale Anspruch geprüft wird, um so Irritationen des Korrektors vorzubeugen. Anschließend sollte dann der unionsrechtliche Anspruch bearbeitet werden.[256]

Fallbeispiel bei *Thiele*, Standardfälle Europarecht, Fall 9 sowie bei *Degenhart*, Klausurenkurs im Staatsrecht, Fall 17 (der aber zuerst unionsrechtliche Ansprüche prüft).

Als Haftungsrahmen für die Prüfung dient der **Amtshaftungsanspruch**; insoweit sollte sich auch der Prüfungsaufbau am gewohnten Schema orientieren.[257] Bei den einzelnen Prüfungspunkten muss dann aber jeweils geklärt werden, ob diese angesichts der europarechtlichen Vorgaben zu modifizieren sind oder nicht.[258]

---

[254] EuGH, Slg. 1997, I-4025 Rn. 27 f.
[255] Übungsklausur in diesem Sinne bei *Seidel/Reimer/Möstl*, Allgemeines Verwaltungsrecht mit Kommunalrecht 2003, Fall 8.
[256] Im Einzelfall ist es aber auch ebenso gut vertretbar, den nationalen Anspruch nach den europarechtlichen Vorgaben zu modifizieren. Allerdings sollte stets der Unterschied zur rein nationalen Rechtslage verdeutlicht werden.
[257] So auch *Detterbeck/Windthorst/Sproll*, Staatshaftungsrecht, § 6 Rn 57 ff. Zum Amtshaftungsanspruch auch *Thiele*, Staatshaftungsrecht, 2. Aufl. 2013, S. 19 ff.
[258] Siehe dazu auch die Übersicht bei *Frenz*, Öffentliches Recht, S. 344.

Gerade im Falle legislativen Unrechts ergeben sich hier erhebliche Unterschiede. Im Wesentlichen kann dann allein hinsichtlich der Frage des Haftungsschuldners und des Rechtswegs auf die üblichen Amtshaftungsgrundsätze zurückgegriffen werden.

Prüfungsschema zum unionsrechtlichen Staatshaftungsanspruch

1. Rechtsgrundlage
Richterrechtliche Rechtsfortbildung durch den EuGH

2. Öffentlich-rechtliches Handeln
In Betracht kommt hier ein Handeln aller drei Gewalten, also auch der Legislative und Judikative.

3. Verletzung einer unionsrechtlichen Schutznorm
Der Mitgliedstaat muss zunächst eine unionsrechtliche Schutznorm verletzt haben. In Betracht kommen vor allem Verstöße gegen die europäischen Grundfreiheiten sowie die Nicht- oder Falschumsetzung europäischer Richtlinien, soweit diese Rechte begründen sollen.

4. Hinreichend qualifizierter Verstoß
Der Verstoß muss hinreichend qualifiziert sein. Ein solcher Verstoß liegt immer dann vor, wenn eine Richtlinie innerhalb der Frist überhaupt nicht umgesetzt wird. Ansonsten ist auf das Maß der Klarheit der verletzten Norm, den Umfang des gegebenen Ermessensspielraums sowie den Verschuldensgrad abzustellen.

5. Kausal verursachter Schaden

6. Mitverschulden
Dieses ist als allgemeiner europäischer Rechtsgrundsatz zu berücksichtigen.

7. Art und Umfang des Schadensersatzes
Es ist Schadensersatz nach den allgemeinen Regeln zu ersetzen. In Betracht kommt dabei auch eine Naturalrestitution (gerade anders als im Bereich der Amtshaftung), da es sich nicht um eine übergeleitete Haftung handelt.

8. Anspruchsgegner
Es haftet derjenige Hoheitsträger, der gegen die jeweilige Schutznorm verstoßen hat. Hier sind die allgemeinen Amtshaftungsgrundsätze anwendbar (Anvertrauenstheorie etc.).

9. Verjährung
Die Verjährungsfrist richtet sich nach den §§ 194 ff. BGB.

Zusammenfassung § 9

- Sowohl die EU als auch die Mitgliedstaaten haften für Schäden, die sie verursachen.

- Anspruchsgrundlage für die außervertragliche Haftung der EU bildet Art. 340 Abs. 2 AEU.

- Die Mitgliedstaaten haften für einen Verstoß gegen Unionsrecht, ohne dass es einer Rechtsgrundlage im (A)EU-Vertrag bedürfte. Der EuGH hat eine solche Haftung als allgemeinen Rechtsgrundsatz entwickelt.

- Unionsrechtlicher und mitgliedstaatlicher Haftungsanspruch haben mittlerweile die gleichen Voraussetzungen.

- Erforderlich ist danach eine hinreichend qualifizierte Verletzung einer unionalen Rechtsnorm durch ein Organ der Union bzw. durch einen Mitgliedstaat, welche zu einem kausalen Schaden geführt hat. Welche Gewalt den Verstoß begangen hat, ist grds. unbeachtlich, spielt aber eine Rolle bei der Feststellung einer hinreichend qualifizierten Verletzung.

- Die Umsetzung des mitgliedstaatlichen Haftungsanspruchs richtet sich nach dem nationalen Haftungsrahmen. Dies betrifft vor allem die Frage des Haftungsgegners sowie die Art und den Umfang des Schadensersatzes.

---

§ 10 DIE RECHTSCHUTZVERFAHREN

Fall 8: Richter *Gert L.* am Amtsgericht ist sich in einem seiner Verfahren nicht so ganz sicher, ob die nationale Rechtsgrundlage, auf die er sein Urteil stützen möchte mit primärem Unionsrecht vereinbar ist. Er hat deshalb zunächst zahlreiche schlaflose Nächte und erinnert sich dann jedoch daran, dass ihm sein Freund F von einem tollen „Europarecht-Buch" erzählt hat, das er gerade gelesen hätte. Am nächsten Morgen fragt er F deshalb, ob er die Rechtsgrundlage irgendwie überprüfen lassen kann.

Auf die Zusammensetzung und die Aufgaben des EuGH wurde bereits eingegangen. An dieser Stelle soll es um eine Darstellung der einzelnen Verfahren gehen, aufgrund derer der Gerichtshof angerufen werden kann, nämlich:

- das Vertragsverletzungsverfahren (Art. 258 AEU),
- die Nichtigkeitsklage (Art. 263 AEU),
- die Untätigkeitsklage (Art. 265 AEU),
- das Vorabentscheidungsverfahren (Art. 267 AEU) und
- die Amtshaftungsklage (Art. 268 AEU).

Achtung: Im Bereich der GASP sind die Befugnisse des Gerichtshofs zum Teil sehr eingeschränkt, siehe Art. 275 AEU.

Zunächst werden jedoch die Organisation des EuGH und das Verfahren kurz vorgestellt (I-II).

I. Überblick

Sowohl der EuGH als auch das EuG sind **ständige Gerichte**. Es gibt über das Jahr verteilt allerdings etwa 12 sitzungsfreie Wochen[259] sowie zweimonatige Gerichtsferien.[260] Der Arbeitsstil des EuGH und auch des EuG ist stark an die **französische Rechtstradition** angelehnt. Folge hiervon ist insbesondere, dass die Urteile für deutsche Verhältnisse sehr kurz ausfallen. In ihnen wird sich insbesondere nicht mit Lehrmeinungen aus der Literatur auseinandergesetzt.[261] Solche eingehenden Untersuchungen finden sich allein im Schlussvortrag des jeweiligen Generalanwalts. Dies unterstreicht die Wichtigkeit der Schlussvorträge. Sie müssen bei den relevanten Urteilen daher stets mitgelesen werden.

---

[259] Sog. „semaines blanches". In dieser Zeit müssen die Richter nicht ständig anwesend sein.

[260] Regelmäßig Mitte Juli bis Mitte September.

[261] Der EuGH zitiert nur sich selbst sowie den EGMR.

Es wurde bereits darauf hingewiesen, dass der EuGH eine stark an den Vertragszielen und der praktischen Wirksamkeit des Unionsrechts orientierte Art der Rechtsfindung anwendet. Hervorzuheben sind **folgende Auslegungsinstrumente**:[262]

- *Effet utile*: diese Methode soll dem Unionsrecht die höchstmögliche Effizienz verleihen.
- *Rechtsvergleichungen*: diese werden vom wissenschaftlichen Dienst angefertigt. So wurden auch die allgemeinen Rechtsgrundsätze im Wege „wertender Rechtsvergleichung" gewonnen.
- *Dynamische Entwicklung des Unionsrechts*: hierbei spielen auch politische Gesichtspunkte eine Rolle, um so die Integration zu fördern.
- *Vertragskonforme Auslegung*: diese Methode folgt bereits aus der oben angesprochenen Normenhierarchie. Sekundärrechtsakte werden also im Lichte der Verträge ausgelegt. Dies entspricht der verfassungskonformen Auslegung im deutschen Recht.
- *Autonome Auslegung*: die unionsrechtlichen Begriffe werden lösgelöst vom nationalen Recht ausgelegt. Nur so kann die Einheitlichkeit letztlich gewahrt werden.

Diese Formen der Auslegung führen im Ergebnis zu einer besonders **ausgeprägten Art der Rechtsfortbildung** durch den EuGH. Er schließt dadurch in effektiver Weise Lücken, die sich im Unionsrecht ergeben.[263] Klassisches Beispiel einer solchen Rechtsfortbildung stellt die Entwicklung der im Vertrag nicht vorgesehenen mitgliedstaatlichen Staatshaftung dar, die der EuGH im Fall *Francovich*[264] als einen Grundsatz des Unionsrechts herausgearbeitet hat.

In letzter Zeit mehren sich die Stimmen, die in zum Teil etwas populistischer Manier dem Gerichtshof eine **zu einseitige integrationsfreundliche Auslegung** vorwerfen, die die Identität der Mitgliedstaaten nicht hinreichend beachtet. Tatsächlich lässt sich über einige Urteile, die in den letzten Jahren – vor allem im Bereich des Arbeitsrechts – ergangen sind, in dieser Hinsicht trefflich streiten. Gleichwohl sind die Vorwürfe der Literatur oftmals zu einseitig und nehmen gegenläufige Entwicklungen der EuGH-Rechtsprechung – etwa im Bereich der Grundfreiheiten – nicht wahr. Insgesamt ergibt sich dann ein weit weniger klares Bild der vermeintlichen Einseitigkeit der EuGH-Rechtsprechung. Differenziert jetzt auch *Streinz*, AöR 135 (2010), S. 1 ff.

---

[262] Dazu auch *Schroeder*, JuS 2004, 180 ff. sowie *Thiele*, Europäisches Prozessrecht, § 3 Rn 1 ff.
[263] *Calliess*, NJW 2005, 929 ff.
[264] EuGH Slg. 1991, I-5357. Siehe auch die Fortentwicklung etwa in EuGH EuZW 1996, 205 sowie nunmehr auch die Entscheidung zur Judikative, EuGH NJW 2003, 3539.

II. Generelles Verfahren vor dem Gerichtshof[265]

Das Verfahren vor dem Gerichtshof teilt sich in ein **schriftliches** und ein **mündliches Verfahren**. Im Grundsatz lassen sich fünf Verfahrensabschnitte unterscheiden:

- Verfahrenseinleitung;
- schriftliches Verfahren;
- mündliches Verfahren;
- Schlussantrag des Generalanwalts (entfällt beim EuG);
- Beratung und anschließende Verkündung des Urteils.

Die Einleitung erfolgt durch Einreichung einer Klageschrift bzw. Übermittlung des Vorlagebeschlusses des nationalen Gerichts.[266] Im anschließenden schriftlichen Verfahren werden die Schriftsätze und Erklärungen an die jeweiligen Parteien übermittelt. Es wird insoweit der Streitgegenstand umfänglich aufbereitet. Die mündliche Verhandlung umfasst die Verlesung des von einem Berichterstatter vorgelegten Berichts, die Anhörung der Bevollmächtigten, Beistände und Anwälte und die Schlussanträge der Generalanwälte. Soweit notwendig, werden Zeugen und Sachverständige gehört. Die Urteilsfindung erfolgt in geheimer Beratung der Richter. Es wird mit einfacher Mehrheit abgestimmt. Die Abstimmungsergebnisse werden nicht veröffentlicht. Es findet im Übrigen, anders als etwa beim BVerfG, **keine Veröffentlichung abweichender Meinungen** einzelner Richter (sog. Sondervoten) statt.

Für natürliche und juristische Personen besteht **Anwaltszwang**. Die Verfahrenssprache kann grds. jede der 24 Amtssprachen sein. Generell wird dies durch den Kläger in der Klageschrift festgelegt. Anders hingegen im Falle einer Klage vor dem EuGH gegen einen Mitgliedstaat bzw. gegen eine natürliche oder juristische Person. Hier richtet sich die Verfahrenssprache nach der Sprache des verklagten Mitgliedstaats bzw. der verklagten Person. Die Urteile gegen Privatpersonen sind nach Maßgabe des Art. 299 AEU vollstreckbar. Das Verfahren richtet sich nach dem nationalen Vollstreckungsrecht. Ausgeschlossen ist hingegen eine Vollstreckung gegenüber den einzelnen Mitgliedstaaten.[267]

---

[265] Lesenswert *Seyr*, JuS 2005, 315; *Oppermann/Classen/Nettesheim*, Europarecht, § 14 Rn 16 ff. Überblick auch bei *Thiele*, Europäisches Prozessrecht, § 4 Rn 9 ff.

[266] Jedes anhängige Verfahren wird im Amtsblatt unter C veröffentlicht. In dieser Mitteilung sind die wesentlichen Angaben zu der Rechtssache enthalten.

[267] Ausnahme: Art. 260 AEU, siehe sogleich.

Die **sachliche Zuständigkeitsverteilung** zwischen EuGH und EuG richtet sich nach **Art. 256 AEU**.[268] Danach ist das EuG für die in den Artikeln 263, 235, 238, 270 und 272 AEU genannten Klagen in erster Instanz zuständig, sofern kein Fachgericht eingerichtet wurde oder in der Satzung des Gerichtshofs etwas anderes bestimmt ist. Aus den Regelungen der Satzung ergibt sich damit, dass das EuG gegenwärtig für alle Direktklagen privater Kläger zuständig ist. Klagen, die von den Organen der Union, den Mitgliedstaaten oder der EZB erhoben werden, bleiben damit dem Gerichtshof vorbehalten. Gleiches gilt zudem für alle Vorabentscheidungsverfahren; von der Möglichkeit, diese teilweise auf das EuG zu übertragen (Art. 256 Abs. 3 AEU) wurde bisher kein Gebrauch gemacht.

III. Die einzelnen Verfahrensarten[269]

1. Das Vertragsverletzungsverfahren (Art. 258, 259 AEU)[270]

Das Vertragsverletzungsverfahren dient der Ahndung von Vertragsverletzungen durch die Mitgliedstaaten. Es hat damit eine **objektivrechtliche Funktion** zur Sicherstellung der Einhaltung des gesamten Unionsrechts. Für die Begründetheit genügt folglich jeder noch so geringe Verstoß eines Mitgliedstaats gegen Unionsrecht. Subjektive Rechte werden damit durch das Verfahren nur mittelbar geschützt. Daher hat der Einzelne auch keinen Anspruch auf die Einleitung einer entsprechenden Klage. Das Verfahren endet mit einem **Feststellungsurteil** des Gerichtshofs. Regelmäßig wird das Verfahren gemäß Art. 258 AEU von der Kommission als der Hüterin des Unionsrechts eingeleitet. Eine ganz unbedeutende Rolle spielt hingegen die in Art. 259 AEU genannte Staatenklage. Bisher kam es (soweit ersichtlich) nur zu zwei solcher Verfahren.[271] Auf ihre ausführliche Darstellung wird daher im Folgenden verzichtet.

---

[268] Hält sich das Gericht bei dem die Klage eingereicht wurde für unzuständig, kommt es gemäß Art. 54 der Satzung zu einer Verweisung. An eine Verweisung des EuGH ist das EuG gebunden.

[269] Überblick zu den Änderungen durch den Vertrag von Lissabon bei *Thiele*, Das Rechtsschutzsystem nach dem Vertrag von Lissabon – (K)ein Schritt nach vorn?, EuR 2010, 30 ff.

[270] Hierzu *Ortlepp*, Das Vertragsverletzungsverfahren als Instrument zur Sicherung der Legalität im Europäischen Gemeinschaftsrecht; *Böhm*, Der Bund-Länder-Regress nach Verhängung von Zwangsgeldern durch den EuGH, JZ 2000, 382 sowie allgemein *Thiele*, Europäisches Prozessrecht, § 5 Rn 1 ff.

[271] EuGH Slg. 1979, 2923; Slg. 2000, I-3123.

a) Zulässigkeit

aa) Beteiligtenfähigkeit

Wie bereits gesagt, sind lediglich die Kommission (Art. 258 AEU)[272] oder ein Mitgliedstaat (Art. 259 AEU) aktiv klagebefugt.[273] Das Verfahren richtet sich gegen Mitgliedstaaten; allein diese sind daher passiv klagebefugt.

bb) Klagegegenstand

Als Klagegegenstand kommen nur mögliche Vertragsverletzungen eines oder mehrerer Mitgliedstaaten in Betracht. Als häufiger Fall aus der Praxis sei hier insbesondere der Fall der nicht oder nicht rechtzeitig in nationales Recht umgesetzten Richtlinie genannt. Problematisch kann sein, inwieweit sich der Mitgliedstaat das **Handeln Privater** zurechnen lassen muss. Dies ist insbesondere dann der Fall, wenn den Mitgliedstaat aus dem Gebot der Unionstreue eine Pflicht zum Einschreiten trifft. Dann liegt im Unterlassen einer Intervention ebenfalls eine Vertragsverletzung.[274]

cc) Vorverfahren

Das Vertragsverletzungsverfahren ist nur zulässig, wenn das obligatorische Vorverfahren durchgeführt wurde.[275] Diesem Vorverfahren kommen dabei zwei Funktionen zu. Zum einen soll hierdurch versucht werden, noch zu einer außergerichtlichen Einigung zu kommen. Zum anderen dient es prozessrechtlich der endgültigen **Festlegung des eigentlichen Streitgegenstandes**. Der EuGH befasst sich mithin allein mit dem Vorwurf, den die Kommission in ihrer das Verfahren abschließenden begründeten Stellungnahme abgibt.

Das Vorverfahren beginnt mit einem **Mahnschreiben** an den Mitgliedstaat. Hierin erhält dieser eine angemessene Frist zur Äußerung (regelmäßig zwei Monate). Hält der Vertragsverstoß auch nach Ablauf dieser Frist weiter an, gibt die Kommission die bereits erwähnte **begründete Stellungnahme** ab. Hierin wird der betreffende

---

[272] Die Kommission versucht dabei, die jeweiligen Verfahren nach Möglichkeit durch Verhandlungen mit den Mitgliedstaaten außergerichtlich zu klären.

[273] Klagen durch Mitgliedstaaten sind allerdings höchst selten, siehe etwa EuGH Slg. 2000, I-3123.

[274] EuGH Slg. 1997, I-6959. Zu neueren Entwicklungen siehe EuGH Slg. 2003, I-5659.

[275] Zum Sinn des Vorverfahrens EuGH Slg. 1994, I-1 sowie *Thiele*, Europäisches Prozessrecht, § 5 Rn 14 ff.

Staat aufgefordert, den Verstoß innerhalb einer bestimmten Frist (in der Regel wiederum zwei Monate) abzustellen. Tut er dies nicht, so **kann** die Kommission nunmehr wegen des in der Stellungnahme genannten Vorwurfs Klage erheben.

Es ist umstritten inwieweit die Kommission zur Einleitung eines Vorverfahrens verpflichtet ist. Angesichts der großen Zahl von oftmals unerheblichen Vertragsverletzungen ist eine solche Pflicht allerdings abzulehnen. Dies ist auch die Ansicht des Gerichtshofs.[276] Davon zu unterscheiden ist eine Verpflichtung zur Klageerhebung, wenn das Vorverfahren erfolglos abgeschlossen wurde. Auch eine solche wird man grds. ablehnen müssen. Denkbar ist indes eine Ermessensreduzierung auf null bei gravierenden Verstößen.[277] Keinesfalls hat jedoch der Einzelne ein einklagbares Recht auf die Einleitung eines entsprechenden Verfahrens.

In der Praxis kann sich dieses Verfahren über einen sehr langen Zeitraum hinziehen, innerhalb dessen die Kommission und der betreffende Mitgliedstaat vor der begründeten Stellungnahme mehrfach Schriftstücke austauschen. Erst mit dem Erlass der begründeten Stellungnahme durch die Kommission, die ausdrücklich so bezeichnet wird, ist das Vorverfahren dann abgeschlossen.

dd) Frist

Die Art. 258 und 259 AEU bestimmen keine Klagefrist. Zu beachten sind jedoch die Fristen des Vorverfahrens.

ee) Rechtsschutzinteresse

Dieses ist grds. gegeben. Nach der Rechtsprechung des EuGH entfällt es auch dann nicht, wenn der Verstoß **nach** Ablauf der von der Kommission gesetzten Frist aber noch **vor** Klageerhebung abgestellt wird.[278]

b) Begründetheit

Das Vertragsverletzungsverfahren ist als Feststellungsurteil begründet, soweit

---

[276] EuGH, Slg. 1990, I-2121. Wie hier auch *Cremer*, in: Calliess/Ruffert, EUV/AEUV, Art. 258 AEU Rn 40 ff.
[277] So auch *Cremer*, in: Calliess/Ruffert, EUV/AEUV, Art. 258 AEU Rn 43.
[278] EuGH Slg. 1997, I-3827.

> - die von der Kommission vorgetragenen Tatsachen zutreffen;
> - sich aus diesen ein Verstoß gegen das Unionsrecht ergibt, der auch dem beklagten Mitgliedstaat zuzurechnen ist und
> - der beklagte Mitgliedstaat den Verstoß nicht innerhalb der ihm durch die Kommission gesetzten Frist abgestellt hat.

Zu beachten ist, dass ein Verschulden des Mitgliedstaates grds. unerheblich ist.[279] Das **Feststellungsurteil** verpflichtet den Staat zur Durchführung der jeweiligen Maßnahmen. Eine zeitliche Vorgabe existiert nicht. Der Staat muss jedoch nach Maßgabe des jeweiligen Einzelfalls **unverzüglich** handeln. Trotz der fehlenden Vollstreckungsmöglichkeit (es handelt sich um ein Feststellungsurteil) bestehen bestimmte Sanktionsmöglichkeiten, soweit der betreffende Mitgliedstaat seinen aus dem Urteil resultierenden Verpflichtungen nicht nachkommt. Insbesondere kann die Kommission nach Art. 260 Abs. 2 AEU erneut den EuGH anrufen.

In diesem zweiten Verfahren kann der Mitgliedstaat nunmehr zur Zahlung eines Pauschalbetrages oder eines Zwangsgeldes verpflichtet werden. Seit dem **Vertrag von Lissabon** kann die Kommission in den Fällen, in denen sie wegen der fehlerhaften Umsetzung einer Richtlinie klagt, ein solches Zwangsgeld bzw. einen Pauschalbetrag bereits bei der ersten Klage nach Art. 258 AEU beantragen (Art. 260 Abs. 3 AEU). Dadurch soll der Druck auf die Mitgliedstaaten im Hinblick auf die Umsetzung von Richtlinien erhöht werden.

Ein **Pauschalbetrag** ist eine einmalig zu zahlende Summe. Demgegenüber ist ein **Zwangsgeld** eine grds. in Tagessätzen zu berechnende Summe, die ein Mitgliedstaat bis zur Beendigung des jeweiligen Verstoßes zu zahlen hat.

Die Kommission hat im Jahre 2005 weiterhin gültige Kriterien veröffentlicht, an denen sie sich bei der Berechnung der gewählten Sanktion orientieren will.[280] Die Höhe der Sanktion bestimmt sich danach nach der **Schwere und Dauer des Verstoßes** sowie der bezweckten **Abschreckungswirkung**. Für die Bundesrepublik bedeutet dies im Ergebnis **Zwangsgelder** in Höhe von 13.838 bis 830.310 Euro pro Tag, die rechnerisch möglich sind. Der **Mindestpauschalbetrag** beträgt für die Bundesrepublik 11.467.000 Euro.[281]

---

[279] *Ortlepp*, Das Vertragsverletzungsverfahren als Instrument zur Sicherung der Legalität im Europäischen Gemeinschaftsrecht, S. 103.

[280] SEK (2005) 1658. Dazu auch *Pauli*, EuZW 2006, 492 ff. Die Kriterien wurden dabei jeweils an die folgenden Erweiterungen der Union angepasst.

[281] Ausführlich dazu *Thiele*, Europäisches Prozessrecht, § 5 Rn 51 ff.

An diese Berechnungsweise ist der EuGH jedoch nicht gebunden, er hat in den bisher ergangenen Urteilen daher zum Teil in der Höhe abweichende Sanktionen festgesetzt.[282]

Die finanziellen Sanktionen sind nach Maßgabe des Art. 280 iVm Art. 299 AEU **vollstreckbar**, da sich der Verweis des Art. 280 AEU nicht auf Art. 299 Abs. 1 AEU, sondern allein auf die das Verfahren regelnden Absätze 2-4 bezieht (str.).[283]

2. Die Nichtigkeitsklage (Art. 263 AEU)[284]

Die Nichtigkeitsklage dient der Überprüfung des Sekundärrechts der Union. Das Urteil des EuGH hat **gestaltende Wirkung**. Eine Nichtigerklärung des betreffenden Rechtsakts durch den EuGH beseitigt diesen somit grds. rückwirkend und erga omnes, d.h. also allgemeinverbindlich, Art. 264 Abs. 1 AEU. Nach der Regelung des Art. 263 AEU sind dabei insgesamt **drei Formen der Klage** zu unterscheiden: Nach Absatz 2 die Klage der privilegierten Kläger, nach Absatz 3 die Klage der minderprivilegierten Kläger und nach Absatz 4 die Klage der nichtprivilegierten privaten Kläger. Für diese Gruppen gelten unterschiedliche Zulässigkeitsvoraussetzungen, auf die es zu achten gilt. Durch den Vertrag von Lissabon ist es vor allem für private Kläger nach 263 Abs. 4 AEU zu einigen Änderungen gekommen.[285]

In Art. 8 des Protokolls über die Anwendung der Grundsätze der Subsidiarität und Verhältnismäßigkeit findet sich mit der Subsidiaritätsklage noch eine vierte Nichtigkeitsklage. Zu dieser *Thiele*, Europäisches Prozessrecht, § 6 Rn 6.

---

[282] Siehe *Thiele*, Europäisches Prozessrecht, § 5 Rn 58 f.

[283] Wie hier: *Thewes*, Bindung und Durchsetzung der gerichtlichen Entscheidungen in der EU, S. 292 ff., zu den damit verbundenen prozessualen Problemen, S. 298 ff.; *Middeke/Szczekalla*, JZ 1993, 288; *Ehricke*, in: Streinz, Art. 280 AEU Rn 2. **Anderer Ansicht** *Schwarze*, in: ders., Art. 260 AEU Rn 12; *Schoo*, in: Schwarze, Art. 299 AEU Rn 7. **Ausführlich** auch *Thiele*, Europäisches Prozessrecht, § 5 Rn 64 ff.

[284] *Köngeter*, Erweiterte Klageberechtigung bei Individualnichtigkeitsklagen gegen EG-Verordnungen?, NJW 2002, 2216; *Lindner*, Individualrechtsschutz im europäischen Gemeinschaftsrecht – Ein systematischer Überblick, JuS 2008, 1; *Thiele*, Individualrechtsschutz vor dem EuGH durch die Nichtigkeitsklage, 2006; *ders.*, Europäisches Prozessrecht, §§ 6-7; *ders.*, Nichtigkeitsklage, in: Hatje/Müller-Graff (Hrsg.), Enzyklopädie des Europarechts Band 3, § 9; *Ehlers*, Jura 2009, 31 ff. Siehe auch die Fallbearbeitung bei *Knauff*, JuS 2009, 440 ff.

[285] *Everling*, Lissabon-Vertrag regelt Dauerstreit über Nichtigkeitsklage, EuZW 2010, 572; *Herrmann*, Individualrechtsschutz gegen Rechtsakte der EU „mit Verordnungscharakter" nach dem Vertrag von Lissabon, NVwZ 2011, 1352; *Thiele*, Das Rechtsschutzsystem nach Lissabon – (K)ein Schritt nach vorn, EuR 2010, 30 ff.; *Görlitz/Kubicki*, Rechtsakte „mit schwierigem Charakter", EuZW 2011, 248.

a) Zulässigkeit

aa) Beteiligtenfähigkeit

Aktiv beteiligtenfähig sind die in Art. 263 AEU genannten Organe, Einrichtungen sowie die Mitgliedstaaten. Seit dem Vertrag von Lissabon ist nunmehr auch der AdR klagebefugt, nicht jedoch der WSA. Eine Klagemöglichkeit des Europäischen Rates ist nicht vorgesehen; dieser kann insoweit jedoch auf den Rat zurückgreifen. Auch hier bestätigt sich die Arbeitsteilung zwischen diesen Organen, wonach der Rat das Tagesgeschäft (und damit eben auch mögliche Klageverfahren) übernehmen soll. In Art. 263 Abs. 4 AEU ist die aktive Beteiligtenfähigkeit natürlicher und juristischer Personen (Individualklage) geregelt. Unter den Begriff der juristischen Person fallen dabei auch nationale Gebietskörperschaften (etwa die Bundesländer); diese sind also nicht nach Abs. 2 klagebefugt. **Passiv beteiligtenfähig** sind Rat, Kommission, EP und EZB. Die Klage ist jeweils gegen den Autor des betreffenden Rechtsakts zu richten.

Über Art. 8 des Subsidiaritätsprotokolls sind zudem die nationalen Parlamente klagebefugt, sofern diese einen Verstoß gegen das Subsidiaritätsprinzip geltend machen.

bb) Klagegegenstand

In diesem Bereich ist es durch den Vertrag von Lissabon zu einer wesentlichen Änderung gekommen. Bisher war hier streng zwischen den privilegierten Klägern nach Abs. 2 und 3 und den privaten Klägern nach Abs. 4 zu unterscheiden. Allein die privilegierten Kläger konnten danach gegen alle rechtsverbindlichen Rechtsakte vorgehen, während private Kläger ausdrücklich allein gegen Entscheidungen (heutige Beschlüsse) vorgehen konnten. Ob Private darüber hinaus auch gegen Verordnungen und Richtlinien vorgehen konnten, war überaus umstritten.

Die neue Regelung differenziert nun nicht mehr in dieser Weise. Vielmehr können auch private Kläger danach gegen alle Handlungen vorgehen, sofern diese an sie gerichtet sind oder sie unmittelbar und individuell betreffen. Der hier verwandte Begriff der **Handlung** bildet den Oberbegriff für alle in Art. 288 AEU genannten Handlungsformen der Union. Wie sich aus Art. 263 Abs. 1 AEU ergibt, muss es sich indes um verbindliche Handlungsformen handeln, so dass ein Vorgehen gegen Empfehlungen oder Stellungnahmen nicht möglich ist.

Wenig überzeugend ist es, unter den in Art. 263 Abs. 4 AEU verwandten Begriff der Handlung Gesetzgebungsakte der Union nicht zu subsumieren und daraus dann zu schließen, dass Private nicht gegen solche Gesetzgebungsakte vorgehen können. Eine solche Differenzierung könnte der Art. 263 Abs. 1 AEU nahelegen („[...] Rechtmäßigkeit der Gesetzgebungsakte sowie der Handlungen des Rates [...]"). Tatsächlich kann es kaum zweifelhaft sein, dass es sich auch bei Gesetzgebungsakten um Handlungen der Union handelt und der Begriff „Handlung" insoweit den Oberbegriff bildet.

Alle aktiv Beteiligtenfähigen können damit nunmehr im Grundsatz gegen **alle klassischen Handlungsformen** der Union im Wege der Nichtigkeitsklage vorgehen. Die Differenzierung zwischen privilegiert und nicht privilegiert spielt demgegenüber allein für die Frage der Klagebefugnis eine Rolle.[286]

cc) Klagebefugnis

(1) Privilegierte/Minderprivilegierte Kläger

Privilegierte Kläger sind stets klagebefugt, müssen also keine Verletzung eigener Rechte geltend machen können. Minderprivilegierte Kläger hingegen müssen nachweisen, durch den Rechtsakt möglicherweise in eigenen Rechten betroffen zu sein. Insoweit kann die Klage privilegierter Kläger mit der deutschen abstrakten Normenkontrolle, die Klage minderprivilegierter Kläger mit dem Organstreit verglichen werden.

Eine Verletzung der Rechte des **AdR** kommt dann in Betracht, wenn dieser nicht angehört wurde, obwohl der Vertrag eine solche Anhörung vorsieht. Angesichts der Anhörungspraxis ist dies aber eher ein unwahrscheinlicher Fall. Bedeutender ist daher die Klagemöglichkeit des AdR, die in **Art. 8 des Subsidiaritätsprotkolls** (Nr. 2) vorgesehen ist. Danach kann der AdR Gesetzgebungsakte – hier sind die Klagegegenstände insoweit in der Tat auf solche begrenzt –, für die eine Anhörung des AdR vorgeschrieben ist, im Wege der Nichtigkeitsklage auf ihre Vereinbarkeit mit dem Subsidiaritätsprinzip überprüfen lassen. Klagebefugt ist der AdR hier also dann, wenn er einen solchen Verstoß geltend macht. Gleiches gilt insoweit für die ebenfalls nach Art. 8 klageberechtigten **nationalen Parlamente**. Dazu auch *Frenz*, Jura 2010, 641.

(2) Private Kläger

Private Kläger können im Grundsatz nur gegen Handlungen vorgehen, die entweder an sie ergangen sind oder sie **unmittelbar und individuell betreffen**. Im ersten Fall wird es sich regelmäßig um Beschlüsse handeln, die den Kläger direkt als Adressaten bezeich-

---

[286] Zum Rechtsschutz gegen europäische Rechtsakte, die **UN-Resolutionen** umsetzen siehe EuGH Rs. C-402/05 P und C-415/05 P und die Anmerkung von *Streinz*, JuS 2009, 360 ff.

nen. Relativ häufig kommt dies im Bereich des Wettbewerbsrechts vor, etwa wenn die Kommission Bußgelder gegenüber einzelnen Unternehmen verhängt.

Die Frage wann im zweiten Fall, also dann, wenn der Kläger nicht Adressat der Handlung ist, eine unmittelbare und individuelle Betroffenheit vorliegt ist überaus umstritten; auch beim EuGH findet sich hier keine klare Linie.

Voraussetzung ist zunächst, dass der Kläger überhaupt betroffen ist. Dabei genügt für eine solche Betroffenheit, dass der Kläger ein **tatsächliches Interesse an der Aufhebung** der Handlung nachweisen kann. Ausgeschieden werden hier also nur solche Personen, für die die Handlung in jeder Hinsicht neutral ist.

Anschließend muss geprüft werden, ob auch eine unmittelbare Betroffenheit gegeben ist. Eine solche Unmittelbarkeit liegt immer dann vor, wenn die Unionshandlung **keiner weiteren Umsetzung durch einen nationalen Hoheitsakt** bedarf (sog. **formelle Unmittelbarkeit**). Allerdings ist eine Unmittelbarkeit auch dann anzunehmen, wenn dem Mitgliedstaat bei der Umsetzung keinerlei Ermessen zukommt oder das Verhalten des Mitgliedstaates mit großer Wahrscheinlichkeit vorhergesagt werden kann (**materielle Unmittelbarkeit**), so dass bereits gegenwärtig absehbar ist, wie die Handlung den Rechtskreis des Betroffenen berühren wird.

Eine materielle Unmittelbarkeit ist entgegen der früheren Ansicht des EuG[287] auch bei einer Richtlinie denkbar. Auch hier geht es allein um die Frage, ob dem Mitgliedstaat bei der Umsetzung Ermessen zukommt oder ob sein Verhalten sicher prognostiziert werden kann. Dass Richtlinien vor ihrer Umsetzung keine verpflichtende Wirkung entfalten können, hat damit – anders als vom EuG angenommen – nichts zu tun.

Als letztes muss der Kläger auch individuell betroffen sein. Zur Bestimmung dieser Individualität greift der Gerichtshof noch immer auf die aus dem Jahre 1963 stammende *„Plaumann-Formel"* zurück. Nach dieser gilt Folgendes:[288]

„Wer nicht Adressat einer Entscheidung ist, kann nur dann geltend machen, von ihr individuell betroffen zu sein, wenn die Entscheidung ihn wegen bestimmter persönlicher Eigenschaften oder besonderer, ihn aus dem Kreis aller übrigen Personen heraushebender Umstände berührt und ihn daher in ähnlicher Weise individualisiert, wie den Adressaten."

---

[287] EuG, Slg. 2000, II-2487.
[288] EuGH Slg. 1963, 211; Slg. 1998, I-2405; Slg. 1989, 1295; 1993, I- 6787. Erneut bestätigt durch EuGH Slg. 2002, I-6677.

Diese Formel ist dabei auf einen **Vergleich zwischen dem Kläger und den sonstigen Betroffenen** angelegt. Erforderlich ist, dass der Kläger durch „**besondere Umstände**" in der Masse der Betroffenen erkennbar ist und sich von diesen abhebt. Dagegen spielt die Intensität der Betroffenheit oder die mögliche Verletzung subjektiver Rechte des Klägers (etwa Grundrechte) grds. keine Rolle. Insbesondere im Bereich von Verordnungen, die sich an einen unbestimmten Personenkreis richten und bei denen die Adressaten regelmäßig alle gleich aber keiner besonders betroffen ist,[289] führt dies unter Umständen zu erheblichen **Rechtsschutzlücken.** Dies gilt vor allem in den Fällen, in denen eine Verordnung ein unmittelbar wirksames Ver- oder Gebot postuliert, welches keinerlei Umsetzung durch die Mitgliedstaaten bedarf.

In diesen Fällen kann mangels nationalen Umsetzungsakts auch die nationale Gerichtsbarkeit keinen effektiven Grundrechtsschutz gewährleisten.[290] Doch auch bei begünstigenden Entscheidungen, die an Unternehmen ergehen, wird es für Konkurrenten schwer, sich gerichtlich zu wehren. Da es in der Regel mehr als einen Konkurrenten geben wird, fehlt es an der erforderlichen Individualisierung.

In der Literatur wird daher seit langem eine **Änderung der *Plaumann*-Formel** gefordert, um diese Rechtsschutzlücken zu beseitigen.[291] Unlängst ist diese Kritik auch vom Generalanwalt *Jacobs* und dem EuG geäußert worden.[292] Gefordert wird dabei eine Neuformulierung der individuellen Betroffenheit, die nicht mehr auf einen Vergleich zu anderen Betroffenen angelegt ist, sondern sich nach der Intensität des Eingriffs richtet. Der EuGH indes hat diese Kritik nicht aufgenommen, sondern ausdrücklich an der alten Formel fest-

---

[289] Etwas anderes kann in Ausnahmefällen gelten. So hat der EuGH etwa entschieden, dass der Inhaber eines seit 1924 eingetragenen Markenrechts als individuell betroffen anzusehen sei, wenn durch eine Verordnung dieses Markenrecht beeinträchtigt wird. Siehe EuGH, Slg. 1994, I-1853.

[290] Denkbar wäre in Deutschland zumindest die analoge Anwendung der Feststellungsklage nach § 43 Abs. 2 VwGO. Es könnte insoweit beantragt werden festzustellen, dass das unionale Rechtsverhältnis durch die Verordnung nicht begründet wurde. Sollte das Gericht den Zweifeln folgen, so müsste es eine Vorlage an den EuGH gemäß Art. 267 AEU vornehmen.

[291] Vgl. nur *Calliess*, NJW 2002, 3577; *Gundel*, in: Ehlers, Europäische Grundrechte und Grundfreiheiten, § 19 Rn 27; *Nettesheim*, JZ 2002, 928; *Braun/Kettner*, DÖV 2003, 58; *Thiele*, Individualrechtsschutz vor dem EuGH durch die Nichtigkeitsklage, S. 285 ff. sowie *ders.*, Europäisches Prozessrecht, § 7, Rn 78 f.

[292] EuG Slg. 2002, II-365; Schlussantrag in der Sache *Union des Pequenos Agricultores/Rat*, EuGH Slg. 2002, I-6677.

gehalten.[293] Zudem hat er auf die Mitgliedstaaten verwiesen, die für ein umfassendes nationales Rechtsschutzsystem zu sorgen hätten.

Diese Forderung des EuGH ist nunmehr auch in Art. 19 Abs. 1 II EU kodifiziert worden.

Angesichts der dargestellten Defizite kann diese Entscheidung des EuGH nicht überzeugen. Insoweit hat die Ausdehnung der Klagegegenstände durch den Vertrag von Lissabon entgegen dem ersten Eindruck nicht zu einer wirklichen Verbesserung des Individualrechtsschutzes geführt, da zu erwarten steht, dass der Gerichtshof weiterhin an dieser restriktiven Interpretation der individuellen Betroffenheit festhalten wird.

Eine denkbare **Neuformulierung** könnte m.E. folgendermaßen lauten: Eine individuelle Betroffenheit ist anzunehmen, wenn die angegriffene Bestimmung erheblich in die Rechte des Klägers eingreift oder sonstige erhebliche nachteilige Auswirkungen auf die Interessen des Klägers hat. Eine unzumutbare Zunahme von Klagen ist dabei nicht zu befürchten und könnte auch durch eine konsequente Einsetzung vom Fachgerichten verhindert werden, die zu einem dreistufigen Instanzenzug sowie zu einer Entlastung des EuGH und des EuG führen würde.

Eine gewisse Verbesserung dieser im Hinblick auf den Individualrechtsschutz defizitären Situation verspricht die bereits im Verfassungsvertrag vorgesehene vereinfachte Klagemöglichkeit gegen Rechtsakte mit „**Verordnungscharakter**". Gegen diese können private Kläger nun ohne das Erfordernis einer individuellen Betroffenheit vorgehen, sofern sie den Kläger unmittelbar betreffen und keine Durchführungsakte nach sich ziehen. Auch diese Norm wirft indes aufgrund der wenig glücklichen Formulierung zahlreiche Fragen auf. Nicht eindeutig ist bereits, was unter einem Rechtsakt mit Verordnungscharakter zu verstehen ist.[294] Einigkeit herrscht lediglich insoweit, als dass nur abstrakt-generelle Rechtsakte einen Verordungscharakter aufweisen können. Umstritten ist jedoch, ob damit neben den abstrakt-generellen Beschlüssen auch allen Verordnungen im Sinne des Art. 288 AEU dieser Charakter zugesprochen werden kann. Angesichts der Entstehungsgeschichte der Norm spricht Vieles dafür, dies nur für solche Verordnungen anzunehmen, die nicht in einem förmlichen Gesetzgebungsverfahren erlassen worden sind – was freilich zu der seltsamen Konsequenz führt, dass es Verordnungen ohne Verordnungscharakter gibt. Dieser Ansicht

---

[293] EuGH Slg. 2002, I-6677.

[294] *Dougan*, The treaty of Lisbon 2007: winning minds, not hearts, CMLRev 2008, 617 (678 f.); *Last*, Garantie wirksamen Rechtsschutzes gegen Maßnahmen der Europäischen Union, S. 155 ff.

haben sich nun auch sowohl das EuG als auch der EuGH ange-schlossen.[295]

Allein der Verordnungscharakter eines Rechtsakts lässt das Erfordernis einer indi-viduellen Betroffenheit zudem noch nicht entfallen. Voraussetzung ist zudem, dass der Einzelne unmittelbar betroffen ist und der betreffende Rechtsakt keine Durch-führungsmaßnahmen nach sich zieht. Bei dieser Formulierung handelt es sich ent-gegen dem ersten Anschein nicht um einen „weißen Schimmel". Tatsächlich wird die Anfechtungsmöglichkeit dadurch nämlich auf die Fälle der formellen unmittelbaren Betroffenheit beschränkt.[296] Die Zweckmäßigkeit einer solchen Differenzierung muss jedoch ebenfalls bezweifelt werden. Die Konsequenz ist ja, dass im Falle materieller Unmittelbarkeit nun doch wieder die nationale Ebene die zuständige Rechts-schutzebene darstellen soll. Warum aber dieser Unterschied zwischen formeller und materieller Unmittelbarkeit einen Wechsel der zuständigen Rechtsschutzebenen be-wirken soll, ist nicht nachvollziehbar. Jedenfalls fallen Richtlinien daher unter keinen Umständen unter diese Sonderregelung.

Insgesamt muss die neue Regelung daher als missglückt angesehen werden. Aus-führlich dazu *Thiele*, Das Rechtsschutzsystem nach dem Vertrag von Lissabon – (K)ein Schritt nach vorn?, EuR 2010, 30 ff.

dd) Klagegrund

Es muss wenigstens einer der in Art. 263 Abs. 2 AEU genannten Klagegründe geltend gemacht werden. Als solche kommen danach in Betracht

- Unzuständigkeit;
- Verletzung wesentlicher Formvorschriften;
- Verletzung der Verträge oder einer bei ihrer Durchführung an-zuwendenden Rechtsnorm;
- Ermessensmissbrauch.

Der Klagegrund **Unzuständigkeit** erfasst sowohl die Fälle, in denen die EU grds. nicht zuständig war,[297] als auch diejenigen, in denen ein Organ in den Zuständigkeitsbereich eines anderen eingriffen hat.[298]

---

[295] Siehe EuG, Rs. T-18/10; Rs. T-262/10 mit Anmerkung *Petzold* in EuR 2012, 443 sowie EuGH Rs. C-583/11 P. Anders hingegen *Everling*, EuZW 2010, 572 ff. Siehe dazu bereits *Thiele*, EuR 2010, 30 (43 f.). Vgl. auch *Thalmann*, EuR 2012, 452 ff. sowie *Pötters/Werkmeister/Traut*, EuR 2012, 546 ff.

[296] Zur Differenzierung zwischen formeller und materieller unmittelbarer Betroffen-heit nur *Thiele*, Individualrechtsschutz vor dem Europäischen Gerichtshof durch die Nichtigkeitsklage, S. 225 ff.

[297] Sog. absolute Unzuständigkeit.

[298] Sog. relative Unzuständigkeit.

Im Falle einer Klage des AdR oder eines nationalen Parlaments nach Art. 8 des Subsidiaritätsprotokolls kann insoweit allein der Klagegrund der „Unzuständigkeit" geltend gemacht werden. Es ist davon auszugehen, dass die Subsidiaritätsrüge die Frage der unionalen Zuständigkeit vollständig umfasst.

Zu den **wesentlichen Formvorschriften** gehören alle Verfahrensregelungen, die beim Zustandekommen der jeweiligen Rechtshandlung zu beachten waren. Umfasst sind damit unter anderem die Beteiligungsrechte anderer Organe, die Pflicht zur Begründung sowie die Vorschriften des Beschlussverfahrens.

Der Begriff **Ermessensmissbrauch** ist unionsrechtlich auszulegen. Hier wird nicht wie im deutschen Recht zwischen Beurteilungsspielraum und Überschreitung der Ermessensgrenzen unterschieden. Vorgebracht werden muss insoweit allein, dass ein eingeräumter Spielraum nicht zur Verfolgung der ihn begründenden Zwecke eingesetzt wurde.[299]

Der Klagegrund **Verletzung der Verträge** dient letztlich als Auffangtatbestand. Im Rahmen dieses Klagegrundes kann im Ergebnis jede Verletzung höherrangigen Rechts gerügt werden.

ee) Klagefrist

Gemäß Art. 263 Abs. 6 AEU gilt eine Frist von zwei Monaten ab Bekanntgabe der Rechtshandlung bzw. ab Kenntnisnahme.

b) Begründetheit

Sollte einer der in Art. 263 Abs. 2 AEU genannten Klagegründe tatsächlich vorliegen, ist die Nichtigkeitsklage begründet.

Auf das Vorliegen einer subjektiven Rechtsverletzung, wie etwa bei der nationalen Anfechtungsklage, kommt es nicht an.[300] Dies gilt auch für die Klage privater Kläger. Das Urteil des EuGH wirkt **ex tunc**[301] und **erga omnes**. Nationale Gerichte und Behörden haben es insoweit zu beachten. Dies gilt auch für eine abgewiesene Klage. Der betreffende Rechtsakt ist als rechtmäßig anzusehen. Sollten aus der Anwendung der rechtswidrigen Norm irgendwelche Schäden entstanden sein, können diese mit der Schadensersatzklage (siehe sogleich) geltend gemacht werden.

---

[299] EuGH Slg. 1996, I-5755; 1991, I-2987.
[300] *Thiele*, Europäisches Prozessrecht, § 6 Rn 59; § 7 Rn 90.
[301] Siehe jedoch Art. 264 Abs. 2 AEU.

3. Die Untätigkeitsklage (Art. 265 AEU)[302]

Mit der Untätigkeitsklage lässt sich durch den EuGH feststellen, ob es der Rat, die Kommission, das Parlament oder die EZB unter Verletzung der Verträge unterlassen haben, einen bestimmten Rechtsakt oder sonstige rechtserhebliche Maßnahmen zu erlassen. Sie bildet damit in gewisser Weise das **Gegenstück zur Nichtigkeitsklage.** Zu beachten ist, dass der Klageantrag lediglich auf die Feststellung einer rechtswidrigen Unterlassung und nicht auf den Erlass des betreffenden Rechtsakts lauten darf.[303] Im Übrigen ist die Untätigkeitsklage gemäß Art. 265 II AEU zur Nichtigkeitsklage subsidiär; im Falle einer Stellungnahme muss gegen diese im Wege der Nichtigkeitsklage vorgegangen werden.

a) Zulässigkeit

aa) Beteiligtenfähigkeit

Aktiv beteiligtenfähig sind die Mitgliedstaaten sowie die Organe der Union. Daneben sind gemäß Art. 265 III AEU natürliche und juristische Personen aktiv beteiligtenfähig. Passiv beteiligtenfähig sind die Organe der Union (Ausnahme: Rechnungshof, Gerichtshof) sowie Einrichtungen und sonstige Stellen der Union.

bb) Klagegegenstand

Mitgliedstaaten und Organe der Union können den Gerichtshof anrufen, wenn es der Klagegegner unter Verletzung des Vertrages unterlassen hat, „einen Beschluss zu fassen". Diese Kläger können damit im Ergebnis jede Handlungsform einfordern, die von dem Klagegegner nach den Verträgen erlassen werden kann. Anders ist dies im Hinblick auf private Kläger nach Art. 265 III AEU. Diese können allein Handlungen verlangen, die an sie (also die privaten Kläger) zu richten wären, weshalb weder der Erlass von Verordnungen noch von Richtlinien verlangt werden kann. Zudem darf es sich nicht um eine Empfehlung oder Stellungnahme handeln, da diese unverbindlich sind.

In dieser Differenzierung wird deutlich, dass die Untätigkeitsklage privater Personen ein subjektives Rechtsschutzverfahren darstellt, weshalb unverbindliche Empfehlungen und Stellungnahmen ausgenommen wurden. Bei Klagen der Mitgliedstaaten und der Organe ist dies anders, da diese auch eine objektive Funktion zur Wahrung des Unionsrechts übernehmen sollen.

---

[302] Dazu auch *Ehlers*, Jura 2009, 366 ff.
[303] *Borchardt*, Die rechtlichen Grundlagen der Europäischen Union, Rn 453.

cc) Klagebefugnis

Für Klagen der Mitgliedstaaten oder der Organe der Union ist eine Klagebefugnis nicht erforderlich. Es handelt sich wiederum um privilegierte Kläger, wie auch im Rahmen der Nichtigkeitsklage. Individualkläger indes müssen eine Klageberechtigung geltend machen können. Sie müssen geltend machen können, dass ein Organ es unterlassen hat, einen Rechtsakt **an den Kläger zu richten**. Hier war lange Zeit umstritten, ob damit Voraussetzung ist, dass der Kläger nachweisen muss, potentieller Adressat des begehrten Beschlusses zu sein oder ob es genügt, dass der Kläger wie in Art. 263 Abs. 4 AEU durch das Unterlassen eines Beschlusses an einen Dritten (etwa einen Konkurrenten) unmittelbar und individuell betroffen ist. Mittlerweile hat sich der EuGH zu Recht für letzteres entschieden.[304] Damit ist der erforderliche Gleichlauf zwischen Art. 263 Abs. 4 und Art. 265 III AEU hergestellt.

dd) Vorverfahren

Gemäß Art. 265 II AEU ist ein Vorverfahren durchzuführen. Danach muss das betreffende Unionsorgan zum Tätigwerden aufgefordert worden sein. Zu beachten ist die daraus folgende **Subsidiarität der Untätigkeitsklage**: Wird das Organ in irgendeiner Weise tätig, muss nunmehr Nichtigkeitsklage gegen den vom Organ getätigten Beschluss erhoben werden. Dies betrifft auch den Fall, dass das Organ die begehrte Handlung ausdrücklich ablehnt. Eine „Versagungsgegenklage" ist dem Unionsrecht mithin fremd.

ee) Klagefrist

Die Klagefrist ergibt sich aus Art. 265 II AEU und beträgt **zwei Monate**. Sie beginnt mit Ablauf der dem jeweiligen Unionsorgan für die Abgabe einer Stellungnahme zugestandenen Zweimonatsfrist.

b) Begründetheit

Die Untätigkeitsklage ist begründet, wenn das verklagte Organ verpflichtet gewesen wäre, die betreffende Handlung vorzunehmen. Das unterlegene Organ ist verpflichtet, die sich aus dem Urteil ergebenden Maßnahmen zu ergreifen, Art. 266 AEU, was in der Regel bedeuten wird, dass der eingeforderte Beschluss getroffen werden

---

[304] EuGH Slg. 1996, I-6065.

muss. Zu beachten ist auch die Möglichkeit eventueller Schadens-ersatzansprüche, auf die Art. 266 II AEU ausdrücklich verweist.

4. Das Vorabentscheidungsverfahren (Art. 267 AEU)[305]

Durch das Vorabentscheidungsverfahren haben nationale Gerichte die Möglichkeit und unter bestimmten Umständen sogar die Pflicht, eine Auslegungs- oder Gültigkeitsfrage dem EuGH vorzulegen. **Funktion des Vorabentscheidungsverfahrens** ist es, sicherzu-stellen, dass das Unionsrecht in allen Mitgliedstaaten einheitlich an-gewandt wird. Da das Unionsrecht fast vollständig von den natio-nalen Behörden vollzogen wird, ist im Grundsatz allein der inner-staatliche Rechtsweg eröffnet, soweit gegen eine nationale Maßnah-me mit unionsrechtlichem Bezug vorgegangen wird. Der nationale Richter wird damit zum „**europäischen Richter**" und muss in seinen Verfahren für die Einhaltung des Unionsrechts Sorge tragen.

Die **Wahrung der Rechtseinheit** erfordert es jedoch, dass der Ge-richtshof in problematischen Auslegungs- und Gültigkeitsfragen das „letzte Wort" hat. Das Vorabentscheidungsverfahren führt somit zu der **notwendigen Verklammerung** des nationalen und europä-ischen Rechtsschutzsystems, indem es die Vorlage unionsrecht-licher Fragen ermöglicht und unter bestimmten Voraussetzungen sogar eine entsprechende Vorlagepflicht statuiert. Dabei geht es freilich nicht um eine Unterordnung der nationalen Gerichte unter den EuGH. Das Verfahren ist vielmehr als „**vertrauensgeprägtes Dialogverfahren**" ausgestaltet, bei dem beide Seiten eine wichtige Rolle für die Fortbildung des Unionsrechts übernehmen (sollen).[306]

Problematisch ist indes, dass der Erfolg dieses Verfahrens letztlich von der „**Vor-lagefreudigkeit**" der Gerichte abhängt. Zwar kann nach der Rechtsprechung des BVerfG die Verletzung der Vorlagepflicht vor dem BVerfG als Entzug des gesetzlich-en Richters gerügt werden.[307] Erfolgreich ist eine solche Verfassungsbeschwerde indes nur, wenn die Nichtvorlage **willkürlich** war.[308] Aus unionsrechtlicher Sicht be-steht jedenfalls keine direkte Möglichkeit, Nichtvorlagen zu sanktionieren. Es bleibt al-lein die Einleitung eines **Vertragsverletzungsverfahrens** gegen den betreffenden Mitgliedstaat.[309] Teilweise wird daher auch die ausreichende Effektivität des Vor-lageverfahrens für den Individualrechtsschutz bezweifelt. Tatsächlich zeigt sich damit

---

[305] Ausführlich *Schima*, Das Vorabentscheidungsverfahren vor dem EuGH, 2. Auf-lage 2004 sowie *Thiele*, Europäisches Prozessrecht, § 9.
[306] Siehe auch die Fallbearbeitung von *Wendel/Stöbener*, Jura 2010, 536.
[307] Vgl. zuletzt BVerfG vom 30.8.2010, 1 BvR 1631/08.
[308] Dazu *Britz*, NJW 2012, 1313 ff.
[309] In der Praxis wird ein solches jedoch von der Kommission wegen der Unabhän-gigkeit der Justiz regelmäßig nicht eingeleitet.

bereits an dieser Stelle das Vertrauen, welches in die nationale Richterschaft gesetzt wird, und welches nicht enttäuscht werden sollte.

Praktisch leidet der Gerichtshof indes weniger an der mangelnden Vorlagefreudigkeit als umgekehrt an einer zu ausgeprägten Vorlagetätigkeit, die dazu führt, dass sich der EuGH zum Teil mit überaus komplexen und detaillierten Einzelproblemen befassen muss, die auch von den nationalen Gerichten selbst gelöst werden könnten.

a) Zulässigkeit

aa) Vorlageberechtigung

Die Vorlageberechtigung richtet sich nach Art. 267 II AEU. Danach sind lediglich **mitgliedstaatliche Gerichte** zur Vorlage berechtigt. Der Begriff des Gerichts ist unionsrechtlich und nicht mitgliedstaatlich auszulegen; die Mitgliedstaaten können den Anwendungsbereich des Art. 267 AEU insofern nicht einseitig einschränken oder ausdehnen. Nach der Rechtsprechung des EuGH liegt eine **Gerichtseigenschaft** unter folgenden Voraussetzungen vor:[310]

- der Spruchkörper muss eine ständige Einrichtung sein;
- die Tätigkeit muss auf gesetzlicher Grundlage beruhen;
- die Einrichtung muss unabhängig sein;
- es muss eine Zuständigkeit für eine Entscheidung mit Rechtsprechungscharakter gegeben sein und
- es müssen transparente Verfahrensvorschriften gegeben sein.

Gerichte sind damit im Ergebnis alle unabhängigen Organe, die in einem rechtsstaatlich geordneten Verfahren Rechtsstreitigkeiten mit Rechtskraftwirkung zu entscheiden haben. Damit können auch gesetzliche Schiedsgerichte vorlageberechtigt sein. Nicht vorlageberechtigt sind jedoch private Schiedsgerichte.[311] Hier fehlt es an der notwendigen staatlichen Rückkopplung, so dass eine Bindungswirkung an die EuGH-Entscheidung nicht zu begründen wäre.

Verfassungsgerichte sind hingegen Gerichte im Sinne des Art. 267 AEU. Nachdem das BVerfG dies in der Theorie bereits einige Zeit anerkannt hatte, hat es im Januar 2014 nun tatsächlich ein erstes Vorlageersuchen an den EuGH gerichtet. Das war allerdings weniger Ausdruck besonderer Kooperation, da es hier um die Frage eines möglichen Ultra-Vires-Aktes der EZB geht. Siehe dazu ausführlich *Thiele*, German Law Journal 15 (2014), 241 ff. sowie den (zu begrüßenden) Schlussantrag des Generalanwalts Villalón in der Rs. C-62/14 vom 14.1.2015.

---

[310] EuGH Slg. 1966, 584; 1994, I-1480. Zum Gerichtsbegriff auch *Thiele*, Europäisches Prozessrecht, § 9 Rn 7 ff.
[311] EuGH Slg. 1982, 1095.

bb) Vorlagefrage

Die Zulässigkeit der Vorlagefrage richtet sich nach Art. 267 I AEU. Danach kann das jeweilige Gericht Fragen stellen über:

- die Auslegung der Verträge;   - die Gültigkeit und die Auslegung der Handlungen der Organe, Einrichtungen und sonstigen Stellen der Union.[312]

Achtung: Auslegungsfragen können dabei sowohl das Primärrecht als auch das Sekundärrecht der Union betreffen. Gültigkeitsfragen sind hingegen nur bzgl. des unionalen Sekundärrechts zulässig; der EuGH hat keine Kompetenz europäisches Primärrecht für ungültig zu erklären.

Die vom EuGH auszulegende Vorschrift muss damit **Teil des Unionsrechts** sein. Direkte Fragen bzgl. der Vereinbarkeit von nationalem Recht mit dem Unionsrecht sind dagegen unzulässig; nationales Recht wird vom EuGH nicht ausgelegt und kann daher niemals unmittelbarer Klagegegenstand im Rahmen eines Vorabentscheidungsverfahrens sein.[313] Folgerungen für die Anwendung des nationalen Rechts muss der nationale Richter vielmehr selbstständig aus der Antwort des EuGH ziehen.

Vor allem in Klausuren und Hausarbeiten ist daher auf eine korrekte Formulierung der Vorlagefrage zu achten, die das nationale Recht außer Acht lässt. Das Problem wird üblicherweise dadurch umgangen, dass direkt nach der Vereinbarkeit einer bestimmten Rechtsfolge (nämlich derjenigen der jeweiligen nationalen Rechtsnorm) mit dem Unionsrecht gefragt wird. **Fallbeispiel** bei *Thiele*, Standardfälle Europarecht, Fälle 6 und 7. Ein „**Negativbeispiel**" aus der Praxis findet sich in der Rs. C-19/14.

cc) Entscheidungserheblichkeit

Art. 267 II AEU bestimmt, dass die vorgelegte Frage nach der Auffassung des jeweiligen Gerichts für den betreffenden Rechtsstreit **entscheidungserheblich** sein muss. Dies ist der Fall, wenn das Gericht abhängig von der Antwort auf die Frage **unterschiedlich tenorieren** müsste. Ob dies jedoch tatsächlich so ist, wird durch den EuGH grds. nicht überprüft, die Entscheidung im Hinblick auf die Entscheidungserheblichkeit obliegt insoweit dem vorlegenden nationalen Richter. Etwas anders gilt allein dann, wenn offensichtlich ist, dass die erbetene Auslegung in keinem Zusammenhang mit der Realität steht, das Problem hypothetischer Natur ist oder der EuGH

---

[312] Die bisherige dritte Variante, nämlich die Auslegung von Satzungen etc. spielte in der Praxis keine Rolle und wurde durch den Vertrag von Lissabon daher zu Recht gestrichen.

[313] Dazu auch *Thiele*, Europäisches Prozessrecht, § 9 Rn 26 ff. „Mustergültig" verfehlt daher die Vorlagefrage in Rs. C-19/14, siehe auch DVBl. 2014, 1524 f.

nicht über die tatsächlichen und rechtlichen Angaben verfügt, die für eine zweckdienliche Beantwortung erforderlich sind.[314] Beide Konstellationen kommen indes überaus selten vor.

In BVerwGE 115, 189 ff. hielt das BVerwG den **Betrieb eines Laserspiels** mit simulierten Tötungen für unvereinbar mit der Menschenwürde des Art. 1 Abs. 1 GG. Es hatte jedoch Zweifel, ob dieses Verbot mit der europäischen Dienstleistungsfreiheit vereinbar war und legte eine entsprechende Frage dem EuGH vor. Hier fehlte es streng genommen an der Entscheidungserheblichkeit. Wie sich aus dem Lissabon-Urteil des BVerfG ergibt, bildet der Gehalt des Art. 1 GG (wegen Art. 79 Abs. 3 GG) die Grenze des Vorrangs des Unionsrechts. Selbst wenn der EuGH einen Verstoß bejaht hätte (was dieser indes nicht tat), hätte das BVerwG mithin das Verbot aufrechterhalten müssen. Siehe auch *Sodan/Ziekow*, Grundkurs Öffentliches Recht, S. 18 ff. Allerdings folgt wohl aus dem Gebot der **Unionstreue** eine Verpflichtung des nationalen Gerichts, dem EuGH eine Entscheidungsmöglichkeit zu geben, so dass die Vorlage gleichwohl nicht nur zulässig, sondern auch geboten war. Zu dieser Entscheidung insgesamt auch *Jestaedt*, Jura 2006, 127.

Die Frage der Entscheidungserheblichkeit ermöglicht dem nationalen Gericht damit in beschränktem Maße die Umgehung einer möglicherweise bestehenden Vorlagepflicht (siehe sogleich). Eine solche kann nämlich nur dann bestehen, wenn die Frage als entscheidungserheblich eingestuft wird.

dd) Vorlagerecht/Vorlagepflicht

Aus Art. 267 II AEU folgt, dass nationale Gerichte eine entscheidungserhebliche Frage an den EuGH stellen können, soweit sie dies für erforderlich halten. Sie sind hierzu jedoch grds. nicht verpflichtet, sondern können die betreffende Frage auch selbst entscheiden. Vor allem Auslegungsentscheidungen können damit auch selbstständig vom jeweiligen Gericht entschieden werden – eine Option, die eher zu wenig als zu häufig in Anspruch genommen wird.

Der Gerichtshof hat dieses freie Vorlagerecht indes für den Fall sog. **Gültigkeitsfragen** eingeschränkt. Dies betrifft damit solche Vorlagefragen, bei denen das nationale Gericht die Gültigkeit einer unionsrechtlichen Rechtsnorm anzweifelt. Kommt das Gericht hier zu dem Ergebnis, dass das Unionsrecht wegen eines Verstoßes gegen höherrangiges Unionsrecht unwirksam ist, so darf es die jeweilige Norm nicht eigenständig für nichtig erklären bzw. im konkreten Rechtsstreit nicht anwenden. Erforderlich ist in einem solchen Fall vielmehr stets eine Vorlage an den EuGH, damit dieser die Frage der Geltung der umstrittenen Rechtsnorm verbindlich und

---

[314] EuGH Slg. 1998, I-3101; 1997, I-5531; 1981, 1563. Siehe auch *Streinz*, JuS 2009, 454 (454).

vor allem einheitlich für das gesamte Unionsgebiet feststellen kann.[315] Ein freies Verwerfungsrecht kommt den nationalen Gerichten für das Unionsrecht folglich nicht zu. Der Gerichtshof genießt in dieser Hinsicht vielmehr das unionsweite „**Verwerfungsmonopol**" für sekundäres Unionsrecht. Nationale Gerichte sind damit in diesen Fällen zu einer Vorlage verpflichtet.

Achtung: Dies betrifft allein die Fälle, in denen das nationale Gericht nach einer stets zulässigen Prüfung des Unionsrechts zum Ergebnis kommt, dass dieses als nichtig anzusehen ist. Hat das Gericht lediglich Zweifel an der Wirksamkeit, kann diese aber letztlich überwinden, kommt eine Vorlagepflicht hingegen nicht in Betracht. Das Gericht hat freilich die Möglichkeit, gleichwohl eine Vorlagefrage einzureichen.

Darüber hinaus bestimmt Art. 267 Abs. 3 AEU eine allgemeine **Vorlagepflicht** für Gerichte, deren Entscheidungen nicht mehr mit Rechtsmitteln des innerstaatlichen Rechts angegriffen werden können. Solche Gerichte müssen eine entscheidungserhebliche Frage des Unionsrechts – und zwar sowohl Auslegungs- als auch Gültigkeitsfragen – damit stets dem Gerichtshof vorlegen. Diese Vorlageverpflichtung soll die Wahrung der Rechtseinheit sicherstellen.

Nicht ganz eindeutig ist hingegen, was unter einem **letztinstanzlichen Gericht** zu verstehen ist. Fraglich ist insoweit, ob unter diesen Begriff nur die obersten Gerichte fallen (**abstrakte Betrachtungsweise**) oder, ob eine Vorlagepflicht auch bei den Gerichten besteht, bei denen nur im konkreten Fall keine Rechtsmittelmöglichkeit mehr gegeben ist (**konkrete Betrachtungsweise**).

Im Ergebnis wird man sich hier für die konkrete Betrachtungsweise entscheiden müssen, da nur diese das Ziel der einheitlichen Rechtsanwendung wirksam zu erreichen vermag.[316] Damit kann also auch ein Amtsgericht im Einzelfall vorlageverpflichtet sein, sofern etwa die notwendige Berufungssumme nicht erreicht wird.

Eine Ausnahme von der Vorlagepflicht nach Art. 267 Abs. 3 AEU besteht indes in den Fällen, in denen bereits eine gesicherte Rechtsprechung des Gerichtshofs vorliegt oder die richtige Anwendung des Unionsrechts offenkundig ist.[317] Diese sog. „**acte-clair-doktrin**" ist nicht ganz unproblematisch, da sie dem nationalen Gericht eine Möglichkeit gibt, die Vorlagepflicht durch einen Hinweis auf (vermeintlich) bestehende Rechtsprechung zu umgehen. **Achtung**: Diese Ausnahme bezieht sich allein auf die Vorlagepflicht letztinstanzlicher Gerichte und auch dort nur auf Auslegungsfragen. Sofern ein Gericht sekundäres Unionsrecht für unwirksam hält, muss hingegen stets

---

[315] EuGH Slg. 1987, 4199.
[316] So nun auch der EuGH Slg. 2002, I-4839. Siehe, mit Argumenten für und wider, auch *Thiele*, Europäisches Prozessrecht, § 9 Rn 62 ff.
[317] EuGH Slg. 1982, 3415. Zur deutschen Rechtslage vgl. BVerwGE 66, 29; Hess-VGH NVwZ 1989, 387.

und ausnahmslos ein Vorlageverfahren eingeleitet werden. Dies gilt selbst dann, wenn der Gerichtshof eine ähnliche Norm bereits für unwirksam erklärt haben sollte. Es bleibt also auch dann beim Verwerfungsmonopol des EuGH.

Verletzt ein Gericht seine Vorlagepflicht, kann dies mit der Verfassungsbeschwerde als **Entzug des gesetzlichen Richters** nach Art. 101 Abs. 1 S. 2 GG gerügt werden. Erfolg hat diese Rüge aber nur dann, wenn und soweit die Auslegung und Anwendung des Art. 267 Abs. 3 AEU nicht mehr verständlich erscheint und daher offensichtlich unhaltbar, weil willkürlich ist.

Zu prüfen ist die Vertretbarkeit der Nichtvorlage. Es kommt dabei also nicht in erster Linie auf die Vertretbarkeit der Auslegung des maßgeblichen Unionsrechts, sondern auf die Vertretbarkeit der Handhabung der Vorlagepflicht an, ob also das Gericht in vertretbarer Weise dargelegt hat, dass und warum im Einzelfall keine Vorlagepflicht bestand. Dazu ausführlich *Britz*, NJW 2012, 1313 ff. Der konkrete Maßstab der Willkürkontrolle ist allerdings auch innerhalb der Senate des BVerfG umstritten, vgl. *Thiele*, Europäisches Prozessrecht, § 9 Rn 80 ff. sowie *Finck/Wagner*, NVwZ 2014, 1286 ff.

ee) Verhältnis zur Nichtigkeitsklage (Art. 263 AEU)[318]

Anders als für die Nichtigkeitsklage, besteht für eine Vorlagefrage keinerlei Frist. Fraglich ist daher, ob eine Gültigkeitsfrage auch dann noch zulässig ist, wenn die Frist zur Erhebung der Nichtigkeitsklage bereits abgelaufen ist. Hierin könnte eine unzulässige Beeinträchtigung der Bestandskraft dieser Rechtsakte liegen. Der Gerichtshof geht in seiner Rechtsprechung davon aus, dass eine Vorlage nach Ablauf der Frist des Art. 263 Abs. 6 AEU dann unzulässig ist, wenn eine Nichtigkeitsklage **offensichtlich zulässig** gewesen wäre.[319]

Wie bereits festgestellt, wird dies grds. nur dann der Fall sein, wenn es sich um einen an den Kläger adressierten Beschluss handelt. In allen anderen Fällen ist die Rechtslage aufgrund der *Plaumann-Formel* regelmäßig so unsicher, dass eine entsprechende Klage jedenfalls nicht offensichtlich zulässig wäre.

Fraglich ist allerdings, wie sich insoweit die neue vereinfachte Klagemöglichkeit gegen Rechtsakte mit Verordnungscharakter auswirkt. Hier bedarf es gerade keiner individuellen Betroffenheit mehr, so dass Klagen Privater durchaus öfter „offensichtlich zulässig" sein könnten. Indes besteht zumindest in der Anfangszeit noch ein so hohes Maß an Rechtsunsicherheit bzgl. der Frage, welchen Rechtsakten im Einzelnen Verordnungscharakter zukommt, dass zunächst mit keiner wesentlichen Änderung des Verhältnisses zu rechnen ist.

---

[318] Hierzu auch *Pechstein/Kubicki*, NJW 2005, 1825.
[319] EuGH Slg. 1996, I-6699.

b) Die Wirkung der Entscheidung des EuGH[320]

In seinem Urteil erläutert der EuGH den Tatbestand und die Rechtsfolge der zu untersuchenden unionsrechtlichen Norm. Dies geschieht in einer **tenorierten Antwort auf die Vorlagefrage**. Eine Regelung der Wirkung der Entscheidung des EuGH findet sich im AEU-Vertrag nicht. Im Hinblick auf Auslegungsfragen sind zunächst einmal das vorlegende Gericht sowie alle anderen Gerichte, die mit der Rechtssache befasst werden an die Auslegung gebunden.[321]

Das vorlegende Gericht muss somit im weiteren Verfahren das relevante Unionsrecht in der Weise auslegen und anwenden, wie es der EuGH in seiner Entscheidung festgestellt hat. Daneben müssen auch andere Gerichte die Auslegung durch den EuGH zur Kenntnis nehmen. Wollen sie von dieser Abweichen, so müssen unterinstanzliche Gerichte dies ausführlich begründen. Letztinstanzliche Gerichte dürfen hingegen nicht von der Auslegung abweichen, ohne eine erneute Vorlagefrage an den EuGH zu richten.[322] Auch nationale Verwaltungsbehörden sind an die Auslegungsurteile des EuGH gebunden.[323]

Entscheidet der EuGH über die **Geltung** einer unionsrechtlichen Norm, so wirkt diese Entscheidung ex tunc und erga omnes.[324] Allerdings kann die Entscheidung in ihrer zeitlichen Rückwirkung ausnahmsweise vom EuGH eingeschränkt werden.[325]

5. Die Amtshaftungsklage (Art. 268 iVm Art. 340 II AEU)[326]

Art. 268 AEU begründet für den Bereich der außervertraglichen Haftung der Union eine ausschließliche Zuständigkeit des Gerichtshofs. Die Amtshaftungsklage dient dem **individuellen Rechtsschutz** gegen Akte der Union. Die EU ist mit eigenen Hoheitsrechten von den Mitgliedstaaten ausgestattet worden. Damit besteht die Möglichkeit, dass auch diese (neben dem Nationalstaat bestehende) Hoheitsmacht durch ihre Handlungen den Einzelnen schädigt und beeinträchtigt. Der Kompensation solcher Schäden dient die Amtshaftungsklage nach Art. 268 AEU. Damit stellt Art. 268 AEU das pro-

---

[320] Insgesamt hierzu *Rupp*, JZ 1988, 191.
[321] *Wegener*, in Calliess/Ruffert, EUV/AEUV, Art. 267 AEU Rn 47.
[322] *Thiele*, Europäisches Prozessrecht, § 9 Rn 106.
[323] Siehe *Thiele*, Europäisches Prozessrecht, § 9 Rn 108.
[324] *Borchardt*, Die rechtlichen Grundlagen der Europäischen Union, Rn 512.
[325] EuGH Slg. 1976, 455.
[326] *Ehlers*, Jura 2009, 187 ff.

zessuale Gegenstück zum (bereits oben dargestellten) materiellen Anspruch aus Art. 340 II AEU dar.[327]

a) Zulässigkeit

aa) Beteiligtenfähigkeit

Aktiv klageberechtigt sind alle natürlichen und juristischen Personen. Aber auch alle sonstigen Rechtssubjekte, die durch die Organe der Union geschädigt werden können, sind erfasst. Beteiligtenfähig sind damit etwa auch einzelne Bundesländer oder Gemeinden.

Auch die Mitgliedstaaten selbst sind beteiligtenfähig.[328] Passiv beteiligtenfähig ist jeweils die Union selbst, wobei sie durch das Organ vertreten wird, das den Schaden verursacht hat.[329] Hinzu tritt die Kommission, die die Union stets vertritt.

bb) Klagegegenstand

Klagegegenstand ist jeweils ein rechtswidriges Handeln eines Unionsorgans. Insbesondere erfasst wird dabei rechtswidrige Rechtsetzung (also Richtlinien, Verordnungen) bzw. rechtswidriges Handeln der Unionsverwaltung.

cc) Rechtsschutzbedürfnis

Nach früherer Ansicht ging der EuGH davon aus, dass das Rechtsschutzbedürfnis fehlt, wenn der betreffende Rechtsakt durch die Nichtigkeitsklage noch anfechtbar war. Diese Ansicht ist jedoch nunmehr aufgegeben worden. Danach stellt die Schadensersatzklage einen **eigenständigen Rechtsbehelf** dar, der in seiner Zulässigkeit von keinem anderen abhängt.[330] Hierdurch wird die defizitäre Möglichkeit des Einzelnen gegen normative Rechtsakte im Wege der Nichtigkeitsklage vorzugehen teilweise kompensiert. Zu beachten ist jedoch, dass das Rechtsschutzbedürfnis fehlt, soweit dem Kläger durch andere unionsrechtliche oder mitgliedstaatliche Rechtsbehelfe ein sachgerechterer Weg zur Erreichung seines Ziels zur Verfügung steht.

---

[327] Siehe dazu oben, § 9.
[328] EuGH Slg. 1982, 1855.
[329] *Cremer*, in: Calliess/Ruffert, EUV/AEUV, Art. 268 AEU Rn 2.
[330] *Borchardt*, Die rechtlichen Grundlagen der Europäischen Union, Rn 458; *Thiele*, Europäisches Prozessrecht, § 10 Rn 10.

dd) Klagefrist

Zwar nennt Art. 268 AEU selbst keine Klagefrist, allerdings bestimmt Art. 46 der Satzung des Europäischen Gerichtshofs (SEuGH), dass zwischen dem Ereignis und der Klageerhebung maximal **fünf Jahre** liegen dürfen. Es findet jedoch keine Prüfung der Verjährung von Amts wegen, sondern nur auf entsprechende Rüge der Partei statt.[331]

b) Begründetheit

Die Klage ist begründet, wenn das Handeln des jeweiligen Organs (bzw. das Handeln des jeweiligen Amtsträgers) einen Schaden zurechenbar rechtswidrig verursacht hat. Insoweit prüft der EuGH an dieser Stelle die **Voraussetzungen des Haftungsanspruchs** aus Art. 340 II AEU.[332]

IV. Vorläufiger Rechtsschutz[333]

Den Anforderungen des Rechtsstaatsprinzips entsprechend, besteht auch vor dem EuGH die Möglichkeit, vorläufigen Rechtsschutz zu erlangen. Dies ist insbesondere aufgrund der Tatsache erforderlich, dass die Klagen vor dem Gerichtshof gemäß Art. 278 AEU keine aufschiebende Wirkung entfalten. Insgesamt sind dabei im AEU-Vertrag **drei Formen des vorläufigen Rechtsschutzes** vorgesehen. Dies sind:

> - die Aussetzung der Durchführung angefochtener Handlungen gemäß Art. 278 S. 2 AEU;
> - der Erlass einstweiliger Anordnungen gemäß Art. 279 AEU;
> - die Aussetzung der Zwangsvollstreckung gemäß Art. 299 IV AEU.

Ein solcher Antrag auf vorläufigen Rechtsschutz ist zulässig, sobald das Hauptsacheverfahren anhängig ist. Es besteht eine **strenge Akzessorietät** zur Hauptsache. Zwischen dem Antragsgegenstand und dem Streitgegenstand des Hauptsacheverfahrens muss ein unmittelbarer Zusammenhang bestehen. Eine Antragsfrist besteht nicht. Antragsbefugt sind alle potentiellen Klageberechtigten im Hauptsacheverfahren.[334] Der Antrag ist begründet, wenn der Antrag-

---

[331] EuGH Slg. 1989, 1553.
[332] Zu den einzelnen Voraussetzungen siehe oben, § 9.
[333] Dazu auch *Schoch*, Jura 2007, 837 ff. sowie *Thiele*, Europäisches Prozessrecht, § 11.
[334] *Thiele*, Europäisches Prozessrecht, § 11 Rn 21.

steller glaubhaft machen kann, dass die Anordnung zur Vermeidung eines schweren und nicht wiedergutzumachenden Schadens unter Abwägung der beteiligten Rechte dringend erforderlich ist und die Hauptsache hinreichende Aussicht auf Erfolg hat. Dies entspricht in etwa dem Erfordernis des Anordnungsgrundes und des Anordnungsanspruches im deutschen Recht. Das Gericht entscheidet durch begründeten Beschluss.

Lösung Fall 8: In Betracht käme in diesem Fall das Vorabentscheidungsverfahren des Art. 267 AEU. Richter *Gert L.* könnte dem EuGH danach die Frage vorlegen, ob die Verträge so auszulegen sind, dass sie eine bestimmte Rechtsfolge (nämlich diejenige des nationalen Gesetzes) verbieten.

4. TEIL: BINNENMARKT/GRUNDFREIHEITEN/WETTBEWERBSRECHT

§ 11 DAS BINNENMARKTKONZEPT DER EU

I. Überblick und normative Verankerung

Das Binnenmarktkonzept bildet einen wesentlichen **Grundpfeiler der Wirtschaftsverfassung** der Union. Der Binnenmarkt umfasst einen Raum ohne Binnengrenzen, in dem der freie Verkehr von Waren, Personen, Dienstleistungen und Kapital gewährleistet sind (Art. 26 AEU). Ein solcher Binnenmarkt ist somit dadurch gekennzeichnet, dass sich wirtschaftliche Aktivitäten möglichst frei von nationalen Interventionen entfalten können. Staatliche Interventionen werden prinzipiell als häufig unnötiger Kostenfaktor angesehen, der die Effektivität des zugrundeliegenden Marktes verringert. Eine solche Steigerung der Effektivität wird von den Unionsverträgen freilich nicht um ihrer selbst willen, sondern letztlich **für den Verbraucher** und damit den einzelnen Unionsbürger angestrebt.

Die kartellrechtlichen Vorschriften (Art. 102 AEU ff.) machen diesen Zusammenhang besonders deutlich. Grundsätzlich wird nämlich davon ausgegangen, dass auf einem Markt mit freiem Wettbewerb langfristig die besten Produkte zum geringsten Preis angeboten werden, indem Innovationen und Produktivitätssteigerungen gefördert werden. Dieser Zusammenhang zwischen offenem Wettbewerb und Verbraucherinteresse wird in der Öffentlichkeit indes nur bedingt wahrgenommen. Oftmals überwiegt vielmehr das Gefühl, wonach diese Politik eher der Unterstützung eines unsozialen „Manchester-Kapitalismus" dient, der vor allem zu Lasten der Arbeitnehmer geht.

Tatsächlich war die Union in der Vergangenheit zum Teil davon getrieben, den Wettbewerb um seiner selbst willen zu fördern und hat soziale aber auch kulturelle Differenzen in den einzelnen Mitgliedstaaten dabei zu überspielen versucht. Von dieser einseitigen Betrachtungsweise scheint sich die Union jedoch mittlerweile gelöst zu haben. Auch ein Binnenmarkt verträgt insoweit einen sozialen **Unterbau** und gewisse nationale Unterschiede. Ohne die Beachtung solcher nationalen Differenzierungen, die zum Teil auf einer langen Tradition beruhen, könnte sich das Konzept des Binnenmarktes insoweit „zu Tode siegen", indem der Widerstand in den einzelnen Staaten stark wächst und sich am Ende auch auf Bereiche überträgt, bei denen eine wirtschaftliche Harmonisierung an sich zweckmäßig erscheint. **Normativ verankert** ist das Binnenmarktkonzept in Art. 26 AEU und dem Protokoll über den Binnenmarkt und den Wettbewerb.

II. Elemente des Binnenmarktkonzepts

1. Die Grundfreiheiten

Die Grundfreiheiten werden in Art. 26 AEU ausdrücklich angesprochen. Sie bilden damit ein wesentliches Element des europäischen Binnenmarktkonzepts in Form der sogenannten „**negativen Integration**". In diesem Bereich erfolgt die Integration also vornehmlich durch Verbote, indem den Mitgliedstaaten ein bestimmtes Verhalten (nämlich die unzulässige Beschränkung von Grundfreiheiten) untersagt wird.[335] Unterschieden werden insgesamt vier Grundfreiheiten:

- die Warenverkehrsfreiheit,
- die Freiheiten des Personenverkehrs (aufgeteilt in Arbeitnehmer- und Niederlassungsfreiheit),
- die Dienstleistungsfreiheit sowie
- die Kapital- und Zahlungsverkehrsfreiheit.

Die „negative" Stoßrichtung wird in der Formulierung der Grundfreiheiten deutlich. So heißt es etwa in

- Art. 34 AEU: „[...] sind zwischen den Mitgliedstaaten verboten."
- Art. 49 AEU: „[...] sind nach Maßgabe der folgenden Bestimmungen verboten."
- Art. 56 AEU: „[...] sind nach Maßgabe der folgenden Bestimmungen verboten."
- Art. 63 AEU: „[...] sind alle Beschränkungen [...] verboten."

Lediglich die Regelung der Arbeitnehmerfreizügigkeit in Art. 45 AEU spricht nicht ausdrücklich von einem Verbot. Allerdings werden in Art. 45 Abs. 2 AEU bestimmte Rechte der Unionsbürger aufgezählt. In diese darf der Staat grds. nicht eingreifen. Oder anders ausgedrückt: ein Eingriff ist verboten, wenn er nicht ausnahmsweise erlaubt ist.

Diese Form der negativen Integration ist **zwangsläufig begrenzt**. Insbesondere kann sie nicht zu einer förmlichen Rechtsharmonisierung führen. Vielmehr werden die nationalen Bestimmungen lediglich insoweit durch das Europarecht überlagert, als sie mit den Grundfreiheiten als Rahmenordnung kollidieren. Die materiellen Bestimmungen des nationalen Rechts werden hingegen nicht vereinheitlicht. Insofern führen die Grundfreiheiten also nicht zu einer einheitlichen europäischen Rechtsordnung. Vielmehr gehen auch die Grundfreiheiten von 28 Rechtsordnungen aus, die lediglich **punktuell gewissen Rahmenbedingungen** genügen müssen.

---

[335] Das betrifft auch solch sensible Bereiche wie das Steuerrecht, vgl. *Hindelang/Kohler*, JuS 2014, 405 ff.

Dabei gilt es auch zu beachten, dass bei der Anwendung der Grundfreiheiten auch nationale Besonderheiten eine Rolle spielen können. Dies gilt vor allem für den Bereich der staatlichen Rechtfertigung. Solche nationalen Besonderheiten können also dazu führen, dass hier eine Rechtfertigung der staatlichen Maßnahme gelingt, während sie in allen anderen Staaten scheitert. Ein Beispiel stellt etwa die *Laserdrome-Entscheidung* des EuGH dar. Hier ging es letztlich um das nationale Verständnis der Menschenwürde, die dazu führte, dass es Deutschland nicht verwehrt war, Laserspiele zu untersagen, obwohl diese Spiele in anderen Mitgliedstaaten erlaubt waren. Auch dies belegt die These, dass die Grundfreiheiten von unterschiedlichen nationalen Rechtsordnungen ausgehen. Was sie anstreben ist allerdings die **Verhinderung einer Abschottung** dieser verschiedenen nationalen Märkte. Es geht also darum, dafür Sorge zu tragen, dass möglichst jeder Zugang zu den verschiedenen Märkten hat. Auf den Märkten gelten dann jedoch die nationalen Spielregeln.

2. Das Wettbewerbsrecht

Das Wettbewerbsrecht will dafür Sorge tragen, dass das Konzept der freien und sozialen Marktwirtschaft nicht durch die Marktteilnehmer selbst gefährdet wird und fügt sich damit in das **ordoliberale Konzept** ein, wonach ein staatlicher Rahmen erforderlich ist, um Wettbewerb dauerhaft zu ermöglichen. Das Protokoll zum Binnenmarkt und Wettbewerb macht deutlich, dass ein in diesem Sinne unverfälschter Wettbewerb ausdrücklich von der Union angestrebt wird.

Die Regelungen des Wettbewerbsrechts richten sich primär an die privaten Marktteilnehmer, die als *Unternehmer* bezeichnet werden. Sie ergänzen dadurch die vor allem an die Mitgliedstaaten adressierten Grundfreiheiten, indem sie verhindern, dass die beseitigten staatlichen Barrieren durch private Vereinbarungen wieder errichtet werden.

Das Wettbewerbsrecht der Union steht als „modernes Wettbewerbsrecht" auf **drei Säulen:**

- das Verbot wettbewerbswidriger Vereinbarungen,
- das Verbot des Missbrauchs einer marktbeherrschenden Stellung sowie
- die Fusionskontrolle.

3. Das Beihilfenrecht

Staatliche Beihilfen stellen eine Gefährdung für einen freien Wettbewerb dar, indem einzelne Unternehmen gefördert werden und dadurch einen Wettbewerbsvorteil gegenüber anderen Unternehmen haben. Sie können dadurch günstiger produzieren, ihre Waren günstiger anbieten. Dies kann dazu führen, dass andere Unternehmen, die an sich produktiver sind durch solche „künstlich" produktiveren Unternehmen verdrängt werden. Beihilfen sind daher nur unter sehr engen Voraussetzungen statthaft.

4. Die Rechtsangleichung

Die Rechtsangleichung führt zur **materiellen Harmonisierung** der in den verschiedenen Staaten bestehenden Bestimmungen. Anders als bei den Grundfreiheiten wird das Integrationsziel also durch das Errichten einer einheitlichen europäischen Rechtsordnung erzielt. Man spricht hier daher auch von **positiver Integration**. In der Folge besteht dann nur noch eine maßgebliche Rechtsordnung in der gesamten Union.

Die Rechtsharmonisierung stellt sich damit als besonders massiver Eingriff in die nationalen Rechtsordnungen dar. Nationale Besonderheiten können nur sehr bedingt berücksichtigt werden, da das Ziel eines einheitlichen Rechtsraums ansonsten gefährdet wäre. Auch aus diesem Grund greift die Union als Form der Rechtsharmonisierung mehr und mehr auf das **Prinzip der gegenseitigen Anerkennung** zurück.

Dabei wird das Recht nicht in allen Staaten vereinheitlicht. Allerdings werden die einzelnen Staaten verpflichtet, die Bestimmungen anderer Staaten (sofern diese bestimmten Mindestvoraussetzungen genügen) als gleichwertig anzuerkennen. Dadurch werden die verschiedenen Rechtsordnungen also formal aufrechterhalten, allerdings wird deren Durchlässigkeit erhöht.

5. Die Währungsunion

Zumindest ergänzt wird das Binnenmarktkonzept zudem durch die **gemeinsame Währung**, den „Euro". Im Grundsatz ist es auch allgemein anerkannt, dass ein einheitliches Wirtschaftsgebiet durch eine gemeinsame Währung enorm profitieren kann. Umstritten ist aber, ob bzw. inwieweit dies angesichts der wirtschafltichen Heterogenitäten der Mitgliedstaaten auch für die aktuelle Eurozone gilt.

§ 12 EINFÜHRUNG IN DIE GRUNDFREIHEITEN[336]

Die Europäische Union wurde ursprünglich als **Wirtschaftsgemein-schaft** konzipiert. Ziel war es, „durch diesen Zusammenschluss ihrer Wirtschaftskräfte Frieden und Freiheit zu wahren und zu festigen".[337] Das Prinzip des Binnenmarktes bildete den wichtigsten Pfeiler der wirtschaftlichen Integration und stellte daher von Beginn an einen essentiellen Teil der Verpflichtungen der Union dar.[338] Wesentliches Element bei der Verwirklichung dieser Ziele sind die sogenannten „**Grundfreiheiten**". Sie garantieren die grundsätzliche Freiheit:

- des Warenverkehrs,
- des Personenverkehrs,
- der Dienstleistungen sowie
- des Zahlungsverkehrs

und stellen **subjektive Rechte** des einzelnen (Unions-) Bürgers dar.[339]

Alle sind frühzeitig vom EuGH für **unmittelbar anwendbar** erklärt worden.[340] Der Einzelne kann somit verlangen, dass der Staat diese ihm gewährten Rechte nicht beeinträchtigt. Aufgrund ihrer immensen Bedeutung für die Verwirklichung der wirtschaftlichen Ziele der Union, werden sie auch als „**Stützpfeiler der unionsrechtlichen Wirtschaftsverfassung**" bezeichnet.[341] Im Rahmen des Pflichtfachs bilden die Grundfreiheiten neben dem institutionellen System ganz eindeutig den **Schwerpunkt**.

I. Überblick über die Freiheiten

Die **Warenverkehrsfreiheit** ist in den Art. 28-37 AEU geregelt. Sie umfasst eine Zollunion (Art. 30 AEU), das Verbot mengenmäßiger Beschränkungen und aller Maßnahmen gleicher Wirkung (Art. 34

---

[336] Siehe *Frenz*, Handbuch Europarecht Bd. 1, Europäische Grundfreiheiten, 2. Aufl. 2012; *Ehlers*, Europäische Grundrechte und Grundfreiheiten, 4. Auflage 2014; *Ruffert*, JuS 2009, 97 ff.; *Ruffert*, JuS 2009, 97 ff.; *Cremer*, Jura 2015, 39 ff.; Zur Prüfung in der Klausur *Thiele*, Die Grundfreiheiten in der öffentlich-rechtlichen Arbeit, JA 2005, 621 ff.; *Manger-Nestler/Noack*, JuS 2013, 503 ff.

[337] Siehe die Präambel des ehemaligen EG-Vertrages, 8. Erwägungsgrund.

[338] *Kingreen*, Die Struktur der Grundfreiheiten des Europäischen Gemeinschafts-rechts 1999, S. 13.

[339] *Kingreen*, aaO, S. 23.

[340] EuGH, Slg. 1976, S. 1185; Slg. 1992, I-3669; *Haratsch/Koenig/Pechstein*, Europarecht, Rn 691.

[341] *Ehlers*, in: ders., Europäische Grundrechte und Grundfreiheiten, § 7 Rn 1.

AEU) sowie eine Verpflichtung der Mitgliedstaaten zur Umformung staatlicher Handelsmonopole (Art. 37 AEU). Wesentlich für diese Freiheit ist der Begriff der **Ware**.

Die Freiheit des **Personenverkehrs** lässt sich in die **Arbeitnehmerfreizügigkeit** (Art. 45-48 AEU) und die **Niederlassungsfreiheit** (Art. 49-55 AEU) untergliedern. Während erstere hauptsächlich die Freizügigkeit der unselbstständig Tätigen beinhaltet, regelt letztere das Recht, sich in einem anderen Mitgliedstaat niederzulassen und eine selbstständige Tätigkeit aufzunehmen. Erfasst ist auch die Möglichkeit, Unternehmen „nach den Bestimmungen des Aufnahmestaates für seine eigenen Angehörigen" zu gründen.

Die **Dienstleistungsfreiheit** (Art. 56-62 AEU) gewährt sowohl das Recht, grenzüberschreitende Dienstleistungen zu erbringen als auch solche zu empfangen. Man spricht insoweit von aktiver bzw. passiver Dienstleistungsfreiheit. Gemäß Art. 57 AEU ist die Dienstleistungsfreiheit subsidiär zu den anderen Grundfreiheiten. Im Rahmen einer Fallbearbeitung muss also stets zuerst geprüft werden, ob nicht eine andere Grundfreiheit einschlägig ist, bevor auf die Art. 56-62 AEU zurückgegriffen werden kann.

Die Freiheiten des **Kapital- und Zahlungsverkehrs** (Art. 63-66 AEU) schließlich gewährleisten die grenzüberschreitende Übertragung von Geld und ähnlichen Vermögenswerten sowie alle Zahlungen über die innerstaatlichen Grenzen.

II. Adressaten der Grundfreiheiten

Primär richten sich die Grundfreiheiten an die **Mitgliedstaaten**.[342] Gemeint sind damit alle Träger von Staatsgewalt, also sowohl der Gesetzgeber als auch Behörden und Gerichte.[343] Der nationale Gesetzgeber darf im Anwendungsbereich der Verträge folglich grds. keine Normen erlassen, die mit den Grundfreiheiten unvereinbar sind (**Vorrang des Unionsrechts**). Auch Behörden und Gerichte müssen die Grundfreiheiten beachten und eventuell entgegenstehendes nationales Recht infolge des Anwendungsvorrangs des Unionsrechts unangewendet lassen.[344]

---

[342] *Lecheler*, Einführung in das Europarecht, S. 220; *Ehlers*, in: ders., Europäische Grundrechte und Grundfreiheiten, § 7 Rn 43. Im Übrigen zeigt sich hier auch der Unterschied zu den Unionsgrundrechten. Diese richten sich primär an die Unionsorgane.

[343] *Frenz*, Handbuch Europarecht Bd. 1 Rn 292.

[344] Zum Anwendungsvorrang siehe § 6.

Ebenfalls an die Grundfreiheiten gebunden ist daneben die **Europäische Union** selbst.[345] So müssen deren Organe, etwa bei der Schaffung von Sekundärrechtsakten, die Gewährleistungen der Grundfreiheiten berücksichtigen. Dies folgt aus der oben erläuterten Normenhierarchie des Unionsrechts.

Höchst umstritten ist die Frage, inwieweit auch **Privatpersonen** an die Grundfreiheiten gebunden sind.[346] In diesem Bereich hat sich bisher keine einheitliche Dogmatik entwickelt. So hat der EuGH eine Bindung Privater im Bereich der Arbeitnehmerfreizügigkeit nunmehr ausdrücklich anerkannt.[347] Bereits zuvor hatte er eine solche Bindung angenommen, wenn staatliches Recht durch private Regelungswerke ersetzt wurde (wie etwa bei der Satzung des europäischen Fußballverbandes).[348] Hierdurch sollte gerade im Bereich des Arbeitsrechts verhindert werden, dass verbotene staatliche Beschränkungen der Freiheit auf dem Umweg über privatrechtliche Vereinbarungen ermöglicht werden.[349] Zudem ist der absolute Großteil der Arbeitsverhältnisse privatrechtlicher Natur, so dass eine Beschränkung auf staatliche Arbeitsverhältnisse die Arbeitnehmerfreizügigkeit praktisch wirkungslos machen würde.

Demgegenüber ist der Gerichtshof bei den anderen Grundfreiheiten weitaus zurückhaltender. Im Bereich der Warenverkehrsfreiheit lehnte er eine Drittwirkung bisher gänzlich ab,[350] bejaht sie nun aber zumindest in bestimmten Konstellationen.[351] Im Übrigen geht er davon aus, dass sich aus Art. 34 AEU iVm Art. 4 Abs. 3 EU staatliche Schutzpflichten ergeben, die die Mitgliedstaaten verpflichten kön-

---

[345] Siehe *Schwemer*, Die Bindung des Gemeinschaftsgesetzgebers an die Grundfreiheiten, 1995 sowie *Cremer*, Jura 2015, 39 (40 f.).

[346] Dazu *Preedy*, Die Bindung Privater an die europäischen Grundfreiheiten 2005. Siehe auch *Cremer* Jura 2015, 39 (41 ff.).

[347] EuGH Slg. 2000, I-4139. Dazu auch *Remmert*, Jura 2003, 13 ff.; *Birkemeyer*, EuR 2010, 662 ff. sowie *Ehlers*, in: ders., Europäische Grundrechte und Grundfreiheiten, § 7 Rn 45 und *Becker*, in: Ehlers, Europäische Grundrechte und Grundfreiheiten, § 9 Rn 46; Allerdings wird man diese Drittwirkung für private Arbeitgeber **auf das Diskriminierungsverbot beschränken müssen**. So auch *Frenz*, Handbuch Europarecht Bd. 1 Rn 1157 ff.

[348] Siehe hierzu das „*Bosman*-Urteil", EuGH Slg. 1995, I-4921.

[349] Soweit eine Drittwirkung im jeweiligen Fall bejaht wird, bestehen für diese Personen indes auch die anerkannten Rechtfertigungsgründe für eventuelle Beschränkungen.

[350] EuGH Slg 1987, 3801.

[351] Nämlich wenn private Standardsetzung faktisch über den Marktzugang bestimmt, vgl. EuGH, Rs. C-171/11, EuZW 2012, 797. Siehe auch *Schweitzer* EuZW 2012, 765 sowie *Schmahl/Jung*, NVwZ 2013, 607 ff.

nen, gegen Beeinträchtigungen des freien Warenverkehrs durch Private einzuschreiten.[352]

Dies ähnelt insoweit der **Schutzpflichtenkonstruktion** im Bereich der nationalen Grundrechtsdogmatik. Grds. sollte sich m.E. nach die Lösung der Drittwirkungsproblematik für alle Grundfreiheiten an dieser **Schutzpflichtenkonstruktion** und damit an einer mittelbaren Drittwirkung orientieren.[353]

Zwar enthält der Wortlaut der Grundfreiheiten zunächst keine Aussagen über die Adressaten, doch zeigt schon der Verweis der Rechtfertigungsgründe auf die öffentliche Ordnung (vgl. Art. 36 AEU), dass Privatpersonen nicht angesprochen werden sollen; vielmehr ist diese Rechtfertigungsmöglichkeit offensichtlich allein an den Staat gerichtet.[354] Im Übrigen wird der Wettbewerb vor privaten Verfälschungen primär durch die Wettbewerbsregelungen (Art. 101 ff. AEU) geschützt. Durch einen solchen Ansatz wird damit die Privatautonomie respektiert; die Grundfreiheiten wirken in diesen Verhältnissen nur dann, wenn das Ungleichgewicht der beiden Seiten ein Ausmaß annimmt, das eine staatliche (Schutz-)Intervention rechtfertigt.

III. Berechtigte der Grundfreiheiten

Berechtigte der Grundfreiheiten sind in erster Linie die **Staatsangehörigen der Mitgliedstaaten** und damit die Unionsbürger.[355] Wer Staatsangehöriger ist, richtet sich grds. nach nationalem Recht.[356] In Deutschland ist damit Art. 116 GG maßgeblich. Daneben nennt Art. 54 Abs. 1 AEU ausdrücklich auch juristische Personen als Berechtigte der Niederlassungsfreiheit, eine Regelung, die über Art. 62 AEU auch für die Dienstleistungsfreiheit gilt.[357] Die **Warenverkehrsfreiheit** bezieht sich nicht auf Personen, sondern auf Waren. „Berechtigte" sind insofern die von dieser Regelung erfassten Waren und nicht die mit diesen Waren Handel treibenden Personen, so dass es auf deren Staatsangehörigkeit richtigerweise auch nicht ankommt. Maßgeblich ist allein, ob es sich bei dem gehandelten Gegenstand um einen „Unionsware" handelt.

---

[352] EuGH Slg. 1997, I-6959; sog. "Erdbeerstreit".

[353] Wie hier auch *Frenz*, Handbuch Europarecht Bd. 1, Rn 342 ff.; *Thiele*, JA 2005, 621 (625).

[354] *Roth*, in: FS Everling, Bd. II, S. 1241 f.; *Cremer* Jura 2015, 39 (42 f.).

[355] Zu der Frage, wann auch Drittstaatler in den Genuss der Grundfreiheiten kommen können, *Ehlers*, in: ders. Europäische Grundrechte und Grundfreiheiten, § 7 Rn 41.

[356] Siehe hierzu auch EuGH, Rs. C-200/02, Urteil vom 19.10.2004.

[357] Inwieweit diese Regelung auch auf die anderen Grundfreiheiten zu übertragen ist, ist umstritten, sollte aber angesichts der Tatsache, dass juristische Personen auch dort oftmals eine bedeutende Rolle spielen, bejaht werden. So auch *Frenz*, Handbuch Europarecht Bd. 1 Rn 224 ff.

IV. Unmittelbare Anwendbarkeit/Vorrang

Sämtliche Grundfreiheiten genießen Vorrang vor jeglichem mitgliedstaatlichem Recht[358] und sind unmittelbar anwendbar.[359] Der Einzelne kann sich somit unmittelbar auf diese Normen berufen, die nationalen Behörden und Gerichte müssen sie beachten. Dies hat der
EuGH bereits frühzeitig in den wohl bekanntesten europarechtlichen
Entscheidungen festgestellt: *Van Gend & Loos*[360] (unmittelbare Anwendbarkeit) und *Costa/ENEL*[361] (Vorrang vor jeglichem nationalen
Recht).

Die Auswirkungen dieser Entscheidungen können kaum überschätzt werden. Sie begründeten letztlich die besondere Stellung der Union im Vergleich zu sonstigen
internationalen Organisationen. Sie müssen daher bekannt sein.

V. Diskriminierungsverbot

In erster Linie begründen die Grundfreiheiten ein **Diskriminierungsverbot.**[362] Es ist damit grds. verboten, Waren oder Personen aufgrund ihrer Herkunft anders zu behandeln, als inländische Waren
oder Personen. Insoweit wird das allgemeine Diskriminierungsverbot
des Art. 18 AEU durch die Grundfreiheiten bereichsspezifisch konkretisiert.[363] Zu unterscheiden sind regelmäßig zwei verschiedene
Arten von Diskriminierungen. **Unmittelbare Diskriminierungen** sind
solche, bei denen sich die Benachteiligung ausdrücklich aus der
nationalen Regelung ergibt. In diesen Fällen ist mithin die Staatsangehörigkeit ausdrücklich als Differenzierungskriterium in der Norm
selbst aufgeführt.

Solche Normen kommen in der Praxis nur noch sehr selten vor.
Häufiger gibt es indes Normen, in denen andere Kriterien als die
Staatsangehörigkeit zum Anknüpfungspunkt der Differenzierung gemacht werden. Häufige Beispiele sind etwa der Wohnsitz oder der
regelmäßige Aufenthaltsort. Diese Normen gelten zwar grds. unterschiedslos für In- und Ausländer, bei der tatsächlichen Anwendung
ist es jedoch so, dass ausländische Personen weitaus stärker be-

---

[358] Zu den vom BVerfG postulierten Ausnahmen bzgl. des Verfassungsrechts siehe
bereits oben unter § 6.
[359] *Lecheler*, Europarecht, S. 51 ff.; *Ehlers*, in: ders., Europäische Grundrechte und
Grundfreiheiten, § 7 Rn 7.
[360] EuGH Slg. 1963, 1.
[361] EuGH Slg. 1964, 1253.
[362] Siehe auch *Ruffert*, JuS 2009, 97 (100). Ausführlich zum Diskriminierungsbegriff,
Plötscher, Der Begriff der Diskriminierung im Europäischen Gemeinschaftsrecht,
2003.
[363] *Ehlers*, in: ders., Europäische Grundrechte und Grundfreiheiten, § 7 Rn 19.

troffen sind als inländische. In einem solchen Fall spricht man von einer **mittelbaren Diskriminierung**. Man könnte auch von einer faktischen Diskriminierung (im Gegensatz zu einer rechtlichen oder unmittelbaren Diskriminierung) sprechen.

Die Grundfreiheiten erfassen beide Formen der Diskriminierung. Überhaupt fasst der EuGH den Begriff der Diskriminierung eher weit.[364]

VI. Beschränkungsverbot

Der EuGH hat die Grundfreiheiten mittlerweile nicht nur als Diskriminierungs-, sondern auch als generelle **Beschränkungsverbote** ausgelegt.[365] Mit dem Gerichtshof ist daher ein Eingriff in den Schutzgehalt der Grundfreiheiten anzunehmen, sofern **nationale Maßnahmen die Ausübung der Freiheiten behindern oder weniger attraktiv machen** können.[366] Auf eine diskriminierende Wirkung der jeweiligen nationalen Norm kommt es damit nicht mehr an. Auch vollständig diskriminierungsfreie Maßnahmen können einen Eingriff in eine Grundfreiheit darstellen und sind dadurch rechtfertigungsbedürftig.

Konsequenz aus dieser Rechtsprechung ist damit de facto eine **Umkehr der Beweislast**. Musste bislang die Kommission oder der Bürger eine Diskriminierung nachweisen, um sich auf die Grundfreiheiten berufen zu können und einen Rechtfertigungszwang auszulösen, stellt nunmehr praktisch jede staatliche Maßnahme in irgendeiner Weise eine Behinderung und damit einen Eingriff in eine Grundfreiheit dar. Konsequenz ist, dass nunmehr der Staat darlegen muss, dass die Beschränkung (ausnahmsweise) gerechtfertigt ist.[367]

Diese weite Auffassung von der Reichweite des Tatbestands der Grundfreiheiten hat der Gerichtshof indes (zu Recht) durch die sog. *Keck*-Rechtsprechung jedenfalls für den Bereich der Warenverkehrsfreiheit teilweise wieder eingeschränkt. Danach fallen lediglich produktbezogene Regelungen unter das Verbot des Art. 34 AEU,

---

[364] Vgl. EuGH Slg. 1989, 195.
[365] Dies erfolgte etwa 1974 für die Warenverkehrsfreiheit, Mitte der Neunziger auch für die Arbeitnehmerfreizügigkeit und die Niederlassungsfreiheit. Siehe *Streinz*, Europarecht, Rn 669 ff.; *Haratsch/Koenig/Pechstein*, Europarecht, Rn 698. Zur Entwicklung auch *Ruffert*, JuS 2009, 97 (100 f.); *Cremer* Jura 2015, 39 (48).
[366] EuGH Slg. 1995, I-4165; 1996, I-1905.
[367] *Borchardt*, Die rechtlichen Grundlagen der Europäischen Union, Rn 680. Die Grundfreiheiten stellen sich daher im Ergebnis als Freiheitsrechte dar.

während nichtdiskriminierende Verkaufsmodalitäten grds. nicht erfasst werden. Nicht mehr an Art. 34 AEU zu messen sind daher Regelungen, die festlegen, wann verkauft werden darf und wo und wie dies zu geschehen hat, sofern inländische und ausländische Anbieter gleichermaßen betroffen werden.[368]

Nur dann, wenn die nationale Norm den Hersteller zu höheren Produktionskosten zwingt oder sich diskriminierend auswirkt, greift auch in diesen Fällen weiterhin Art. 34 AEU.

Dieser Gedanke sollte auf alle Grundfreiheiten übertragen werden.[369] Dies folgt vor allem aus der **zweistufigen Konzeption** des AEU zur Erreichung des Binnenmarktes, die zwischen den Grundfreiheiten auf der einen und der förmlichen Rechtsharmonisierung (Art. 114 f. AEU) auf der anderen Seite unterscheidet. Die Grundfreiheiten sollen allein einen **beschränkungsfreien Zugang** zu jedem nationalen Markt ermöglichen. Bis zu einer Rechtsharmonisierung geht jedoch auch der AEU-Vertrag ansonsten von unterschiedlichen nationalen Rechtsordnungen aus.

Bei dieser Ausgestaltung der unterschiedlichen nationalen Rechtsordnungen ist der Mitgliedstaat folglich grds. frei, sofern nur der Zugang für alle Unionsbürger beschränkungsfrei möglich ist. **Ist ein solcher Zugang erst einmal erfolgt, muss jeder Teilnehmer die nationalen Ausgestaltungsregelungen hinnehmen**, auch wenn es sich um Teilnehmer aus dem europäischen Ausland handelt. Die Möglichkeit, sich zur Abwehr solcher Regelungen auf die Grundfreiheiten berufen zu können, würde demgegenüber eine Rechtsharmonisierung in diesen Bereichen vorwegnehmen und damit die verbliebenen nationalen Kompetenzen schleichend aushöhlen.

Mittlerweile scheint sich der EuGH auch bei der Warenverehrsfreiheit von der Keck-Formel zugunsten einer allgemeinen Marktzugangsprüfung zu verabschieden. Siehe dazu sogleich bei der Darstellung der Warenverkehrsfreiheit.

VII. Grenzüberschreitendes Element

Fall 9: Der Bierexporteur *Froggy* aus Frankreich möchte sein Bier in Deutschland absetzen. Von den deutschen Behörden wird ihm jedoch der Verkauf unter dem Namen „Bier" versagt, da das betreffende Getränk nicht dem deutschen Reinheitsgebot entspreche. Der EuGH gab *Froggy* jedoch dahingehend Recht, dass

---

[368] Zu nationalen Verwendungsverboten siehe EuGH Rs. C-110/05, EuZW 2009, 173 sowie die Anmerkung von *Streinz*, JuS 2009, 652 ff.

[369] So auch *Frenz*, Handbuch Europarecht Bd. 1, Rn 407; *Thiele*, JA 2005, 621 ff. Zu neueren Entwicklungen siehe auch *Cremer* Jura 2015, 39 (50 f.) sowie *Cremer/Bothe*, EuZW 2015, 413 ff.

dies nicht mit der Warenverkehrsfreiheit (Art. 34 ff. AEU) zu vereinbaren sei. Die Behörden ließen den Verkauf somit unter dem Namen „Bier" zu. Daraufhin wendet sich G aus Deutschland ebenfalls an den EuGH mit der Auffassung, dass das Reinheitsgebot auch ihn in seinen Rechten verletze. **Wird er Recht bekommen?**

Nach ständiger Rechtsprechung des EuGH[370] setzt die Anwendbarkeit der Grundfreiheiten ein sogenanntes **grenzüberschreitendes Element** voraus. Dagegen finden sie keine Anwendung auf rein innerstaatliche Sachverhalte, die keinerlei Berührungen mit dem Unionsrecht haben.[371] Dabei ist eine rein hypothetische Möglichkeit eines Grenzübertritts nicht genügend, ein solcher muss tatsächlich stattgefunden haben.[372] Es ist also erforderlich, dass die Waren oder aber die betroffenen Personen tatsächlich zumindest irgendwann in relevanter Weise eine mitgliedstaatliche Grenze überschritten haben.

Damit sind die Grundfreiheiten indes nicht auf ausländische Personen oder Waren beschränkt. Auch Inländer/inländische Waren können dem (persönlichen) Schutzbereich unterfallen, sofern auch bei ihnen ein relevanter Grenzübertritt erfolgt ist.

Klassisch sind dabei die sogenannten „**Rückkehr-Fälle**", in denen sich Inländer nach einer Ausbildung im europäischen Ausland auf eine inländische Stelle bewerben. Ausreichend ist auch, wenn ein Inländer Waren aus dem europäischen Ausland bezieht, da im Bereich der Warenverkehrsfreiheit der Grenzübertritt der Ware und nicht der Person entscheidend ist.

Dieses Erfordernis bedingt zugleich, dass den Mitgliedstaaten eine Schlechterstellung der eigenen Staatsangehörigen jedenfalls aus unionsrechtlichen Gesichtspunkten nicht untersagt ist – nämlich dann, wenn bei Inländern gerade kein solches grenzüberschreitendes Element vorhanden ist (**sog. Inländerdiskriminierung**)[373]. Teilweise wird diese Rechtsprechung unter Berufung auf die nunmehr eingeführte Unionsbürgerschaft kritisiert.[374] Hier ist jedoch anzumerken, dass die Grundfreiheiten dem allgemeinen Diskriminierungsverbot des Art. 18 AEU als leges speciales vorgehen.

---

[370] EuGH Slg. 1994, I-2715; 1982, 3723; 1992, I-341; 1993, I-429.
[371] *Borchardt*, Die rechtlichen Grundlagen der Europäischen Union, Rn 686; *Ehlers*, in ders., Europäische Grundrechte und Grundfreiheiten, § 7 Rn 20; *Cremer* Jura 2015, 39 (43).
[372] EuGH Slg. 1984, 2539; 1997, I-2629.
[373] Siehe hierzu ausführlich *Hammerl*, Inländerdiskriminierung 1997; *Epiney*, Umgekehrte Diskriminierungen 1995; *Bösch*, Jura 2009, 91 ff. Zuletzt auch EuGH, Rs. C-84/11, dazu *Streinz* JuS 2012, 952.
[374] *Borchardt*, Die rechtlichen Grundlagen der Europäischen Union Rn 687.

Zudem ist auch an dieser Stelle noch einmal auf die **Zweistufigkeit der Binnenmarktkonzeption** hinzuweisen. Auch der AEU-Vertrag geht grds. von unterschiedlichen Rechtsordnungen aus, die nur im Wege der förmlichen Rechtsharmonisierung gänzlich beseitigt werden können. Bis zu einer solchen verlangt der Binnenmarkt keine „Gleichheit der Marktordnungen",[375] die aber durch einen Verzicht auf das grenzüberschreitende Element („durch die Hintertür") herbeigeführt würde.

Damit verlagert sich die Frage der Zulässigkeit der Inländerdiskriminierung von der unionsrechtlichen auf die **verfassungsrechtliche Ebene**. Hier stellt sich die Frage, inwieweit eine solche mit dem Gleichheitssatz (Art. 3 I GG) bzw. der Berufsfreiheit (Art. 12 I GG) vereinbar ist. Diese Frage ist umstritten und wurde auch vom BVerfG noch nicht entschieden.[376]

> **Lösung Fall 9:** G wäre in seinen Rechten aus Art. 34 AEU verletzt, wenn er sich als Inländer auf diese berufen könnte. Zwar ist der Tatbestand des Art. 34 AEU im Grunde erfüllt, allerdings liegt bei G im Gegensatz zu *Froggy* kein grenzüberschreitendes Element vor. Er ist Deutscher und arbeitet auch in Deutschland.
>
> Es handelt sich somit um einen reinen Inlandssachverhalt. Art. 34 AEU als eine Bestimmung der Grundfreiheiten verbietet jedoch nur Beschränkungen der Warenfreiheit, bei denen ein solches Element vorhanden ist. G kann sich daher nicht auf Art. 34 AEU berufen. Zwar wird er hierdurch als Inländer letztlich schlechter behandelt, das Unionsrecht steht einer solchen Inländerdiskriminierung jedoch grds. nicht entgegen. G bleibt lediglich die Möglichkeit, die unterschiedliche Behandlung verfassungsrechtlich (Art. 3, 12 GG) überprüfen zu lassen.

VIII. Rechtfertigung

Eingriffe in die Grundfreiheiten sind rechtfertigungsbedürftig, aber eben auch rechtfertigungsfähig. Dabei ist zwischen den geschriebenen und den ungeschriebenen Rechtfertigungsgründen zu unterscheiden. Sämtliche Freiheiten enthalten zunächst **geschriebene Rechtfertigungsgründe**. Hier werden verschiedene Schutzgüter genannt, die eine Einschränkung rechtfertigen können. Welche dies sind, differiert bei den einzelnen Freiheiten.[377]

---

[375] *Frenz*, Handbuch Europarecht Bd. 1 Rn 153.

[376] In Österreich hat der Verfassungsgerichtshof entschieden, dass eine solche Behandlung gegen den Gleichheitssatz verstößt, siehe EuGRZ 1997, 362.

[377] Alle Freiheiten erlauben eine Beschränkung aus Gründen der *öffentlichen Ordnung oder Sicherheit*. Die Warenverkehrsfreiheit nennt zusätzlich noch *Gesundheit, Sittlichkeit, Leben, nationales Kulturgut, gewerbliches und kommerzielles Eigentum*. Die Arbeitnehmerfreizügigkeit nennt etwa noch die *Gesundheit*. Siehe auch *Cremer* Jura 2015, 39 (51 f.).

Die geschriebenen Schranken der Freiheiten sind nach der Rechtsprechung des EuGH grds. eng auszulegen.[378] Zu beachten ist darüber hinaus das **Verhältnismäßigkeitsprinzip**, das – ähnlich wie im deutschen Recht – als Schranken-Schranke fungiert.[379]

Im Rahmen der Geeignetheit einer nationalen Regelung ist dabei auch zu untersuchen, ob sich diese als **systematisch und kohärent** bzw. nicht als widersprüchlich erweist. Denn zwar haben die Mitgliedstaaten regelmäßig einen weiten Beurteilungsspielraum bei der Bestimmung des konkreten Schutzniveaus, etwa im Bereich des Glücksspielrechts oder des Gesundheitswesens. Der EuGH kann aber überprüfen, ob und inwieweit dieses Schutzniveau dann mit der nationalen Regelung tatsächlich stringent verfolgt wird und nicht etwa widersprüchliche Ausnahmebestimmungen oder Privilegien enthält. Ausführlich dazu *Frenz*, EuR 2012, 344 ff.

Der EuGH hat zudem erstmals in der sog. *Cassis de Dijon*-Entscheidung[380] den **ungeschriebenen Rechtfertigungsgrund** der „**zwingenden Erfordernisse**" entwickelt. Dies war insoweit logische Konsequenz aus der weiten Interpretation des Schutzbereichs der Grundfreiheiten durch den EuGH als Beschränkungsverbot: Der erweiterte Anwendungsbereich verlangte auch erweiterte Rechtfertigungsmöglichkeiten, um den Gestaltungsspielraum der Mitgliedstaaten nicht unverhältnismäßig einzuschränken.

Mittlerweile hat der EuGH diesen Rechtfertigungsgrund daher **für alle Grundfreiheiten anerkannt**.[381] Unter die zwingenden Erfordernisse kann dabei auch der **Schutz der Grundrechte Dritter** fallen.[382] Dies betrifft vor allem die angesprochenen „**Schutzpflichtkonstellationen**". Wie oben festgestellt, besteht für den Staat unter Umständen eine Pflicht, gegen Behinderungen der Grundfreiheiten durch Private einzuschreiten. Tut er dies nicht, kann der Eingriff jedoch dann gerechtfertigt sein, wenn sich die privaten „Störer" ihrerseits bei ihren Handlungen auf europäische Grundrechte berufen können. Hier muss der Staat abwägen und die Grundfreiheiten und die Grundrechte im Wege **praktischer Konkordanz** zu einem Ausgleich bringen. Dies kann dann dazu führen, dass die Handlungspflicht des Staates wieder entfällt.

Zu beachten ist indes Folgendes: Der Rechtfertigungsgrund der **zwingenden Erfordernisse** ist jedenfalls **auf unmittelbare Diskriminierungen nicht anwendbar**, da für diese bereits von Beginn

---

378   EuGH Slg. 1977, 5.
379   Dazu auch *Trstenjak/Beyen*, EuR 2012, 265 ff.
380   EuGH Slg. 1979, 649.
381   Siehe insbesondere EuGH Slg. 1995, I-4165.
382   EuGH Slg. 2003, I-5659. Dazu auch *Ruffert*, JuS 2009, 97 (102 f.); *Cremer* Jura 2015, 39 (53 ff.).

an allein die eng zu interpretierenden geschriebenen Rechtfertigungsgründe vorgesehen waren.

Eine Ausnahme gilt indes für den **Umweltschutz**. Dieser ist nach überwiegender Auffassung auch auf diskriminierende Regelungen anwendbar, da ein effektiver Umweltschutz oftmals diskriminierende Regelungen erfordert, vgl. *Frenz*, Handbuch Europarecht Bd. 1, Rn 1030. Fallbeispiel bei *Thiele*, Standardfälle Europarecht, Fall 5.

Umstritten ist nunmehr allerdings, ob zumindest **mittelbare Diskriminierungen** durch solche **zwingenden Erfordernisse gerechtfertigt** sein können.[383]

Zwar ließe sich auch insoweit einwenden, dass diese bereits von Beginn an vom Tatbestand der Grundfreiheiten erfasst waren, für den allein die geschriebenen Rechtfertigungsgründe gelten sollten. Die Ausweitung zu Beschränkungsverboten durch den EuGH führte ja allein zu der Konsequenz, dass nunmehr auch vollständig diskriminierungsfreie Regelungen vom Tatbestand erfasst werden. Von daher erschiene es konsequent, auch nur für diese die zusätzlichen Rechtfertigungsgründe zuzulassen.

Angesichts der Tatsache, dass sich jedoch mittelbare Diskriminierungen oftmals nur sehr schwer von reinen Beschränkungen abgrenzen lassen, erscheint es sinnvoller, eine solch formalistische Betrachtung nicht anzustellen und den Charakter der Maßnahme vielmehr in die stets vorzunehmende **Verhältnismäßigkeitsprüfung** zu integrieren, die hier eine flexible Handhabung erlaubt.[384] Damit können sowohl Beschränkungen als auch mittelbare Diskriminierungen durch zwingende Erfordernisse gerechtfertigt werden.[385]

Zudem verlangt der EuGH stets eine **gesetzliche Grundlage**, auf die das nationale Verhalten gestützt wurde.[386] Dies entspricht dem Grundsatz des „Vorbehalts des Gesetzes".[387]

IX. Prüfungsschema[388]

Die soeben dargestellte **strukturelle Kongruenz** der einzelnen Grundfreiheiten führt zu einem einheitlichen Prüfungsschema, auf das im Rahmen einer Klausur grds. zurückgegriffen werden kann.

---

[383] Ausführlich *Thiele*, JA 2005, 621 ff.
[384] In jüngerer Zeit billigt der EuGH den Mitgliedstaaten in diesem Bereich einen größeren Spielraum zu. Siehe zuletzt EuGH Rs. C-42/07, Urteil vom 08.09.2009.
[385] So auch *Frenz*, Handbuch Europarecht Bd. 1, Rn 491.
[386] Dies gilt bei privaten und bei öffentl. Beschränkungen, EuGH Slg. 1989, 2859.
[387] Dazu ausführlich *Rieckhoff*, Der Vorbehalt des Gesetzes im Europarecht, 2007.
[388] Siehe auch *Thiele*, JA 2005, 621.

Dabei ergibt sich mit der Einteilung in Schutzbereich, Beschränkung und Rechtfertigung eine gewisse **Vergleichbarkeit zum Aufbau einer nationalen „Grundrechtsprüfung".**

1. Schutzbereich

Im Rahmen des Schutzbereiches kann zwischen dem sachlichen und dem persönlichen Schutzbereich unterschieden werden.[389]

a) Sachlicher Schutzbereich

Im sachlichen Schutzbereich ist zu klären, ob das zu untersuchende Verhalten sachlich von den Grundfreiheiten geschützt wird. Handelt es sich um eine „Ware" iSd Art. 34 AEU? Geht es um „Niederlassung"? Ferner sollte hier bereits das notwendige **grenzüberschreitende Element** angesprochen werden, das den Anwendungsbereich der Grundfreiheiten ja erst eröffnet. Sofern eine **Bereichsausnahme**[390] in Betracht kommt, wäre sie ebenfalls an dieser Stelle zu diskutieren.

b) Persönlicher Schutzbereich

Die betroffene Person muss in den persönlichen Schutzbereich der Grundfreiheiten fallen, also Berechtigter sein. Dies setzt regelmäßig voraus, dass es sich um einen Unionsbürger handelt.

2. Beschränkungsebene

Es muss eine **Beschränkung** durch einen **Adressaten** der Grundfreiheiten vorliegen, wobei der Begriff der Beschränkung auch Diskriminierungen umfasst. Bereits an dieser Stelle sollte jedoch der genaue Charakter der Maßnahme (Beschränkung, unmittelbare oder mittelbare Diskriminierung) festgestellt werden, da sich wie gezeigt auf der Rechtfertigungsebene Unterschiede ergeben können.

Sofern es sich um eine staatliche Maßnahme handelt, genügt ein kurzer Hinweis, dass jedenfalls die Mitgliedstaaten stets Adressaten der Grundfreiheiten sind. Bei privaten Maßnahmen muss hingegen die Frage der **Drittwirkung** an dieser Stelle diskutiert werden. Hier kann insoweit durchaus ein Schwerpunkt einer Klausur liegen.

---

[389] Der räumliche Schutzbereich wird im Rahmen einer Klausur grds. keine Probleme bereiten.
[390] Bei einigen Grundfreiheiten sind bestimmte Tätigkeiten von ihrem Anwendungsbereich ausgenommen. Man spricht dann von einer Bereichsausnahme. Einzelheiten werden bei den einzelnen Grundfreiheiten erläutert.

3. Rechtfertigungsebene

An dieser Stelle muss überprüft werden, ob die Maßnahme gerechtfertigt ist. Erforderlich ist dafür zunächst das Vorhandensein einer gesetzlichen Grundlage, auf die das Verhalten gestützt wurde. Im Anschluss müssen zunächst die geschriebenen Rechtfertigungsgründe geprüft werden. Sie gelten für alle Arten von Maßnahmen.

Nur bei Beschränkungen oder mittelbaren Diskriminierungen kann anschließend auf den ungeschriebenen Rechtfertigungsgrund der zwingenden Erfordernisse zurückgegriffen werden, sofern die geschriebenen Rechtfertigungsgründe eine Rechtfertigung nicht ermöglichen. Stets zu beachten ist der Grundsatz der Verhältnismäßigkeit.

Einheitliches Prüfungsschema: Die Grundfreiheiten

1. Schutzbereich
    a)   Sachlicher Schutzbereich
        aa)   grenzüberschreitendes Element
        bb)   sachlich geschützte Tätigkeit
        cc)   keine Bereichsausnahme
    b)   Persönlicher Schutzbereich

2. Eingriff
    a)   Handeln durch einen Adressaten der Grundfreiheiten (hier eventuell Drittwirkung)
    b)   Diskriminierung oder
    c)   Beschränkung
    d)   Ausschluss durch (entsprechende) Anwendung der Keck-Rechtsprechung?

3. Rechtfertigungsebene
    a)   bei Diskriminierungen: geschriebene Schranken
    b)   bei Beschränkungen: zusätzlich Rechtfertigung durch zwingende Erfordernisse
    c)   Evtl. Grundrechte (vor allem bei Grundrechtskollisionen)
    d)   VHM als Schranken-Schranke

§ 13 DIE WARENVERKEHRSFREIHEIT[391]

I. ÜBERBLICK UND WARENBEGRIFF

Die Freiheit des Warenverkehrs lässt sich in **drei Teile** unterteilen, nämlich die **Zollfreiheit** (Art. 30 AEU), die **Warenfreiheit** in Art. 34 AEU sowie als letzter Teil die **Umformung staatlicher Handelsmonopole** (Art. 37 AEU).[392] Sowohl die Zollfreiheit als auch die Umformung staatlicher Handelsmonopole spielen im Rahmen der Ausbildung eine eher untergeordnete Rolle. Auf beide soll daher im Folgenden nicht näher eingegangen werden. Die Warenfreiheit hingegen bildet in der Praxis und in der Ausbildung die „wichtigste" Freiheit.[393]

Fast sämtliche Warenbewegungen weisen heute in irgendeiner Weise unionsrechtlichen Bezug auf und sind daher an den Vorgaben des Unionsrechts zu messen. Zudem sind in diesem Bereich etliche Urteile des Gerichtshofs ergangen, die geradezu zu den „Klassikern" gehören und daher bekannt sein müssen.

Alle drei Elemente der Warenverkehrsfreiheit beziehen sich allein auf **Waren**.[394] Dieser Begriff wird allerdings im AEU-Vertrag nicht definiert. Der EuGH fasst diesen Begriff eher weit. Danach sind Waren **grds. alle körperlichen Gegenstände**. Erforderlich ist allein, dass sie einen **Geldwert** haben[395] und deshalb **Gegenstand von Handelsgeschäften**[396] sein können.[397] Dient der körperliche Gegenstand allerdings allein dem Zweck, eine Dienstleistung zu verwirklichen, findet lediglich die Dienstleistungsfreiheit Anwendung.[398]

> **Waren** sind alle körperlichen Gegenstände, die einen Geldwert haben und daher Gegenstand von Handelsgeschäften sein können.

---

[391] *Lenz*, Warenverkehrsfreiheit nach der Doc-Morris-Entscheidung, NJW 2004, 332; *Kenntner*, Grundfälle zur Warenverkehrsfreiheit, JuS 2004, 22; *Röhl*, Die Warenverkehrsfreiheit, Jura 2006, 321. Fall bei *Payandeh*, Jura 2010, 472.
[392] Auf Art. 37 AEU (Umformung staatlicher Handelsmonopole) soll hier nicht weiter eingegangen werden. Vgl. *Ehricke*, EuZW 1998, 741.
[393] Siehe auch *Epiney*, in: Ehlers, Europäische Grundrechte und Grundfreiheiten, § 8 Rn 5
[394] Ausführlich zu diesem Begriff *Frenz*, Handbuch Europarecht Bd. 1, Rn 637 ff.
[395] Kritisch zu diesem Teil der Definition *Frenz*, Handbuch Europarecht Bd. 1 Rn 646.
[396] Der Begriff Handelsgeschäft darf indes nicht dazu verleiten anzunehmen, dass stets auch ein Kaufmann beteiligt sein müsste. Auch private Geschäfte werden selbstverständlich erfasst.
[397] EuGH Slg. 1968, 633.
[398] So etwa im Falle des Lotteriewesens, EuGH Slg. 1994, I-1039.

Im Folgenden sollen einige **Problemfälle** dargelegt werden, mit denen sich der EuGH in seiner Rechtsprechung konfrontiert sah und die daher auch in Klausuren relevant sein können:

- **Abfall**: In seinem Urteil „Wallonische Abfälle" hat der EuGH auch diese unter den Begriff der Ware subsumiert. Er ist also nicht der Ansicht gefolgt, wonach der Warenbegriff einen positiven Geldwert des betreffenden Gegenstandes verlangt, da dies erhebliche Abgrenzungsprobleme nach sich ziehen könnte. Zudem stellt die Abfallwirtschaft einen überaus bedeutenden Wirtschaftssektor dar.
- **Druckerzeugnisse**: Etwa Zeitungen oder hochwertige Kunstdrucke. Bei diesen handelt es sich stets um Waren. Fraglich ist allein, ob in diesen Fällen nicht die Dienstleistungsfreiheit im Vordergrund steht. Entscheidend ist hier der Schwerpunkt der Tätigkeit.
- **Software**: Software als solche ist kein körperlicher Gegenstand und daher auch für sich genommen keine Ware. Regelmäßig befindet sich diese Software jedoch auf einem körperlichen Datenträger, der der Warenverkehrsfreiheit unterfällt. Der Gerichtshof geht dabei regelmäßig davon aus, dass die Software gemeinsam mit dem Datenträger eine einheitliche Ware darstellt, deren Wert sich aus dem Datenträger und dem Wert der Software zusammensetzt. In dieser Form wird daher auch der Zollwert von Software berechnet. Diese Rechtsprechung findet auch auf Kassetten oder Videobänder Anwendung. Etwas anderes gilt dementsprechend für Software, die unmittelbar aus dem Internet heruntergeladen wird. In diesen Fällen kann dann allein die Dienstleistungsfreiheit Anwendung finden.
- **Strom**: Auch Strom stellt für sich genommen keinen körperlichen Gegenstand dar. Aufgrund der Tatsache, dass dieser aber auch über Leitungen transportiert wird und insofern mit Wasser oder Gas vergleichbar erscheint, geht der EuGH von einer Wareneigenschaft aus, ohne in die physikalische Diskussion eingreifen zu wollen.
- **Cannabis**: Betäubungsmittel fallen nach Ansicht des EuGH nicht unter den Warenbegriff, da ihr Inverkehrbringen in allen Mitgliedstaaten verboten ist und diese Rechtslage auch im Einklang mit verschiedenen völkerrechtlichen Verträgen steht.[399] **Achtung**: Wird das Inverkehrbringen eines Produktes hingegen lediglich in einigen Mitgliedstaaten verboten, muss sich ein solches Verbot weiterhin an der Warenverkehrsfreiheit messen lassen.

II. Der freie Warenverkehr[400]

Fall 10 (nach EuGH Slg. 1987, 1227): Verletzt das Reinheitsgebot *Froggy* aus Fall 9 tatsächlich in seinen aus Art. 34 AEU garantierten Rechten?

Art. 34 AEU bezieht sich auf die **nichttarifären Beschränkungen** des innerunionalen Warenverkehrs.[401] Er bildet damit ein wesentliches Element des Binnenmarktes. Voraussetzung der Anwendbar-

---

[399] Dazu EuGH Rs. C-137/09, EuZW 2011, 219 mit Anmerkung *Purnhagen*.
[400] Lesenswert dazu: *Kenntner*, Grundfälle zur Warenverkehrsfreiheit, JuS 2004, 22.
[401] Eingeschlossen sind damit aber auch Waren aus Drittländern, die sich in der Union im freien Verkehr finden.

keit ist zunächst Vorliegen einer Ware sowie – wie stets – ein grenzüberschreitendes Element.[402]

Die Waren müssen also in relevanter Weise innereuropäische Binnengrenzen überschreiten. Reine Inlandsfälle werden von der Warenverkehrsfreiheit nicht erfasst.

Sofern damit der **Tatbestand** erfüllt ist, ist anschließend das Vorliegen einer Beschränkung zu untersuchen (1 und 2). Zuletzt stellt sich die Frage der Rechtfertigung (3).

1. Mengenmäßige Einfuhrbeschränkungen[403]

Mengenmäßige Einfuhrbeschränkungen sind zwischen den Mitgliedstaaten nach Maßgabe des Art. 34 AEU verboten.[404] Diese umfassen alle Maßnahmen, die die Einfuhr einer Ware der Menge oder dem Wert nach begrenzen (Kontingent).[405]

Erfasst ist auch das vollständige Einfuhrverbot (**Verbringungsverbot**). In der Praxis spielen solche Einfuhrbeschränkungen eine immer geringere Rolle.[406] Das Problem verlagert sich damit vielmehr auf die Maßnahmen gleicher Wirkung wie mengenmäßige Einfuhrbeschränkungen.

2. Maßnahmen gleicher Wirkung

Der Warenverkehr kann in erheblichem Maße durch Handlungen der Mitgliedstaaten behindert werden, die weit weniger offensichtlich sind als mengenmäßige Einfuhrbeschränkungen. Daher werden durch Art. 34 AEU auch (und gerade) sämtliche Maßnahmen mit gleicher Wirkung wie mengenmäßige Einfuhrbeschränkungen untersagt. Es fehlt indes an einer Definition dieses Merkmals im AEU-Vertrag. Daher war und ist hier die Rechtsprechung des EuGH stets von erheblicher Bedeutung.

a) *Dassonville*-Formel

Der EuGH fasste unter den Begriff der Maßnahme gleicher Wirkung zunächst nur zwingende Eingriffe in die Entscheidungsfreiheit der

---

[402] Zu diesen Begriffen siehe bereits oben sowie das folgende Prüfungsschema.
[403] Art. 35 AEU untersagt zudem mengenmäßige Ausfuhrbeschränkungen. Im Rahmen dieses Lehrbuchs wird auf diese nicht weiter eingegangen.
[404] Dieses Verbot trat mit Wirkung vom 01.07.1968 in Kraft.
[405] EuGH Slg. 1973, 865. Siehe auch *Bleckmann*, in ders., Europarecht Rn 1494.
[406] *Moench*, Der Schutz des freien Warenverkehrs im Gemeinsamen Markt, NJW 1982, 2689.

Marktteilnehmer.[407] Nachdem in der Literatur jedoch bereits frühzeitig gefordert wurde, maßgeblich auf die einfuhrbegrenzende Wirkung abzustellen, gab der EuGH in der *Dassonville*-Entscheidung[408] seine zu enge Definition auf. Unter einer **Maßnahme gleicher Wirkung** verstand der EuGH:

> „Jede Handelsregelung der Mitgliedstaaten, die geeignet ist, den innergemeinschaftlichen Handel unmittelbar oder mittelbar, tatsächlich oder potenziell zu behindern, ist als eine Maßnahme mit gleicher Wirkung wie eine mengenmäßige Beschränkung anzusehen."[409]

Erfasst werden von dieser sehr weiten Definition damit nicht nur diskriminierende, sondern **sämtliche einfuhrbeschränkenden Maßnahmen.**[410] Der EuGH versteht die Warenverkehrsfreiheit seitdem folglich als umfassendes Beschränkungsverbot.[411] Auch „Bagatellmaßnahmen" fallen stets unter den Tatbestand. Eine besondere „Spürbarkeit" der beschränkenden Maßnahme ist also nicht erforderlich.

Stets muss es sich aber um **staatliche** oder zumindest **dem Staat zurechenbare Maßnahmen** handeln, da eine Drittwirkung im Bereich der Warenverkehrsfreiheit nach der Rechtsprechung des Gerichtshofs grds. ausscheidet.[412] Etwas anderes gilt allein dann, wenn private Standardsetzung (faktisch) über den Marktzutritt bestimmt.[413] Zudem können auch staatliche Unterlassungen einen rechtfertigungsbedürftigen Eingriff darstellen. Solche **Schutzpflichten** erkannte der Gerichtshof erstmals im Jahre 1997[414] an, zuletzt wurden sie im Jahre 2003[415] bestätigt.

Solche Schutzpflichten entstehen, wenn das Unterlassen des Staates eine Beeinträchtigung des innerunionalen Handels darstellen kann. Dies ist etwa der Fall, wenn nach nationalem Recht verbotene Handlungen Privater den Marktzugang für ausländische Waren potenziell verhindern oder erschweren.[416]

---

[407] EuGH Slg. 1968, 633.

[408] EuGH Slg. 1974, 837.

[409] EuGH, aaO.

[410] Siehe auch EuGH, Rs. C-351/07, EWS 2009, 234 ff.

[411] *Frenz*, Handbuch Europarecht Bd. 1, Rn 753.

[412] Zur Drittwirkung der Grundfreiheiten allgemein siehe bereits oben.

[413] EuGH, Rs. C-171/11, EuZW 2012, 797. Siehe auch *Schweitzer*, EuZW 2012, 765 sowie *Schmahl/Jung*, NVwZ 2013, 607 ff. Fallbearbeitung bei *Otto/Hein*, JuS 2014, 529.

[414] EuGH Slg. 1997, I-6959.

[415] EuGH Slg. 2003, I-5659.

[416] *Meurer*, EWS 1998, 196 (199).

Die Definition des Begriffs der Maßnahme gleicher Wirkung ist äußerst weit. Der EuGH bemühte sich daher in der *Keck*-Entscheidung um eine Begrenzung des Schutzbereichs.

b) Einschränkung durch die Keck-Formel

In der Entscheidung in der Rechtssache *Keck*[417] schränkte der Gerichtshof den Schutzbereich der Warenverkehrsfreiheit ein.[418] Inhaltlich ging es in dieser Rechtssache um das französische Verbot, Waren unterhalb des Einkaufspreises – also zum Verlustpreis – zu verkaufen. Der Gerichtshof stellte fest, dass **nichtdiskriminierende Verkaufsmodalitäten, die sich auf inländische und ausländische Produkte gleichermaßen auswirken**, nicht geeignet sind, den Handel im Sinne der *Dassonville*-Formel zu behindern. Allein **produktbezogene Regelungen** sollten weiterhin unter den Tatbestand des Art. 34 AEU fallen.

Maßgeblich ist seitdem mithin die Differenzierung zwischen produktbezogenen Regelungen und Verkaufsmodalitäten. Verkaufsmodalitäten sind solche Regelungen, die regeln wo verkauft werden darf, wann verkauft werden darf und wie verkauft werden darf (**Beispiel**: Ladenöffnungszeiten). Sie haben keine Auswirkungen auf das Produkt und dessen Produktion selbst oder den Marktzugang. Die ausländische Ware darf verkauft werden, es muss sich dabei lediglich an bestimmte, für alle geltende Regeln gehalten werden. Dem Gerichtshof ist daher zuzustimmen, wenn er diese für alle geltenden Regeln aus dem Anwendungsbereich des Art. 34 AEU herausnimmt, da die Grundfreiheiten allein einen beschränkungsfreien Marktzugang ermöglichen wollen, während die Ausgestaltung des nationalen Marktes weiterhin in der Kompetenz der Mitgliedstaaten verbleibt.[419]

Dies gilt jedoch allein für solche Verkaufsmodalitäten, die unterschiedslos gelten (nichtdiskriminierend) und den Absatz der inländischen und der ausländischen Erzeugnisse rechtlich wie tatsächlich in der gleichen Weise berühren. Sofern ausländische Produkte durch die Verkaufsmodalität also stärker betroffen werden, sind sie weiterhin am Maßstab des Art. 34 AEU zu messen. Dann handelt es sich nämlich um eine faktische Diskriminierung, für die die Keck-Ausnahme keine Geltung beanspruchen kann.

Bestehende Unterschiede in der Marktausgestaltung (etwa im Bereich der Ladenöffnungszeiten) können allein durch eine **förmliche**

---

[417] EuGH Slg. 1993, I-6097.
[418] *Frenz*, Handbuch Europarecht Bd. 1, Rn 811.
[419] *Frenz*, Handbuch Europarecht Bd. 1, Rn 823.

Rechtsharmonisierung ausgeglichen werden. Sofern nationale Regelungen indes bewirken, dass ausländische Hersteller ihre Produkte und Produktion an den jeweiligen nationalen Markt anpassen müssen, wird ihnen der Zugang zu diesem erschwert.

Daher fallen solche Regelungen unter Art. 34 AEU. Zu Recht hat daher der Gerichtshof das Vorbringen der Bundesregierung zurückgewiesen, bei den Regelungen zum **Dosenpfand** handele es sich um solche nicht erfassten Verkaufsmodalitäten.[420] Da die Hersteller gezwungen sind, die Verpackung oder die Etikettierung zu verändern, handelt es sich vielmehr zweifellos um produktbezogene Regelungen.[421]

Hinweis: Im Rahmen einer Klausur genügt es nicht, lediglich das Vorliegen einer Verkaufsmodalität festzustellen, um den Tatbestand des Art. 34 AEU zu verneinen. Diese muss vielmehr nicht-diskriminierend ausgestaltet sein und sich auf alle Produkte rechtlich wie tatsächlich gleich auswirken. Gerade völlige Werbeverbote (klassische Verkaufsmodalitäten) wirken sich oftmals belastender auf ausländische Produkte aus, da nationale Erzeugnisse regelmäßig auch ohne Werbung bekannter sind. In diesem Fall wäre der Schutzbereich des Art. 34 AEU also eröffnet. Bei der **Beschränkung bestimmter Nutzungsmöglichkeiten** eines ansonsten frei verkäuflichen Produkts ist zu unterscheiden: Betrifft die Beschränkung gerade den Kernbereich dessen, wofür das Produkt hergestellt wurde, bleibt die Warenverkehrsfreiheit anwendbar, da dies einem Verkaufsverbot faktisch gleichkommt (Beispiel: Ein Anhänger darf zwar verkauft, aber nicht als Anhänger benutzt werden). Geht es dagegen um unwesentliche Nutzungsbeschränkungen, greift die Keck-Formel (Beispiel: Geschwindigkeitsbegrenzung für PKW). Siehe dazu siehe EuGH Rs. C-110/05, EuZW 2009, 173 und die Anmerkung von *Streinz*, JuS 2009, 652 ff. sowie Rs. C- 142/05 mit dem Schlussantrag der GA *Kokott* (vor allem Rn. 45 ff.).

Die Keck-Formel erweist sich als warenverkehrsrechtliche Besonderheit. Hinter ihr steht zwar letztlich die zutreffende Erkenntnis, dass es für die Grundfreiheiten nur auf eine Beschränkung des Marktzugangs ankommen kann. Durch die Differenzierung zwischen vertriebs- und produktbezogenen Regelungen wird das jedoch nur unzureichend gespiegelt. Ihre Anwendung – etwa auf Nutzungsverbote – bereitet denn auch einige Schwierigkeiten. Die Keck-Formel ist daher umstritten und auch der EuGH scheint sich langsam von ihr zugunsten eines **allgemeinen Markzugangstests** verabschieden zu wollen. Siehe dazu *Cremer/Bothe*, EuZW 2015, 413 ff.; *Brigola*, EuZW 2012, 248 ff. sowie *Hoffmann*, NJW 2016, 626.

---

[420] EuGH Rs. C-309/02, Urteil v. 14.12.2004. Damit stellen die Regelungen einen Eingriff dar. Dieser kann jedoch aus Gründen des Umweltschutzes gerechtfertigt sein (s.u.).

[421] Gleiches galt daher für das Verbot, einen Schokoriegel (Mars) mit dem Werbezusatz +10 % zu kennzeichnen, siehe EuGH Slg. 1995, I-1923.

3. Rechtfertigung

Eingriffe in den Schutzbereich des Art. 34 AEU können gerechtfertigt werden. Dies folgt bereits aus **Art. 36 AEU,** der eigens Rechtfertigungsgründe nennt (a). Daneben können für diskriminierungsfreie Regelungen und mittelbare Diskriminierungen auch **zwingende Erfordernisse** als Rechtfertigungsgrund herangezogen werden (b).

a) Art. 36 AEU

Art. 36 AEU bildet den geschriebenen Rechtfertigungsgrund für die Warenfreiheit. Danach können alle Formen von Beschränkungen (also sowohl diskriminierende als auch nichtdiskriminierende) gerechtfertigt sein, wenn:

> - es bisher keine unionsrechtliche Regelung gibt,[422]
> - eines der genannten Schutzgüter geschützt werden soll und
> - diese Beschränkung kein Mittel der willkürlichen Diskriminierung oder eine verschleierte Beschränkung des Handels zwischen den Mitgliedstaaten darstellt.

Dabei ist zu beachten, dass Art. 36 AEU nach der Rechtsprechung **grds. eng auszulegen** ist. Der in Art. 36 AEU genannte Katalog möglicher Schutzgüter ist abschließend und kann nicht durch sonstige erweitert werden. Zu den Schutzgütern im Einzelnen:

Unter Beachtung unionsrechtlicher Grenzen ist es im Grundsatz die Sache eines jeden Mitgliedstaats, den Begriff der **öffentlichen Sittlichkeit** für sein Gebiet im Einklang mit seiner Wertvorstellung und in der von ihm gewählten Form auszufüllen.[423] Ausgeschlossen ist jedoch eine Berufung auf die öffentliche Sittlichkeit, wenn die jeweiligen Waren im eigenen Land keinerlei Restriktionen bei der Herstellung oder Vermarktung unterliegen.[424]

Eine Berufung auf die **öffentliche Sicherheit** und **Ordnung** ist nur dann gerechtfertigt, wenn **wesentliche Interessen des betreffenden Mitgliedstaats oder der Funktionsfähigkeit seiner Institutionen** betroffen sind.[425] Nicht ausreichend ist es etwa, eine nationale Regelung allein deshalb unter den Begriff der öffentlichen Ordnung zu fassen, weil sie mit einer Strafsanktion versehen ist.[426]

---

[422] EuGH Slg. 1996, I-2553.
[423] EuGH Slg. 1979, 3795.
[424] EuGH Slg. 1986, 1007. Es ging hierbei um die Einfuhr pornografischer Waren nach England.
[425] EuGH Slg. 1984, 2727; 1987, 2717; 1997, I-81.
[426] EuGH Slg. 1984, 1299.

Lesenswert zum Begriff der öffentlichen Ordnung ist das *Laserdrome*-Urteil des EuGH einschließlich des Schlußantrags der Generalanwältin *Stix-Hackl*.[427] Deutsche Gerichte hielten das „gespielte Töten" mit Lasern oder ähnlichen technischen Geräten in extra hierfür vorgesehenen Hallen für **unvereinbar mit der Menschenwürde** in Art. 1 I GG und bestätigten daher die entsprechende Verbotsverfügung.[428] In anderen Ländern der Union indes sind solche Spiele erlaubt. Es stellte sich damit die Frage der Vereinbarkeit des Verbots mit den Grundfreiheiten (konkret ging es um die Dienstleistungsfreiheit) und den Begriff der öffentlichen Ordnung.

Der EuGH entschied auf die Vorlagefrage des BVerwG, dass die Menschenwürde unzweifelhaft von allen Mitgliedstaaten geachtet werde, weshalb die Menschenwürde auch unter den Begriff der öffentlichen Ordnung falle. Für eine Rechtfertigung sei es nicht erforderlich, dass in allen Staaten auch das exakt gleiche Schutzniveau gewährleistet werde. Vielmehr könnten an dieser Stelle **nationale Besonderheiten** berücksichtigt werden. Daher verstieß das Verbot im Ergebnis nicht gegen die Grundfreiheiten. Zu der eventuell fehlenden Entscheidungserheblichkeit der Vorlage siehe bereits oben, § 10. Zu der Entscheidung insgesamt auch *Jestaedt*, Jura 2006, 127. Die Entscheidung bestätigt damit die oben angesprochene neuere Tendenz des EuGH, den Gestaltungsspielraum der Mitgliedstaaten im Rahmen der Rechtfertigung stärker zu berücksichtigen.

Auch im Bereich der **Gesundheit** und Leben von Menschen, Tieren und Pflanzen ist es grds. Sache der Mitgliedstaaten, festzulegen, in welchem Umfang sie den Schutz von Leben und Gesundheit gewährleisten wollen. Dies gilt auch für die Strenge der durchzuführenden Kontrollen.[429] Soweit jedoch bereits Maßnahmen in anderen Ländern getroffen wurden, muss dies berücksichtigt werden.[430]

Auch der Schutz des **nationalen Kulturguts** von künstlerischem, geschichtlichem oder archäologischem Wert kann Beschränkungen des innerunionalen Handels rechtfertigen. Es bestehen daher in einzelnen Mitgliedstaaten Ausfuhrverbote, Ausfuhrgenehmigungen sowie bestimmte öffentlich-rechtliche Vorkaufsrechte.

Unter das **gewerbliche und kommerzielle Eigentum** im Sinne des Art. 36 AEU fallen nach der Rechtsprechung:

- das Warenzeichenrecht,[431]
- das Urheberrecht,[432]
- das Sortenschutzrecht,[433]

---

[427] EuGH Rs. 36/02, Urteil vom 14.10.2004.

[428] Der Unionsbezug ergab sich aus der Tatsache, dass die technischen Geräte aus Großbritannien angeliefert wurden (grenzüberschreitendes Element).

[429] EuGH Slg. 1994, I-5243; 1991, I-1747.

[430] Etwa Untersuchungen oder Analysen, vgl. EuGH Slg. 1998, I-6871.

[431] EuGH Slg. 1997, I-6227.

[432] EuGH Slg. 1998, I-5171; 1998, I-1953.

> - das Patentrecht[434] sowie
> - der Schutz von Mustern und Modellen.[435]

Stets zu beachten ist das **Verhältnismäßigkeitsprinzip** einschließlich des **Kohärenzgebots**.[436] Daneben verbietet Art. 36 AEU außerdem willkürliche Diskriminierungen[437] sowie eine verschleierte Beschränkung des Handels zwischen den Mitgliedstaaten.[438]

b) Zwingende Erfordernisse[439]

Gelingt eine Rechtfertigung anhand der Schutzgüter des Art. 36 AEU nicht, so können unterschiedslos sowie mittelbar diskriminierende Maßnahmen anschließend durch den ungeschriebenen Rechtfertigungsgrund der zwingenden Erfordernisse gerechtfertigt werden. Diesen – mittlerweile auf alle Grundfreiheiten übertragenen – Rechtfertigungsgrund entwickelte der Gerichtshof in der **Cassis de Dijon-Entscheidung**.[440]

Erforderlich wurde die erweiterte Rechtfertigungsmöglichkeit durch die weite Interpretation des Schutzbereiches (Dassonville-Formel), die auch durch die Keck-Rechtsprechung nur unwesentlich beschränkt wird. In der Cassis-Entscheidung stellte der EuGH fest, dass innerstaatliche Handelshemmnisse hinzunehmen sind, wenn

„sie notwendig sind, um zwingenden Erfordernissen gerecht zu werden, insbesondere den Erfordernissen einer wirksamen steuerlichen Kontrolle, des Schutzes der öffentlichen Gesundheit, der Lauterkeit des Handelsverkehrs und des Verbraucherschutzes" und mit denen ein „im allgemeinen Interesse liegendes Ziel, das den Erfordernissen des freien Warenverkehrs dient, der eine der Grundlagen der Gemeinschaft darstellt, verfolgt wird."[441]

Anders als im Rahmen des Art. 36 AEU, sind die vom EuGH aufgezählten zwingenden Erfordernisse dabei nicht abschließend. Es

---

[433] EuGH Slg. 1982, 2015.
[434] EuGH Slg. 1974, 1147.
[435] EuGH Slg. 1988, 6039.
[436] Siehe dazu auch EuGH Slg. 1976, 1871; 1991, I-1763.
[437] EuGH Slg. 1979, 2555; 1992, I-777.
[438] EuGH Slg. 1980, 2299 (zum Verbot der Werbung für alkohol. Getränke); 1982, 2793.
[439] Der EuGH ordnet diese dogmatisch als negative Tatbestandsmerkmale ein, verneint also beim Vorliegen zwingender Erfordernisse bereits den Tatbestand. Richtiger erscheint dagegen eine Einordnung als Rechtfertigungsgrund, insbesondere aufgrund der hier vorzunehmenden Abwägung zwischen verschiedenen Rechtsgütern, was gerade für Rechtfertigungsgründe typisch ist.
[440] EuGH Slg. 1979, 649. Siehe dazu bereits oben, § 11.
[441] EuGH aaO.

230

können also von den Mitgliedstaaten noch weitere hervorgebracht werden.[442] Relativ häufig werden einschränkende Regelungen mit dem notwendigen **Schutz der Verbraucher** begründet.

Fallbeispiel bei *Thiele*, Standardfälle Europarecht, Fall 3.

Insbesondere in **Schutzpflichtkonstellationen** können auch die **Grundrechte Dritter** solche zwingenden Erfordernisse darstellen. Wird also eine grundsätzliche Handlungspflicht des Staates festgestellt, so kann diese wieder entfallen, sofern durch ein Einschreiten europäische Grundrechte verletzt werden würden. Grundrechte und Grundfreiheiten treten hier also in einen Konflikt, der im Wege der **praktischen Konkordanz** aufgelöst werden muss. So kann etwa die Versammlungsfreiheit einen kurzfristigen Eingriff in die Warenverkehrsfreiheit rechtfertigen.[443]

Im Übrigen ist stets eine **Verhältnismäßigkeitsprüfung** vorzunehmen und das **Kohärenzgebot** zu beachten. Nachdem der Gerichtshof in diesem Bereich in der Anfangszeit äußerst streng war und zahlreiche nationale Regelungen an deren Erforderlichkeit scheitern ließ, achtet der EuGH nunmehr im zunehmenden Maße den **Gestaltungsspielraum der Mitgliedstaaten**.

So hat der EuGH etwa unlängst das **Fremdbesitzerverbot** für Apotheken als vereinbar mit Art. 34 AEU angesehen und insoweit die Einschätzung der deutschen Regierung akzeptiert, dass diese Regelung zum Schutz der Verbraucher erforderlich ist – obwohl ein solches Verbot in keinem anderen Mitgliedstaat besteht. Auch im Bereich nationaler Verwendungsverbote (es ging um Anhänger für Kradfahrzeuge in Italien) hat der Gerichtshof eine Erforderlichkeit bejaht und die Regelung gebilligt, obwohl die befassten Generalanwälte zu einem anderen Ergebnis gekommen waren.[444]

> **Lösung Fall 10:** Eine Verletzung des Art. 34 AEU würde voraussetzen, dass dessen Tatbestand erfüllt ist und keine Rechtfertigungsmöglichkeit besteht. Bei dem eingeführten Bier handelt es sich offensichtlich um **Waren**. Weiterhin müsste es sich bei dem Reinheitsgebot um eine mengenmäßige Einfuhrbeschränkung

---

[442] Vom EuGH etwa anerkannt: Pfandflaschensysteme zur Verringerung des Abfalls und damit zum Schutz der Umwelt (EuGH Slg. 1988, 4607); Bekämpfung betrügerischer Praktiken zum Schutz der Lauterkeit des Handels (EuGH Slg. 1990, I-4285). Siehe auch die Zusammenstellung der Rechtsprechung bei *Müller-Graff*, in: von der Groeben/Thiesing/Ehlermann, Art. 30 EG, Rn 207 ff.

[443] EuGH Slg. 2003, I-5659.

[444] Siehe EuGH Rs. C-110/05, EuZW 2009, 173 sowie die Anmerkung von *Streinz*, JuS 2009, 652 ff. Nach Ansicht von *Streinz* drängt sich diese Entscheidung für **Prüfungen** im **Pflichtfachbereich** geradezu auf. Siehe auch EuGH Rs. C-42/07, Urteil vom 08.09.2009.

oder eine Maßnahme gleicher Wirkung handeln. Eine mengenmäßige Einfuhrbeschränkung kommt in diesem Fall nicht in Betracht, da importiertes Bier nicht der Menge nach begrenzt wird.

Möglich wäre jedoch eine **Maßnahme gleicher Wirkung**. Eine solche stellt jede Maßnahme dar, die geeignet ist, den innerunionalen Warenverkehr unmittelbar oder mittelbar, tatsächlich oder potenziell zu behindern (*„Dassonville*-Formel"). Durch das deutsche Reinheitsgebot wird der Verkauf ausländischen Bieres unter dem Namen Bier untersagt, soweit es nicht dem Reinheitsgebot entspricht. Dadurch ist es geeignet, den Warenverkehr ausländischen Bieres nach Deutschland zu behindern. Es liegt damit eine Maßnahme gleicher Wirkung vor. Eine solche könnte jedoch **gerechtfertigt** sein. Eine Rechtfertigung nach Art. 36 AEU kommt nicht in Betracht. Da in diesem Fall eine nichtdiskriminierende Vorschrift vorliegt (das Reinheitsgebot gilt für sämtliches Bier), ist aber eine Rechtfertigung nach der *Cassis*-Formel denkbar.

Danach müssen Handelshemmnisse hingenommen werden, soweit sie notwendig sind, um zwingenden Erfordernissen gerecht zu werden. Als solch ein Erfordernis kommt zunächst der Verbraucherschutz in Betracht. Darunter fällt auch der Schutz bestimmter Verbrauchererwartungen. Hier könnte man als Argument anführen, dass deutsche Käufer unter dem Namen „Bier" nur solche Produkte vermuten, die dem Reinheitsgebot entsprechen. Dagegen ist jedoch einzuwenden, dass ein generelles Verbot der Einfuhr wohl als unverhältnismäßig einzustufen wäre. Jedenfalls käme als ein weniger eingreifendes, genauso wirksames Mittel eine *Etikettierungspflicht* in Betracht.

Ein weiteres zwingendes Erfordernis könnte der *Gesundheitsschutz* sein. Allerdings lässt sich eine Gesundheitsgefährdung durch ausländisches Bier, welches andere Zusatzstoffe enthält, nicht belegen und scheint auch durchaus abwegig (dennoch brachte die Bundesregierung dies übrigens während des Prozesses als eines ihrer Argumente vor). Der Grundsatz, wonach in anderen Ländern zugelassene Waren auch im Einfuhrstaat zuzulassen sind, bleibt somit bestehen. Eine Rechtfertigung nach der *Cassis-Formel* scheidet aus. Das Reinheitsgebot verstößt also bzgl. eingeführtem Bier gegen Art. 34 AEU.

Prüfungsschema: Die Warenverkehrsfreiheit

A. Tatbestand

I. Lex specialis im Unionsrecht?

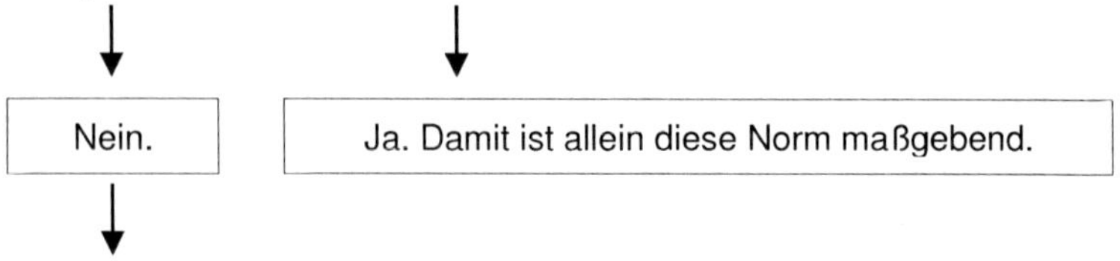

| Nein. | Ja. Damit ist allein diese Norm maßgebend. |

II. Handelt es sich um eine Ware iSd Unionsrechts?
III. Liegt ein grenzüberschreitendes Element vor?
IV. Greift die „*Dassonville*-Formel"?
V. Handelt es sich um eine staatliche Maßnahme?
VI. Ist die Maßnahme auf inländische Waren

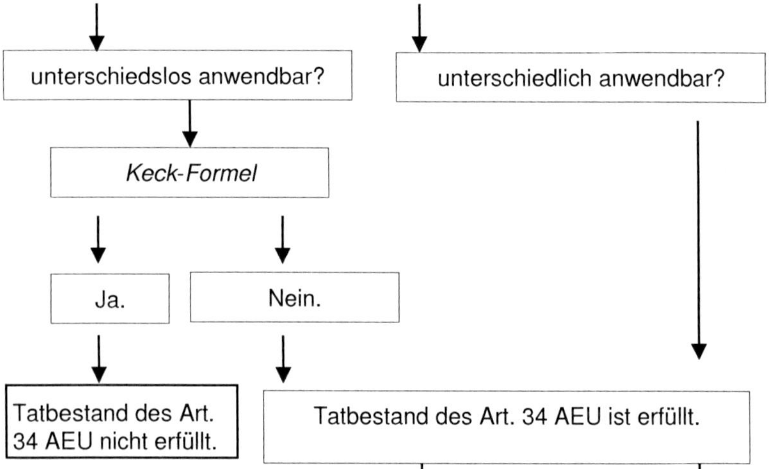

| unterschiedslos anwendbar? | unterschiedlich anwendbar? |

Keck-Formel

| Ja. | Nein. |

Tatbestand des Art. 34 AEU nicht erfüllt.

Tatbestand des Art. 34 AEU ist erfüllt.

B. Rechtfertigungsebene

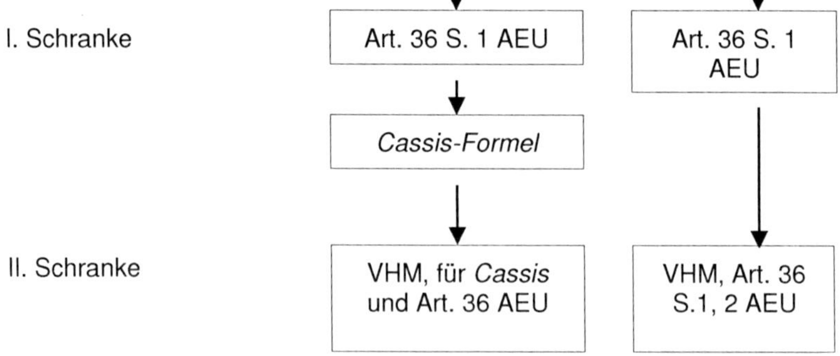

I. Schranke

| Art. 36 S. 1 AEU | Art. 36 S. 1 AEU |

Cassis-Formel

II. Schranke

| VHM, für *Cassis* und Art. 36 AEU | VHM, Art. 36 S.1, 2 AEU |

Fall 11 (nach EuGH Slg. 1995, I-4921): Fußball-Star B aus Frankreich spielt in Belgien Fußball. Hier sitzt er ständig auf der Bank, da bereits drei andere Ausländer einen Stammplatz haben und nach den Regeln des europäischen Fußballverbandes dies die Höchstzahl an Ausländern pro Mannschaft ist. Nach Ablauf seines Vertrages will er den Verein wechseln. Allerdings ist kein Verein aus anderen EG-Ländern bereit, die fällige Ablösesumme in Millionenhöhe an seinen „Noch-Verein" zu bezahlen. Frustriert wendet er sich an den EuGH und behauptet, dass beide Regelungen (Höchstzahl von Ausländern und Ablösesumme) gegen den Art. 45 AEU verstießen. Mit Erfolg?

Die Art. 45-48 AEU regeln die **Arbeitnehmerfreizügigkeit.** Sie bildet den ersten Teil der sogenannten Freiheiten des Personenverkehrs. Den zweiten Teil bildet die Niederlassungsfreiheit (§ 14). Die Arbeitnehmerfreizügigkeit zielt auf die Mobilität der **unselbstständig Tätigen**, während die Niederlassungsfreiheit schwerpunktmäßig die selbstständig Tätigen erfasst. Sie umfasst gemäß Art. 45 AEU insbesondere die Abschaffung jeder auf der Staatsangehörigkeit beruhenden unterschiedlichen Behandlung der Arbeitnehmer in Bezug auf Beschäftigung, Entlohnung und sonstige Arbeitsbedingungen. Da hier regelmäßig Fragen der gegenseitigen Anerkennung von Ausbildungen und Diplomen auftauchen, ist dieser Bereich in besonderer Weise durch Sekundärrecht geprägt. Diese sekundärrechtlichen Regelungen werden daher in die Darstellung der einzelnen Arbeitnehmerrechte integriert (siehe unter III 2).

I. Begriff des Arbeitnehmers

In den persönlichen Schutzbereich des Art. 45 AEU fallen „**Arbeitnehmer**".[445] Indes wird dieser Begriff weder durch das Primärrecht, noch durch das Sekundärrecht definiert. Dabei ist zu beachten, dass der Begriff des Arbeitnehmers notwendigerweise mit einem unionsrechtlichen Inhalt zu füllen ist, wenn nicht die Ziele der Verträge gefährdet werden sollen.[446]

Daher ist es denkbar, dass der unionsrechtliche vom nationalen Arbeitnehmerbegriff abweicht. Der EuGH legt den Begriff weit aus und versteht darunter **jede Person, die während einer bestimmten Zeit für einen anderen nach dessen Weisungen Leistungen erbringt, für die er als Gegenleistung eine Vergütung erhält.**[447]

---

[445] Ausführlich zu diesem Begriff *Frenz*, Handbuch Europarecht Bd. 1, Rn 1204 ff.

[446] *Borchardt*, Die rechtlichen Grundlagen der Europäischen Union Rn 690. *Lecheler*, Europarecht, S. 253; EuGH Slg. 1964, 379; 1982, 1035; *Frenz*, Handbuch Europarecht Bd. 1, Rn 1205.

[447] EuGH Slg. 1988, 3161; 1999, I-3289; 1998, I-2691; Rs. C-270/13, Rn 28.

234

> **Arbeitnehmer** ist jeder, der während einer bestimmten Zeit für einen anderen nach dessen Weisung Leistungen erbringt, für die er als Gegenleistung eine Vergütung erhält.

Unerheblich ist, ob es sich um eine öffentlich-rechtliche oder privatrechtliche Tätigkeit handelt. Auch das Erfordernis der Weisungsunterworfenheit versteht der EuGH eher weit.[448] Umfasst sind zudem prinzipiell auch Teilzeitbeschäftigungen[449] oder Gelegenheitsarbeiten.[450] Nicht darunter fallen indes Tätigkeiten, die einen so geringen Umfang haben, dass sie als völlig untergeordnet und unwesentlich gelten können.

Auch Studenten, die neben dem Studium einer Tätigkeit nachgehen, fallen insoweit unter Art. 45 AEU.[451] Allein die Studenteneigenschaft genügt indes nicht.[452] Umfasst sind auch Studien- oder Rechtsreferendare, obwohl ihre Tätigkeit zeitlich begrenzt ist[453] sowie Arbeitssuchende.[454] Auch der Arbeitgeber kann sich als notwendiger Vertragspartner unter bestimmten Voraussetzungen auf die Arbeitnehmerfreizügigkeit berufen.[455]

Stets muss die betreffende Tätigkeit jedoch nach der Rechtsprechung des Gerichtshofs zum **Wirtschaftsleben** gehören. Mit dieser Begründung entzieht der EuGH vor allem Nationalmannschaften dem Anwendungsbereich des Art. 45 AEU.[456] Eine allgemeine Bereichsausnahme für den Sport besteht im Übrigen nicht.[457]

Familienangehörige der Arbeitnehmer fallen selbst nicht unter Art. 45 AEU.[458] Ihre Rechtsstellung wurde jedoch bereits im Jahre 1968

---

[448] Siehe zuletzt EuGH Rs. C-270/13 zur Weisungsabhängigkeit des Präsidenten einer italienischen Hafenbehörde.

[449] EuGH Slg. 1982, 1035.

[450] EuGH Slg. 1992, I-1027.

[451] EuGH Slg. 1988, 205.

[452] Hier greifen jedoch die Regelungen der RL 2004/38.

[453] EuGH Slg. 1988, 3205.

[454] EuGH Slg. 1998, I-2691. Siehe auch *Frenz*, Handbuch Europarecht Bd. 1, Rn 1259.

[455] EuGH Slg. 1998, I-2521. Ausführlich *Frenz*, Handbuch Europarecht Bd. 1, Rn 1215 ff.

[456] EuGH Slg. 1976, 1333; Slg. 1995, I-4921.

[457] Dazu auch *Kronberg*, Voraussetzungen und Grenzen der Bindung von Sportverbänden an die europäischen Grundfreiheiten, 2011.

[458] Dies ist allerdings nicht ganz eindeutig geklärt. Es spricht vieles dafür, jedenfalls den Kindern und dem Ehegatten bereits ein primärrechtliches Einreise- und Auf-

sekundärrechtlich insbesondere in der VO 1612/68/EWG geregelt und findet sich nunmehr in der RL 2004/38.

Vorrausetzung ist ferner im Grundsatz, dass der Arbeitnehmer die **Staatsangehörigkeit eines der Mitgliedstaaten** besitzt.[459] Daneben können sich aufgrund des EWR-Abkommens auch die Angehörigen von Island, Liechtenstein und Norwegen auf Art. 45 AEU und das gesamte hierzu ergangene Sekundärrecht berufen. Teilweise existieren **Assoziierungsabkommen** mit anderen Staaten, die ähnliche Regelungen vorsehen.[460] Ansonsten sind Drittstaatler nur in ihrer Eigenschaft als Angehörige über die VO 1612/68 EWG geschützt.

Fraglich ist, ob auch **juristische Personen** Berechtigte der Arbeitnehmerfreizügigkeit sein können. Eine ausdrückliche Regelung wie in Art. 54 Abs. 1 AEU findet sich nicht. Da juristische Personen jedoch gerade in diesem Bereich häufig als Arbeitgeber auftreten, erscheint es konsequent sie dann als berechtigt anzusehen, wenn dies auch ein „natürlicher" Arbeitgeber wäre.

II. Bereichsausnahme, Art. 45 Abs. 4 AEU

Gemäß Art. 45 Abs. 4 AEU findet die Arbeitnehmerfreizügigkeit keine Anwendung auf die Beschäftigung in der **öffentlichen Verwaltung**. Es handelt sich hier um eine sogenannte **Bereichsausnahme**. Hintergrund der Regelung ist die Überlegung, dass es Tätigkeiten gibt, die eine besondere Verbundenheit zum Staat voraussetzen, so dass allein die Staatsangehörigen dieses Staates diese Aufgaben wahrnehmen sollen (Extrembeispiel: Bundespräsident).[461]

---

enthaltsrecht zu gewähren. Siehe *Frenz*, Handbuch Europarecht Bd. 1 Rn 1314 ff.

[459] **Staatsangehörige Kroatiens** können sich in den ersten zwei Jahren nach dem Beitritt noch nicht auf die Arbeitnehmerfreizügigkeit berufen. Dieser Ausschluss kann um drei Jahre und bei wichtigem Grund um weitere zwei Jahre verlängert werden (sog. 2+3+2 Regelung).

[460] Siehe etwa das Assoziierungsabkommen mit der Türkei (ABl. EG 1964 Nr. L 217/3687) vom 12.09.1963. Danach war die Freizügigkeit der Arbeitnehmer der Gemeinschaft und der Türkei bis zum 1.12.1986 herzustellen. Dieser Verpflichtung sind die Parteien allerdings nicht nachgekommen. Es existieren bis heute keinerlei Regelungen. Anders als Art. 45 AEU sind diese Bestimmungen ob ihrer Unbestimmtheit auch nicht unmittelbar anwendbar. Türkische Staatsangehörige können sich also nicht darauf berufen. Ausführlich *Frenz*, Handbuch Europarecht Bd. 1 Rn 1287 ff.

[461] *Frenz*, Handbuch Europarecht Bd. 1, Rn 1337.

Dabei ist erneut zu beachten, dass hier ein **autonomer Rechts-begriff** vorliegt, der allein unionsrechtlich zu bestimmen ist.[462] Die Definitionshoheit liegt folglich nicht bei den einzelnen Mitglied-staaten.[463]

Vielmehr ist der Begriff **einheitlich in der gesamten Union** auszu-legen.[464] Er ist grds. eng zu fassen.[465] Nach der Rechtsprechung des EuGH sind damit nur solche Stellen erfasst,

„die ein Verhältnis besonderer Verbundenheit des jeweiligen Stelleninhabers zum Staat voraussetzen, die unmittelbar an das durch die **Staatsangehörigkeit** zwischen Bund und Bürgern **geflochtene Band** anknüpfen."[466]

Hierzu zählen wohl die Bereiche der Rechtspflege, des Polizeivoll-zugsdienst, der Streitkräfte, der Ministerialbeamte etc.[467] Nicht er-fasst sind etwa Lehrtätigkeiten im Bereich des Bildungswesens (Lehrer,[468] Studienreferendare[469]),[470] Eisenbahnarbeiter, Kranken-schwestern, Klempner sowie Kapitäne, da diese nur sporadisch und ausnahmsweise Hoheitsrechte wahrnehmen.[471] Gleiches gilt für den Präsidenten einer italienischen Hafenbehörde.[472]

Zum Notarberuf siehe *Karpenstein/Liebach*, EuZW 2009, 161 ff. Sollte ein Mitglied-staat einem ausländischen Bewerber trotz der Möglichkeit sich auf Art. 45 Abs. 4 AEU zu berufen den Zugang zu einer entsprechenden Stelle gestatten, greift das Dis-kriminierungsverbot in vollem Umfang.[473]

III. Umfang der Gewährleistung/Beschränkungsverbot

1. Überblick/Allgemeine Rechte aus Art. 45 Abs. 2 AEU

Art. 45 AEU schützt vor jeder auf der Staatsangehörigkeit beruhen-den, unterschiedlichen Behandlung der Arbeitnehmer der Mitglied-

---

[462] EuGH Slg. 1980, 3881; *Burgi*, Freier Personenverkehr in Europa und nationale Verwaltung, JuS 1996, 959.
[463] Anders hingegen *Lecheler*, Die Verwaltung 22 (1989), 137 (139).
[464] EuGH Slg. 1996, I-3207.
[465] EuGH Slg. 1987, 2625.
[466] EuGH Slg. 1980, 3881. Siehe auch *Everling*, DVBl. 1990, 225.
[467] Ausführlich *Frenz*, Handbuch Europarecht Bd. 1 Rn 1359.
[468] EuGH Slg. 1991, I-5627.
[469] EuGH Slg. 1986, 2121.
[470] Siehe etwa *Herdegen*, Europarecht, § 16 Rn 15: „Die jüngste Rechtsprechung des Gerichtshofs lässt im Bereich des Schuldienstes von der Ausnahme des Art. Art. 45 Abs. 4 AEU kaum noch etwas übrig." Zu den Änderungen im Beam-tenrecht, vgl. § 7 I Nr. 1 BBG.
[471] EuGH Slg. 2003, I-10447.
[472] EuGH, Rs. C-270/13 Rn 42 ff.
[473] *Frenz*, Handbuch Europarecht Bd. 1 Rn 1365.

staaten in Bezug auf Beschäftigung, Entlohnung und sonstige Arbeitsbedingungen. Er stellt damit zunächst ein **Gleichbehandlungsgebot** auf.[474] Notwendig ist jedoch, wie bei allen Freiheiten, das Vorliegen eines **grenzüberschreitenden Elements**.[475]

Geschützt wird nicht nur vor offenen, sondern auch vor versteckten Diskriminierungen.[476] Der EuGH hat jedoch mittlerweile die Arbeitnehmerfreizügigkeit im Sinne eines **Beschränkungsverbots** ausgelegt. Erfasst sind damit nicht nur diskriminierende Maßnahmen, sondern alle Regelungen, die die Mobilität der Arbeitnehmer erschweren können. Wegweisend war hier das Urteil in der Rs. *Bosman*.[477] Hier führte der EuGH aus:

„Bestimmungen, die einen Staatsangehörigen eines Mitgliedstaats daran hindern oder davon abhalten, sein Herkunftsland zu verlassen, um von seinem Recht auf Freizügigkeit Gebrauch zu machen, stellen [...] Beeinträchtigungen dieser Freiheit dar, auch wenn sie unabhängig von der Staatsangehörigkeit der betroffenen Arbeitnehmer Anwendung finden.“[478]

Mit dieser Ausweitung zu einem Beschränkungsverbot hat der EuGH damit einen wesentlichen Schritt zu einem einheitlichen Verständnis der Grundfreiheiten getan. Umstritten ist jedoch, ob angesichts dieser Erweiterung auch die **Keck-Rechtsprechung** zu übertragen ist.[479] Fraglich ist also, ob sich auch im Bereich der Arbeitnehmerfreizügigkeit Regelungen finden lassen, die den „Verkaufsmodalitäten" im Rahmen der Warenverkehrsfreiheit entsprechen und daher nicht unter den Tatbestand des Art. 45 AEU subsumiert werden sollten. Im Ergebnis wird man dies bejahen müssen.

Entscheidend ist auch hier wiederum die Überlegung, dass die Grundfreiheiten allein einen beschränkungsfreien Marktzugang ermöglichen wollen. Sofern dieser erfolgt ist, muss sich jedoch jeder Marktteilnehmer an die dort geltenden Regelungen halten, sofern diese nicht diskriminierend ausgestaltet sind oder ausländische Arbeitnehmer stärker belasten. Dies betrifft etwa die Beschäftigungsmodalitäten wie z.B. Arbeitszeitregelungen. Da diese Regelungen allein den bestehenden Markt ausgestalten, unterfallen sie im Ergebnis nicht der Arbeitnehmerfreizügigkeit. Die *Keck*-Rechtsprechung ist also auf solche Ausübungsregelungen zu übertragen. Das Begriffspaar

---

[474] *Borchardt*, Die rechtlichen Grundlagen der Europäischen Union, Rn 702.
[475] Vgl. etwa EuGH Slg. 1992, I-4265. Hier ging es um sogenannte Rückkehrer, also eigene Staatsangehörige, die eine gewisse Zeit im europäischen Ausland tätig waren.
[476] Denkbar sind etwa Regelungen, die an den Wohnort oder die Herkunft anknüpfen.
[477] EuGH Slg. 1995, I-4921.
[478] EuGH, aaO.
[479] Hierzu auch *Frenz*, Handbuch Europarecht Bd. 1, Rn 1453. Ausführlich nunmehr *Schulte Westenberg*, Zur Bedeutung der Keck-Rechtsprechung für die Arbeitnehmerfreizügigkeit, 2009.

für die Arbeitnehmerfreizügigkeit könnte also **Beschäftigungszugangsregelungen** und **Beschäftigungsausübungsregelungen** lauten.

2. Die einzelnen in Art. 45 Abs. 3 AEU gewährten Rechte

In Art. 45 Abs. 3 AEU werden die allgemeinen aus Abs. 1 und 2 folgenden Rechte für besonders bedeutende Aspekte näher konkretisiert.[480] Wie bereits erwähnt, ist die Arbeitnehmerfreizügigkeit dabei in besonderer Weise sekundärrechtlich ausgestaltet. Vor allem in Hausarbeiten ist die Kenntnis der wichtigsten Sekundärrechtsakte daher unumgänglich. Von besonderer Bedeutung ist die unlängst erlassene **Richtlinie 2004/38**,[481] die zahlreiche bestehenden Richtlinien modifiziert oder sogar ersetzt hat und bis zum 30.04.2006 umzusetzen war.

Nach **Art. 45 Abs. 3 lit. a) AEU** haben Arbeitnehmer zunächst das Recht, sich um tatsächlich angebotene Stellen zu bewerben. Dieses Recht wird in den **Art. 1-6 der VO 492/2011**[482] näher konkretisiert. Dieses grds. weit zu verstehende Recht soll eine umfassende Gleichbehandlung der betroffenen Arbeitnehmer im Hinblick auf den Zugang zur jeweiligen Beschäftigung gewährleisten.[483] Umfasst sind demnach etwa die Bewerbung selbst[484] sowie die Aushandlung und der Abschluss von Verträgen. Nach Art. 5 der VO 492/2011 umfasst das Gleichbehandlungsgebot auch die Leistungen der Arbeitsagenturen bei der Stellenssuche. Nach der VO zulässig sind indes „Bedingungen, welche die in Anbetracht der Besonderheit der zu vergebenden Stelle erforderlichen Sprachkenntnisse betreffen." Dabei ist jedoch zu beachten, dass jedes geeignete Mittel zum Nachweis der erforderlichen Sprachkenntnisse ausreicht – die Kenntnisse müssen also nicht zwingend im Inland erworben worden sein.

Art. 45 Abs. 3 lit. b) AEU gewährt das Recht, sich zum Zwecke der Stellenbewerbung im Hoheitsgebiet der Mitgliedstaaten frei zu bewegen. Nähere Regelungen zu diesem „Bewegungsrecht" finden sich RL 2004/38. Diese bestimmt zunächst in Art. 4, dass alle Arbeitnehmer und auch deren Familienangehörigen, die einen gültigen Personalausweis oder Reisepass mit sich führen, das **Recht auf Ausreise** haben. Ein Visum oder eine ähnliche Formalität darf nicht

---

[480] *Frenz*, Handbuch Europarecht Bd. 1 Rn 1475.
[481] ABl. EG 2004 Nr. L 158/77.
[482] ABl. EU 2011 Nr. L 141/1.
[483] *Enchelmaier*, Europäisches Wirtschaftsrecht, Rn 131.
[484] Nicht erforderlich ist, dass die Bewerbung auf eine konkrete Stellenausschreibung erfolgt. Zulässig ist also auch eine sog. Initiativbewerbung.

verlangt werden. Dem korrespondierend regelt Art. 5 das **Recht auf Einreise** in einen anderen Mitgliedstaat. Sofern ein gültiger Personalausweis oder Reisepass vorliegt, muss diesen Personen mithin die Einreise gestattet werden. Besondere Regelungen bestehen hier indes für Familienangehörige, die nicht die Staatsangehörigkeit eines Mitgliedstaats besitzen.

Nach dem **ersten Halbsatz des Art. 45 Abs. 3 lit. c) AEU** haben Arbeitnehmer ein **Aufenthaltsrecht im jeweiligen Mitgliedstaat**. Auch dieses Recht wird in den Art. 6-8 und 14-15 der RL 2004/38 näher ausgestaltet. Danach benötigen Unionsbürger für einen Aufenthalt von bis zu drei Monaten lediglich einen gültigen Personalausweis oder Reisepass. Eine Anmeldung bei den zuständigen nationalen Behörden darf das nationale Recht erst dann verlangen, wenn der Aufenthalt drei Monate übersteigt. In diesem Fall erhalten Arbeitnehmer unverzüglich eine sog. Anmeldebescheinigung.

Daneben haben auch solche Personen (sowie deren Familienangehörigen) ein Aufenthaltsrecht, die über ausreichende Existenzmittel verfügen, Art. 7 I lit. b). Zu sonstigen aufenthaltsberechtigten Personen siehe Art. 7 lit. c)-d) der RL.

Eine Erneuerung dieser Bescheinigung in regelmäßigen Abständen ist nicht erforderlich. Allerdings kann das Aufenthaltsrecht entfallen, wenn die Voraussetzungen des Art. 7 der RL nicht mehr erfüllt sind (also Arbeitnehmereigenschaft oder ausreichend Existenzmittel, vgl. Art. 14 der RL). Sollte sich der jeweilige Unionsbürger fünf Jahre ununterbrochen und rechtmäßig im Aufnahmemitgliedstaat aufhalten, wandelt sich das Aufenthaltsrecht automatisch in ein Recht auf Daueraufenthalt, das nicht mehr an die obigen Voraussetzungen geknüpft ist. Nach Art. 17 der RL kann dieses Recht auf Daueraufenthalt sogar schon früher erworben werden. Auf Antrag erhält der jeweilige Unionsbürger ein Dokument zum Nachweis seines Rechtes auf Daueraufenthalt, Art. 19 der RL.

Im **zweiten Halbsatz des Art. 45 Abs. 3 lit. c) AEU** findet sich das Recht auf **diskriminierungsfreie Ausübung des Berufs**. Dieses Recht wird in den Art. 7-9 der VO 492/2011 näher ausgestaltet. Nach Art. 7 der VO hat ein Arbeitnehmer danach insbesondere im Hinblick auf die **Entlohnung**,[485] Kündigung und auch auf die berufliche Wiedereingliederung oder Wiedereinstellung ein Recht auf Gleichbehandlung. Nach Art. 7 Abs. 2 der VO haben die EU-Arbeitnehmer zudem ein Recht auf die **gleichen sozialen und auch steuerlichen Vergünstigungen**.

---

[485] Zum Begriff der Entlohnung EuGH Slg. 1974, 153 Rn 8.

Der Begriff der **sozialen Vergünstigungen** ist weit zu verstehen. Er erfasst „alle Vergünstigungen, die, ob sie an einen Arbeitsvertrag anknüpfen oder nicht, den inländischen Arbeitnehmern im Allgemeinen hauptsächlich wegen deren objektiver Arbeitnehmereigenschaft oder einfach wegen ihres Wohnsitzes im Inland gewährt werden und deren Ausdehnung auf die Arbeitnehmer, die Staatsangehörige eines Mitgliedstaats sind, deshalb als geeignet erscheint, die Mobilität innerhalb der Union zu erleichtern."[486] **Beispiele:** Kindergeld, Hilfe zum Lebensunterhalt, Geburtsbeihilfen, Erziehungsgeld, Bestattungsgelder. Der Grundsatz der Gewährung gleicher **steuerlicher Vergünstigungen** verlangt die steuerliche Gleichbehandlung der EU-Arbeitnehmer. Wenngleich ein Großteil der Besteuerungskompetenzen (insbesondere bei den direkten Steuern) bei den Mitgliedstaaten verblieben ist, sind insoweit europarechtliche Vorgaben zu beachten.[487]

In Art. 7 Abs. 3 der VO findet sich das Recht, in gleichem Umfang wie Inländer Berufsschulen und Umschulungszentren nutzen zu dürfen. Art. 8 der VO erweitert die Rechte im Zusammenhang mit Gewerkschaften, Art. 9 der VO in Bezug auf die Wohnung einschließlich der Erlangung des Eigentums an derselben.

Schließlich gewährt **Art. 45 Abs. 3 lit. d) AEU** ein Verbleiberecht nach dem Ende der Beschäftigung. Auch dieses Recht wird durch die RL 2004/38 näher ausgestaltet. So folgt aus Art. 16 ein Daueraufenthaltsrecht, sofern sich der Betroffene fünf Jahre ununterbrochen und rechtmäßig in dem Mitgliedstaat aufgehalten hat. Für ehemalige Arbeitnehmer erleichtert Art. 17 der RL die Bedingungen unter denen ein solches Daueraufenthaltsrecht entsteht. Auch Familienangehörige verlieren ihr Aufenthaltsrecht durch den Tod des Unionsbürgers, den sie begleiten nicht, sofern die Voraussetzungen des Art. 12 der RL vorliegen. Im Übrigen können sie unter den gleichen Voraussetzungen ein Daueraufenthaltsrecht erlangen.

Nach Art. 48 AEU schafft der Rat gemeinsam mit dem Parlament zudem ein System, das Wanderarbeitnehmern und ihren Angehörigen auf dem Gebiet der sozialen Sicherheit gewährleistet, dass Zeiten für den Erwerb und die Aufrechterhaltung von Leistungsansprüchen nach den innerstaatlichen Rechtsvorschriften zusammengerechnet werden. Siehe dazu die bedeutende VO 883/2004. Auf dieses schwierige Gebiet soll an dieser Stelle im Übrigen nicht näher eingegangen werden.

IV. Adressaten

Adressaten der Arbeitnehmerfreizügigkeit sind in erster Linie **die Mitgliedstaaten.** Gerade im Arbeitsleben treten jedoch besonders häufig Beschränkungen durch Private auf, da der größte Teil der Arbeitsverträge mit privaten Arbeitgebern zustande kommt. Bereits

---

[486] Vgl. *Brechmann*, in: Calliess/Ruffert, EUV/AEUV, Art. 45 AEU Rn 68.
[487] Zu der Beeinflussung des nationalen Steuerrechts durch das Europarecht auch *Thiele*, ZEuS 2006, 41 ff.

frühzeitig stellte sich daher die Frage einer Drittwirkung derselben.[488] Besonders relevant ist hier das Urteil *„Bosman"*.[489]

Hier ging es um die Satzungen des internationalen Fußballverbandes FIFA und seiner für Europa zuständigen Konföderation UEFA, nach denen ein Fußballspieler, auch wenn er Staatsangehöriger eines Mitgliedstaates war, bei Ablauf des Vertrages, der ihn an einen Verein bindet, nur dann von einem Verein eines anderen Mitgliedstaats beschäftigt werden konnte, wenn dieser dem bisherigen Verein eine Transfer-, Ausbildungs- oder Förderungsentschädigung gezahlt hat. Zudem existierten sog. Ausländerklauseln, nach denen die Fußballvereine nur eine begrenzte Anzahl von Berufsspielern, die Staatsangehörige anderer Mitgliedstaaten sind, aufstellen können.

Der EuGH stellte hier fest, dass Art. 45 AEU nicht nur für behördliche Maßnahmen gilt, sondern sich auch auf Vorschriften intermediärer Gewalten mit eigener Satzungsautonomie erstreckt, die zur **kollektiven Regelung unselbstständiger Arbeit** dienen.[490] Solche kollektiven Regelungen sind gesetzlichen Regelungen in ihrer Wirkung vergleichbar und daher diesen richtigerweise aufgrund ihrer „Unentrinnbarkeit" gleichzustellen.[491] In der Rechtssache *Angonese* ging der Gerichtshof indes noch einen Schritt weiter.[492] Danach gilt das Verbot der Diskriminierung aufgrund der Staatsangehörigkeit „auch für Privatpersonen."

In der Tat spricht vor allem die Tatsache, dass ein Großteil der Arbeitsverhältnisse privatrechtlich ausgestaltet ist, für eine Bindung Privater. Allerdings muss an dieser Stelle auch die **Privatautonomie** beachtet werden. Diese würde völlig ausgehöhlt, wollte man auch das Beschränkungsverbot auf alle privatrechtlichen Verträge erstrecken, zumal dann zwingend auch die Rechtfertigungsmöglichkeiten des Einzelnen erweitert werden müssten. **Daher gilt für private Arbeitgeber letztlich allein das Diskriminierungsverbot.**[493] Sowohl staatliche Regelungen als auch kollektive Vereinbarungen müssen sich darüberhinaus am Beschränkungsverbot messen lassen.[494] Dies widerspricht auch nicht der Rechtsprechung des EuGH, da es auch im Fall *Angonese* allein um eine diskriminierende Regelung ging.

---

[488] Zur Drittwirkung siehe insbesondere *Parpart*, Die unmittelbare Bindung Privater an die Personenverkehrsfreiheiten im europäischen Gemeinschaftsrecht, Diss. München 2003.

[489] EuGH Slg. 1995, I-4921.

[490] EuGH aaO.

[491] *Frenz*, Handbuch Europarecht Bd. 1, Rn 1451.

[492] EuGH Slg. 2000, I-4161.

[493] So auch *Birkemeyer*, EuR 2010, 662 (673).

[494] So auch *Frenz*, Handbuch Europarecht Bd. 1, Rn 1157 ff.

V. Rechtfertigungsebene

Eingriffe in die Arbeitnehmerfreizügigkeit können gerechtfertigt werden. Auch hier ist zwischen den **geschriebenen** und den **ungeschriebenen** Rechtfertigungsgründen zu unterscheiden.

Gemäß Art. 45 Abs. 3 AEU steht das Recht der Arbeitnehmerfreizügigkeit zunächst unter dem Vorbehalt der aus Gründen der öffentlichen Ordnung, Sicherheit und Gesundheit gerechtfertigten Beschränkungen. Hier sind damit explizit Rechtfertigungsgründe aufgezählt. Die in Art. 45 Abs. 3 AEU genannten Bereiche sind als Ausnahmevorschrift **eng auszulegen** und müssen **unionsrechtlich interpretiert** werden.[495]

Die Begriffe öffentliche Ordnung, Sicherheit und Gesundheit sind erstmals durch die RL 64/221[496] näher konkretisiert worden. Diese Richtlinie ist zum 30.04.2006 aufgehoben und durch das **VI. Kapitel der RL 2004/38** ersetzt worden. Danach dürfen die genannten Rechtfertigungsgründe generell nicht zu wirtschaftlichen Zwecken geltend gemacht werden (Art. 27 I der RL). Zudem darf bei Maßnahmen aus Gründen der öffentlichen Ordnung oder Sicherheit ausschließlich das persönliche Verhalten des Betroffenen ausschlaggebend sein; strafrechtliche Verurteilungen allein können ohne Weiteres solche Maßnahmen nicht begründen.

Zudem gilt der Grundsatz der **Verhältnismäßigkeit** (Art. 27 II der RL). Generell muss das persönliche Verhalten eine tatsächliche, gegenwärtige und erhebliche Gefahr darstellen, die ein Grundinteresse der Gesellschaft berührt (Art. 27 II der RL). Als Krankheiten, die eine beschränkende Maßnahme rechtfertigen, gelten zudem ausschließlich die Krankheiten mit epidemischem Potenzial im Sinne der einschlägigen Rechtsinstrumente der WHO und sonstige übertragbare Infektionserreger oder Parasiten verursachende Krankheiten (Art. 28 I der RL). Treten die Krankheiten erst nach Ablauf von drei Monaten nach der Einreise auf, stellen sie keinen Ausweisungsgrund dar (Art. 28 II der RL).

Wie bereits festgestellt, hat der Gerichtshof den Rechtfertigungsgrund der **zwingenden Erfordernisse** auf alle Grundfreiheiten ausgeweitet. Beschränkende und mittelbar diskriminierende Regelungen können daher auch durch diesen ungeschriebenen Rechtfertigungsgrund gerechtfertigt werden. Stets sind zudem die Grundsätze der **Verhältnismäßigkeit** und **Kohärenz** zu beachten, wobei auch hier der Gestaltungsspielraum der Mitgliedstaaten zu wahren ist.

Private sind zwar nur an das Diskriminierungsverbot gebunden (s.o.), können sich in diesem Zusammenhang aber gleichwohl zur Rechtfertigung auf zwingende Erfordernisse berufen, wobei die große Bedeutung der Privatautonomie zu berücksichtigen ist.

---

[495] *Brechmann*, in: Calliess/Ruffert, EUV/AEUV, Art. 45 AEU Rn 96.
[496] ABl. EG 1964 Nr. L 56/850.

Lösung Fall 11: Ein Verstoß gegen Art. 45 AEU setzt voraus, dass dieser auf B anwendbar ist. Dazu müsste es sich bei B um einen **Arbeitnehmer** handeln. B ist als Profisportler weisungsabhängig tätig, erhält eine Vergütung und nimmt am Wirtschaftsleben teil. Er ist Arbeitnehmer. Da es in diesem Fall um die Spielberechtigung von Spielern aus anderen Mitgliedstaaten bzw. um deren Transfer in andere EU-Staaten geht, liegt auch das erforderliche **grenzüberschreitende Element** vor. Im Übrigen hat der EuGH festgestellt, dass dieser Artikel nicht nur auf behördliche Maßnahmen anwendbar ist, sondern sich auch auf Vorschriften anderer Art erstreckt, die zur kollektiven Regelung unselbstständiger Arbeit dienen. Er gilt somit auch für den europäischen Fußballverband. Die Festlegung einer **Ausländersperrklausel** knüpft als Differenzierungskriterium unmittelbar an die Staatsangehörigkeit einer Person an. Sie verstößt tatbestandsmäßig somit unmittelbar gegen den als Diskriminierungsverbot ausgestalteten Art. 45 AEU sowie den Art. 7 I und IV der VO 1612/68. Die **Ablösevorschrift** knüpft zwar nicht direkt an die Staatsangehörigkeit als solche an. Allerdings ist sie als eine Beschränkung anzusehen, die geeignet ist, den betroffenen Arbeitnehmer davon abzuhalten, von seinem Recht auf Arbeitnehmerfreizügigkeit Gebrauch zu machen. Es handelt sich insoweit um eine Zuzugs- bzw. Wegzugsbeschränkung. Auch sie verletzt somit tatbestandlich den Art. 45 AEU. Eine **Rechtfertigung** dieser Bestimmungen kommt hier nicht in Betracht, insbesondere sind keine zwingenden Erfordernisse ersichtlich, auf die sich der Fußballverband berufen könnte. Beide Vorschriften verletzen B somit in seinen aus Art. 45 AEU garantierten Rechten und sind daher unionsrechtswidrig.

Prüfungsschema: Die Arbeitnehmerfreizügigkeit

A. Tatbestand

I. Kein lex specialis im Unionsrecht?
II. Handelt es sich um einen Arbeitnehmer?
III. Liegt ein grenzüberschreitendes Element vor?
IV. Liegt keine Beschäftigung in der öffentlichen Verwaltung vor, Art. 45 Abs. 4 AEU (Bereichsausnahme)?
V. Liegt eine Diskriminierung (offen oder versteckt) oder eine sonstige relevante Beschränkung vor?
VI. Handelt es sich um eine staatliche Maßnahme oder eine nach Maßgabe der Drittwirkung relevante private Maßnahme?
VII. Handelt es sich um eine Marktzugangs- und nicht um eine Marktausgestaltungsregelung (analoge Anwendung der Keck-Rechtsprechung)?

B. Rechtfertigungsebene

I. Geschriebene Schranken, Art. 45 Abs. 3 AEU, wobei die RL 2004/38/EG zu beachten ist
II. Zwingende Erfordernisse (nur bei nicht unmittelbar diskriminierenden Maßnahmen)
III. Verhältnismäßigkeit

§ 15 DIE NIEDERLASSUNGSFREIHEIT

Der einheitliche Wirtschaftsraum verlangt, dass auch selbstständig Erwerbstätige und Unternehmen Freizügigkeit genießen und ihren Standort allein nach **ökonomischen Grundsätzen** frei wählen können. Im AEU-Vertrag finden sich diesbezüglich Regelungen in den Art. 49 ff. AEU (Niederlassungsfreiheit). In Abgrenzung zur Arbeitnehmerfreizügigkeit geht es hier folglich um die **Freizügigkeit der selbstständig Tätigen**. Ähnlich wie im Bereich der Art. 45 ff. AEU, spielt das Sekundärrecht neben den Vorgaben des Primärrechts eine entscheidende Rolle. Deshalb werden im Anschluss zwei wichtige Richtlinien etwas näher dargestellt.

I. Schutzbereich

1. Persönlicher Schutzbereich

a) Natürliche Personen

Träger der Niederlassungsfreiheit sind zunächst die **Staatsangehörigen der Mitgliedstaaten**. Drittstaatsangehörige sind allein dann Begünstigte, wenn entsprechende Assoziierungsabkommen dies vorsehen.[497] Familienangehörige sind von der primärrechtlichen Regelung (wie auch im Bereich der Arbeitnehmerfreizügigkeit) grds. nicht geschützt. Teilweise finden sich jedoch sekundärrechtliche Regelungen, die den Schutzbereich in dieser Hinsicht erweitern. Zudem kann die Verweigerung der Einreise eines Familienmitglieds eine mittelbare Beschränkung der Rechte des Niederlassungswilligen selbst darstellen.[498]

b) Juristische Personen

Gemäß Art. 54 Abs. 1 AEU können sich auch juristische Personen auf die Niederlassungsfreiheit berufen. Die Anwendung dieser Norm bereitet jedoch insoweit Probleme, als die Anerkennung der Rechtsfähigkeit juristischer Personen in den mitgliedstaatlichen Rechtsordnungen unterschiedlich geregelt ist und harmonisierende Regelungen bisher fehlen[499]

---

[497] Zu nennen ist vor allem das Europa-Abkommen mit den MOE-Staaten, siehe ausführlich *Frenz*, Handbuch Europarecht Bd. 1, Rn 2101 und 283 ff.

[498] EuGH Slg. 1992, I-4265. Siehe auch *v. Schwanenflügel*, NVwZ 1993, 854; *Frenz*, Handbuch Europarecht Bd. 1, Rn 2100.

[499] Vgl. dazu *Frenz*, Jura 2011, 678 ff.

Mit anderen Worten: Anders als bei natürlichen Personen, deren Existenz durch einen Grenzübertritt offensichtlich nicht beeinträchtigt wird, hängt diejenige juristischer Personen grds. davon ab, dass diese juristisch auch anerkannt wird. Erst eine solchermaßen durch eine Rechtsordnung anerkannte Gesellschaft kommt insofern als Träger der Niederlassungsfreiheit in Betracht. Anders als im Bereich der natürlichen Personen ist eine Anwendung der Niederlassungsfreiheit also nur dann logisch denkbar, wenn die Gesellschaft in ihrer gegenwärtigen Gestalt durch zumindest eine mitgliedstaaliche Rechtsordnung als existent anerkannt wird. Für die Auslegung der Niederlassungsfreiheit folgt daraus Folgendes:

Da die Mitgliedstaaten grds. selbst darüber entscheiden können, unter welchen Voraussetzungen sie die Gründung einer Gesellschaft zulassen und im Anschluss weiterhin anerkennen, schützt die Niederlassungsfreiheit im Ergebnis nicht die **primäre Niederlassungsfreiheit**. Eine Gesellschaft kann also nicht unter Berufung auf die Niederlassungsfreiheit die Gründungsrechtsordnung vollständig verlassen, so dass sie von dieser nicht mehr anerkannt wird und sich in der bestehenden Form in einem anderen Land niederlassen und tätig werden. Indem das rechtliche Band zur Gründungsrechtsordnung vollständig gekappt worden ist, ist die Gesellschaft als solche in einem solchen Fall schlicht nicht mehr existent. Es gibt also nichts, was der Aufnahmestaat noch anerkennen könnte. Die Gesellschaft muss sich daher nach den Regeln des Aufnahmestaates neu gründen, um überhaupt als existent angesehen werden zu können.

Art. 49 ff. AEU schützen demnach allein die **sekundäre Niederlassungsfreiheit** als dem Recht, in einem anderen Mitgliedstaat **Zweigniederlassungen** zu gründen, solange die Gesellschaft im Übrigen im Gründungsstaat weiterhin als Gesellschaft anerkannt ist. Die Bedingungen unter denen dies der Fall ist, kann der Gründungsstaat dabei prinzipiell frei festlegen. So geht etwa Deutschland generell davon aus, dass eine Sitzverlegung der Gesellschaft ins Ausland zum Verlust der Rechtsfähigkeit führt. Andere Staaten hingegen gestatten eine Sitzverlegung ohne den Verlust der Rechtsfähigkeit, solange die Tätigkeit im Gründungsstaat nicht vollständig aufgegeben wird. Eine solche Gesellschaft bleibt mithin trotz der Sitzverlegung nach dem Recht des Gründungsstaates existent und kann sich daher auch im Aufnahmestaat auf die Niederlassungsfreiheit berufen. Voraussetzung ist damit allein, dass die betreffenden Unternehmen eine (rechtsfähige) Hauptniederlassung in einem anderen Mitgliedstaat haben. Aus Art. 54 Abs. 1 AEU folgt nun, das der Zielstaat diese Zweigniederlassung im Grundsatz als rechts- und verkehrsfähig anerkennen muss und zwar unabhängig davon in welcher Rechtsform sie tätig wird.[500] Er kann insoweit also nicht auf die strengeren nationalen Vorschriften verweisen. Weiterhin kann also in Deutschland kein unabhängiges Unternehmen in einer ausländischen Rechtsform gegründet werden. Stets muss es eine Muttergesellschaft in einem anderen Land geben, die den Kontakt zur ausländischen Rechtsordnung aufrecht erhält.

Dieser Fall ist mithin vergleichbar mit der Regelung bei natürlichen Personen: Da diese ihre Staatsangehörigkeit (= Rechtsfähigkeit) nicht durch den Grenzübertritt verlieren, muss der Aufnahmestaat ihnen die Niederlassung gestatten. So verhält es sich auch mit den Gesellschaften, die über die Muttergesellschaft ihre Rechtsfähigkeit behalten.

Umstritten waren nun lediglich die Fälle, in denen dieser notwendige verbleibende Kontakt zur Muttergesellschaft – wie von vornherein geplant – allein formaler Natur war, die Geschäftstätigkeit der gesamten Gesellschaft also praktisch allein in der jeweiligen Zweigniederlassung stattfand.

Beispiel: Gründung einer „Briefkastenfirma" in England („Limited", Ltd.), um anschließend eine Zweigniederlassung in Deutschland als Ltd. eröffnen zu können und so die Regelungen der Mindestkapitalisierung des GmbHG zu umgehen.

Auch in einem solchen Fall bleibt jedoch formal betrachtet das **Band zur Gründungsrechtsordnung** ("Staatsangehörigkeit") weiter bestehen, sofern es nach der Rechtsordnung des Gründungsstaates für die Rechtsfähigkeit einer Gesellschaft nicht auf den Umfang der Geschäftstätigkeit im Gründungsstaat ankommt, wie es etwa in England der Fall ist.

Ein Missbrauch der Niederlassungsfreiheit wurde vom Gerichtshof verneint, denn seinen Grund findet diese Möglichkeit allein im insoweit nicht sonderlich strengen englischen Gesellschaftsrecht.

Aus Art. 54 Abs. 1 AEU folgt insoweit allein, dass andere Staaten, Zweigniederlassungen rechtsfähiger „Muttergesellschaften" anerkennen müssen. Wie die einzelnen Staaten ihr Gesellschaftsrecht ausgestalten, wird hingegen nicht vorgegeben. Auch England stünde es insoweit frei, an den Fortbestand der Rechtsfähigkeit einer Gesellschaft strengere Voraussetzungen (etwa einen nicht unerheb-

---

[500] Eine solche Anerkennung erweist sich nach aktuellen Fallstudien aber in zahlreichen Mitgliedstaaten weiterhin als überaus schwierig. Siehe dazu *Teichmann*, NJW 2014, 3561 (3562).

lichen Anteil an der Geschäftstätigkeit der gesamten Gesellschaft) zu stellen. Solange dies indes nicht geschieht, kann man es Unionsbürgerinnen und -bürgern nicht vorhalten, dass sie diese Rechtslage für ihren Vorteil ausnutzen – zumal der Gesellschaft, die ja von den dahinterstehenden Personen zu trennen ist, ohnehin kein Vorwurf gemacht werden kann.

Fallbeispiel bei *Thiele*, Standardfälle Europarecht, Fall 7.

Im Ergebnis kommt eine solchermaßen praktizierte sekundäre Niederlassung indes tatsächlich einer primären Niederlassung sehr nahe. Für die Aufrechterhaltung der Muttergesellschaft fallen ja letztlich nur sehr geringe um nicht zu sagen vernachlässigbare Kosten an. Doch, „so paradox dieser Fall erscheinen mag, er ist die logische Folge der durch den EWG-Vertrag garantierten Rechte."[501]

Insbesondere in Deutschland wird immer wieder die Befürchtung geäußert, dass englische „Limiteds" nunmehr den Markt schwämmen würden und die GmbH als Rechtsform langfristig und zum Schaden der Verbraucher ausgedient hätte. Dieser Effekt ist indes nicht eingetreten und steht auch nicht zu erwarten. Die GmbH genießt weiterhin einen überaus guten Ruf, während die Ltd. aufgrund der überaus geringen Mindestkapitalisierungsanforderungen das notwendige Vertrauen nicht aufbauen konnte. Entscheidend ist insoweit, dass alle Gesellschaften ihre Rechtsform dem Verbraucher gegenüber kenntlich machen müssen. Der Verbraucher kann also nunmehr frei wählen und greift hier weiterhin lieber auf die GmbH zurück. Eine wirkliche Gefahr für die Verbraucher stellt die Rechtsprechung des EuGH insoweit nicht dar.

Aufgrund dieser Unterschiede gibt es Bestrebungen, das **Gesellschaftsrecht zu vereinheitlichen**. Siehe zuletzt etwa den Vorschlag der Kommission zur „Societas Unius Personae" (SUP) vom 9.4.2014. Dazu auch *Teichmann*, NJW 2014, 3561 ff.

2. Sachlicher Schutzbereich

Sachlich umfasst die Niederlassungsfreiheit gemäß Art. 49 Abs. 2 AEU die Aufnahme und Ausübung selbständiger Erwerbstätigkeiten sowie die Gründung und Leitung von Unternehmen. Unter selbständiger Erwerbstätigkeit ist dabei im Grundsatz jede entgeltliche Tätigkeit zu verstehen, die in eigener Verantwortung und wiesungsfrei erfolgt.[502] Niederlassung bezeichnet die tatsächliche Ausübung einer wirtschaftlichen Tätigkeit mittels einer festen Einrichtung in einem anderen Mitgliedstaat.[503]

Die Abgrenzung von der **Dienstleistungsfreiheit** erfolgt allein anhand der **Dauer der Tätigkeit**. Will die berechtigte Person **dauer-**

---

[501] GA *Darmon*, EuGH Slg. 1986, 2375 (2380).
[502] *Bröhmer*, in: Calliess/Ruffert, EUV/AEUV Art. 49 AEU Rn 10.
[503] EuGH Slg. 1995, I-4165; 1991, I-3905.

haft ihre Erwerbstätigkeit in einem anderen Mitgliedsland ausüben, greift die Niederlassungsfreiheit. Handelt es sich nur um eine **vorübergehende** Tätigkeit, greift die Dienstleistungsfreiheit.

Gewisse Abgrenzungsschwierigkeiten lassen sich freilich nicht vermeiden. So kann etwa im Falle eines einzelnen Bauvorhabens die Dienstleistungsfreiheit anwendbar sein, obwohl dieses mehrere Jahre dauert. Entscheidend ist also vor allem die Frage, ob es der betreffenden Person um eine **dauerhafte Integration** in die nationale Rechtsordnung geht. Entscheidend ist dies auch für die Frage der Rechtfertigung. Denn jemandem, der dauerhaft integriert werden will, kann regelmäßig mehr Aufwand zugemutet werden, als jemandem, der nur einmalig tätig werden will.

Die **Verwirklichung** der Niederlassungsfreiheit wird nach Art. 50 AEU vor allem in die Hände des Parlaments und des Rates gelegt, die aufgefordert sind, die notwendigen Richtlinien zu erlassen. In Art. 50 Abs. 2 AEU sind die einzelnen Bereiche, die einer solchen Regelung bedürfen im Einzelnen aufgelistet. Sofern solche Richtlinien ergangen sind, gehen diese der allgemeinen Niederlassungsfreiheit nach Art. 49 AEU vor. Sie wären also in Hausarbeiten oder Klausuren in jedem Falle vorrangig zu untersuchen.

3. Bereichsausnahme

In Art. 51 AEU findet sich eine **Bereichsausnahme** für die Tätigkeiten, die in einem Mitgliedstaat dauernd oder zeitweise mit der Ausübung öffentlicher Gewalt verbunden sind. Diese Ausnahmebestimmung ist (noch) enger zu fassen, als der Begriff der „öffentlichen Verwaltung" in Art. 45 Abs. 4 AEU und erfasst allein die **Ausübung hoheitlicher Befugnisse.**[504] Dabei liegt die Entscheidung, welche Tätigkeiten hiervon erfasst sein sollen, zwar im Ermessen des jeweiligen Mitgliedstaates, der aber die genannten Grenzen beachten muss.[505]

Weiterhin unter die Niederlassungsfreiheit fallen daher etwa private Sicherheitsdienste, denen keine staatlichen Zwangsbefugnisse verliehen worden sind. Dazu *Tietje*, in: Ehlers, Europäische Grundrechte und Grundfreiheiten, § 10 Rn. 42 ff.

II. Eingriffsebene

Im Bereich der Eingriffsebene sind erneut Diskriminierungen und sonstige Beschränkungen zu unterscheiden. Die Niederlassungsfreiheit begründet in erster Linie ein **unmittelbar wirkendes Diskriminierungsverbot.** Dieses Verbot umfasst offene und versteckte Dis-

---

[504] *Bröhmer*, in: Calliess/Ruffert, EUV/AEUV, Art. 51 AEU Rn 8; *Frenz*, Handbuch Europarecht Bd. 1, Rn 1977.
[505] EuGH Slg. 1993, I-4047.

kriminierungen.[506] Damit gilt auch hier zunächst der Grundsatz der **Inländergleichbehandlung.**

Der EuGH hat die Niederlassungsfreiheit in der Rechtssache *Gebhard*[507] zu einem **Beschränkungsverbot** ausgeweitet. Damit können auch unterschiedslos anwendbare Regelungen einen Eingriff in die Niederlassungsfreiheit darstellen, soweit sie sich als Behinderungen der Freiheit auswirken. Dadurch ist im Ergebnis **ein Gleichlauf der vier Grundfreiheiten** hergestellt. Auch die Keck-Rechtsprechung ist daher grds. zu übertragen. Letzeres ist freilich umstritten.[508]

Weiterhin unter die Niederlassungsfreiheit fallen also allein Zugangsregelungen nicht jedoch Regelungen, die lediglich die Niederlassung im Einzelnen ausgestalten. Diese Unterscheidung bereitet vor allem bei juristischen Personen gewisse Probleme. Insoweit gilt es zu beachten, dass jedenfalls alle nationalen Regelungen, die die Existenz der Gesellschaft als solche betreffen, rechtfertigungsbedürftige Zugangsregelungen darstellen. Das betrifft insbesondere die spezifischen Gläubugerschutzrechte wie Mindestkapitalisierungsvorgaben und ähnliches.

Eine **Drittwirkung** ist im Rahmen der Niederlassungsfreiheit grds. **nicht anzuerkennen.**[509] Es muss sich also stets um eine staatliche Maßnahme handeln. Etwas anderes kann nur in den Fällen angenommen werden, in denen die Privaten eine den staatlichen Einheiten vergleichbare Position innehaben. Dies gilt etwa für Berufskammern, Berufsverbände oder große Sportverbände. Sofern diese kollektive Regelungen erlassen, kann ihnen die Niederlassungsfreiheit direkt entgegengehalten werden.[510] In den sonstigen Fällen sind allein **Schutzpflichten** denkbar, die den Staat zu einem Handeln verpflichten, um Behinderungen der Niederlassungsfreiheit durch Private zu unterbinden.

---

[506] *Bröhmer,* in: Calliess/Ruffert, EUV/AEUV, Art. 49 AEU Rn 20; *Borchardt,* Die rechtlichen Grundlagen der Europäischen Union Rn 736; EuGH Slg. 1974, 631 (zur unmittelbaren Anwendbarkeit).
[507] EuGH Slg. 1995, I-4186.
[508] Siehe etwa *Tietje,* in: Ehlers, Europäische Grundrechte und Grundfreiheiten, § 10, Rn. 55.
[509] Ausführlich *Frenz,* Handbuch Europarecht Bd. 1, Rn 1865 ff.
[510] EuGH Slg. 2007, I-10779 – Viking.

III. Rechtfertigung

Sämtliche Eingriffe können zunächst nach Art. 52 AEU gerechtfertigt werden. Insoweit gilt erneut der Vorbehalt der öffentlichen
Ordnung, Sicherheit oder Gesundheit.[511] Wie auch im Rahmen der
Arbeitnehmerfreizügigkeit, können Beschränkungen allein an das
persönliche Verhalten der jeweiligen Person anknüpfen, siehe auch
die RL 64/221/EWG. Es gilt der **Grundsatz der Verhältnismäßigkeit**, wobei der Beurteilungsspielraum der Mitgliedstaaten gerade in
sensiblen Bereichen wie dem Gesundheitsschutz zu beachten ist.[512]

Nichtdiskriminierende sowie mittelbar diskriminierende Regelungen
können wie stets durch **zwingende Erfordernisse** gerechtfertigt
werden. Auch hier sind der **Verhältnismäßigkeitsgrundsatz** und
das **Kohärenzgebot** zu beachten.

Anerkannt als solche zwingenden Erfordernisse sind auch die in Art. 36 AEU
genannten Schutzgüter. Hinzu treten etwa der Verbraucherschutz, der Schutz der
öffentlichen Gesundheit, eine wirksame steuerliche Kontrolle und weitere.

IV. Wichtiges Sekundärrecht

Die Niederlassungsfreiheit wird in vielfältiger Weise durch sekundärrechtliche Bestimmungen näher ausgestaltet. Ein besonderes Problem stellt insbesondere die **gegenseitige Anerkennung der jeweiligen Befähigungsnachweise** der unterschiedlichen Mitgliedstaaten dar. In Art. 50 Abs. 2 AEU wird die Union ausdrücklich ermächtigt, Regelungen hierzu zu erlassen. Zwei besonders bedeutende
Richtlinien sollen an dieser Stelle näher dargestellt werden.

1. RL 89/48/EWG[513] - Anerkennung von Hochschuldiplomen

Die Richtlinie 89/48/EWG regelt die **grundsätzliche Anerkennung**
der im Ausland erworbenen Hochschuldiplome, die eine mindestens
dreijährige Hochschulausbildung abschließen. In Art. 3 der Richtlinie
heißt es, dass ein Antragsteller in einem reglementierten Beruf nicht
wegen mangelnder Qualifikation abgelehnt werden kann, wenn er
das Diplom besitzt, das in einem anderen Mitgliedstaat erforderlich
ist, um Zugang zu diesem Beruf zu erhalten. Im Mittelpunkt der
Richtlinie steht diese gegenseitige Anerkennung von Diplomen, die
in einem dreijährigen Hochschulstudium erlangt wurden.

---

[511] Unlängst EuGH Rs. C-531/06, EuZW 2009, 415 ff.
[512] EuGH, Rs. C-84/11 mit Anmerkung *Streinz*, JuS 2012, 952.
[513] ABl. 1989 EG Nr. L 19/16.

Die Richtlinie geht davon aus, dass die Hochschulabschlüsse in den Mitgliedstaaten der EU grundsätzlich gleichwertig sind. Es ist dem Mitgliedstaat damit verwehrt, einem Angehörigen eines Mitgliedstaates den Zugang zu einem reglementierten Beruf oder dessen Ausübung nach den für Inländer geltenden Bedingungen wegen mangelnder Qualifikation zu verweigern, wenn der Betroffene das Diplom besitzt, das in einem anderen Mitgliedstaat zur Ausübung dieses Berufes berechtigt.

Möglich bleiben jedoch nach Art. 4 der RL **bestimmte Anpassungsinstrumente**, die es ermöglichen sollen, eine zu stark divergierende Ausbildungsdauer oder zu unterschiedliche Ausbildungsinhalte zu kompensieren. In der Bundesrepublik wurde die RL aufgrund der nationalen Kompetenzverteilung nicht in einem einheitlichen Gesetz umgesetzt. Vielmehr gibt es verschiedene, auf die jeweilige Berufsgruppe bezogene Gesetze (sektorale Umsetzung).

2. RL 98/5/EWG[514] – Freizügigkeit der Rechtsanwälte

Es ist heute allgemein anerkannt, dass auch der freie Beruf des Rechtsanwalts unter die Dienstleistungs- und Niederlassungsfreiheit des AEU-Vertrages fällt. Dies hat der EuGH in der Rechtssache *Reyners* ausdrücklich klargestellt.[515] Dennoch leuchtet es ein, dass der Beruf des Rechtsanwalts einige Besonderheiten aufweist. So sind die Rechtsordnungen der einzelnen Mitgliedstaaten überaus unterschiedlich und die Ausbildungen der jeweiligen Staaten sind auf die Eigenheiten ihrer Rechtsordnung ausgerichtet.

Die Union stand somit vor dem großen Problem, wie sie das Spannungsverhältnis zwischen der Zielsetzung der EU, nämlich der Errichtung eines einheitlichen Wirtschaftsraumes und dem Selbstverständnis des Rechtsanwalts als freiberuflicher Diener des Gemeinwohls seines Staates in einer rein nationalen Rechtsordnung lösen sollte. Es war schnell klar, dass die primärrechtlichen Regelungen nicht ausreichend sein würden. Es kam daher zu einigen Richtlinien, zuletzt **RL 98/5/EWG**.[516]

---

[514] ABl. 1999 Nr. L 77, 36.
[515] EuGH, Slg. 1974, 631.
[516] Daneben ist auch die RL 89/48/EWG auf Rechtsanwälte anwendbar. Die RL sieht dabei unter Berücksichtigung der Besonderheiten der juristischen Berufe vor, dass die Mitgliedstaaten dem niederlassungswilligen Rechtsanwalt eine Eignungsprüfung abverlangen können, um seine Rechtskenntnisse im Recht des Aufnahmestaats zu überprüfen. Alternativ dazu besteht die Möglichkeit, einen berufsbegleitenden höchstens dreijährigen Anpassungslehrgang zu verlangen.

Zentrale Vorschrift der Richtlinie 98/5/EWG ist deren Art. 2. Danach hat jeder Rechtsanwalt das Recht, seine Tätigkeit auf Dauer in jedem anderen Mitgliedstaat unter seiner ursprünglichen Berufsbezeichnung auszuüben. Welche Anwaltstätigkeiten dabei erfasst sind, regelt Art. 5. Dabei gilt grundsätzlich, dass der ausländische Anwalt die gleichen beruflichen Tätigkeiten wie der unter der jeweiligen Berufsbezeichnung des Aufnahmestaats niedergelassene Rechtsanwalt, insbesondere die Rechtsberatung im Recht des Aufnahmestaats, ausüben darf (Art. 5 Abs. 1).

Bei Vertretung vor Gericht können die Mitgliedstaaten allerdings gemäß Art. 5 Abs. 3 verlangen, dass ein einheimischer Einvernehmensanwalt eingeschaltet wird.

Voraussetzung ist, dass die zuwandernden Anwälte sich bei einer zuständigen Stelle des Aufnahmestaats registrieren lassen (Art. 3). Die entsprechende Eintragung erfolgt unter Nachweis einer Zulassung im Herkunftsstaat.

Neben dieser soeben erläuterten Registrierung („**registrierter Anwalt**") erlaubt die Richtlinie darüber hinaus auch eine Vollintegrierung in die Anwaltschaft des Aufnahmestaats unter Ablegen der ursprünglichen Berufsbezeichnung (**integrierter Anwalt**). Voraussetzung ist der Nachweis einer mindestens dreijährigen „effektiven und regelmäßigen" Tätigkeit im Recht des Aufnahmestaats. Nach Art. 10 der Richtlinie ist dabei unter einer effektiven und regelmäßigen Tätigkeit die tatsächliche Ausübung des Berufs ohne Unterbrechung zu verstehen, wobei Unterbrechungen aufgrund des täglichen Lebens außer Betracht bleiben.

Trotz dieser Richtlinien kommt es in diesem Bereich immer wieder zu Problemen.[517] Die Umsetzung der Richtlinien[518] ist in Deutschland durch das EuRAG[519] erfolgt.

Deutschland hat sich für eine Eignungsprüfung entschieden, vgl. §§ 16-24 EuRAG.
[517] Siehe etwa EuGH EuZW 2004, S. 61.
[518] Gemeint sind hier auch die RL 89/48/EWG und die RL 77/249/EWG.
[519] BGBl. 2000 I, 182.

Prüfungsschema: Die Niederlassungsfreiheit

A. Tatbestand

    I.   Kein lex specialis im Unionsrecht?

    II.   Geht es um eine Niederlassung einer berechtigten Person?

    III.   Bereichsausnahme, Art. 51 AEU?

    IV.   Handelt es sich um eine staatliche Maßnahme?

    V.   Liegt eine Diskriminierung oder Beschränkung vor?

    VI.   Begrenzung durch analoge Anwendung der Keck-Rechtsprechung?

    VII.   Liegt ein grenzüberschreitendes Element vor?

B. Rechtfertigungsebene

    I.   Geschriebene Schranken, Art. 52 AEU

    II.   Zwingende Erfordernisse (bei mittelbaren Diskriminierungen und Beschränkungen)

    III.   Verhältnismäßigkeit

§ 16 DIE DIENSTLEISTUNGSFREIHEIT

Die Dienstleistungsfreiheit ist in den Art. 56-62 AEU geregelt. Sie befasst sich mit **den grenzüberschreitenden Dienstleistungen im Rahmen einer selbstständigen Erwerbstätigkeit**. Die Dienstleistungsfreiheit bildet eine Art **Auffangfreiheit** und erfasst diejenigen Tätigkeiten, die nicht bereits unter die Waren-, Kapital- oder Niederlassungstätigkeit fallen.[520] Von der **Arbeitnehmerfreizügigkeit** grenzt sie sich durch das Merkmal der Selbstständigkeit ab.[521]

Der Bereich der Dienstleistungsfreiheit ist auch heute noch in einem weit größeren Ausmaß von Behinderungen betroffen, als z.B. die Warenverkehrsfreiheit, da die Dienstleistungserbringung oftmals komplex ist und in den Mitgliedstaaten daher unterschiedliche Qualifikationsvoraussetzungen für deren Erbringung bestehen. Insofern spielt **Art. 59 AEU**, der sekundärrechtliche Regelungen gestattet, in diesem Bereich eine große Rolle.[522]

I. Schutzbereich

1. Persönlicher Schutzbereich

Der persönliche Schutzbereich umfasst zunächst Staatsangehörige eines Mitgliedstaats. Sofern Assoziierungsabkommen bestehen, ist der persönliche Schutzbereich dementsprechend erweitert. Über Art. 62 iVm Art. 54 AEU sind auch **juristische Personen** erfasst. Die Dienstleistung muss zudem in einem Mitgliedstaat der Union erbracht werden.

Umstritten ist dies Frage, ob die Möglichkeit, sich auf die Dienstleistungsfreiheit berufen zu können voraussetzt, dass **beide Seiten** – also Erbringer und Empfänger der Leistung – **Unionsbürger** sind. Mittlerweile hat der EuGH diese Frage jedenfalls für die Praxis entschieden. Danach kann sich der Empfänger einer Leistung nicht auf die Art. 56 ff. AEU berufen, wenn der Erbringer ein Drittstaatsangehöriger ist. Demgegenüber wird der Erbringer der Leistung wohl vom persönlichen Schutzbereich umfasst, sofern die Leistung innerhalb der Union erbracht wird, selbst wenn der Empfänger kein Unionsbürger sein sollte.

2. Sachlicher Schutzbereich

Sachlich erfasst sind „**Dienstleistungen**". Diese werden in Art. 57 AEU legaldefiniert. Danach sind Dienstleistungen Leistungen, die in der Regel gegen Entgelt erbracht werden, soweit sie nicht den Vor-

---

[520] EuGH Slg. 1981, 2595.
[521] *Pache*, in: Ehlers, Europäische Grundrechte und Grundfreiheiten, § 11 Rn 22.
[522] Siehe dazu auch sogleich unter IV. zur sog. Dienstleistungsrichtlinie.

schriften über den freien Waren- und Kapitalverkehr und über die Freizügigkeit der Personen unterliegen.

> **Dienstleistungen** sind Leistungen, die in der Regel gegen Entgelt erbracht werden, soweit sie nicht den Vorschriften über den freien Waren- und Kapitalverkehr und über die Freizügigkeit der Personen unterliegen.

In Art. 57 Abs. 2 AEU werden einige Dienstleistungen beispielhaft aufgezählt. Danach gelten als Dienstleistung insbesondere:

> - gewerbliche Tätigkeiten,
> - kaufmännische Tätigkeiten,
> - handwerkliche Tätigkeiten,
> - freiberufliche Tätigkeiten.

Beispiele: Baugewerbe, Filmwesen, Bank- und Börsenwesen, Finanzdienstleistungen, Klempner und sonstige sanitäre Dienste, Rechtsanwälte, Ärzte, Architekten und Anbieter von Glücksspielen.[523]

Erforderlich ist, wie immer, ein **grenzüberschreitendes Element**. Denkbar sind insoweit **vier Fälle**, wobei zu beachten ist, dass neben dem Erbringer auch der Empfänger der Dienstleistung in den Anwendungsbereich fällt:

> - der Dienstleistungserbringer überschreitet die Grenze;
> - der Dienstleistungsempfänger überschreitet die Grenze;
> - sowohl Dienstleistungserbringer als auch Dienstleistungsempfänger überschreiten die Grenze und treffen sich in einem anderen Mitgliedstaat;
> - allein die Dienstleistung überschreitet die Grenze.

Die Abgrenzung zur Niederlassungsfreiheit richtet sich nach der Dauer der Tätigkeit. Die Dienstleistungsfreiheit erfasst allein die vorübergehende Erbringung, während die Niederlassungsfreiheit auf die dauerhafte Integration im Aufnahmestaat angelegt ist. Im Gegensatz zur Warenverkehrsfreiheit betrifft die Dienstleistungsfreiheit regelmäßig nicht-körperliche Produkte; ist die Lieferung einer Ware mit einer Dienstleistung verbunden, so ist nach dem **Schwerpunkt der Tätigkeit** zu fragen.[524] Sollte keiner erkennbar sein, können beide Freiheiten nebeneinander angewandt werden. Im Gegensatz zur Arbeitnehmerfreizügigkeit erfasst die Dienstleistungsfreiheit allein selbstständige Tätigkeiten.

---

[523] Dazu auch *von Detten/Frenzel*, JuS 2010, 811.
[524] *Schütz/Bruha/König*, Casebook Europarecht, S. 717.

3. Bereichsausnahme

Über Art. 62 AEU gilt auch hier die Bereichsausnahme des Art. 51 AEU. Danach erstreckt sich die Dienstleistungsfreiheit nicht auf Tätigkeiten, die in diesem Mitgliedstaat mit der **Ausübung öffentlicher Gewalt** verbunden sind (s.o).

II. Eingriffsebene

Die Dienstleistungsfreiheit begründet ebenso wie die Niederlassungsfreiheit zunächst ein **Diskriminierungsverbot**. Es gilt damit auch hier der Grundsatz der **Inländergleichbehandlung**.

Der EuGH hat indes auch die Dienstleistungsfreiheit bereits im Jahre 1974 zu einem **Beschränkungsverbot** ausgeweitet. Damit greifen alle nationalen Regelungen in die Dienstleistungsfreiheit ein, die geeignet sind, die Tätigkeit eines in einem anderen Mitgliedstaat ansässigen Dienstleistenden, der dort rechtmäßig gleichartige Dienstleistungen erbringt, zu unterbinden, zu behindern oder weniger attraktiv zu machen.[525] Erneut stellt sich dabei die Frage, ob sich die Grundsätze der *Keck*-**Rechtsprechung** auf die Dienstleistungsfreiheit übertragen lassen.

Angesichts der Funktion der Grundfreiheiten, nämlich allein einen ungehinderten Zugang zum jeweiligen Markt zu ermöglichen, ist von einer grds. Übertragbarkeit auszugehen. Davon geht wohl auch der EuGH aus.[526] Regelungen also, die sich allein auf das „Wie" und nicht auf das „Ob" der Dienstleistungserbringung beziehen, fallen, sofern sie nicht diskriminierend ausgestaltet sind, nicht unter den Tatbestand des Art. 56 AEU.

Ein Beispiel für eine Beschränkung bilden etwa generell geltende Qualifikationsanforderungen wie z.B. das deutsche Erofrdernis des „Meistertitels" für die selbstständige Ausübung einer handwerklichen Tätigkeit. Eine Beschränkung stellt auch das Erfordernis der Eintragung in die Handwerksrolle dar.

Eine **Drittwirkung ist** im Bereich der Dienstleistungsfreiheit ebenfalls **abzulehnen**. Etwas anderes gilt nur dann, wenn es sich um kollektive Regelungen privater Einrichtungen handelt, die in ihrer Wirkung staatlichen Regelungen gleichstehen.[527] Zu denken ist

---

[525] EuGH Slg. 1974, 1299.
[526] EuGH, Slg. 1995, I-1141. So auch *Frenz*, Handbuch Europarecht Bd. 1 Rn 2559 ff.
[527] EuGH, Slg. 1974, 1405; Slg. 2000, I-2549. Siehe auch *Frenz*, Handbuch Europarecht Bd. 1 Rn 2425 ff.

erneut an Regelungen von Berufs- und Sportverbänden. Zudem bestehen wiederum **Schutzpflichten** des Staates, die diesen zu einem Einschreiten gegen private Behinderungen verpflichten können.

III. Rechtfertigung

Auch bei der Dienstleistungsfreiheit können Eingriffe gerechtfertigt werden. Dabei gilt zunächst über Art. 62 AEU der Rechtfertigungsgrund des Art. 52 AEU.[528] Beschränkungen sowie mittelbare Diskriminierungen können zudem durch **zwingende Erfordernisse** iSd *Cassis*-Rechtsprechung gerechtfertigt sein. Es gilt der **Verhältnismäßigkeitsgrundsatz** einschließlich des **Kohärenzgebots.**

Im Rahmen der VHM-Prüfung ist zu beachten, dass der Dienstleistungserbringer regelmäßig bereits die Anforderungen der Rechtsordnung seines Mitgliedstaats erfüllt. Dies muss also im Rahmen der Erforderlichkeit berücksichtigt werden. Zudem können an einen nur vorübergehend eine Dienstleistung erbringenden Unionsbürger nicht die gleichen Anforderungen gestellt werden, die im Falle einer auf Dauer ausgerichteten Niederlassung zu erfüllen sind.[529] In letzter Zeit billigt der EuGH den Mitgliedstaaten indes wieder einen etwas größeren Spieraum zu,was sich etwa in der Entscheidung zum Fremdbesitzerverbot bei Apotheken gezeigt hat. Siehe EuGH verb. Rs. C-171 und 172/07, EuZW 2009, 409 ff. Sowie EuGH Rs. C-564/07, EuZW 2009, 268 ff. Zuletzt auch EuGH Rs. C-42/07, Urteil vom 08.09.2009 zum portugiesischen Glücksspielmonopol. Auch die Entscheidung zum deutschen Glücksspielstaatsvertrag hat nicht das Monopol als solches, sondern die fehlende Kohärenz der Regelungen bemängelt, siehe EuGH Rs. C- 46/08. Dazu auch *Dörr/Urbau*, Jura 2011, 681 ff.

IV. Die Dienstleistungsrichtlinie

Um den Binnenmarkt auch im Bereich der Dienstleistungen voranzubringen, wurde am 12.12.2006 die sog. **Dienstleistungsrichtlinie** erlassen.[530] Der ursprüngliche Entwurf dieser Richtlinie – nach dem zuständigen Kommissar auch *Bolkestein*-Entwurf genannt – sah eine sehr weitgehende Liberalisierung des Dienstleistungsmarktes vor. Insbesondere sollte der Dienstleistungserbringer im Wesentlichen allein den Regelungen seines Herkunftslandes unterliegen (sog. **Herkunftslandprinzip**). Aufgrund erheblichen Protests wurde dieser Entwurf anschließend jedoch erheblich abgemildert. Zum einen wurde eine ganze Anzahl von Dienstleistungen vom Anwendungsbereich der Richtlinie ausgenommen.

---

[528] Näheres vgl. die Ausführungen zur Niederlassungsfreiheit.
[529] *Haratsch/Koenig/Pechstein*, Europarecht Rn 889.
[530] Dazu auch *Korte*, Was bleibt vom herkömmlichen Verständnis der Dienstleistungsfreiheit, EWS 2007, 246.

Sie findet nunmehr unter anderem *keine* Anwendung mehr auf Finanzdienstleistungen, Verkehrsdienstleistungen einschließlich der Hafendienste, Gesundheitsdienstleistungen, Glücksspiele, Tätigkeiten, die mit der Ausübung öffentlicher Gewalt verbunden sind, soziale Dienstleistungen, private Sicherheitsdienste sowie auf den Bereich der Steuern. Zum anderen wurde auch das **Herkunftslandprinzip abgemildert**, indem sich im neuen Art. 16 der Richtlinie Rechtfertigungsmöglichkeiten für Beschränkungen und zusätzliche Anforderungen des Erbringungsstaates finden.

Aus der neuen Richtlinie ergeben sich nunmehr die **Anforderungen**, die die Mitgliedstaaten an **Dienstleistungserbringer** aus anderen Mitgliedstaaten **stellen dürfen**. Geregelt werden auch die Anforderungen, die im Falle einer **Niederlassung** eines solchen Dienstleistungserbringers gestellt werden dürfen. Diese Anforderungen sind insgesamt etwas strenger als die bisherigen primärrechtlichen Regelungen; die Rechtfertigungsmöglichkeiten der Mitgliedstaaten werden insoweit eingeschränkt. Letztlich ist jedoch davon auszugehen, dass sich durch diese Richtlinie in materieller Hinsicht wohl nur wenig ändern wird.

Weitaus interessanter sind indes die **formellen Anforderungen**, denen die Mitgliedstaaten nunmehr genügen müssen. Für einen Dienstleistungserbringer bereitet es nämlich in der Regel die größten Probleme überhaupt herauszufinden, welchen Regelungen er in einem anderen Mitgliedstaat genügen muss. Hier stellen sich oftmals schon erhebliche sprachliche Barrieren bei der Kommunikation mit den nationalen Behörden. Nicht zuletzt aus diesem Grund ist der Binnenmarkt im Dienstleistungssektor noch so gering entwickelt.

Um diese Probleme zu beseitigen sieht die Richtlinie vor, dass die Mitgliedstaaten sog. **einheitliche Ansprechpartner** einrichten, über die potentielle Dienstleistungserbringer alle Formalitäten und Verfahren, die für die Aufnahme der jeweiligen Tätigkeit erforderlich sind abwickeln können. Dies umfasst insbesondere alle Erklärungen, Anmeldungen sowie die Beantragung von Genehmigungen bei den zuständigen Behörden. Der einheitliche Ansprechpartner ist damit quasi das "Mädchen für alles", und begleitet und unterstützt den Dienstleistungserbringer bis dieser tatsächlich alle erforderlichen Genehmigungen hat.

Die Mitgliedstaaten müssen zudem sicherstellen, dass alle interessierten Dienstleistungserbringer in einfacher Weise in Erfahrung bringen können, welchen Anforderungen sie im einzelnen genügen müssen, einschließlich der jeweils zuständigen nationalen Behörden. All diese Dinge müssen zudem "problemlos" aus der Ferne und damit per Internet zugänglich gemacht werden.

Diese formellen Anforderungen stellen die Mitgliedstaaten vor **erhebliche Umsetzungsprobleme**. Die Mitgliedstaaten werden dadurch gezwungen ihr gesamtes nationales Recht auf bestehende Anforderungen zu untersuchen (sog. Monitoring) und müssen diese anschließend in einer einfachen Form online zugänglich machen – sofern sich diese Anforderungen überhaupt weiterhin rechtfertigen lassen.

Die Mitgliedstaaten werden daher weiterhin (auch nach Ablauf der Umsetzungsfrist am **28.12.**2009) in besonderer Weise von der **Kommission unterstützt**, die diesbezüglich Workshops anbietet und sogar ein besonderes Umsetzungshandbuch veröffentlicht hat. Nicht zuletzt die föderale Zuständigkeitsverteilung hat bei der Umsetzung in Deutschland erhebliche Probleme hervorgerufen.

Prüfungsschema: Die Dienstleistungsfreiheit

A. Tatbestand

I.	Kein lex specialis im Unionsrecht (vor allem Dienstleistungsrichtlinie)?
II.	Geht es um eine Dienstleistung einer berechtigten Person?
III.	Bereichsausnahme, Art. 62, 51 AEU?
IV.	Handelt es sich um eine staatliche Maßnahme?
V.	Liegt eine Diskriminierung oder Beschränkung vor?
VI.	Kein Ausschluss durch analoge Anwendung der Keck-Rechtsprechung?
VII.	Liegt ein grenzüberschreitendes Element vor?

B. Rechtfertigungsebene

I.	Zwingende Erfordernisse (nur bei nicht diskriminierenden Maßnahmen)
II.	Geschriebene Schranken, Art. 62, 52 AEU
III.	Verhältnismäßigkeit

§ 17 Die Kapitalverkehrsfreiheit[531]

Die Freiheit des **Kapital- und Zahlungsverkehrs** findet sich in den **Art. 63-66 AEU**.[532] Umfasst sind sowohl der innerstaatliche Verkehr sowie der Verkehr mit Drittstaaten. Anders als bei den anderen Grundfreiheiten spielt folglich die Staatsangehörigkeit der Personen oder der Anlageort keinerlei Rolle.[533]

Eine umfassende Definition des Begriffs des **Kapitalverkehrs** sucht man in der Rechtsprechung des Gerichtshofs bisher vergeblich. Der Begriff des Kapitalverkehrs umfasst jedoch nach dessen Auffassung alle auf das Sachkapital als auch das Geldkapital bezogenen Transaktionen, soweit diese nicht direkt durch den Waren- oder Dienstleistungsverkehr bedingt sind.

Frenz definiert die Kapitalverkehrsfreiheit daher als grenzüberschreitende Wertübertragung, die in der Regel zum Zwecke der Vermögensanlage erfolgt.[534] Insbesondere erfasst sind damit Immobilieninvestitionen, Kreditgeschäfte[535] sowie Direktinvestitionen.

In neuerer Zeit ist die Kapitalverkehrsfreiheit durch die Rechtsprechung des Gerichtshofs zu den „Goldenen Aktien" in das Interesse der Medien gerückt. Hierbei geht es um die Frage, inwieweit es zulässig ist, dass Mitgliedstaaten sich bei der Privatisierung öffentlicher Unternehmen besondere Rechte sichern.[536] Im Jahre 2007 hat der EuGH – wie allgemein erwartet – festgestellt, dass auch das deutsche VW-Gesetz gegen die Kapitalverkehrsfreiheit verstößt.[537]

Auch der Begriff des **Zahlungsverkehrs** ist bisher vom EuGH nicht definiert, sondern allein von den anderen Grundfreiheiten abgegrenzt worden. Regelmäßig werden darunter alle grenzüberschreitenden Zahlungen gefasst, also solche Wertübertragungen, die als Gegenleistung von Waren-, Dienst- oder Kapitalgeschäften dienen. Der Begriff ist weit auszulegen. Insbesondere hat der Gerichtshof klargestellt, dass eine Zahlung im Zusammenhang mit dem Waren-

---

[531] *Fischer*, Die Kapitalverkehrsfreiheit in der Rechtsprechung des EuGH, ZEuS 2000, 391; *Weber*, Die Entwicklung des Kapitalmarktrechts 1998-2000: Organisation, Emission und Vertrieb, NJW 2000, 2061; *Glöckner*, Grundverkehrsbeschränkungen und Europarecht, EuR 2000, 592. Siehe auch EuGH Rs. C-11/07, EuZW 2008, 639 und die Anmerkung von *Streinz*, JuS 2009, 453 ff.

[532] In Klausuren und Hausarbeiten spielt die Freiheit des Kapital- und Zahlungsverkehrs regelmäßig nur eine untergeordnete Rolle. Die folgenden Ausführungen beschränken sich daher auf einen knappen Überblick.

[533] *Borchardt*, Die rechtlichen Grundlagen der EU, Rn 788.

[534] *Frenz*, Handbuch Europarecht Bd. 1, Rn 2740.

[535] Etwa Darlehen, Bürgschaften oder Garantien.

[536] *Frenz*, Handbuch Europarecht Bd. 1, Rn 2806 ff.

[537] EuGH, Urteil vom 23.10.2007, Rs. C-112/05.

oder Dienstleistungsverkehr nicht allein deshalb auch in deren Schutzbereich fallen muss. Vielmehr kann es sich auch um eine Form des Zahlungsverkehrs handeln.[538]

Art. 63 AEU verpflichtet zur Beseitigung sämtlicher Beschränkungen, allerdings nicht nur zwischen den Mitgliedstaaten, sondern auch im Verhältnis der Mitgliedstaaten zu Drittstaaten.[539] Erforderlich ist aber weiterhin stets ein grenzüberschreitendes Element. Zur Bestimmung einer Beschränkung kann im Ergebnis auf die *Dassonville*-**Formel** zurückgegriffen werden.

Eingriffe sind also immer dann gegeben, wenn die nationalen Bestimmungen den internationalen Kapital- und Zahlungsverkehr unmittelbar oder mittelbar, tatsächlich oder potenziell behindern. Damit kann und muss ferner auch die *Keck-Rechtsprechung* auf die Kapital- und Zahlungsverkehrsfreiheit übertragen werden. Reine Ausgestaltungsregelungen fallen mithin nicht unter den Tatbestand des Art. 63 AEU. Zu denken ist etwa an bestimmte Öffnungszeiten von Banken und ähnliches. Eine Drittwirkung ist im Bereich der Kapital- und Zahlungsverkehrsfreiheit abzulehnen.

Denkbar sind jedoch erneut staatliche **Schutzpflichten**, die den Staat zu einem Einschreiten gegen Behinderungen durch Private verpflichten können.

In den Art. 64-66 AEU finden sich ausdrückliche Regelungen, die festlegen, wann und durch wen die Kapital- und Zahlungsverkehrsfreiheit beschränkt werden darf. Daneben hat der EuGH im Zusammenhang mit seiner **Golden Share-Rechtsprechung** festgestellt, dass auch der ungeschriebene Rechtfertigungsgrund der zwingenden Erfordernisse im Sinne der Cassis-Rechtsprechung eingreift.[540] Nicht-diskriminierende Regelungen können also zusätzlich durch diesen Rechtfertigungsgrund gerechtfertigt werden.

Zu den Auswirkungen auf das Steuerrecht siehe auch die Anmerkung von *Streinz*, JuS 2010, 934 ff.

[538] EuGH, Slg. 1995, I-361.
[539] *Frenz*, Handbuch Europarecht Bd. 1, Rn 2741.
[540] Dazu auch *Lippert*, Jura 2009, 342 ff.

§ 18 Das Wettbewerbsrecht[541]

I. Überblick und Ziele

Die Europäische Union hat sich nach Art. 3 EU **eine in hohem Maße wettbewerbsfähige soziale Marktwirtschaft** zum Ziel gesetzt und sieht dazu unter anderem im Art. 26 AEU die Errichtung eines **Binnenmarktes** vor, in dem der freie Verkehr von Waren, Personen, Dienstleistungen und Kapital gewährleistet ist. Ein solcher **einheitlicher Wirtschaftsraum** wäre indes undenkbar, wenn sich der Wettbewerb zwischen den einzelnen Marktteilnehmern nicht frei von Beschränkungen entfalten könnte. Erst durch diesen freien Wettbewerb können die wirtschaftlichen Ressourcen optimal verteilt und genutzt werden, indem ineffiziente Unternehmen ausgesondert werden und die Produktion von Gütern dorthin verlagert wird, wo sie am effektivsten vorgenommen werden kann. Aus diesen Gründen muss der freie Wettbewerb (dauerhaft) **vor möglichen Verfälschungen geschützt werden**. Jedes Unternehmen muss also grds. die gleichen Marktbedingungen wie seine Mitbewerber vorfinden; kein Unternehmen darf prinzipiell benachteiligt oder aber bevorteilt werden. Allerdings erfolgt dieser Schutz nicht um seiner selbst willen. Tatsächlich soll von diesem freien Wettbewerb letztlich der einzelne Verbraucher profitieren, indem Preise sinken und Fortschritt gefördert wird. In den letzten Jahrzehnten ist zudem deutlich geworden, dass Wettbewerb stets auch mit dem erforderlichen Umweltschutz einhergehen muss.

Aus dieser knappen Skizze des europäischen Prinzips einer sozialen offenen Marktwirtschaft lassen sich die wesentlichen **Ziele** des europäischen Wettbewerbsrechts ermitteln:

* Zunächst und primär geht es um die Sicherstellung der **Unverfälschtheit des Wettbewerbs**. Die unternehmerische Wettbewerbsfreiheit soll durch den Wettbewerbsprozess nicht beeinträchtigt werden. „Die Wettbewerbsfreiheit ist Grundlage, Folge und Ziel von Wettbewerb."[542]

---

[541] *Dörr/Haus*, Das Wettbewerbsrecht des EGV, JuS 2001, 313; *Heinemann*, Europäisches Kartellrecht, Jura 2003, 649; 721. Ausführlich *Lettl*, Kartellrecht, 2. Aufl. 2007 sowie *Frenz*, Handbuch Europarecht, Bd. 2, Europäisches Kartellrecht 2006. Zur Entwicklung der Rechtsprechung siehe *Berg*, EWS 2009, 105 ff. Aus der öffentlich-rechtlichen Perspektive umfassend *Thiele*, Verhaltens- und Strukturkontrolle, in: Kirchhof/Korte/Magen (Hrsg.), Öffentliches Wettbewerbsrecht, 2014, § 5.

[542] *Bunte*, Kartellrecht, 2. Aufl. 2008, S. 2.

- Wettbewerbsfreiheit wird freilich nicht um ihrer selbst willen, sondern letztlich für den einzelnen **Verbraucher** angestrebt, der von einer dadurch angenommenen optimalen Allokation von Gütern profitiert. Die Kommission versucht diesen Verbraucherschutzgedanken im Rahmen des sog. „**more economic approach**" besonders zu betonen und will Einschränkungen der Wettbewerbsfreiheit vermehrt zulassen, wenn und soweit dies den Verbrauchern ausnahmsweise nützt. Dabei muss freilich berücksichtigt werden, dass eine Abkehr vom Leitmotiv des freien Wettbewerbs nur dort möglich ist, wo dies normativ auch vorgesehen ist.
- Zudem verliert das Wettbewerbsrecht die **soziale Komponente** nicht aus dem Blick. Auch aus sozialen Gründen sind daher (normativ vorgesehene) Ausnahmen vom Prinzip der Wettbewerbsfreiheit denkbar.
- Zuletzt wird auch ein hohes Maß an **Umweltschutz** von Seiten der Union angestrebt.

Der Umsetzung dieser Zielsetzungen dienen die **europäischen Wettbewerbsregelungen**, die insoweit die europäischen Grundfreiheiten ergänzen. Während sich die Grundfreiheiten primär an die einzelnen Mitgliedstaaten wenden und diesen untersagen, den freien Verkehr von Waren, Personen, Dienstleistungen und Kapital zu behindern, wollen die Wettbewerbsregelungen verhindern, dass solche Wettbewerbsbeschränkungen nunmehr durch bestimmte Verhaltensweisen (Absprachen, Verträge) privater Unternehmen ermöglicht werden. Aus diesem Grund also untersagt Art. 101 AEU unmittelbar solche Vereinbarungen zwischen mehreren prinzipiell im Wettbewerb stehender Unternehmen und verbietet Art. 102 AEU den Missbrauch einer marktbeherrschenden Stellung. Zu diesen Bestimmungen des (zulässigen) **Marktverhaltens** tritt die (lediglich sekundärrechtlich geregelte) Kontrolle der (zulässigen) **Marktstrukturen** hinzu (**Fusionskontrolle**).

Neben diese primär an private Unternehmen gerichteten Regelungen tritt das wiederum in erster Linie an die Mitgliedstaaten adressierte grds. **Beihilfenverbot** nach Art. 107-109 AEU. Auch solche Beihilfen stellen eine Bevorteilung einzelner Unternehmen dar und kollidieren insofern grds. mit dem bereits angesprochenen Gleichheitspostulat der Wettbewerbsfreiheit – die Finanzkrise 2008/2009 hat diese Probleme deutlich gemacht. Beihilfen sind dabei nicht immer leicht zu erkennen.

Das **Wettbewerbsrecht** der Union lässt sich insofern (grob) in **zwei Teile** aufspalten:

> - Vorschriften für Unternehmen (Art. 101-106 AEU) – einschließlich Fusionskontrolle,
> - Beihilfenkontrolle (Art. 107-109 AEU).

Auch die folgende (überblicksartige) Darstellung folgt diesem zweistufigen Aufbau.

II. Vorschriften für Unternehmen („Kartellrecht")

1. Gemeinsame Regelungen

Die Vorschriften für Unternehmen („Kartellrecht") betreffen das **Verbot wettbewerbsbeschränkender Vereinbarungen** nach Art. 101 AEU, das Verbot des **Missbrauchs einer marktbeherrschenden Stellung** nach Art. 102 AEU sowie die (allein sekundärrechtlich erfasste) **Fusionskontrolle** nach der Fusionskontrollverordnung. Alle drei Regelungskomplexe[543] sind an Unternehmen bzw. Unternehmensvereinigungen adressiert (a). Entscheidend ist in allen Fällen (besonders in Art. 102 AEU) zudem die Bestimmung des relevanten Marktes (b). Da in allen Bereichen auch nationale Regelungen bestehen, ist auch auf die Abgrenzung der nationalen von der europäischen Zuständigkeit einzugehen (c). Im Übrigen ist die Anwendung der Art. 101 ff. AEU in einigen Bereichen generell ausgeschlossen (d).

a) Adressaten der Regelungen: Unternehmen

Art. 101 AEU nennt **Unternehmen** und **Unternehmensvereinigungen** als **Adressaten** des Kartellverbots, Art. 102 AEU richtet sich an Unternehmen mit marktbeherrschender Stellung. Die Fusionskontrollverordnung überprüft und überwacht den Zusammenschluss von Unternehmen. Damit wird deutlich, welche zentrale Rolle der Unternehmensbegriff im Rahmen des europäischen Kartellrechts spielt. Dennoch sucht man eine Definiton dieses Begriffes innerhalb des AEU-Vertrages vergeblich, die insoweit dem EuGH und der europarechtlichen Literatur aufgetragen ist. Dem Zweck der Regelungen entsprechend – nämlich der Gewährleistung eines unverfälschten Wettbewerbs – wird danach unter einem Unternehmen grds. **jede**

---

[543] *Heinemann*, Jura 2003, 650 weist darauf hin, dass alle entwickelten Kartellgesetzgebungen durch eine solche „Drei-Säulen-Struktur" gekennzeichnet sind.

wirtschaftliche Tätigkeit ausübende Einheit verstanden.[544] Man spricht hier insoweit vom sog. **funktionellen Unternehmensbegriff.** Diese weite Interpratation folgt letztlich aus der Überlegung, dass es allein darauf ankommen kann, ob eine Person am Wirtschaftsleben teilnimmt und damit die potenzielle Möglichkeit hat, in unzulässiger Weise den Wettbewerb zu verfälschen. Grds. unerheblich ist unter diesem Gesichtspunkt hingegen, mit welchen Mitteln eine solche Beteiligung vorgenommen wird (also insbesondere die Rechtsform wie OHG, GbR oder GmbH).

Entscheidend für den europarechtlichen Unternehmensbegriff ist demnach allein, ob es sich um eine **wirtschaftliche Tätigkeit** handelt.[545] Der Gerichtshof fasst hierunter jede Tätigkeit, mit der Güter oder Dienstleistungen auf einem Markt angeboten werden.[546] Entscheidend ist also die generelle Teilnahme am Wirtschaftsleben. Nicht erforderlich ist hingegen eine bestimmte Rechtsform oder etwa eine ausdrückliche Gewinnerzielungsabsicht. Regelmäßiges Kennzeichen der wirtschaftlichen Tätigkeit ist allerdings die Entgeltlichkeit. Unter den **europäischen Unternehmensbegriff** fallen daher etwa Ärzte, Rechtsanwälte, Sportvereine, sofern sie öffentliche Wettkämpfe ausrichten, die Anbieter von Finanz- oder sonstigen Bankleistungen. Keine Unternehmen sind hingegen private Endverbraucher, auch wenn durch deren Kaufentscheidungen erhebliche Marktmacht ausgeübt werden kann. Dies folgt nicht zuletzt aus der Überlegung, dass die Wettbewerbsregelungen gerade **den Endverbraucher schützen**, ihn aber nicht verpflichten wollen.[547]

Aus den vorstehenden Überlegungen ergibt sich, dass auch **staatliche Unternehmen** Adressaten des Wettbewerbsrechts sein können. Auch wenn sich diese Regelungen primär an Private richten, so ergibt sich doch aus dem Ziel der Verhinderung von Wettbewerbsverfälschungen insgesamt, dass auch der Staat daran gebunden sein muss, sofern er wie ein Privater am europäischen Markt partizipert. Sofern also staatliche Unternehmen in der oben genannten Form wirtschaftlich tätig werden, sind auch sie an die Art. 101 ff. AEU gebunden.[548]

---

[544] *Lettl*, Kartellrecht Rn 41. Zu der Frage, ob die Berufsgenossenschaften in dieser Form wirtschaftlich tätig sind, siehe EuGH Rs. C-350/07, EuZW 2009, 290 mit Anmerkung *Gundel*.

[545] Dazu ausführlich *Frenz*, Handbuch Europarecht Bd. 2, Rn 347 ff.

[546] EuGH Slg. 1987, 2599 Rn 7; Slg. 2000, I-6451, Rn 75. Siehe auch *Frenz*, Jura 2015, 66 ff.

[547] *Frenz*, Handbuch Europarecht Bd. 2, Rn 349.

[548] *Lettl*, Kartellrecht Rn 42.

Demgegenüber ist **rein hoheitliches Handeln** nicht an den Wettbewerbsregelungen zu messen.[549] Allerdings ist es dem Staat untersagt, Regelungen zu erlassen, die die praktische Wirksamkeit des Kartellrechts aufheben oder wesentlich beeinträchtigen, etwa indem sie wettbewerbswidriges Verhalten vorschreiben oder erleichtern.

Nach Art. 101 AEU sind auch **Unternehmensvereinigungen** Adressaten des Kartellverbots. Verhindert werden soll durch diese Erweiterung eine Umgehung der Wettbewerbsregelungen durch entsprechende Beschlüsse der jeweiligen Vereinigung. Aus diesem Grund wird auch der Begriff der Unternehmensvereinigung weit ausgelegt.[550] Eine Unternehmensvereinigung ist insoweit **jeder Zusammenschluss mehrerer Unternehmen, deren Zweck jedenfalls auch darin besteht, die Interessen seiner Mitglieder wahrzunehmen.**[551] Auch hier kommt es auf die Rechtsform des Zusammenschlusses grds. nicht an. Erfasst sind daher sowohl privatrechtliche Vereinigungen (etwa Genossenschaften, Vereine) wie auch öffentlich-rechtliche (Zwangs-)Kammern (z.B. Rechtsanwaltskammer). Lediglich dann, wenn der öffentlich-rechtliche Zusammenschluss hoheitlich tätig wird, sind die Wettbewerbsregelungen nicht anwendbar.[552]

b) Begriff des relevanten Marktes

Für die Regelungen des europäischen Wettbewerbsrechts ist neben dem Begriff des Unternehmens in allen Fällen auch der Begriff des sog. **relevanten Marktes** von besonderer Bedeutung. So muss nach Art. 101 AEU die unerlaubte Vereinbarung eine Wettbewerbsbeschränkung bewirken. Ob sie dies tut, hängt maßgeblich vom dem zu betrachtenden Markt ab. Noch deutlicher wird das Erfordernis der Bestimmung des relevanten Marktes in Art. 102 AEU: Ob eine marktbeherrschende Stellung vorliegt, hängt offensichtlich davon ab, welchen Umfang der zu betrachtende Markt aufweist. Und im Rahmen der Fusionskontrolle ist im Wege einer Prognose darauf abzustellen, wie sich der relevante Markt durch die beabsichtigte Fusion in wettbewerbsrechtlicher Sicht entwickeln wird. Damit wird bereits deutlich, dass der relevante Markt keineswegs stets das gesamte Unionsgebiet umfasst. Vielmehr kann sich dieser durchaus auf ein-

---

[549] *Heinemann*, Jura 2003, 652; *Frenz*, Handbuch Europarecht Bd. 2, Rn 369.
[550] *Lettl*, Kartellrecht Rn 50.
[551] *Frenz*, Handbuch Europarecht Bd. 2, Rn 382.
[552] *Lettl*, Kartellrecht Rn 50.

zelne Regionen beschränken oder aber sich auch einmal über das Unionsgebiet hinaus erstrecken (sog. Weltmarkt).

Generell sind in diesem Zusammenhang der **sachliche**, der **räumliche** und auch der **zeitliche Markt** zu ermitteln. **Der sachlich relevante Markt** umfasst alle Produkte, die miteinander im Wettbewerb stehen. Dies sind alle Produkte, die sich wegen ihrer Merkmale aus der Sicht der jeweiligen Marktgegenseite zur Befriedigung eines gleich bleibenden Bedarfs besonders eignen und mit anderen Produkten nur in geringem Maße austauschbar sind.[553] Inwieweit ein solcher Austausch tatsächlich möglich ist, richtet sich nach den Eigenschaften, der Preislage und dem jeweiligen Verwendungszweck.[554] **Der räumlich relevante Markt** ist derjenige Marktbereich, in dem sich die Wettbewerbsbedingungen für alle Unternehmen im Wesentlichen gleichen. Das Unionsgebiet umfasst insofern eine Vielzahl von Teilmärkten, kann aber auch nur einen Teil des einheitlichen Weltmarkts darstellen (etwa bei Flugzeugen). **Der zeitlich relevante Markt** wird nur vor allem dann wichtig, wenn einzelne Marktbereiche nur für einen gewissen Zeitraum existieren (etwa Großereignis Fußballweltmeisterschaft). Für die Praxis hat die Kommission eine **Bekanntmachung** über die Definition des relevanten Marktes erlassen.[555]

Hinweis: In der Praxis bereitet die Feststellung des relevanten Marktes oftmals ganz erhebliche Probleme, da offizielle Daten in der Regel nicht bestehen. Probleme bereitet zudem häufig bereits die Tatsache, dass auf der Seite der Kommission nicht das erforderliche Fachwissen besteht, um den sachlichen Markt eigenständig bestimmen zu können. So setzt etwa die Bestimmung des Marktes für Benzolsäure ganz erhebliche chemische Kenntnisse voraus, da sich andernfalls überhaupt nicht ermitteln lässt, mit welchen anderen Produkten dieser Stoff im Wettbewerb steht – was im Übrigen in der Regel auch noch von der jeweiligen Verwendungsform abhängt. Die Kommission ist von daher darauf angewiesen, eng mit den Marktteilnehmern zusammenzuarbeiten. Regelmäßig muss der Markt daher durch sog. Kunden- und Konkurrentenbefragungen ermittelt werden – was aber wiederum voraussetzt, dass man überhaupt die richtigen Fragen stellt.

c) Abgrenzung der Zuständigkeiten

Auch auf nationaler Ebene existiert ein Wettbewerbsrecht, welches indes nach der GWB-Reform weitgehend **parallele Strukturen zum europäischen Unionsrecht** aufweist. Dennoch stellt sich natürlich die Frage, ob und ggf. wann etwa nationale Behörden eine Verein-

---

[553] *Lettl*, Kartellrecht Rn 20.
[554] *Frenz*, Handbuch Europarecht Bd. 2, Rn 558.
[555] ABl. 1997 Nr. C 372/5. Dazu auch *Frenz*, Handbuch Europarecht Bd. 2, Rn 562 ff.

barung untersagen können, obwohl die Kommission aus europäischer Sicht keinerlei Einwände erhoben hat. Dieser lange Zeit äußerst umstrittene Bereich hat nunmehr durch die **VO 1/2003**[556] zumindest eine gewisse Regelung erfahren. Danach gilt nunmehr Folgendes:[557]

Sofern die nationalen Behörden ihr Wettbewerbsrecht auf Verhaltensweisen anwenden, die auch unter Art. 101 ff. AEU fallen, müssen sie „**auch**" **Art. 101 ff. AEU** anwenden (Art. 3 I der VO). Der Anwendungsbereich der Art. 101 ff. AEU ist jedenfalls dann eröffnet, wenn eine der dortigen Verhaltensweisen (also eine unternehmerische Vereinbarung oder ein Missbrauch) geeignet ist, den Handel zwischen den Mitgliedstaaten zu beeinträchtigen. In einem solchen Fall können (nicht müssen) die Mitgliedstaaten ihr nationales Recht parallel anwenden, was allerdings nach Art. 3 II der VO grds. nicht zu einem unterschiedlichen Ergebnis führen darf.

Sofern also eine Verhaltensweise nach Art. 101 AEU tatbestandlich erlaubt ist oder unter eine Gruppenfreistellung nach Art. 101 Abs. 3 AEU fällt, ist es den nationalen Behörden untersagt, solche Verhaltensweisen nach nationalem Recht zu verbieten. Nach **Art. 3 II 2 der VO** ist es dem nationalen Recht lediglich bei einseitigen Handlungen von Unternehmen (gemeint ist damit der Missbrauch einer marktbeherrschenden Stellung nach Art. 102 AEU) gestattet, strengere Vorschriften vorzusehen.

Im Ergebnis kann man also festhalten, dass auch auf dem Gebiet des Kartellrechts das Europarecht prinzipiell jeglichem nationalen Recht vorgeht. Lediglich dann, wenn die **Zwischenstaatlichkeitsklausel**[558] nicht erfüllt ist, greift allein nationales Wettbewerbsrecht, ohne dass europarechtlich irgendein Ergebnis vorgegeben wäre.

Für die **Fusionskontrolle** bestimmt Art. 21 III der FKVO, dass allein diese auf Zusammenschlüsse von unionsweiter Bedeutung anwendbar ist. Nationales Recht ist demnach im Anwendungsbereich der FKVO überhaupt nicht mehr anwendbar. Lediglich geeignete Maßnahmen zum Schutz berechtigter, mit den allgemeinen Grundsätzen und den übrigen Bestimmungen des Unionsrechts vereinbarer Interessen, dürfen von den Mitgliedstaaten nach Art. 21 IV FKVO weiterhin getroffen werden (etwa Schutz der öffentlichen Sicherheit).

---

[556] ABl. 2003 Nr. L 1/1.
[557] Ausführlich dazu *Frenz*, Handbuch Europarecht Bd. 2, Rn 131 ff.
[558] Zur Zwischenstaatlichkeitsklausel siehe sogleich.

Darüber hinaus bestimmt **Art. 11 VI der VO 1/2003**, dass die Tätigkeit der Kommission eine verfahrensrechtliche Sperre für die Anwendung des Unionsrechts durch die Behörden der Mitgliedstaaten auslöst. Für die Abstimmung der Kompetenzen von Kommission und nationalen Behörden hat die Kommission zwei Bekanntmachungen erlassen.[559]

d) Ausschluss in bestimmten Bereichen

Grds. sind die Wettbewerbsregelungen **unabhängig davon anwendbar, welche Güter oder Dienstleistungen auf dem jeweiligen relevanten Markt angeboten werden.**[560] Prinzipiell wollen die europäischen Regelungen eben den gesamten Wettbewerb innerhalb des Gemeinsamen Marktes vor Verfälschungen schützen.

Allerdings bestehen bestimmte Bereiche in denen der freie Wettbewerb entweder nicht funktioniert oder aber aus politischer Sicht zumindest gegenwärtig nicht erwünscht ist.[561] Eine solche Ausnahme gilt namentlich insbesondere für den gesamten **Agrarbereich**. Nach Art. 42 AEU ist es die Aufgabe des Rates und des Parlaments, die Anwendbarkeit der Wettbewerbsregelungen unter Berücksichtigung der Ziele der Agrarpolitik zu bestimmen. Dies ist durch die VO 26/62[562] erfolgt. In diesem Bereich ist demnach jeweils mit Hilfe dieser Verordnung zu ermitteln, inwieweit auf die allgemeinen Wettbewerbsregelungen zurückgegriffen werden kann. Darüber hinaus bestehen teilweise für den Straßen-, Schiffs- und Schienenverkehr besondere sekundärrechtliche Regelungen. Ansonsten ist das Wettbewerbsrecht sowohl im Versicherungssektor als auch im Verkehrsbereich grds. anwendbar.

Für öffentliche Unternehmen sind die Wettbewerbsregelungen nach Art. 106 AEU grds. anwendbar. Allerdings bestehen für solche Unternehmen, die mit Dienstleistungen von allgemeinem wirtschaftlichem Interesse betraut sind (etwa Telekommunikation, Wasserversorgung oder Verkehrsbetriebe) aufgrund ihrer besonderen Bedeutung gewisse Sonderregelungen in Art. 106 Abs. 2 AEU.[563]

---

[559] ABl. 2004, Nr. C 101/43 und Abl. 2004, Nr. C 101/54.
[560] *Haratsch/Koenig/Pechstein*, Europarecht Rn 1021.
[561] *Streinz*, Europarecht, Rn 812.
[562] ABl. 1962, S. 993.
[563] Auf diese Regelung wird an dieser Stelle nicht näher eingegangen. Siehe dazu nur *Lettl*, Kartellrecht Rn 337 ff.

2. Verbotene Vereinbarungen, Art. 101 AEU

Art. 101 AEU untersagt Vereinbarungen zwischen Unternehmen[564] sowie Beschlüsse von Unternehmensvereinigungen und abgestimmte Verhaltensweisen, sofern diese eine Verhinderung, Einschränkung oder Verfälschung des Wettbewerbs innerhalb des Gemeinsamen Marktes bezwecken oder bewirken. Den Unternehmen soll also die Möglichkeit genommen werden, die vor allem durch die Grundfreiheiten beseitigten staatlichen Wettbewerbsbeschränkungen durch private Absprachen wieder aufzubauen.[565] **Die einzelnen Unternehmer sollen ihre Entscheidungen selbstständig treffen** und auf diese Weise einen effizienten und produktiven Wettbewerb ermöglichen.

Heinemann weist in diesem Zusammenhang auf das sog. **Freiheitsparadoxon** hin:[566] Zwar soll möglichst umfassende Wettbewerbsfreiheit bestehen, diese Freiheit hat jedoch eine Grenze, wo sie durch (freiwillige) Kartellabsprachen wieder beseitigt werden soll. Freiheit umfasst also nicht die Freiheit zur Unfreiheit!

Unzulässige Vereinbarungen lassen sich generell danach unterscheiden, ob sie zwischen Unternehmen der gleichen Wirtschaftsstufe oder aber zwischen Unternehmen unterschiedlicher Wirtschaftsstufen getroffen werden. Im ersten Fall (etwa einer Vereinbarung zwischen mehreren Produzenten) spricht man von **horizontalen Wettbewerbsbeschränkungen**,[567] im zweiten Fall hingegen von **vertikalen Wettbewerbsbeschränkungen**.[568]

Der **Tatbestand** des Art. 101 AEU setzt voraus, dass zwischen Unternehmen eine Vereinbarung etc. vorliegt (a), die geeignet ist, den Handel zwischen den Mitgliedstaaten zu beeinträchtigen (b) und die (c) eine Verhinderung, Einschränkung oder Verfälschung des Wettbewerbs bezweckt oder bewirkt. Für einen Verstoß gegen Art. 101 AEU ist zudem erforderlich, dass keine Freistellung (Gruppen- oder Einzelfreistellung) nach Art. 101 Abs. 3 AEU vorliegt (d). Die Rechtsfolgen ergeben sich aus Art. 101 Abs. 2 AEU (e).

---

[564] Zum Unternehmensbegriff siehe bereits oben.
[565] *Frenz*, Handbuch Europarecht Bd. 2, Rn 268.
[566] *Heinemann*, Jura 2003, 652.
[567] An sich erfasst der Begriff „Kartell" allein die horizontalen Vereinbarungen. Mittlerweile wird aber im Rahmen des Art. 101 AEU generell von „Kartellverbot" gesprochen, siehe *Heinemann*, Jura 2003, 652.
[568] *Enchelmaier*, Europäisches Wirtschaftsrecht, Rn 213.

a) Begriff der Vereinbarungen etc.

Vom Tatbestand des Art. 101 AEU erfasst werden Vereinbarungen zwischen Unternehmen, Beschlüsse von Unternehmensverbänden sowie aufeinander abgestimmte Verhaltensweisen.

Der Begriff der **Vereinbarungen** ist dem Zweck der Wettbewerbsregelungen entsprechend weit auszulegen.[569] Er umfasst danach **jede Willenseinigung, in der die betreffenden Unternehmen ihren gemeinsamen Willen zum Ausdruck bringen, sich auf dem Markt in einer bestimmten Weise zu verhalten.**[570] Erfasst sind sowohl horizontale als auch vertikale Vereinbarungen. Auf eine bestimmte Form der Vereinbarung kommt es nicht an; diese kann also auch mündlich getroffen werden. Nicht erforderlich ist zudem eine rechtliche Verbindlichkeit der Vereinbarung – diese würde ohnehin regelmäßig bereits an Art. 101 Abs. 2 AEU scheitern.[571] Allerdings wird man in Abgrenzung zu der „aufeinander abgestimmten Verhaltensweise" zumindest subjektiv einen wechselseitigen Bindungswillen der beteiligten Unternehmen verlangen müssen.[572]

Sog. „gentlemen's agreements" fallen also regelmäßig nicht unter den Begriff der Vereinbarung. Einseitige Handlungen eines Unternehmens erfüllen grds. nicht den Tatbestand der Vereinbarung. Etwas anderes gilt nur dann, wenn andere Unternehmen dem Verhalten des ersten Unternehmens konkludent zustimmen.[573] Um Schutzlücken zu vermeiden, kommt es hier nicht darauf an, ob die Zustimmung durch einen gewissen Druck oder gar Zwang herbeigeführt wurde.[574] Eine Vereinbarung liegt im Übrigen nur dann vor, wenn es sich um zwei unterschiedliche wirtschaftliche Einheiten handelt. Daran fehlt es, wenn Vereinbarungen einer Muttergesellschaft mit ihrer Tochtergesellschaft vorliegen (**sog. Konzernprivileg**).[575] Entscheidend ist hier, inwieweit die Muttergesellschaft die Tochtergesellschaft beherrscht.

Beschlüsse von Unternehmensvereinigungen sind alle Maßnahmen, die die Unternehmensvereinigung oder ihre Mitarbeiter

---

[569] Vgl. *Weiß*, in: Calliess/Ruffert, EUV/AEUV, Art. 101 AEU, Rn 47 ff..
[570] EuGH Slg. 1980, 3125 Rn 86.
[571] *Frenz*, Handbuch Europarecht Bd. 2, Rn 399.
[572] So auch *Lettl*, Kartellrecht, Rn 55. Anders wohl *Frenz*, Handbuch Europarecht Bd. 2, Rn 399.
[573] EuG Slg. 2000, II-3383 Rn 173.
[574] Zu den Gründen *Frenz*, Handbuch Europarecht Bd. 2, Rn 409 ff.
[575] *Lettl*, Kartellrecht, Rn 58 ff.

treffen.[576] Aufgrund der Mitgliedschaft mehrerer Unternehmen in der Vereinigung sind solche „einseitigen" Beschlüsse der Vereinigung mit den soeben genannten Vereinbarungen zwischen Unternehmen vergleichbar und daher vom Tatbestand des Art. 101 AEU zu recht erfasst. Unerheblich für den Begriff des Beschlusses ist, ob die Unternehmensvereinigung ihre Kompetenzen überschreiten sollte; auch auf eine bestimmte Form kommt es nicht an. Eine rechtliche Verbindlichkeit ist ebenfalls nicht notwendig. Entscheidend ist vielmehr – etwa im Falle von Empfehlungen der Vereinigung an ihre Mitglieder – die faktische Verbindlichkeit aufgrund der bestehenden Mitgliedschaft.

Der Begriff der „**aufeinander abgestimmten Verhaltensweisen**" bildet einen Auffangtatbestand.[577] Erfasst wird jede Form der Koordinierung zwischen Unternehmen, die zwar noch nicht bis zum Abschluss eines Vertrages im eigentlichen Sinne gediehen ist, jedoch bewusst eine praktische Zusammenarbeit an die Stelle des mit Risiken verbundenen Wettbewerbs treten lässt.[578] Abzugrenzen ist diese Verhaltensform vom generell **zulässigen sog. Parallelverhalten**.[579] Jeder Unternehmer hat also das Recht, sich dem festgestellten oder erwarteten Verhalten seiner Konkurrenten mit wachem Sinn anzupassen.[580] Entscheidend ist dabei jedoch, dass die unternehmerischen Entscheidungen selbstständig gefasst werden. Untersagt ist demnach jede Form der unmittelbaren oder mittelbaren **Fühlungnahme** zwischen den einzelnen Unternehmen.[581]

b) Zwischenstaatlichkeitsklausel[582]

Die Vereinbarung muss weiterhin geeignet sein, den Handel zwischen den Mitgliedstaaten zu beeinträchtigen. Dieses Erfordernis hat vor allem den Zweck, das europäische vom nationalen Wettbewerbsrecht abzugrenzen und macht dadurch deutlich, dass es den

---

[576] *Enchelmaier*, Europäisches Wirtschaftsrecht, Rn 217.
[577] *Haratsch/Koenig/Pechstein*, Europarecht, Rn 1033.
[578] EuGH Slg. 1972, 619.
[579] Dazu *Frenz*, Handbuch Europarecht Bd. 2, Rn 474.
[580] EuGH Slg. 1975, 1663 Rn 174.
[581] EuGH Slg. 1975, 1663 Rn 173.
[582] Die Prüfung der Zwischenstaatlichkeitsklausel erfolgt hier vor der Prüfung der Wettbewerbsbeschränkung, wie es auch nach dem Wortlaut des Art. 101 AEU nahe liegt. Die Kommission und auch der Gerichtshof gehen hingegen andersherum vor. Dieser Weg ist nicht zwingend, kann die Prüfung jedoch unter Umständen erleichtern. Dazu *Frenz*, Handbuch Europarecht Bd. 2, Rn 640 ff.

europäischen Regelungen primär um die Sicherung des grenzüberschreitenden (europäischen) Binnenmarktes geht.

Die **Zwischenstaatlichkeitsklausel** ist erfüllt, wenn eine Maßnahme unmittelbar oder mittelbar, tatsächlich oder potenziell geeignet ist, die Freiheit des Handels zwischen den Mitgliedstaaten in
einer Weise zu gefährden, die der Verwirklichung der Ziele eines
einheitlichen zwischenstaatlichen Marktes nachteilig sein kann.
Damit sind an dieser Stelle gewisse Parallelen zur weiten
Dassonville-Formel des EuGH im Bereich der Warenverkehrsfreiheit
unverkennbar. Insofern ist also eine tatsächliche Beeinträchtigung
nicht erforderlich; es genügt vielmehr bereits die Eignung zur Beeinträchtigung.[583] Eine solche Eignung liegt etwa dann vor, wenn
das unternehmerische Verhalten zu einer Abschottung der nationalen Märkte führt oder wenn die Wettbewerbsstrukturen im
Gemeinsamen Markt verändert werden.[584] Dies wird regelmäßig der
Fall sein, wenn es sich um Kartelle zwischen Unternehmen aus
unterschiedlichen Mitgliedstaaten handelt. Zwingend ist dies jedoch
nicht. So erfüllt etwa ein sich auf das gesamte Hoheitsgebiet eines
Mitgliedstaats beziehendes Kartell die Zwischenstaatlichkeitsklausel,
da eine solche Vereinbarung zwangsläufig zu einer Abschottung
dieses nationalen Marktes und damit auch zu einer Beeinträchtigung
des grenzüberschreitenden Handels führt.[585]

Als einschränkendes Merkmal verlangt der Gerichtshof, dass die
jeweilige **Verhaltensweise geeignet ist, den zwischenstaatlichen
Handel spürbar** zu beeinträchtigen. Eine solche spürbare Beeinträchtigung liegt vor, wenn sich der zwischenstaatliche Handel ohne
die jeweilige Vereinbarung wesentlich anders entwickelt hätte.[586]

Ursprünglich hatte die Kommission die Frage der Spürbarkeit der zwischenstaatlichen
Handelsbeschränkung in einer **Bagatellbekanntmachung** näher konkretisiert. Die
aktuelle Bekanntmachung erwähnt hingegen nur noch die Frage der Spürbarkeit bei
der Frage der bezweckten oder bewirkten Wettbewerbsbeschränkung (siehe sogleich). Dies ändert jedoch nichts daran, dass eine Spürbarkeit auch im Rahmen der
Zwischenstaatlichkeitsklausel weiterhin erforderlich ist, deren Prüfung weitgehend
parallel mit derjenigen im Rahmen der Wettbewerbsbeschränkung verläuft. Der
Grund für die Beschränkung der Kommission liegt vielmehr darin, dass diese
klarstellen wollte, dass das nationale Wettbewerbsrecht bereits immer dann vom
europäischen Recht determiniert wird, wenn eine Verhaltensweise den zwischenstaatlichen Handel beeinträchtigen kann. Auf eine Spürbarkeit kommt es also hierfür

---

[583] *Haratsch/Koenig/Pechstein*, Europarecht, Rn 1035.
[584] *Enchelmaier*, Europäisches Wirtschaftsrecht, Rn 222.
[585] *Lettl*, Kartellrecht, Rn 90.
[586] *Lettl*, Kartellrecht, Rn 94.

nicht an.[587] Da das Verhalten in solchen Fällen also unionsrechtlich erlaubt ist, ist es dem nationalen Recht ebenfalls untersagt, entsprechende Verhaltensweisen zu verbieten.

c) Bezweckte oder bewirkte Wettbewerbsbeschränkung

Die jeweiligen Unternehmen müssen durch die Vereinbarungen, Beschlüsse oder abgestimmten Verhaltensweisen **eine Verhinderung, Einschränkung oder Verfälschung des Wettbewerbs bezwecken oder bewirken.** Wann eine solche **Wettbewerbsbeschränkung** vorliegt, wird im AEU-Vertrag nicht explizit definiert. Allerdings finden sich in Art. 101 Abs. 1 lit. a)-e) AEU einige Beispiele, in denen von einer solchen Wettbewerbsbeschränkung auszugehen ist. Dieser Katalog ist nicht abschließend.[588] Generell ist für die Beantwortung der Frage, ob eine solche Wettbewerbsbeschränkung vorliegt, das Marktgeschehen **ohne** die jeweilige Verhaltensweise der Unternehmen mit dem Marktgeschehen **mit** der jeweiligen Verhaltensweise zu vergleichen. Entscheidend ist für das **ordoliberale Konzept** der Union dabei, ob das Verhalten zu einem nicht zu rechtfertigenden Eingriff in die unternehmerische Wettbewerbsfreiheit der sonstigen Marktteilnehmer führt, so dass diese einem bestehenden Markt nicht mehr frei beitreten oder auf einem Markt nicht mehr nach eigenen Vorstellungen und frei von den Zwängen anderer agieren können. Ob ein solches Verhalten eventuell positive Effekte für den Verbraucher hat, ist hingegen unerheblich und kann allenfalls im Rahmen der Freistellung nach Art. 101 Abs. 3 AEU berücksichtigt werden.

Als einschränkendes Merkmal verlangt der Gerichtshof wie auch im Rahmen der Zwischenstaatlichkeitsklausel, dass die Wettbewerbsbeschränkung **spürbar** ist (sog. **Bagatellklausel**). Es darf sich also nicht um eine lediglich geringfügige Beschränkung handeln. Die Kommission hat ihre Auffassung zur Frage der Spürbarkeit in der sog. **Bagatellbekanntmachung** veröffentlicht.[589] Wesentlich sind danach vor allem die **Marktanteile** der beteiligten Unternehmen. Zudem wird für bestimmte **Kernbeschränkungen** generell eine solche Spürbarkeit unabhängig von den jeweiligen Marktanteilen angenommen.

Eine solche spürbare Wettbewerbsbeschränkung muss durch das unternehmerische Verhalten **bezweckt oder bewirkt** werden. Ein solches Bezwecken liegt vor, wenn die koordinierte Verhaltensweise darauf gerichtet ist, das Marktgeschehen spürbar zu beeinflussen.[590]

---

[587] *Frenz*, Handbuch Europarecht Bd. 2, Rn 497.
[588] *Enchelmaier*, Europäisches Wirtschaftsrecht Rn 220.
[589] ABl. 2003, Nr. C 269/8.
[590] *Frenz*, Handbuch Europarecht Bd. 2, Rn 592.

Sofern eine solche Absicht nachgewiesen werden kann, kommt es auf eine tatsächliche Bewirkung einer Beschränkung nicht mehr an, was sich aus der alternativen Aufzählung in Art. 101 AEU ergibt. Lediglich dann also, wenn eine solche Zwecksetzung nicht nachgewiesen werden kann, bedarf es der tatsächlichen Bewirkung einer Wettbewerbsbeschränkung.[591]

d) Keine Freistellung nach Art. 101 Abs. 3 AEU

Nach Art. 101 Abs. 3 AEU besteht unter bestimmten Voraussetzungen die Möglichkeit, die Bestimmungen des Art. 101 Abs. 1 AEU auf einzelne unternehmerische Verhaltensweisen nicht anzuwenden. Bis zur **KartellVO 1/2003** erfolgte eine solche Freistellung durch einen konstitutiv wirkenden Rechtsakt der Kommission gemäß der KartellVO 17/62. Seit dem **01.05.2004** ist dieses System durch die bereits genannte KartellVO 1/2003 grundlegend reformiert worden. Nunmehr bestimmt Art. 1 Abs. 2 der Verordnung, dass Verhaltensweisen im Sinne des Art. 101 Abs. 1 AEU, die die Voraussetzungen des Art. 101 Abs. 3 AEU erfüllen, ohne Weiteres vom Kartellverbot ausgenommen sind (Prinzip der **Legalausnahme**).[592] Art. 101 Abs. 3 AEU ist seitdem also unmittelbar anwendbar. Dieser **Systemwechsel** hat vor allem den Zweck, die Arbeitsfähigkeit der Kommission in einer nunmehr 28 Mitgliedstaaten umfassenden Union durch eine gewisse **Dezentralisierung des Wettbewerbsrechts** zu sichern.[593] Auf diese Weise hat die Kommission die Möglichkeit, sich auf gravierende Verstöße gegen das Wettbewerbsrecht zu konzentrieren. Seit dem 01.05.2004 obliegt es folglich den Unternehmen selbst, einzuschätzen, ob ihr Verhalten unter die Freistellungsregelung des Art. 101 Abs. 3 AEU fällt. Sie müssen ihr Verhalten also zwar nicht mehr anmelden, tragen aber nunmehr das (auch finanzielle) Risiko, dass die zuständigen Behörden oder Gerichte diese Einschätzung nicht teilen. Freilich wird dieses Risiko dadurch gemildert, dass die Reglung des Art. 101 Abs. 3 AEU durch die Rechtsprechung und die Kommissionspraxis in vielerlei Hinsicht konkretisiert worden ist. In atypischen Fällen haben die Unternehmen zu-

---

[591] *Frenz*, Handbuch Europarecht Bd. 2, Rn 604.

[592] In der Literatur ist umstritten, ob die Einführung einer solchen unmittelbaren Befreiung durch eine Verordnung mit dem Wortlaut des Art. 101 Abs. 3 AEU zu vereinbaren ist. Im Ergebnis ist der genannte Systemwechsel jedoch als vereinbar mit Art. 101 Abs. 3 AEU anzusehen. Zu den Gründen *Schwarze/Weitbrecht*, Grundzüge des europäischen Kartellverfahrensrechts, § 2 Rn 10 ff.

[593] *Lettl*, Kartellrecht, Rn 11.

dem die Möglichkeit, die Kommission auf informellem Wege um ihre Einschätzung zu bitten (sog. **Beratungsschreiben**).[594]

Die Voraussetzungen, unter denen eine Wettbewerbsbeschränkung ausnahmsweise (unmittelbar) freigestellt und damit erlaubt ist (und die kumulativ vorliegen müssen),[595] sind nach Art. 101 Abs. 3 AEU die Folgenden:

1. Das unternehmerische Verhalten muss zur Verbesserung der Warenerzeugung oder -verteilung oder zur Förderung des technischen oder wirtschaftlichen Fortschritts beitragen.
2. Die Verbraucher müssen am Gewinn angemessen beteiligt werden.
3. Den Unternehmen dürfen keine Beschränkungen auferlegt werden, die für die Verwirklichung dieser Ziele nicht unerlässlich sind.
4. Den beteiligten Unternehmen darf nicht die Möglichkeit eröffnet werden, für einen wesentlichen Teil der betreffenden Waren den Wettbewerb auszuschalten.

Eine **Verbesserung der Warenerzeugung** (umfasst sind auch Dienstleistungen)[596] liegt vor, wenn es durch die Wettbewerbsbeschränkung zu Rationalisierungseffekten kommt. Zu denken ist etwa an Verbreiterungen des bestehenden Angebots oder an die Einführung neuartiger Dienstleistungen. Denkbar ist auch, dass lediglich die Qualität der Produkte selbst steigt, ohne dass die Produktpalette verbreitert oder verändert wird. **Eine Verbesserung der Warenverteilung** umfasst die Vorgänge der Auslieferung bis zum Vertrieb. Zu denken ist also etwa an eine Ausweitung der Verkaufsstellen. **Die Förderung des technischen oder wirtschaftlichen Fortschritts** bezieht sich auf die schnellere Entwicklung und Durchsetzung innovativer Technologien. In all diesen Fällen ist anhand eines Vergleichs der Vor- und Nachteile zu ermitteln, ob tatsächlich eine Verbesserung bzw. eine Förderung vorliegt. Dabei sind auch die Ziele des AEU-Vertrages heranzuziehen.

Eine angemessene Beteiligung der Verbraucher am Gewinn liegt dann vor, wenn die Vorteile für die Verbraucher die Nachteile für diese dauerhaft überwiegen. Dabei geht es nicht allein um finanzielle Vorteile (etwa Preissenkungen), sondern auch um sonstige Verbesserungen (etwa besserer Kundendienst).

Unerlässlich sind die unternehmerisch bestimmten Wettbewerbsbeschränkungen dann, wenn keine Mittel ersichtlich sind, mit denen das unternehmerische Ziel auf wettbewerbsschonendere Weise erreicht werden könnte.

Die **Möglichkeit zur Ausschaltung des Wettbewerbs** für einen wesentlichen Teil der Waren besteht dann, wenn aufgrund der Vereinbarung der notwendige Mindestwettbewerb im relevanten Markt nicht mehr gewährleistet ist.

Dieser kurze Überblick zeigt bereits, dass trotz der konkretisierenden Rechtsprechung des Gerichtshofs ein gewisses Maß an

---

[594] *Frenz*, Handbuch Europarecht Bd. 2, Rn 730; *Schwarze/Weitbrecht*, Grundzüge des europäischen Kartellverfahrensrechts, § 6 Rn 127.
[595] *Saria*, in: Liebscher/Flohr/Petsche, Handbuch der EU-Gruppenfreistellungsverordnungen, § 1 Rn 73.
[596] *Frenz*, Handbuch Europarecht Bd. 2, Rn 876.

278

Rechtsunsicherheit bei der Anwendung des Art. 101 Abs. 3 AEU verbleibt. Das Risiko der Fehleinschätzung tragen seit dem 01.05.2004 in dieser Hinsicht die beteiligten Unternehmen. Nicht zuletzt aufgrund dieser bestehenden Rechtsunsicherheiten besitzen die sog. **Gruppenfreistellungsverordnungen (GFVO)**[597] für die Praxis eine besondere Bedeutung. Durch diese Verordnungen werden ganze Gruppen von Vereinbarungen, Beschlüssen und aufeinander abgestimmte Verhaltensweisen losgelöst vom konkreten Einzelfall vom Verbot des Art. 101 Abs. 3 AEU freigestellt. Die betroffenen Unternehmen können sich nunmehr also unmittelbar auf die jeweilige GFVO berufen und brauchen nicht mehr die Voraussetzungen des Art. 101 Abs. 3 AEU darzulegen.

Gestützt sind diese Verordnungen nicht unmittelbar auf Art. 101 Abs. 3 AEU, da diese Norm keine Kompetenzgrundlage bildet. Die Grundlage bildet vielmehr **Art. 103 Abs. 1 AEU**. Die GFVO werden demnach auf Vorschlag der Kommission mit qualifizierter Mehrheit vom Rat (nach Anhörung des Parlaments) verabschiedet. Diese Verordnungen fungieren regelmäßig als Rahmenverordnung, die dann von der Kommission nach **Art. 105 Abs. 3 AEU** durch die „eigentlichen" GFVO konkretisiert werden. Art. 290 AEU findet auf diese Verordnungen der Kommission jedenfalls keine unmittelbare Anwendung.

Beim Erlass der GFVO ist der Rat bzw. die Kommission – wie auch bei der Einzelfreistellung – im Übrigen **an die materiell-rechtlichen Kriterien des Art. 101 Abs. 3 AEU gebunden**.[598] Durch die GFVO wird also lediglich die Regelung des Art. 101 Abs. 3 AEU generell-abstrakt konkretisiert. Dies ergibt sich bereits aus der sekundärrechtlichen Rechtsnatur der GFVO, die das Primärrecht lediglich ausgestalten nicht hingegen übergehen kann. Es ist der Kommission damit auch auf diesem Wege nicht möglich, gestützt auf ihren **„more economic approach"** dem allgemeinen Verbraucherschutzgedanken zur Durchsetzung zu verhelfen und Einschränkungen der Wettbewerbsfreiheit auch dann zuzulassen, wenn die Voraussetzungen des Art. 101 Abs. 3 AEU an sich nicht erfüllt sind.

Mittlerweile existiert eine Vielzahl unterschiedlicher GFVO, sowohl für **horizontale** als auch für **vertikale Wettbewerbsbeschränkungen**.[599] Alle diese GFVO weisen eine **parallele Struktur** auf. Zunächst werden die von der GFVO erfassten Freistellungstatbestände definiert.

---

[597] Ausführlich zu diesen *Liebscher/Flohr/Petsche*, Handbuch der EU-Gruppenfreistellungsverordnungen, 2. Auflage 2012.

[598] Wie hier ausdrücklich *Saria*, in: Liebscher/Flohr/Petsche, Handbuch der EU-Gruppenfreistellungsverordnungen, § 1 Rn 72; *Frenz*, Handbuch Europarecht Bd. 2, Rn 750 f., 767.

[599] Ein Überblick über die ergangenen GFVO findet sich bei *Flohr/Hero*, in: Liebscher/Flohr/Petsche, Handbuch der EU-Gruppenfreistellungsverordnungen, § 2 Rn 14 ff.

Regelmäßig erfolgt hier eine generelle Freistellung in Abhängigkeit von den jeweiligen Marktanteilsschwellen der beteiligten Unternehmen. Anschließend werden diese Regelungen durch sog. weiße Klauseln (Verhaltensweisen, die generell erlaubt sind) und schwarze Klauseln (Verhaltensweisen, die generell und unabhängig von den Marktanteilen untersagt sind) näher konkretisiert.[600] In Art. 29 der VO 1/2003 ist zudem vorgesehen, dass sowohl die Kommission als auch die nationalen Behörden den Unternehmen die Gruppenfreistellung in besonderen Fällen entziehen können. Darüberhinaus ist die **Geltungsdauer** der GFVO regelmäßig auf **zehn Jahre** beschränkt.

Eine besondere GFVO bildet die **VO 330/2010**.[601] Durch diese VO werden **vertikale** Vereinbarungen, Beschlüsse oder aufeinander abgestimmte Verhaltensweisen zwischen Unternehmen generell vom Verbot des Art. 101 Abs. 1 AEU freigestellt, sofern sich nicht aus einer besonderen GFVO oder aus Art. 102 AEU etwas anderes ergibt.[602] Insoweit tritt die VO 330/2010 also subsidiär hinter besondere Regelungen zurück.[603] Eine solche Freistellung steht jedoch unter der Voraussetzung, dass bestimmte **Marktanteilsschwellen** nicht überschritten werden. Nach Art. 3 Abs. 1 der VO darf der **Marktanteil**[604] **der Lieferanten danach 30%** nicht überschreiten. Zudem darf keine **Kernbeschränkung** nach Art. 4 der VO vorliegen. Für diese sog. „**Hardcore-Beschränkungen**"[605] kommt also eine Freistellung unabhängig von den gegebenen Marktanteilsschwellen unter keinen Umständen in Betracht.

e) Rechtsfolge des Verbots

Nach Art. 101 Abs. 2 AEU sind Verhaltensweisen, die den Tatbestand des Art. 101 Abs. 1 AEU erfüllen und keiner Freistellung nach Art. 101 Abs. 3 AEU unterliegen **ipso iure nichtig**. Es bedarf also keiner weiteren Feststellung der Nichtigkeit durch die Kommission oder einer nationalen Behörde. **Die Nichtigkeit erstreckt sich dabei grds. allein auf die verbotene Verhaltensweise selbst.**

---

[600] Siehe *Flohr/Hero*, in: Liebscher/Flohr/Petsche, Handbuch der EU-Gruppenfreistellungsverordnungen, § 2 Rn 5.

[601] ABl. EU 2010 Nr. L 102/1.

[602] Nicht zuletzt diese GFVO beruht auf dem „more economic approach" der Kommission, da vertikale Vereinbarungen als für den Verbraucher unschädlich eingestuft werden.

[603] *Lettl*, Kartellrecht, Rn 172.

[604] Maßgeblich ist selbstverständlich allein der relevante Markt.

[605] *Lettl*, Kartellrecht, Rn 178.

Allerdings sind von der Rechtsfolge des Art. 101 Abs. 2 AEU auch die Teile einer Vereinbarung erfasst, die untrennbar mit den nach Art. 101 Abs. 1 AEU verbotenen Klauseln zusammenhängen.[606] Ob dies der Fall ist, ist durch Auslegung unter Berücksichtigung des Zweckes des Art. 101 Abs. 1 AEU zu ermitteln.

Inwieweit eine Vereinbarung oder ein Beschluss im Übrigen als nichtig anzusehen ist, richtet sich nach **nationalem Recht**. In Deutschland gilt nach **§ 139 BGB**, dass im Falle einer Teilnichtigkeit grds. das ganze Rechtsgeschäft als nichtig anzusehen ist, wenn nicht anzunehmen ist, dass eine fortbestehende Gültigkeit dem Parteiwillen entspricht.

Von der Nichtigkeit regelmäßig nicht erfasst sind hingegen **Folgeverträge mit Dritten.**

Beispiel: Ein Kartellmitglied schließt einen Vertrag mit seinen Abnehmern.

Angesichts der Fortwirkung der vereinbarten Wettbewerbsbeschränkung in diesen Folgeverträgen erscheint der Ansatz von *Frenz* hingegen zweckmäßiger: Danach haben die an der Wettbewerbsbeschränkung nicht beteiligten Dritten einen unmittelbaren Anspruch auf Anpassung des Vertrages, in einer Form, die die wettbewerbsbeschränkenden Wirkungen beseitigt.[607]

3. Missbrauch einer marktbeherrschenden Stellung

Art. 102 AEU untersagt die **missbräuchliche Ausnutzung einer marktbeherrschenden Stellung**, sofern diese geeignet ist, den Handel zwischen den Mitgliedstaaten zu beeinträchtigen.[608] Art. 102 AEU will verhindern, dass Unternehmen ihre besondere Stellung auf dem jeweiligen Markt ausnutzen, um einen freien Wettbewerb zu verhindern. **Untersagt ist daher nicht eine marktbeherrschende Stellung an sich.** Vielmehr kann eine solche auch und gerade im Rahmen eines freien Wettbewerbs entstehen. Problematisch wird eine solche Stellung jedoch dann, wenn sie dazu genutzt wird, den noch bestehenden freien Restwettbewerb zu unterbinden, indem etwa den Abnehmern überhöhte Preise aufgezwungen werden oder Mitbewerber generell behindert werden. Damit schützt Art. 102 AEU jedenfalls mittelbar auch die einzelnen Verbraucher.

---

[606] *Lettl*, Kartellrecht, Rn 222; *Frenz*, Handbuch Europarecht Bd. 2, Rn 1091.
[607] *Frenz*, Handbuch Europarecht Bd. 2, Rn 1097.
[608] Siehe auch *Frenz*, Jura 2015, 1206 ff.

Aufgrund der besonders negativen Wirkung solcher Missbräuche findet sich hier **keine Freistellungsmöglichkeit** wie in Art. 101 Abs. 3 AEU. Aus diesem Grund kommt also weder eine Gruppen- noch eine Einzelfreistellung in Betracht.

Die praktische Relevanz des Art. 102 AEU ist verglichen mit Art. 101 AEU relativ gering.[609] Freilich weisen die wenigen Verfahren regelmäßig eine besondere Bedeutung auf und werden daher in den Medien ausführlich diskutiert. Für großes Aufsehen hat in diesem Zusammenhang die Entscheidung der Kommission gegen **Microsoft** aus dem Jahre 2004 gesorgt.[610] In dieser Entscheidung setzte die Kommission wegen der Ausnutzung einer marktbeherrschenden Stellung im Bereich der **PC-Betriebssysteme** eine Geldbuße von **497 Millionen Euro** fest. Mittlerweile hat das EuG die Entscheidung der Kommission im Wesentlichen bestätigt (Rs. T-201/04). Microsoft hat auf die Einlegung von Rechtsmitteln zum EuGH verzichtet.

Der Tatbestand des Art. 102 AEU verlangt eine **marktbeherrschende Stellung** (a), die zur Verfälschung des Wettbewerbs in einer Form **missbraucht** worden sein muss (b), die geeignet ist, den **Handel** zwischen den Mitgliedstaaten **zu beeinträchtigen** (c).

a) Marktbeherrschende Stellung

Art. 102 AEU setzt als erstes voraus, dass das betreffende Unternehmen[611] eine marktbeherrschende Stellung besitzt. An dieser Regelung zeigt sich die besondere Bedeutung, die der **Bestimmung des relevanten Marktes** zukommt. Denn die Frage der Marktbeherrschung hängt offensichtlich davon ab, welcher sachliche, räumliche (und zeitliche) Markt im Einzelnen herangezogen wird.[612] Was den räumlichen Markt betrifft ist zu berücksichtigen, dass Art. 102 AEU eine **beherrschende Stellung auf dem Gemeinsamen Markt oder zumindest einem wesentlichen Teil davon** verlangt. Ein wesentlicher Teil ist jedenfalls dann betroffen, wenn er das Gebiet mehrerer Mitgliedstaaten umfasst. Doch kann bereits ein Teil eines Mitgliedstaats ausreichen, wenn dieser besondere Bedeutung für den Wettbewerb auf dem Gemeinsamen Markt hat.

Zur Bestimmung des relevanten Marktes ist die Kommission auf die Marktteilnehmer angewiesen, die verpflichtet sind, an entsprechenden Befragungen der Kommission teilzunehmen. Insgesamt ist die Bestimmung des relevanten Marktes als äußerst schwierig einzustufen, da sie eine genaue Kenntnis der jeweiligen Produkte, deren Verwendungsmöglichkeiten und der Wettbewerbssituation voraussetzt. Sie nimmt daher einen ganz wesentlichen Teil der Arbeit der Kommission ein.

[609] Vgl. *Lübbig*, in: Loewenheim/Meessen/Riesenkampff, Kartellrecht Bd. 1, Art. 82 EG Rn 2.
[610] Entscheidung der Kommission vom 24.03.2004.
[611] Zum Begriff des Unternehmens bereits oben.
[612] *Lettl*, Kartellrecht Rn 238; *Frenz,* Handbuch Europarecht Bd. 2, Rn 1170 ff.

Anders als in § 19 II, III GWB findet sich im AEU-Vertrag keine Definition des Begriffs der **Marktbeherrschung**. Entscheidend ist somit die (mittlerweile gefestigte) Rechtsprechung des EuGH zu dieser Frage. Eine Marktbeherrschung versteht dieser als die wirtschaftliche Machtstellung eines Unternehmens, die dieses in die Lage versetzt, die Aufrechterhaltung eines wirksamen Wettbewerbs auf dem relevanten Markt zu verhindern, indem sie ihm die Möglichkeit verschafft, sich seinen Wettbewerbern, seinen Abnehmern und letztlich den Verbrauchern gegenüber in einem nennenswerten Umfang unabhängig zu verhalten.[613] Eine vollständige Ausschaltung des Wettbewerbs ist also nicht nötig. Maßgebliches Kriterium zur Bestimmung der Marktbeherrschung bildet der **Marktanteil** des jeweiligen Unternehmens.[614] So kann bei einem Marktanteil **von mehr als 50 %** regelmäßig von einer solchen Stellung ausgegangen werden, sofern nicht ausnahmsweise besondere Umstände vorliegen.[615]

Ist der Anteil hingegen geringer, sind zusätzlich die Stärke und die Zahl der vorhandenen Mitbewerber zu berücksichtigen. Hat ein Unternehmen für einen längeren Zeitraum einen besonders hohen Marktanteil, so befindet es sich allein aufgrund des Umfangs seiner Produktion und seines Angebots in einer Position der Stärke und Unabhängigkeit.[616] Nicht entscheidend für die Frage der Marktbeherrschung ist hingegen die Größe des Unternehmens, gleiches gilt für die Höhe des erzielten Gewinns.

Neben dem Marktanteil greift die Kommission vor allem auf zwei weitere Indikatoren zur Bestimmung einer marktbeherrschenden Stellung zurück. So wird beim sog. **SSNIP-Test** (Small but significant and nontransitory increase in price) untersucht, wie sich der Markt bei einer unterstellten dauerhaften Preiserhöhung des untersuchten Unternehmens von 5-10% verhält. Kommt es trotz einer solch dauerhaften Erhöhung zu keiner Abwanderung der Kunden des Unternehmens zu anderen Anbietern, kann dies ein Indiz für eine marktbeherrschende Stellung sein. Mit dem zweiten Indikator wird vor allem die Wettbewerbssituation auf dem betrachteten Markt untersucht, indem auch die Struktur der anderen Marktteilnehmer in die Betrachtung einbezogen wird. Dieser **HH-Index** (Herfindahl-Hirschmann-Index) ist die Summe der quadrierten Marktanteile der gesamten Marktteilnehmer. Je höher dieser Index ist, als desto geringer kann der Wettbewerb auf dem jeweiligen Markt angesehen werden. **Beispiel**: gibt es auf einem Markt genau 100 Anbieter mit jeweils 1% Marktanteil, so ist der HHI genau 100 (100 * 1 im Quadrat). Kauft nun ein Unternehmen neun seiner Mitbewerber, hat dieses neue Unternehmen nunmehr einen Marktanteil von 10%. Daneben bleiben 90 Mitbewerber mit weiterhin 1% Marktanteil. Der HHI beträgt nun 190 (1 * 10

---

[613] Ständige Rechtsprechung siehe nur EuGH Slg. 2000, II-3929 Rn 147 f.
[614] *Weiß*, in: Calliess/Ruffert, EUV/AEUV, Art. 102 AEU Rn 10.
[615] EuGH Slg. 1991, I-3359.
[616] *Lettl*, Kartellrecht, Rn 244.

im Quadrat + 90 * 1 im Quadrat). Der Wettbewerb ist also schon bedeutend konzentrierter. Solange dieser HHI einen bestimmten Wert nicht übersteigt, kann auch im Falle eines Marktanteils von 50% ausnahmsweise keine marktbeherrschende Stellung vorliegen.

b) Missbräuchliche Ausnutzung

Allein die marktbeherrschende Stellung wird durch den AEU-Vertrag nicht sanktioniert. Hinzukommen muss vielmehr die **missbräuchliche Ausnutzung dieser Stellung** durch das betroffene Unternehmen. Es ist also zunächst einmal nicht zu beanstanden, wenn das Unternehmen angemessene Maßnahmen ergreift, um seine Marktstellung zu behaupten. Unzulässig wird ein Verhalten jedoch dann, wenn es von gewöhnlichen Verhaltensweisen, die Ausdruck des gewünschten Leistungswettbewerbs sind, abweicht, so dass es sich ohne die marktbeherrschende Stellung nicht mehr als unternehmerisch rational ansehen lässt.[617] Der **EuGH** subsumiert unternehmerische Verhaltensweisen daher unter Art. 102 AEU, wenn sie von einem Unternehmen in beherrschender Stellung mit Potential zur Beeinflussung der Struktur eines schon in seinem wirksamen Wettbewerb geschwächten Marktes ausgehen, die Aufrechterhaltung dieses Restwettbewerbs oder seine Entwicklung behindern und außerhalb des normalen Produkt- oder Dienstleistungswettbewerbs stehen, also von den normalen Mitteln des Leistungsaustausches abweichen.[618] Ein Verschulden oder gar die Absicht des Unternehmens entsprechende Wirkungen zu erzeugen, ist nicht erforderlich. Allein das Vorliegen eines von Art. 102 AEU erfassten Verhaltens genügt. Unerheblich ist auch, ob die Verbraucher möglicherweise von diesem Verhalten profitieren.

Art. 102 lit. a)-d) AEU nennt (nicht abschließende) **Beispiele**, in denen regelmäßig von einer solchen Ausnutzung auszugehen ist.
Nach **Art. 102 lit a) AEU** ist dem Unternehmen die mittelbare oder unmittelbare Erzwingung von unangemessenen Verkaufspreisen oder sonstigen Geschäftsbedingungen untersagt (sog. **Ausbeutungsmissbrauch**). Der Begriff der Erzwingung ist weit auszulegen und erfasst jede Form des Einsatzes der besonderen Macht des Unternehmens. Nach **Art. 102 lit. b) AEU** liegt ein Missbrauch regelmäßig dann vor, wenn das Unternehmen die Erzeugung, den Absatz oder die technische Entwicklung zum Schaden der Verbraucher einschränkt. Eine solche Einschränkung des Absatzes oder der Erzeugung ist etwa dann gegeben, wenn das Unternehmen den Umfang seines Angebots trotz einer gleichbleibenden oder gestiegenen Nachfrage verringert. Nach **Art. 102 lit. c) AEU** ist eine Diskriminierung der Handelspartner regelmäßig untersagt. Diese Regelung greift insbesondere dann, wenn die Konditionen bei

---

[617] *Frenz*, Handbuch Europarecht Bd. 2, Rn 1231.
[618] Ständige Rechtsprechung siehe nur EuGH Slg. 1979, 461 Rn 91 sowie *Frenz*, Handbuch Europarecht Bd. 2, Rn 1233 m.w.N.

vergleichbaren Leistungen gegenüber verschiedenen Handelspartnern differieren also etwa unterschiedliche Preise genommen werden. Nach **Art. 102 lit. d) AEU** besteht ein sog. **Kopplungsverbot**. Das Unternehmen darf also voneinander trennbare Güter nicht miteinander koppeln, wenn auf einem der betroffenen Märkte eine beherrschende Stellung besteht. Eine solch unzulässige Kopplung kann etwa bei der Verbindung eines PC-Betriebssystems mit bisher unabhängig davon vertriebener Software vorliegen (so der Vorwurf der Kommission an Microsoft).

c) Die Zwischenstaatlichkeitsklausel

Nach Art. 102 AEU muss das missbräuchliche Verhalten geeignet sein, den **Handel zwischen den Mitgliedstaaten zu beeinträchtigen**. Ohne eine solche Eignung ist allein das nationale Wettbewerbsrecht anwendbar. Erforderlich ist nach der Rechtsprechung des **EuGH**, dass die Verhaltensweise geeignet ist, die Freiheit des Handels zwischen den Mitgliedstaaten in einer Weise zu gefährden, die der Verwirklichung der Ziele des einheitlichen Marktes zwischen den Mitgliedstaaten nachteilig sein kann.[619] Möglich ist dies etwa durch eine Abschottung der nationalen Märkte oder durch eine sonstige Veränderung der Wettbewerbsstruktur des Gemeinsamen Marktes. Wie auch im Rahmen des Art. 101 AEU muss die **Beeinträchtigung** des zwischenstaatlichen Handels zudem **spürbar** sein.[620]

d) Die Rechtsfolge eines Verstoßes

Art. 102 AEU selbst postuliert keinerlei Rechtsfolgen eines Verstoßes gegen das Missbrauchsverbot. Sie sind daher zum einen dem **nationalen Recht** und zum anderen der **VO 1/2003** zu entnehmen.

Nach nationalem Recht stellt Art. 102 AEU ein Schutzgesetz iSd **§ 823 Abs. 2 BGB** dar. Verträge, die gegen die Regelung des Art. 102 AEU verstoßen sind nach **§ 134 BGB** wegen des Verstoßes gegen ein gesetzliches Verbot unmittelbar nichtig. Betroffen ist dabei grds. nur die jeweils gegen Art. 102 AEU verstoßende Bestimmung. Inwie-weit der übrige Vertrag wirksam bleibt, richtet sich nach § 139 BGB.

4. Verfahren bei Verstößen gegen Art. 101, 102 AEU

Das Verfahren bei Verstößen gegen Art. 101 und Art. 102 AEU ist in der **Verordnung 1/2003** geregelt. Danach kann die Kommission die

---

[619] EuGH Slg. 1994, I-5641 Rn 54.
[620] Dazu *Frenz*, Handbuch Europarecht Bd. 2, Rn 1408 ff.

betroffenen Unternehmen zunächst nach Art. 7 der VO auffordern, einen Verstoß gegen Art. 101 oder Art. 102 AEU zu beenden. Die Kommission hat also jederzeit die Möglichkeit,[621] einen entsprechenden Verstoß festzustellen und anschließend die Unternehmen zu verpflichten, den Verstoß abzustellen. In den Art. 17-22 der VO sind dazu bestimmte **Ermittlungsbefugnisse** der Kommission vorgesehen. Zudem kann die Kommission nach Art. 23 der VO **Geldbußen** für bereits begangene Verstöße verhängen. Nach Art. 24 der VO kann sie zudem ein **Zwangsgeld** für den Fall zukünftiger Verstöße verhängen.

5. Die Fusionskontrolle

Den dritten Pfeiler eines modernen Wettbewerbsrechts bildet die **Fusionskontrolle**.[622] Durch die Überwachung von Unternehmenszusammenschlüssen soll verhindert werden, dass Marktstrukturen entstehen, die ein besonderes Potential für Wettbewerbsverfälschungen aufweisen. Die Fusionskontrolle ist insoweit – anders als Art. 102 AEU – auf ein (potenzielles) zukünftiges Verhalten des jeweiligen Unternehmenszusammenschlusses gerichtet.

Der AEU-Vertrag selbst enthält jedoch **keinerlei Regelungen zur Fusionskontrolle**. Eine solche findet daher danach allenfalls dann statt, wenn der Zusammenschluss ausnahmsweise gleichzeitig unter die Regelung des Art. 101 oder 102 AEU fällt. In allen anderen Fällen besteht jedoch jedenfalls nach den primärrechtlichen Regelungen eine gewisse Schutzlücke. Um diese zu schließen, erließ der Rat im Jahre 1989 eine erste Verordnung zur Kontrolle von Unternehmenszusammenschlüssen.[623] Diese erste Verordnung wurde durch die **VO 139/2004 (Fusionskontrollverordnung, FKVO)** abgelöst, deren Regelungen zum 01.05.2005 in Kraft getreten sind. Durch diese Neuregelung wurde eine Vielzahl an Änderungen vorgenommen, nicht zuletzt im Bereich der Beurteilungsmaßstäbe von Zusammenschlüssen.

Das neue Fusionskontrollrecht wird nunmehr durch **vier Grundsätze** bestimmt, die sich in den einzelnen Regelungen der FKVO widerspiegeln. Es sind dies:

---

[621] Von Amts wegen oder auf Beschwerde einer natürlichen oder juristischen Person oder eines Mitgliedstaats, vgl. Art. 7 II der VO.
[622] Zu neuen Entwicklungen *Hirsbrunner*, EuZW 2009, 239 ff.
[623] VO (EWG) Nr. 4064/89, ABl. Nr. L 395/1.

- das Prinzip der vorherigen Anmeldung;
- das Prinzip der alleinigen Zuständigkeit der Kommission;
- das Guillotineprinzip mit kurzen Fristen sowie
- das Prinzip der alleinigen Anwendung ökonomischer Grundsätze für die Beurteilung des jeweiligen Zusammenschlusses.

Das **Prinzip der vorherigen Anmeldung** findet sich in Art. 4 FKVO. Nach Art. 4 Abs. 1 FKVO müssen **Zusammenschlüsse von unionsweiter Bedeutung** frühestens nach Vertragsschluss, spätestens jedoch vor dem Vollzug bei der Kommission **angemeldet** werden. Möglich ist eine Anmeldung aber nach Art. 4 II FKVO bereits dann, wenn die beteiligten Unternehmen die Absicht eines Zusammenschlusses glaubhaft machen können. Die Kommission muss also beteiligt werden, bevor der Zusammenschluss vollzogen worden ist, um komplizierte Rückabwicklungen möglichst zu vermeiden.

Was unter einem Zusammenschluss zu verstehen ist, wird ausführlich in Art. 3 FKVO festgelgt. Ein solcher liegt danach vor, wenn es zu einer **Fusion** von zwei oder mehr unabhängigen Unternehmen oder Unternehmensteilen kommt oder wenn ein Unternehmen die Kontrolle über die Gesamtheit oder über Teile eines oder mehrerer anderer Unternehmen erwirbt (**sog. Kontrollerwerb**). Auch die Gründung eines **Gemeinschaftsunternehmens** (etwa durch ein joint venture) kann nach Art. 3 Abs. 4 FKVO einen solchen Kontrollerwerb darstellen.

Eine **unionsweite Bedeutung** liegt dann vor, wenn die in Art. 1 Abs. 2 und 1 Abs. 3 FKVO genannten **Umsatzschwellen** überschritten werden, wobei diese Regelungen nebeneinander anwendbar sind. Die verschiedenen Umsatzschwellen stellen zum einen auf den weltweiten Umsatz und zum anderen auf den unionsweiten Umsatz des Unternehmens ab. Als Faustformel gilt dabei, dass ein weltweiter Umsatz der beteiligten Unternehmen von **5 Mrd. Euro** grds. eine unionsweite Bedeutung aufweisen wird.

Sofern eine unionsweite Bedeutung des Zusammenschlusses gegeben ist, ist nach dem **Prinzip der alleinigen Zuständigkeit der Kommission** allein die europäische Ebene für die Beurteilung des Zusammenschlusses zuständig, vgl. Art. 21 Abs. 2 FKVO. Nationales Recht und nationale Behörden sind also im Grundsatz nicht mehr beteiligt. Der große Vorteil für die betroffenen Unternehmen liegt vor allem in der Wirkung eines Beschlusses der Kommission: dieser hat dann nämlich automatisch unionsweite Geltung. Ein den Zusammenschluss genehmigender Beschluss gilt demnach in allen Mitgliedstaaten, die Unternehmen müssen also keine weiteren mitgliedstaatlichen Genehmigungen einholen. Ein weiterer Vorteil für die Unternehmen stellt zudem die Tatsache dar, dass das Verfahren auf Unionsebene bisher gebührenfrei erfolgt.

Nach Art. 9 und Art. 22 der FKVO besteht allerdings die Möglichkeit, die Beurteilung eines Zusammenschlusses von unionsweiter Bedeutung gleichwohl an mitgliedstaatliche Behörden zu verweisen (etwa weil dieser Mitgliedstaat besonders betroffen ist) oder einen kleineren Zusammenschluss an die Kommission zu verweisen. Beide Möglichkeiten sind damit Ausnahmen vom Prinzip der alleinigen Zuständigkeit der Kommission, kommen in der Praxis aber auch nur sehr selten vor.

Die **Fristen**, die die Kommission bei der Prüfung eines solchen Zusammenschluss beachten muss, sind äußerst kurz. Entscheidungen ergehen nach Art. 10 Abs. 1 FKVO regelmäßig innerhalb von höchstens 25 Arbeitstagen. Diese Frist wird jedoch unter bestimmten Voraussetzungen auf zunächst 35 Tage verlängert. Hauptanwendungsfall einer solchen Verlängerung bildet die in Art. 10 Abs. 1 UAbs. 2 geschilderte Möglichkeit der Unternehmen nach Art. 6 Abs. 2 FKVO Verpflichtungen einzugehen, um den Zusammenschluss in einer mit dem Gemeinsamen Markt zu vereinbarenden Weise zu gestalten.

Diese **Verpflichtungen** kommen folgendermaßen zustande: Nach der Anmeldung prüft die Kommission den beantragten Zusammenschluss. Hat sie dabei angesichts der Ausgestaltung Bedenken, teilt sie dies den beteiligten Unternehmen mit. Diese haben dann einerseits die Möglichkeit, den geplanten Zusammenschluss unverändert zu lassen. Sie riskieren dann jedoch die Einleitung eines längeren förmlichen Verfahrens (siehe sogleich), bei dem der Zusammenschluss aufgrund der Bedenken noch einmal im Einzelnen und sehr viel genauer überprüft wird. Andererseits besteht die Möglichkeit, auf die Bedenken der Kommission sofort einzugehen und bestimmte Veränderungen des geplanten Zusammenschlusses vorzuschlagen (Hauptfall: Veräußerung eines bestimmten Betriebsteils um den Marktanteil zu verringern). Die längere Frist für die Kommission erklärt sich im letzten Fall daraus, dass sie nunmehr die vorgeschlagenen Verpflichtungen ihrerseits überprüfen muss, inwieweit sie die bestehenden Bedenken tatsächlich beseitigen.

Kommt die Kommission innerhalb dieser Frist zu dem Ergebnis, dass der Zusammenschluss Bedenken aufwirft, leitet sie das formelle Prüfverfahren nach Art. 6 Abs. 1 lit. c) FKVO ein. Für diese nunmehr sehr genaue Prüfung hat sie nach Art. 10 Abs. 3 FKVO dann 90 Arbeitstage Zeit, eine Frist die sich auf 105 Tage verlängert, sofern das Unternehmen erneut Änderungen des Zusammenschlusses vorschlägt. In allen diesen Fällen gilt jedoch Folgendes: Sofern die Kommission es nicht schafft, innerhalb der kurzen Fristen die erforderlichen Entscheidungen zu treffen, gilt der beantragte Zusammenschluss automatisch als genehmigt, Art. 10 Abs. 6 FKVO. Diese auch als **Guillotineprinzip** bezeichnete Regelung führt dazu, dass die Unternehmen regelmäßig schon vor einer formellen Beantragung eines Zusammenschlusses den Kontakt zur Kommission suchen und ihr die Einzelheiten desselben mitteilen. Ansonsten wäre die Kommission innerhalb der genannten 25 Arbeitstage überhaupt nicht in der Lage, die erforderlichen Informationen für eine Bewertung des Zusammenschlusses einzuholen, was für die Unternehmen wiederum bedeuten würde, dass sie stets mit der Einleitung eines förmlichen Verfahrens rechnen müssten. Da dies mit einem erheblichen Zeitverlust einhergeht, ist das gesamte Verfahren daher stark von einer **Kooperation der Kommission** mit den Unternehmen geprägt.

Der beantragte Zusammenschluss wird von der Kommission nach dem letzten Prinzip allein anhand **ökonomischer Kriterien** überprüft. Nach Art. 2 Abs. 3 FKVO sind Zusammenschlüsse dann (und nur dann) für unvereinbar mit dem Gemeinsamen Markt zu erklären, wenn durch sie wirksamer Wettbewerb im Gemeinsamen Markt oder einem wesentlichen Teil davon erheblich behindert würde, insbesondere durch Begründung oder Verstärkung einer beherrschenden Stellung. Politische Kriterien (wie etwa die deutsche Ministererlaubnis) kennt das europäische Recht damit grds. nicht.[624] Seit der FKVO aus dem Jahre 2004 greift die Kommission zur Beurteilung, ob der Zusammenschluss zu einer solchen Wettbewerbsverhinderung führt auf den sog. **SIEC-Test** (Significant Impediment to effective Competition) zurück. Entscheidend ist also die spürbare Beeinträchtigung effektiven Wettbewerbs auf dem betreffenden Markt. Maßgebliches Kriterium bleibt dabei die Möglichkeit der Entstehung einer marktbeherrschenden Stellung. Der SIEC-Test ermöglicht eine Untersagung indes auch dann, wenn es zwar nicht zu einer marktbeherrschenden Stellung kommt, der Wettbewerb auf dem jeweiligen Markt aber dennoch erheblich beeinträchtigt wird, was vor allem im Falle von Oligopolen der Fall sein kann.

Das **Verfahren der Fusionskontrolle**, ist wie bereits angedeutet wurde, in zwei Teile geteilt. Im ersten Abschnitt (**Phase 1**) wird innerhalb von 25 (bzw. 35 Tagen) eine erste Analyse vorgenommen. Bestehen danach keinerlei Bedenken, wird der Zusammenschluss erlaubt (sofern Verpflichtungen vorgeschlagen wurden, ggf. mit diesen Verpflichtungen). Bestehen hingegen Bedenken, leitet die Kommission eine ausführliche Prüfung ein (sog. **Phase 2**), für die sie 90 Tage (bzw. 105 Tage) Zeit hat. Konnten diese Bedenken ausgeräumt werden (entweder, weil sie sich in der gründlichen Prüfung nicht bestätigt haben oder weil die vorgeschlagenen Verpflichtungen

---

[624] Anerkannt sind aber sog. Efficiency sowie Failed-Firm-Einwände.

ausreichen), erfolgt eine Genehmigung, ansonsten eine endgültige Untersagung des Zusammenschlusses. Gegen eine Untersagung kann das Unternehmen dann im Wege der Nichtigkeitsklage nach Art. 263 Abs. 4 AEU vorgehen.

Die Untersuchung des Zusammenschlusses besteht in beiden Abschnitten vor allem in einer Marktbefragung der Konkurrenten und Kunden der beteiligten Unternehmen, wobei diese im ersten Teil allgemeiner Natur ist, während sich im zweiten Teil ausführlich auf die gefundenen Bedenken konzentriert wird.

III. Die Beihilfenkontrolle

Auch durch staatliche Beihilfen kann der Wettbewerb in nicht unerheblichem Maße beeinträchtigt werden, indem die Wettbewerbsgleichheit zwischen den einzelnen Unternehmen gestört wird.[625] Um den unionalen Handel vor solchen Verzerrungen zu schützen, finden sich in den **Art. 107-109 AEU** Regelungen über die Zulässigkeit mitgliedstaatlicher Beihilfen. Dabei ist jedoch zu beachten, dass staatliche Beihilfen durchaus ein in allen Mitgliedstaaten anerkanntes Mittel der Wirtschaftspolitik darstellen. Die Wirtschafts- und Finanzkrise hat das gerade eindrucksvoll bestätigt. Und auch die Union selbst vergibt erhebliche Beihilfen zur Förderung einzelner Unionspolitiken (insbesondere im Agrarbereich). Insofern lässt sich keinesfalls sagen, dass das Beihilfenregime der Union das Ziel hat, möglichst alle nationalen Beihilfen auf dem Gemeinsamen Markt zu untersagen. Angestrebt wird vielmehr eine besondere Form der **Prüfung, Koordinierung und Begrenzung staatlicher Beihilfen** nach den Maßstäben des Unionsrechts.[626] Keinesfalls will das Unionsrecht also berechtigten sozial- oder wirtschaftspolitischen Beihilfen im Wege stehen.[627] Um jedoch der Gefahr einer unzulässigen Privilegierung einzelner Unternehmen vorzubeugen, bedarf es einer stetigen Kontrolle durch die Kommission, die in den Regelungen der Art. 107 ff. AEU ihren primärrechtlichen und in der unlängst neu gefassten VO 734/2013 ihren sekundärrechtlichen Niederschlag gefunden hat.[628]

In **Art. 107 Abs. 1 AEU** werden zunächst staatliche oder aus staatlichen Mitteln gewährte Beihilfen gleich welcher Art, die durch die

---

[625] *Haratsch/Koenig/Pechstein*, Europarecht Rn 1064.
[626] *Oppermann/Classen/Nettesheim*, Europarecht, § 22 Rn 2.
[627] Man denke etwa an die immensen Subventionen, die im Zusammenhang mit der deutschen Einheit geflossen sind oder an die bereits genannten massiven Unterstützungen im Zuge der Finanzkrise. Siehe zu aktuellen Entwicklungen auch *Ruthig*, ZG 2014, 136 ff. sowie *Soltész*, NJW 2014, 3128 ff.
[628] ABl. EU Nr. L 204/15.

Begünstigung bestimmter Unternehmen oder Produktionszweige den Wettbewerb verfälschen oder zu verfälschen drohen und den Handel zwischen den Mitgliedstaaten beeinträchtigen, mit dem Gemeinsamen Markt für unvereinbar erklärt (1). Von diesem grds. Verbot bestehen jedoch nach Art. 107 Abs. 2 und 3 AEU bestimmte **Ausnahmen** (2). In **Art. 108 AEU** finden sich schließlich Regelungen, die festlegen, auf welche Weise die Union die Einhaltung der materiellen Bestimmungen des Art. 107 AEU überwacht.

1. Die Grundregel des Art. 107 Abs. 1 AEU

Art. 107 Abs. 1 AEU bildet gewissermaßen die **Grundregel des europäischen Beihilferechts**. Danach sind staatliche oder aus staatlichen Mitteln gewährte Beihilfen (a), die den Wettbewerb verfälschen oder zu verfälschen drohen (b) mit dem Gemeinsamen Markt unvereinbar, soweit sie den zwischenstaatlichen Handel beeinträchtigen (c).

a) Der Begriff der staatlichen Beihilfe

Wesentlich ist zunächst die Klärung des Begriffs der „Beihilfe". Dieser ist *weit* zu verstehen, was sich bereits daraus ergibt, dass Art. 107 Abs. 1 AEU von Beihilfen „gleich welcher Art" spricht.[629] Nach Ansicht des EuGH fallen hierunter alle Maßnahmen, die in verschiedener Form die Belastungen vermindern, die ein Unternehmen normalerweise zu tragen hat.[630] Entscheidend ist, dass das Unternehmen einen **geldwerten Vorteil** erlangt, ohne dass dieses eine angemessene, also marktübliche Gegenleistung erbringen müsste. Um die Marktüblichkeit einer eventuellen Gegenleistung zu überprüfen, wenden die Kommission sowie der EuGH den sogenannten **„Market-economy-investor"-Test** an.[631] Dabei wird überprüft, ob die staatliche Vorteilsgewährung auch von einem privaten Investor unter den gleichen Bedingungen vorgenommen worden wäre. Sofern dies nicht der Fall ist, liegt ein geldwerter Vorteil und damit eine Beihilfe vor.

---

[629] *Cremer*, in: Calliess/Ruffert, EUV/AEUV, Art. 107 AEU Rn 10; *Streinz*, Europarecht, Rn 845.
[630] EuGH Slg. 1961, 1.
[631] Dazu *Giesberts/Kleve*, EuZW 2009, 287.

Eine relevante Beihilfe ist allein dann gegeben, wenn die Maßnahme **auf Kosten des Staates erfolgt**.[632] Sie muss also entweder
direkt von einer dem Staat zuzurechnenden Einrichtung gewährt
werden und damit auch unmittelbar aus staatlichen Mitteln stammen
oder aber zumindest mittelbar vom Staat gewährt werden, indem sie
**dem Begünstigten durch die Hände nichtstaatlicher Dritter
zufließen**. Erforderlich ist aber in diesem zweiten Fall unbedingt,
dass die Beihilfen mittelbar aus staatlichen Mitteln stammen und damit den staatlichen Haushalt belasten.

Keine staatlich zurechenbare Beihilfe liegt aus diesen Gründen dann
vor, wenn der geldwerte Vorteil nicht ausschließlich zu Lasten staatlicher Mittel, sondern auch zu Lasten privater Mittel geht. In diesen
Fällen ordnet der Staat die Belastung nämlich allein aufgrund seiner
allgemeinen Hoheitsmacht an.[633] So verhält es sich etwa in den
Fällen, in denen der Staat per Gesetz bestimmte Gebührenpflichten
Privater bestimmt.

Der EuGH hat daher zu Recht entschieden, dass es sich bei den Abnahme- und Ver-
gütungspflichten nach dem deutschen **Stromeinspeisungsgesetz** nicht um Beihilfen
gehandelt hat.[634] Denn diese Begünstigung wurde nicht aus der Staatskasse bezahlt,
sondern war von den Energieversorgungsunternehmern zu finanzieren. Es handelte
sich also um eine allgemein belastende Maßnahme, die folglich keine Beihilfe darstellte. Siehe dazu auch den Fall 5 bei *Thiele*, Standardfälle Europarecht.

Im Ergebnis sind daher auch die sog. **GEZ-Gebühren**[635] keine aus
staatlichen Mitteln gewährte Beihilfe. Auch hier trifft die gesetzlich
angeordnete Gebührenpflicht nicht den Staat, sondern die privaten
Rundfunkteilnehmer (str.).[636]

b) Die Verfälschung des Wettbewerbs

Durch die gewährte Beihilfe muss eine **Verfälschung des Wettbewerbs** eintreten oder zumindest drohen.[637] Entscheidend ist dabei
allein die tatsächliche (potentielle) Auswirkung der Beihilfe auf den
Wettbewerb, unabhängig von der Frage, ob diese Wirkung auch

---

[632] EuGH Slg. 2001, I-2099. Ausführlich zu dieser Frage *Kassow*, Die Beihilfe im
Sinne des Art. 87 I EG als staatliche oder aus staatlichen Mitteln gewährte
Begünstigung, Diss. Göttingen 2004.

[633] *Kassow*, aaO S. 200 f.

[634] EuGH, Slg. 2001, I-2099. Dazu auch *Kassow*, aaO, S. 198 ff.

[635] Innerstaatlich handelt es sich freilich nicht um Gebühren, sondern um Beiträge.

[636] Wie hier auch *Kassow*, aaO S. 234 ff. Anders hingegen *Degenhart*, AfP 2005,
493 ff. Siehe nunmehr auch *Oppermann/Classen/Nettesheim*, Europarecht § 22
Rn 7 sowie EuG verb. Rs. T-309/04 zur Rechtslage in Dänemark. Zur Rechtslage
bei regionalen Steuern siehe *Glaser*, EuZW 2009, 363 ff.

[637] *Cremer*, in: Calliess/Ruffert, EUV/AEUV, Art. 107 AEU Rn 30.

vom Mitgliedstaat bezweckt wurde[638]. Eine solche (potenzielle) Verfälschung des Wettbewerbs wird aufgrund des unverdienten geldwerten Vorteils, den das Unternehmen erlangt, regelmäßig gegeben sein. Nicht eindeutig geklärt ist die Frage, ob die Verfälschung des Wettbewerbs – wie auch im Rahmen des Art. 101 AEU – spürbar sein muss.[639]

Für die Praxis hat die Kommission in der sog. „de-minimis-Verordnung"[640] gewisse Untergrenzen festgelegt. Danach fallen bestimmte nur geringfügige staatliche Beihilfen nicht unter Art. 107 Abs. 1 AEU, da sie in den Augen der Kommission weder zu einer Verfälschung des unionalen Wettbewerbs führen, noch den mitgliedstaatlichen Handel beeinträchtigen. Diese „de-minimis-Verordnung" – deren Neufassung Anfang 2014 in Kraft getreten ist –, stellt etwa Beihilfen an Unternehmen, die innerhalb von drei Jahren eine Summe von 200.000 Euro nicht übersteigen, vom Beihilfenverbot frei.

c) Die Beeinträchtigung des zwischenstaatlichen Handels

Die Beihilfe muss schließlich den zwischenstaatlichen Handel beeinträchtigen (**Zwischenstaatlichkeitsklausel**). Eine solche Beeinträchtigung ist dann gegeben, wenn sich die Beihilfe über das Gebiet des beihilfegewährenden Staats hinaus auf die Konkurrenzsituation von Unternehmen in anderen Mitgliedstaaten auswirkt. Entscheidend ist also, dass sich der innerunionale Verkehr ohne die gewährte Beihilfe anders entwickelt hat oder hätte. Dabei genügt die bloße **Eignung zur Handelsbeeinträchtigung**.[641] Wie erwähnt geht die Kommission davon aus, dass Beihilfen, die 200.000 Euro in drei Jahren nicht überschreiten, diese Eignung grds. nicht aufweisen.[642]

2. Ausnahmen

In Art. 107 Abs. 2 AEU finden sich zunächst einige Legalausnahmen zu dem grds. Verbot des Art. 107 Abs. 1 AEU. Trotz einer möglichen wettbewerbsverfälschenden Wirkung werden diese Formen der Beihilfen aufgrund des verfolgten Beihilfezweckes per se als mit dem Gemeinsamen Markt vereinbar angesehen. In der Praxis spie-

---

[638] EuGH Slg. 1974, 709.
[639] Dazu *Cremer*, in: Calliess/Ruffert, EUV/AEUV, Art. 107 AEU Rn 33.
[640] VO (EU) Nr. 1407/2013, ABl. EU Nr. L 352/1.
[641] EuGH Slg. 1980, 2638.
[642] Siehe VO 1407/2013.

len diese Ausnahmen auch aufgrund der engen Auslegung der Bestimmungen nur eine untergeordnete Rolle.[643]

Aus deutscher Sicht von besonderem Interesse ist die sog. „**Teilungsklausel**" des Art. 107 Abs 2 lit c) AEU. Diese Klausel wurde keineswegs erst nach der Wiedervereinigung eingeführt, sondern bestand in ähnlicher Form bereits **seit 1958**. Sie war damals vor allem auf das „**Zonenrandgebiet**" und das 1957 dem Bundesgebiet beigetretene Saarland anwendbar. Nach der **Wiedervereinigung** wurde die Klausel beibehalten. Der Umfang möglicher Beihilfen aufgrund dieser Klausel war lange Zeit unklar. Fraglich war vor allem, ob Beihilfen weiterhin auf das Zonenrandgebiet beschränkt waren (so die Kommission) oder aber die neuen Bundesländer insgesamt umfasst waren (so der Rat). Der EuGH hat mittlerweile entschieden, dass der engen Auffassung der Kommission zu folgen ist.[644]

In Art. 107 Abs. 3 AEU finden sich Ausnahmetatbestände, die jedoch im Ermessen der Kommission stehen. Für die Praxis hat die Kommission die für sie relevanten Maßstäbe für die Anwendung des Art. 107 Abs. 3 AEU in sog. **Leitlinien** veröffentlicht. Es handelt sich nicht um verbindliche Außenrechtssätze. Allerdings entfalten sie dennoch eine faktische Bindungswirkung aufgrund des gesetzten Vertrauenstatbestandes.[645]

Besondere Bedeutung kam diesen Ausnahmeregelungen erneut im Rahmen der Finanzkrise zu. So erließ die Kommission im Herbst 2008 eine Mitteilung über Beihilfen an **Finanzinstitute**, die diese wesentlich erleichterte. Siehe dazu *Arhold*, EuZW 2008, 713. Das Beihilfenregime hat insoweit die notwendige Flexibilität, die es im Hinblick auf die besondere Situation der Finanzwelt 2008/2009 bedurfte, bewiesen. Siehe auch *Kessler/Dahlke*, EWS 2009, 79 ff. Zu den Beihilfen bei Opel *Frenz/Götzkes*, EWS 2009, 19 ff. Siehe auch *Soltész*, NJW 2014, 3128.

Daneben ist die Kommission durch eine auf Art. 109 AEU gestützte **Verordnung des Rates**[646] ermächtigt worden, einzelne Gruppen von Beihilfen durch den Erlass entsprechender Durchführungsverordnungen generell vom Beihilfeverbot des Art. 107 Abs. 1 AEU freizustellen. Mittlerweile hat die Kommission mehrere solcher **Gruppenfreistellungsverordnungen** erlassen. Anders als die soeben genannten Leitlinien sind diese Verordnungen unmittelbar anwendbares Außenrecht. Die nationalen Behörden können also Beihilfen, die unter eine solche Freistellungsverordnung fallen, vergeben, ohne das Notifizierungsverfahren des Art. 108 Abs. 3 AEU einhalten zu müssen (dazu sogleich). Von besonderer Bedeutung ist in diesem Zusammenhang die im Mai 2014 verabschiedete **allgemeine Grup-**

---

[643] *Haratsch/Koenig/Pechstein*, Europarecht, Rn 1085.
[644] EuGH Slg. 2003, I-9927. Dazu *Oppermann/Classen/Nettesheim*, Europarecht, § 22 Rn 22.
[645] EuGH Slg. 1993, I-1125.
[646] VO 994/98, ABl. EG 1998 Nr. L 142/1.

penfreistellungsverordnung (AGVO).[647] Mit dieser AGVO hat die Kommission bestimmte Beihilfen pauschal genehmigt, die als unproblematisch angesehen werden.[648]

3. Die Kontrolle durch die Union

Die Einhaltung der soeben aufgestellten materiellen Beihilfenbestimmungen wird durch die Union (im Wesentlichen durch die Kommission) **zentral überwacht**, um auf diese Weise die Einheitlichkeit der Beihilfenvergabe zu gewährleisten. Dieses **Kontrollverfahren** wird in **Art. 108 Abs. 3 AEU** allerdings **nur äußerst rudimentär geregelt**. Maßgeblich waren daher für lange Zeit die Kommissionspraxis selbst und die dazu ergangene Rechtsprechung des EuGH, der in diesem Zusammenhang einige wesentliche Grundsätze für das europäische Verwaltungsverfahren entwickelte. Durch die **VO 659/1999**[649] wurden die Verfahrensgrundsätze dann – unter Rückgriff auf die EuGH-Rechtsprechung – erstmals sekundärrechtlich kodifiziert. Diese „**BeihilfeVerfO**" ist nunmehr durch die VO 734/2013 neu gefasst und ergänzt worden.[650]

a) Bestehende Beihilfen

Bestehende nationale Beihilfen(regelungen) werden gemäß **Art. 108 Abs. 1 AEU, Art. 17 ff. der VO 659/1999 fortlaufend von der Kommission in Zusammenarbeit mit den Mitgliedstaaten überprüft**. Stellt die Kommission fest, dass eine gewährte Beihilfe mit dem Gemeinsamen Markt unvereinbar ist, kann sie den betreffenden Staat auffordern, diese binnen einer von ihr bestimmten Frist aufzuheben oder umzugestalten (**Art. 108 Abs. 2 AEU**). Allerdings kann der Rat eine solche Kommissionsentscheidung korrigieren, was in der Praxis bisher praktisch aber nicht vorkam. Durch diese Möglichkeit wird jedoch noch einmal unterstrichen, dass das Beihilfenrecht der Union einen Bereich darstellt, der nicht allein den freien Wettbewerb schützen will, sondern auch die Verfolgung anderer politischer Ziele in begrenztem Rahmen zulässt.

---

[647] VO 651/2014, ABl. EU Nr. L 187/1.

[648] Siehe dazu *Soltész*, NJW 2014, 3128 (3130).

[649] ABl. EG 1999 Nr. L 83/1. Zu dieser Verordnung *Ludwigs*, Jura 2006, 41 ff.

[650] Dazu *Soltész*, NJW 2014, 3128 ff. Die Verordnung selbst wird daher weiter unter der bisherigen Nummer 659/1999 geführt. Sie wird daher auch im Folgenden weiterhin so bezeichnet.

b) Notifizierungspflicht bei neuen Beihilfen

Die Mitgliedstaaten müssen die Kommission von jeder beabsichtigten Einführung oder Umgestaltung von Beihilfen rechtzeitig **in Kenntnis setzen (Art. 108 Abs. 3 AEU)**, sofern diese Beihilfe nicht einer Gruppenfreistellung unterfällt. Dies eröffnet der Kommission die Möglichkeit, die geplante Beihilfe auf ihre Vereinbarkeit mit dem Gemeinsamen Markt zu überprüfen.[651] Dabei erfolgt zunächst ein **Vorprüfungsverfahren**, Art. 4 der VO 659/1999; während dieser Zeit darf die Beihilfe nicht durchgeführt werden, Art. 3 der VO 659/1999, Art. 108 Abs. 3 S. 3 AEU. Kommt die Kommission bereits hier zu dem Ergebnis, dass überhaupt keine relevante Beihilfe vorliegt oder die geplante Beihilfe mit Art. 107 AEU vereinbar ist, so erlässt sie eine **Genehmigungsentscheidung**. Erfolgt innerhalb zweier Monate keinerlei Stellungnahme der Kommission, so gilt das Vorhaben als genehmigt, Art. 4 VI der VO 659/1999.

Im Falle einer solchen Genehmigungsfiktion darf der Mitgliedstaat die Beihilfe dennoch nicht sofort auszahlen. Er muss zunächst die Kommission noch einmal von dieser Absicht in Kenntnis setzen, die dann innerhalb von 15 Werktagen eine Entscheidung nach Art. 4 der VO 659/1999 erlassen kann. Zur Vereinbarkeit dieser „Nachfrist" mit Art. 108 Abs. 3 AEU *Ludwigs*, Jura 2006, 45.

Sollte die Kommission hingegen Bedenken bezüglich der Vereinbarkeit mit dem Gemeinsamen Markt haben, so leitet sie das sog. **förmliche Prüfverfahren** nach Art. 108 Abs. 3 AEU, Art. 6 und 7 der VO 659/1999 ein. Auch dieses Verfahren endet mit einer Entscheidung der Kommission. Dabei kann sie feststellen, dass überhaupt keine Beihilfe vorliegt, dass die Beihilfe mit dem Gemeinsamen Markt vereinbar (**Positiventscheidung**) oder aber unvereinbar (**Negativentscheidung**) ist. Im letzteren Fall steht fest, dass sich das vorläufige Durchführungsverbot nach Art. 108 Abs. 3 AEU in ein endgültiges wandelt: Die Beihilfe darf nicht gewährt werden. Auch hier besteht indes die theoretische Möglichkeit des Rates, eine negative Entscheidung der Kommission zu korrigieren (Art. 108 Abs. 2 III AEU).

Nach Art. 1 f. der VO 659/1999 sind **Beihilfen**, die **ohne Anmeldung** durchgeführt werden **rechtswidrig**. Entsprechendes gilt, wenn der Mitgliedstaat das vorläufige Durchführungsverbot nach Art. 108 Abs. 3 S. 3 AEU, Art. 3 der VO 659/1999 missachtet. Durch die Art. 10 ff. der VO 659/1999 wurde erstmals geregelt, wie die Kommission in solchen Fällen zu verfahren hat.

---

[651] Zum Verfahrensablauf *Ludwigs*, Jura 2006, 44 ff.

Danach hat sie zunächst die Pflicht, Hinweisen auf eine möglicherweise rechtswidrige Beihilfengewährung nachzugehen (Art. 10 der VO 659/1999). Um Informationen zu erhalten, kann sie entsprechende **Auskunftsersuchen** an den jeweiligen Mitgliedstaat richten, die sich jedoch in verbindliche **Anordnungen zur Auskunftserteilung** wandeln können, sofern der Mitgliedstaat diesen Ersuchen nicht nachkommt. Sofern der Mitgliedstaat auch dieser Anordnung nicht nachkommt, wird die Entscheidung nach Art. 13 der VO 659/1999 auf der Grundlage der bestehenden Informationen erlassen. Diese Entscheidung nach Art. 13 der VO 659/1999 schließt das förmliche Prüfverfahren ab. Hat die Kommission Bedenken bzgl. der Vereinbarkeit der Beihilfe mit dem Gemeinsamen Markt, leitet sie ein **förmliches Prüfungsverfahren** ein. Bereits vor der Einleitung eines solchen Verfahrens kann die Kommission, den Mitgliedstaat auffordern, bestehende Beihilferegelungen auszusetzen oder gewährte Beihilfen vorläufig zurückzufordern (Art. 11 der VO 659/1999).

Eine solche vorläufige Rückforderung ist nur möglich, wenn es sich zweifelsfrei um eine Beihilfe handelt, ein Tätigwerden dringend geboten erscheint und einem Konkurrenten durch die Gewährung der Beihilfe ein erheblicher nicht wiedergutzumachender Schaden droht. Dazu *Ludwigs*, Jura 2006, 46.

Schließt auch das förmliche Prüfverfahren mit einer Negativentscheidung ab, so muss die Kommission nach Art. 14 der VO 659/1999 gleichzeitig eine **Rückforderungsentscheidung** treffen, sofern dies nicht gegen einen allgemeinen Grundsatz des Unionsrechts verstößt (zu denken ist insbesondere an Gesichtspunkte des Vertrauensschutzes). Die Rückforderung wird durch Art. 15 der VO 659/1999 auf einen Zeitraum von zehn Jahren begrenzt.

Nach Art. 14 III der VO 659/1999 erfolgt die **Rücknahme der Beihilfe selbst grds. nach nationalem Recht.**[652] Voraussetzung ist indes, dass die Rückforderung unverzüglich erfolgt und dass die sofortige und tatsächliche Vollstreckung der Kommissionsentscheidung ermöglicht wird.
Das nationale Verfahrensrecht wird damit also durch die europarechtlichen Vorgaben modifiziert. Diese Modifikationen müssen auch dem Pflichtfachkandidaten bekannt sein.

---

[652] Dazu *Fiebelkorn/Petzold*, EuZW 2009, 323 ff.

In Deutschland betrifft diese Modifikation vor allem die §§ 48, 49a VwVfG, sofern die Beihilfe durch VA gewährt wurde. Aus der Kommissionsentscheidung folgt, dass die nationalen Behörden zunächst einmal keinerlei Ermessen bzgl. der Rücknahme mehr haben. Bei der **Abwägung zwischen dem Rücknahmeinteresse und dem Vertrauen des Begünstigten** wird das Rücknahmeinteresse zudem **unionsrechtlich aufgeladen.** Es ist also das besondere Interesse der Union an einer einheitlichen Anwendung des Beihilfenrechts zu berücksichtigen. Dies führt regelmäßig dazu, dass das Rücknahmeinteresse überwiegt. Sofern das Anmeldeverfahren nach Art. 108 Abs. 3 AEU nicht eingehalten wurde, ist nach der Rechtsprechung des EuGH ein Vertrauensschutz generell ausgeschlossen. Das gilt mittlerweile auch für kleinere Unternehmen. Auch die Jahresfrist des § 48 Abs. 4 VwVfG bildet aufgrund der besonderen Bedeutung der Rücknahme für das Unionsrecht grds. keine Grenze. Wenn die betroffenen Unternehmen gegen die Rückforderung vorgehen wollen, müssen sie daher **unmittelbar gegen die Kommissionsentscheidung nach Art.** 263 Abs. 4 AEU klagen. Ein Fall dazu findet sich bei *Thiele*, Standardfälle Europarecht, Fall 8.

Interessant ist die Konstellation, in der die rechtswidrige Beihilfe nicht durch Verwaltungsakt, sondern durch einen **öffentlich-rechtlichen Vertrag** gewährt wurde. Fraglich ist, ob die nationale Behörde die gewährte Beihilfe durch Verwaltungsakt zurückverlangen kann. Nach richtiger Auffassung stellt jedoch die Kommissionsentscheidung keine hinreichende „gesetzliche" Grundlage dar, die dem Vorbehalt des Gesetzes genügt. Daher besteht in solchen Fällen keine VA-Kompetenz der Behörde. Diese muss vielmehr im Klagewege vor den Verwaltungsgerichten die Beihilfe wegen Nichtigkeit des Vertrages (§ 134 BGB) zurückfordern. Dabei hat sie die Möglichkeit, nach § 123 VwGO **vorläufigen Rechtsschutz** zu beantragen, um die Beihilfe zumindest vorläufig zurückzuverlangen. Aufgrund der bestandskräftigen Kommissionsentscheidung liegt ein hinreichender Anordnungsanspruch und Anordnungsgrund vor.

Zusammenfassung § 18

- Das Wettbewerbsrecht gliedert sich in zwei Teile: in die Vorschriften für Unternehmen sowie die Beihilfenkontrolle.
- Bezweckt wird durch das Wettbewerbsrecht der Schutz des Wettbewerbs vor Verfälschungen jeglicher Art, um so einen möglichst freien und effektiven Wettbewerb zu ermöglichen, der im Ergebnis den Verbrauchern zugute kommt.
- Die Vorschriften für Unternehmen umfassen das Verbot wettbewerbsbeeinträchtigender Vereinbarungen (Art. 101 AEU), das Verbot des Missbrauchs einer marktbeherrschenden Stellung (Art. 102 AEU) und die Fusionskontrolle.
- Nach Art. 101 AEU Absprachen zwischen Unternehmen verboten, sofern sie zu einer Beeinträchtigung des unionalen Wettbewerbs führen. Über Art. 101 Abs. 3 AEU bestehen jedoch zahlreiche Legalausnahmen.
- Art. 102 AEU untersagt den Missbrauch einer marktbeherrschenden Stellung. Eine Rechtfertigung ist nicht vorgesehen.
- Die Fusionskontrolle ist nur sekundärrechtlich geregelt. Danach sind Zusammenschlüsse untersagt, sofern die beteiligten Unternehmen einem weltweiten Umsatz von 5 Mrd. Euro aufweisen und der Zusammenschluss eine Beeinträchtigung des unionalen Wettbewerbs bewirkt.
- Nach Art. 107 Abs. 1 AEU sind staatliche Beihilfen, die den Gemeinsamen Markt verzerren grds. verboten. Von diesem Verbot bestehen in Art. 107 Abs. 2 AEU Legalausnahmen, in Art. 107 Abs. 3 AEU sind weitere im Ermessen der Kommission stehende Ausnahmen normiert. Für die Praxis von besonderer Bedeutung sind die sogenannten Gruppenfreistellungen, durch die ganze Gruppen von Beihilfen von der Regelung des Art. 107 AEU freigestellt werden.
- Die Einhaltung der materiellen Voraussetzungen des Art. 107 Abs. 1 AEU wird von der Kommission überwacht.
- Das einzuhaltende Kontrollverfahren ist in Art. 108 Abs. 3 AEU iVm mit der VO 659/1999 geregelt.
- Die Rücknahme unionsrechtswidriger Beihilfen erfolgt nach nationalem Recht, das jedoch europarechtlich modifiziert wird.

§ 19 DIE RECHTSANGLEICHUNG[653]

Die Art. 114 ff. AEU enthalten die Rechtsangleichungskompetenzen der Union. Rechtsangleichung bedeutet Anpassung des Rechts der Mitgliedstaaten an einen unionsrechtlichen Standard.[654] Die Rechtsharmonisierung geht damit also **weiter als die Grundfreiheiten**, die grds. vom Bestehen unterschiedlicher Marktordnungen ausgehen.

Hinter den Angleichungskompetenzen der Union steht der Gedanke, dass **unterschiedliche Rechtsordnungen** – auch bei der Geltung der Grundfreiheiten – ein **Hindernis auf dem Weg zu einem Gemeinsamen Markt** darstellen können und dies umso gravierender, je mehr sich die internationalen Wirtschaftsbeziehungen ausweiten.[655] In der Konsequenz ist der Union die Rechtsharmonisierung zur Behebung solcher unionsspezifischer Funktionsstörungen aufgegeben.[656]

Grds. kann eine Rechtsangleichung auf zwei Wegen erreicht werden. Zum einen kann im Wege der Verordnung oder auch der Richtlinie das **materielle Recht** aller Mitgliedstaaten (auch in Form von Mindestvoraussetzungen) angeglichen werden. Dieser Weg stößt indes in einer Union von nunmehr 27 Mitgliedstaaten zunehmend auf Probleme, da die Mitgliedstaaten oftmals nur ungern bereit sind, auf nationale Besonderheiten ihrer Rechtsordnung zu verzichten.

Als Variante wird daher mehr und mehr auf die **gegenseitige Anerkennung** der unterschiedlichen Regelungen zurückgegriffen.[657] Durch dieses neue Prinzip wird also auf eine explizite Angleichung der Regelungen verzichtet, die Mitgliedstaaten werden jedoch verpflichtet, die Regelungen anderer Mitgliedstaaten als gleichwertig anzuerkennen.

I. Art. 114 AEU

Art. 114 AEU wurde im Zuge der EEA geschaffen um Defizite des heutigen Art. 115 AEU – insbesondere das darin vorgesehene Einstimmigkeitserfordernis zu beseitigen. Nunmehr bestimmt Art. 114

---

[653] Ausführlich *Ludwigs*, Rechtsangleichung nach Art. 94, 95 EG-Vertrag, Diss. Göttingen 2004; *Oppermann*/Classen/Nettesheim, Europarecht, § 33.
[654] *Kahl*, in: Calliess/Ruffert, EUV/AEUV, Art. 114 AEU Rn 13.
[655] *Bieber/Epiney/Haag*, Die Europäische Union, § 10 Rn 5.
[656] *Bieber/Epiney/Haag*, aaO.
[657] Siehe hierzu *Ludwigs*, Rechtsangleichung nach Art. 94, 95 EG-Vertrag, S. 221 ff.

Abs. 1 AEU, dass Harmonisierungsregelungen in den von Art. 115 AEU erfassten Bereichen vom Parlament und dem Rat im ordentlichen Gesetzgebungsverfahren erlassen werden. Anzuhören ist dabei der WSA.

Diese Form der Beschlussfassung musste jedoch durch die in den Absätzen 4-6 und 10 vorgesehenen Möglichkeiten vereinzelter staatlicher Sonderregelungen „erkauft" werden.

Art 114 AEU hat einen sehr weiten Anwendungsbereich. Er gestattet eine Harmonisierung der Rechts- und Verwaltungsvorschriften der Mitgliedstaaten, die das **Funktionieren des Binnenmarktes** zum Ziel haben. Er ist **lex specialis zu Art. 115 AEU** und anders als dieser nicht auf den Rechtsakt der Richtlinie beschränkt.

Dennoch wird auch hier regelmäßig auf den Rechtsakt der Richtlinie zurückgegriffen, da dies eine relativ schonende Implikation der Regelungen in die nationale Rechtsordnung ermöglicht.

Ausdrücklich ausgenommen sind durch Art. 114 Abs. 2 AEU indes Bestimmungen über Steuern, Freizügigkeit und über Rechte und Interessen der Arbeitnehmer. Hauptanwendungsbereich ist damit der **freie Warenverkehr.**[658] Eine Harmonisierungsmaßnahme darf jedoch nur dann ergehen, wenn ein Binnenmarktbezug der zu harmonisierenden nationalen Regelungen besteht. Ein solcher Bezug ist nur dann gegeben, wenn **Handelshemmnisse bestehen bzw. wahrscheinlich entstehen können oder spürbare Wettbewerbsverzerrungen hervorgerufen werden.**[659] Die Regelung des Art. 114 AEU darf von daher nicht dazu verwandt werden, eine Harmonisierung in Bereichen zu ermöglichen, in denen an sich eine Kompetenz der Union nicht besteht. Das Binnenmarkterfordernis ist insofern ernst zu nehmen. Vorrangiges Ziel muss die Beseitigung von Handelshemmnissen sein. Allein die Tatsache, dass in der heutigen Zeit alle Regelungen in irgendeiner Form auch Auswirkungen auf den Wettbewerb haben, reicht insofern nicht aus. Vor allem im Bereich des Gesundheitsschutzes gestattet Art. 114 AEU eine Harmonisierung damit nicht.

An dem erforderlichen Binnenmarktbezug fehlte es etwa im ersten Tabakwerbeurteil des EuGH, da hierdurch die Mittel, mit denen sich die Wirtschaftsteilnehmer Zugang zum Markt verschaffen und sich dort behaupten, in sämtlichen Mitgliedstaaten ein-

---

[658] *Kahl*, in: Calliess/Ruffert, EUV/AEUV, Art. 114 AEU Rn 10.
[659] *Ludwigs*, Rechtsangleichung nach Art. 94, 95 EG-Vertrag, S. 191; EuGH Slg. 2000, I-8419.

geschränkt werden.[660] Eine Harmonisierung war daher ausgeschlossen, da der Rechtsakt sogar destruktive Auswirkungen für den Binnenmarkt zeitigte.[661] Fallbeispiel bei *Thiele*, Standardfälle Europarecht, Fall 10. Zur Frage, ob das Glühlampenverbot auf Art. 114 AEU gestützt werden konnte *Brenncke*, EuZW 2009, 247 ff. sowie die Fallbearbeitung bei *Knauff*, JuS 2009, 440 ff. Zur Harmonisierung des Privatrechts *Mittwoch*, JuS 2010, 767 ff.

Nach Abs. 3 geht die Kommission bei ihren Vorschlägen in den Bereichen Gesundheit, Sicherheit, Umweltschutz und Verbraucherschutz von **einem hohen Schutzniveau** aus. In den Absätzen 4-6 ist zudem die Möglichkeit vorgesehen, dass einzelne Staaten bestimmte Bestimmungen beibehalten können, sofern dies durch wichtige Erfordernisse im Sinne des Art. 36 AEU oder in Bezug auf den Schutz der Arbeitsumwelt oder den Umweltschutz gerechtfertigt ist. Auch eine Neueinführung strengerer Vorschriften ist unter engen Voraussetzungen denkbar. Zudem sind die Harmonisierungsmaßnahmen in geeigneten Fällen mit einer **Schutzklausel** zu versehen, welche die Mitgliedstaaten ermächtigt, aus einem oder mehreren der in Art. 36 AEU genannten nichtwirtschaftlichen Gründe vorläufige Maßnahmen zu treffen (Abs. 10).

II. Art. 115 AEU

Art. 115 AEU ermächtigt den Rat, einstimmig **Richtlinien** für die Angleichung derjenigen **Rechts- und Verwaltungsvorschriften** der Mitgliedstaaten zu erlassen, die sich unmittelbar auf die Errichtung oder das Funktionieren des Gemeinsamen Marktes auswirken. Solche Rechts- und Verwaltungsvorschriften sind alle von staatlicher Seite erlassenen oder anderweitig mit staatlicher Autorität versehenen abstrakt-generellen Regelungen, wozu auch ungeschriebene Rechtssätze gehören können.[662] Diese Normen müssen sich unmittelbar auf die Errichtung oder das Funktionieren des Gemeinsamen Marktes auswirken.

Der Anwendungsbereich des Art. 115 AEU umfasst auch die von Art. 114 Abs. 2 AEU ausgenommenen Politikfelder. Durch das Einstimmigkeitserfordernis ist hier aber gewährleistet, dass kein Staat überstimmt werden kann.

[660] EuGH Slg. 2000, I-8419.
[661] *Ludwigs*, Rechtsangleichung nach Art. 94, 95 EG-Vertrag, S. 211 m.w.N.
[662] Ausführlich *Ludwigs*, Rechtsangleichung nach Art. 94, 95 EG-Vertrag, S. 99 f.

Wann dies der Fall ist, ist indes umstritten. Teilweise wird angenommen, dass die unterschiedlichen nationalen Regelungen ursächlich (also kausal) für die Beeinträchtigung des gemeinsamen Marktes sein müssten. Angesichts der Tatsache, dass eine solche Kausalität nur schwer zu ermitteln sein wird, erscheint mit *Ludwigs* ein wertendes, auf die „**Spürbarkeit**" der Rechtssätze abstellendes Verständnis vorzugswürdig.[663]

Art. 115 AEU gestattet allein den (einstimmigen) Erlass von Richtlinien. Regelmäßig wird die Kommission vom Rat zu weiteren Durchführungsmaßnahmen ermächtigt (Art. 290 AEU).

Eine weitere Kompetenz zur Rechtsangleichung enthält **Art. 352 AEU**. Danach kann der Rat einstimmig auf Vorschlag der Kommission und nach Zustimmung des Parlaments die geeigneten Vorschriften erlassen, sofern ein Tätigwerden der Union im Rahmen der in den Verträgen festgelegten Politiken erforderlich erscheint und die hierfür erforderlichen Befugnisse in den Verträgen nicht vorgesehen sind. Diese Regelung erinnert sehr stark an eine allgemeine Generalklausel für das Tätigwerden der Union und ist vor allem in der Anfangszeit der Integration relativ häufig in Anspruch genommen worden – auch für Harmonisierungen. Allerdings wird mittlerweile auf diese Regelung nur noch sehr vereinzelt zurückgegriffen, was vor allem an der Gefahr einer Aushöhlung des Prinzips der begrenzten Einzelermächtigung liegt. Für Harmonisierungen kann sie nach Art. 352 Abs. 3 AEU ohnehin nicht herangezogen werden, sofern eine solche an anderer Stelle ausdrücklich ausgeschlossen ist.

Zusammenfassung § 19

- Die allgemeinen Rechtsangleichungskompetenzen finden sich in Art. 114, 115 AEU.
- Art. 114 AEU ist lex specialis zu Art. 115 AEU.
- In Art. 114 Abs. 2 AEU sind bestimmte Bereiche von der Rechtsangleichung ausgenommen.
- Daneben finden sich in den Absätzen 4-10 weitere Sonderregelungen und nationale Abeweichungsmöglichkeiten als Ausgleich für die Einführung der Mehrheitsbeschlussfassung in Art. 114 Abs. 1.
- Art. 115 AEU gestattet allein den Erlass von Richtlinien, während Art. 114 AEU im Grundsatz alle Handlungsformen zulässt.
- Art. 352 AEU erlaubt in begrenztem Rahmen ebenfalls eine Harmonisierung.

---

[663] Rechtsangleichung nach Art. 94, 95 EG-Vertrag, S. 184 m.w.N.

§ 20 Die Währungsunion

Die Währungsunion stellt wohl den für den einzelnen Unionsbürger **sichtbarsten Ausdruck** der **europäischen Integration** dar. Beim täglichen Blick in das Portmonnaie wird so für die Bürgerinnen und Bürger deutlich, dass sie bereits heute in einem geeinten Europa leben. Die Vorzüge dieser gemeinsamen Währung werden für viele vor allem dann bewusst, wenn es sie – sei es im Urlaub oder aus beruflichen Gründen – in ein Land verschlägt, in dem der Euro nicht das gesetzliche Zahlungsmittel darstellt. Neben den Eindrücken aus dem Ausland sind es dann insbesondere Umtauschverluste sowie Restmünzen, die an die Reise erinnern – Erfahrungen, die in der Eurozone der Vergangenheit angehören.

Insgesamt hat sich der Euro aber vor allem als wesentliche Stütze der europäischen (und deutschen) Wirtschaft bewährt, nachdem viele Seiten anfangs noch sehr skeptisch waren. Mittlerweile ist der Euro neben dem Dollar die wohl zweitwichtigste Währung der Welt. Nicht zuletzt die Finanzkrise der Jahre 2008/2009 wäre ohne die gemeinsame Währung für viele Länder weit schlimmer verlaufen. Der Euro ist aus dieser Perspektive vielleicht der **beeindruckenste Erfolg** der europäischen Integration – wenn man von der allgemeinen Friedenssicherung einmal absieht. Durch die Griechenland- und die folgende Staatsschulden- und Eurokrise 2010 sind allerdings auch die skeptischen Stimmen wieder sehr viel lauter geworden. Und tatsächlich wird man kaum leugnen können, dass sich der rechtliche Rahmen der Währungsunion als verbesserungswürdig erweist. Mittelfristig wird der Weg insofern kaum an einer stärker ausgeprägten politischen Koordinierung der Finanzpolitik vorbeigehen können. Ohne eine solche wird die Währungsunion letztlich wohl nicht bestehen können.

I. Geschichtliche Entwicklung

Die Einführung einer gemeinsamen Währung war offensichtlich nicht von heute auf morgen zu realisieren. Selbst nachdem der politische Wille für eine solche Währung einmal gefasst war, bedurfte es zwangsläufig erheblicher **Vorbereitungsmaßnahmen**.[664]

Seinen Ausgangspunkt nahm die Währungsunion im Zusammenbruch des Systems fester Wechselkurse Anfang der 70er Jahre. Bis dahin bestand die gemeinsame Währungspolitik primär aus einem gemeinsamen Fonds mit dessen Hilfe Zahlungs-

---

[664] Dazu auch *Oppermann/Classen/Nettesheim*, Europarecht, § 19 Rn 10 ff. Ausführlich *James*, Making the European Monetary Union, 2012.

bilanzschwierigkeiten einzelner Länder überbrückt werden sollten. Mit dem Scheitern des **Bretton-Woods-Systems** bedurfte es größerer Anstrengungen, wenn das Projekt des Binnenmarktes nicht scheitern sollte. Schon im unmittelbaren Anschluss wurde daher der Beschluss gefasst, eine Wirtschafts- und Währungsunion stufenweise zu verwirklichen. Erste Anläufe scheiterten jedoch. Vor allem der 1972 beschlossene Europäische Wechselkursverbund, die sogenannte „**Währungsschlange**" war nicht erfolgreich. Dieser Verbund bestand aus einem bilateralen Interventionssystem der Währungen der Mitgliedstaaten gegenüber dem US-Dollar. Vor allem diese Bindung an den Dollar erwies sich jedoch als nachteilig. Im Jahre 1979 wurde dieser Verbund daher (aufgrund einer Initiative von *Helmut Schmidt* und *Valéry Giscard d'Estaing*) durch das **Europäische Wechselkurssystem** (EWS) abgelöst. Durch dieses Abkommen wurde zwischen allen beteiligten Mitgliedstaaten eine Währungszone mit festen Wechselkursen eingeführt, der die fiktive Rechnungseinheit ECU (European Currency Unit) zugrunde lag. Im Jahre 1986 wurde das EWS im Art 102a Abs. 1 S. 2 EWGV primärrechtlich verankert. Auch dieses System wies jedoch zahlreiche Schwächen auf. Nicht zuletzt die starke Stellung der Bundesbank wurde von vielen Mitgliedstaaten sehr kritisch bewertet. Großbritannien trat bereits 1992 endgültig aus diesem System aus. Auch nachdem das EWS primärrechtlich verankert war, wurde jedoch ausdrücklich am langfristigen Ziel einer vollständigen Währungsunion festgehalten.

Im Jahre 1988 wurde daher eine Sachverständigenkommission unter dem Vorsitz des damaligen Kommissionspräsidenten *Jacques Delors* eingesetzt, die sich mit dieser Frage auseinandersetzen sollte und „die konkreten Etappen zur Verwirklichung dieser Union zu prüfen und vorzuschlagen". Der von dieser Kommission erarbeitete sog. **Delors-Plan** sah eine Verwirklichung der Wirtschafts- und Währungsunion in insgesamt **drei Stufen** vor: Die **erste Stufe** umfasste die völlige Liberalisierung des Kapitalverkehrs. Zudem sollte die wirtschaftpolitische Koordinierung zwischen den Mitgliedstaaten verstärkt werden. Diese erste Stufe trat nach einem Beschluss des Europäischen Rates bereits am 1.7.1990 in Kraft. Die Stufen des Delors-Plans wurden anschließend formell in den Gemeinschaftsvertrag aufgenommen und finden sich heute in den 120 ff. AEU.

Die **zweite Stufe** der Wirtschafts- und Währungsunion begann danach ohne weiteren Beschluss bereits am 1.1.1994. Durch sie wurde das Europäische Währungsinstitut (EWI) als Vorläufer der heutigen Europäischen Zentralbank gegründet. Dieses Institut hatte vor allem die Aufgabe, die Zusammenarbeit der nationalen Zentralbanken zu stärken und die nationalen Geldpolitiken zu koordinieren. Darüber hinaus oblag es dem EWI, die notwendigen Vorbereitungen für den Eintritt in die dritte Stufe der WWU zu treffen. Dies betraf nicht zuletzt die Gestaltung der neuen Banknoten der nach einem Beschluss des Europäischen Rates aus dem Jahre 1995 als „Euro" zu bezeichnenden zukünftigen Währung. Das EWI wurde am 1.6.1998 durch die neu gegründete Europäische Zentralbank (EZB) in Frankfurt abgelöst.

Die vom EWI entworfenen **Banknoten** lassen nicht erkennen, aus welchem Mitgliedsland diese stammen, unterscheiden sich also nur in der Seriennummer. Sie zeigen fiktive Elemente europäischer Architektur: auf der Vorderseite verschiedene Türen und Fenster und auf der Rückseite Brücken, die den Zusammenhalt der einzelnen Euroländer symbolisieren sollen. Auf allen Scheinen findet sich zudem die Euroflagge, sowie neben dem euro-päischen Festland einige Inseln, auf denen der Euro das offizielle Zahlungsmittel ist. Seit **2013** wird diese erste Serie der Banknoten stufenweise durch die **zweite Serie** („Europa-Serie") ersetzt. Seitdem sind bereits der neue Fünf- und der Zehn-Euro-Schein im Umlauf, die anderen Scheine werden in aufsteigender Reihenfolge in den kommenden Jahren folgen. Die **Münzen** haben auf der Rückseite jeweils ein nationales Motiv, so dass für jeden erkennbar ist, wo diese geprägt wurden. Die Vorderseite ist einheitlich. In Deutschland haben auch die Bundesländer ein befristetes Prägerecht, welches an die Bundesratspräsidentschaft geknüpft wurde.

Nach einem Beschluss der Staats- und Regierungschefs vom 3.5.1998 sollte die **dritte Stufe der WWU** am 1.1.1999 beginnen. Mit dieser dritten Stufe wurden die Umrechnungskurse der nationalen Währungen auf den Euro unwiderruflich festgelegt. Die nationalen Währungen wurden durch die neue Währung substituiert. Zudem ging die Zuständigkeit für die Geldpolitik von den nationalen Zentralbanken auf die EZB über. Mit der Ausgabe der Eurobanknoten und -münzen ist die dritte Stufe seit dem 1.1.2002 abgeschlossen. Die Teilnahme an der dritten Stufe setzte allerdings die Erfüllung bestimmter materieller sog. **Konvergenzkriterien** von Seiten der Mitgliedstaaten voraus.

Diese sind auch heute noch Voraussetzung für einen Beitritt in die Eurozone. Es handelt sich um folgende vier Kriterien:
- die Erreichung eines hohen Grades an Preisstabilität;
- kein übermäßiges Defizit der nationalen Haushalte;
- Wechselkursstabilität innerhalb gewisser Bandbreiten über einen Zeitraum von mindestens zwei Jahren sowie
- ein langfristiger Zinssatz, der nicht mehr als 2% über dem entsprechenden Satz in den maximal drei Mitgliedstaaten mit dem besten Ergebnis der Preisstabilität liegt.

Nicht alle Staaten erfüllten diese Kriterien, so dass der Eurozone am 1.1.1999 zunächst nur elf Mitgliedstaaten angehörten. Es handelte sich um Belgien, Deutschland, Finnland, Frankreich, Irland, Italien, Luxemburg, die Niederlande, Österreich, Portugal und Spanien. Dänemark, Großbritannien sowie Schweden nahmen auf eigenen Wunsch nicht teil. Griechenland wurde zum 1.1.2001 aufgenommen (obgleich die vermeintlich positive Entwicklung dieses Staates auf unrichtigen Angaben beruhte). Mittlerweile sind mit Slowenien (2007), Malta, Zypern (2008) der Slowakei (2009), Estland (2011), Lettland (2014) und Litauen (2015) sieben weitere Staaten beigetreten, so dass die Eurozone nunmehr aus 19 Mitgliedstaaten besteht.

Zudem gilt der Euro als offizielles Zahlungsmittel in Andorra, im Kosovo, in Monaco, Montenegro, San Marino und Vatikanstadt.

Ein nachträgliches **Ausscheiden** eines Staates aus der Währungsunion ist in den Verträgen nicht vorgesehen. Gleichwohl wurde im Zusammenhang mit der Eurokrise 2010 über die Möglichkeit eines *freiwilligen Austritts* diskutiert. Ein solcher wäre rechtlich denkbar, freilich mit ganz erheblichen praktischen Schwierigkeiten verbunden. Ein **einseitiger Ausschluss** ist hingegen in jedem Fall **ausgeschlossen**.

II. Das Europäische System der Zentralbanken[665]

Die Europäische Zentralbank mit Sitz in Frankfurt bildet gemeinsam mit den Zentralbanken der Mitgliedstaaten, die gegenüber der EZB weisungsgebunden sind, das **Europäische System der Zentralbanken (ESZB)**, Art. 127 AEU. Diesem System gehören damit auch die Zentralbanken derjenigen Mitgliedstaaten an, die den Euro nicht als gesetzliches Zahlungsmittel eingeführt haben.

Allerdings gelten einzelne Bestimmungen nach Art. 139 AEU nicht für solche „Mitgliedstaaten mit Ausnahmeregelung". Im Einzelnen muss also stets überprüft werden, ob die jeweilige Regelung auch für diese Staaten Geltung beansprucht.

Das ESZB hat nach Art. 127 Abs. 1 das vorrangige Ziel, die **Preisstabilität** zu gewährleisten. Nur soweit dieses Ziel nicht gefährdet erscheint, unterstützt das ESZB die allgemeine Wirtschaftspolitik in der Union. Die grundlegenden Aufgaben des ESZB bestehen nach Art. 127 Abs. 2 AEU darin,

- die Geldpolitik der Union festzulegen und auszuführen,
- Devisengeschäfte im Einklang mit Art. 219 AEU durchzuführen,
- die offiziellen Währungsreserven der Mitgliedstaaten zu halten und zu verwalten sowie
- das reibungslose Funktionieren der Zahlungssysteme zu fördern.

Nach Art. 128 Abs. 5 AEU trägt das ESZB zudem zur reibungslosen Durchführung der von den zuständigen Behörden auf dem Gebiet der Aufsicht über die Kreditinstitute und der Stabilität des Finanzsystems ergriffenen Maßnahmen bei.

Alle Mitglieder des ESZB, also sowohl die EZB als auch die nationalen Zentralbanken, sind bei der Wahrnehmung ihrer Aufgaben nach Art. 130 AEU **unabhängig**. Sie dürfen keinerlei Weisungen von anderen Stellen (etwa den Regierungen der Mitgliedstaaten) einholen oder entgegennehmen.

---

[665] Ausführlich *Ohler*, Bankenaufsicht und Geldpolitik in der Währungsunion, § 2.

III. Die EZB als Zentrum der Währungsunion

Das ESZB wird nach Art. 129 Abs. 1 AEU von den Beschluss-
organen der EZB, nämlich dem Rat und dem Direktorium, geleitet.[666]
Die EZB bildet damit so etwas wie das **Herzstück der Währungsunion**. Sie sitzt in Frankfurt.

1. Die Unabhängigkeit der EZB

Die EZB selbst besitzt Rechtspersönlichkeit und ist in der Ausübung
ihrer Befugnisse und der Verwaltung ihrer Mittel **unabhängig**. Sonstige Stellen der Union als auch die Regierungen der Mitgliedstaaten
haben diese Unabhängigkeit zu achten (Art. 282 Abs. 3 und Art. 130
AEU). Diese besondere Form der Unabhängigkeit der Zentralbank
von der Politik wird als eine wesentliche Voraussetzung dafür angesehen, die **Preisstabilität** einer Währungszone zu gewährleisten.[667]
Unmittelbares Vorbild war insoweit die Stellung der deutschen Bundesbank.

Diese Unabhängigkeit schützt freilich nicht vor politischem Druck. Insbesondere im
Zusammenhang mit der Staatsschuldenkrise 2010/2011 ist dies deutlich geworden.
Gleichwohl ist die EZB in ihrem Verhalten zu jedem Zeitpunkt tatsächlich unabhängig
gewesen und hat auch entsprechend reagiert. Siehe ausführlich dazu *Thiele*, Berliner
Online Beiträge zum Europarecht, Nr. 98 sowie *Ohler*, Bankenaufsicht und Geldpolitik
in der Währungsunion, § 2 Rn 43 ff.

2. Die Aufgaben der EZB/Beschlussfassung

Vorrangige Aufgabe des von der EZB geleiteten ESZB ist es, die
Preisstabilität im Euro-Raum zu gewährleisten (Art. 282 Abs. 2
AEU). Die Eurozone wird insoweit auch als **Stabilitätsgemein-
schaft** bezeichnet. Nur soweit dieses Ziel gesichert erscheint, unterstützt es die allgemeine Wirtschaftspolitik in der Union. Art. 127 Abs.
2 AEU führt die grundlegenden Aufgaben der EZB auf, die alle vorrangig zur Wahrung der Preisstabilität ausgeübt werden müssen.[668]
Zur Erfüllung der dem ESZB übertragenen Aufgaben erlässt die EZB
nach Art. 132 Abs. 1 AEU

---

[666] Zur Zusammensetzung der EZB siehe bereits oben unter § 4.
[667] Vgl. auch *Jarchow*, Grundriss der Geldpolitik, S. 1 ff. Zum Begriff der Preisstabilität siehe *Thiele*, Das Mandat der EZB und die Krise des Euro, S. 24 ff.
[668] Nach Ansicht des BVerfG hat die EZB ihr Mandat durch die Ankündigung Staatsanleihen krisengeschüttelter Staaten zu kaufen überschritten, da es sich hierbei
nicht mehr um Geld-, sondern um Wirtschafts- und Fiskalpolitik gehandelt habe.
Das ist freilich nicht überzeugend, vgl. *Thiele*, EuZW 2014, 394 ff., was nun auch
der EuGH in der Rs. C-62/14 festgestellt hat.

- Verordnungen, sofern dies für die Erfüllung der Aufgaben erforderlich ist,
- Beschlüsse oder
- Empfehlungen und Stellungnahmen.

Beschlüsse sowie Empfehlungen und Stellungnahmen kann die EZB veröffentlichen. Unter bestimmten Umständen hat sie nach Art. 132 Abs. 3 AEU zudem die Möglichkeit, gegen Unternehmen, die gegen die Vorgaben von Verordnungen oder Beschlüssen verstoßen, unmittelbar Geldbußen oder regelmäßig zu zahlende Zwangsgelder zu verhängen.

Die EZB hat überdies das ausschließliche Recht, **Euro-Banknoten** im Euroraum zu genehmigen, die dann sowohl von der EZB als auch den nationalen Zentralbanken ausgegeben werden können. Die Mitgliedstaaten behalten hingegen das Recht zur Ausgabe von **Euro-Münzen** (Art. 128 AEU).

Zum 1.11.2014 hat die EZB zudem die Aufgabe der **Bankenaufsicht** in der Eurozone übernommen. Im Rahmen des **Single Supervisory Mechanism** sorgt die EZB nunmehr also für die Stabilität des Bankensektors. Vorrangig kümmert sich die EZB dabei um die knapp 130 größten europäischen (systemrelevanten) Banken. Im Übrigen sind grds. weiterhin die nationalen Aufsichtsbehörden zuständig, die die EZB auch darüber hinaus bei ihrer Tätigkeit unterstützen.[669]

Hauptgremium stellt nach Art. 12 der Satzung der EZB (Protokoll Nr. 4) der **EZB-Rat** dar. Dieser erlässt die Leitlinien und Beschlüsse, die notwendig sind, um die Erfüllung der dem ESZB nach den Verträgen und der Satzung zugewiesenen Aufgaben zu gewährleisten. Er legt die Geldpolitik fest, gegebenenfalls einschließlich von Beschlüssen in Bezug auf geldpolitische Zwischenziele, Leitzinssätze und die Bereitstellung von Zentralbankgeld im ESZB. Das **Direktorium** führt die Geldpolitik gemäß diesen Leitlinien aus und kann dazu den nationalen Zentralbanken Weisungen erteilen.[670]

Der EZB-Rat ist auch im Bereich der **Bankenaufsicht** das zuständige Organ. Da insoweit aber aufgrund der primären geldpolitischen Funktion der EZB Interessenkonflikte aufkommen können,[671] werden die aufsichtlichen Entscheidungen von einem **Supervisory Board** vorbereitet, welches vornehmlich aus Vertretern der nationalen Auf-

---

[669] Ausführlich zum SSM siehe *Ohler*, Bankenaufsicht und Geldpolitik in der Währungsunion, § 5.

[670] Zu EZB-Rat und Direktorium siehe auch *Ohler*, Bankenaufsicht und Geldpolitik in der Währungsunion, § 2 Rn 22 ff.

[671] Siehe dazu ausführlich *Thiele*, Finanzaufsicht, S. 193 ff.

sichtsbehörden zusammen gesetzt ist. Der EZB-Rat kann diese Ent-
scheidungsvorschläge dann lediglich bestätigen oder ablehnen aber
nicht inhaltlich modifizieren. Insgesamt zeigt diese etwas umständ-
liche Konstruktion, dass die Aufgabe der Bankenaufsicht der EZB
mittelfristig wieder entzogen und auf eine andere europäische Institution übertragen werden sollte.

Im Übrigen wird die EZB nach Art. 127 Abs. 4 AEU zu allen Rechtsetzungsvorschlägen im Zuständigkeitsbereich der EZB und von den nationalen Behörden zu
allen Entwürfen für Rechtsvorschriften in ihrem Zuständigkeitsbereich gehört. Sie
kann anderen Organen oder nationalen Behörden Stellungnahmen zu in ihren Zuständigkeitsbereich fallenden Fragen abgeben.

Regelungen zur **Beschlussfassung** finden sich erneut in der **Satzung der EZB** (Protokoll Nr. 4). Danach hatte bisher jedes Ratsmitglied eine Stimme. Mit dem Beitritt
Litauens zur Eurozone im Jahr 2015 greift nunmehr jedoch ein **Rotationsverfahren,**[672] bei dem nicht mehr jedes Ratsmitglied auch bei jeder Ratssitzung stimmberechtigt ist. Die Häufigkeit des fehlenden Stimmrechts richtet sich dabei nach der wirtschaftlichen Bedeutung des jeweiligen Mitgliedstaats.[673] Deutschland nimmt danach
an jeder fünften Ratssitzung ohne Stimmrecht teil. Gleiches gilt für Frankreich, Italien,
Spanien und die Niederlande. Die übrigen 14 Mitgliedstaaten teilen sich insgesamt 11
Stimmrechte.[674]

3. Die geldpolitischen Instrumente der EZB

Vorrangiges Ziel des ESZB und damit vor allem der EZB ist es, die
Preisstabilität in der Eurozone zu sichern. Preisstabilität definiert
die EZB als Steigerungsrate des harmonisierten Verbraucherpreis-
Index von nahe, aber unter 2%. Diesen Zielwert gilt es also auf mitt-
lere Sicht zu erreichen. Die Informationsbeschaffung und Auswer-
tung, die es zur Erreichung dieses Ziels bedarf, erfolgt durch ein
Zwei-Säulen-Konzept.[675] Im Rahmen der ersten Säule nimmt die
EZB eine umfassende Einschätzung der zukünftigen Preisentwick-
lung anhand zahlreicher preisrelevanter Indikatorgrößen vor.

---

[672] Nach Art. 10.2 der Satzung der EZB beginnt das Rotationsprinzip zwar an sich
schon bei 21 Ratsmitgliedern, also bei 15 teilnehmenden Mitgliedstaaten. Diese
Zahl ist indes durch Beschluss des EZB Rats nach Art. 10.2 sechster Gedanken-
strich der Satzung bis zu dem Zeitpunkt suspendiert worden, zu dem die Zahl der
teilnehmenden Mitgliedstaaten 18 übersteigt. Nach Art. 40.2 der Satzung könnte
der Europäische Rat das Rotationsverfahren durch einstimmigen Beschluss weiter suspendieren. Dies bedürfte dann aber der Ratifikation in den einzelnen Mitgliedstaaten. Ein solcher Beschluss ist vom Europäischen Rat indes nicht getroffen worden.

[673] Dazu *Herdegen*, Europarecht, § 23 Rn 29 f.

[674] Dazu auch *Ohler*, Bankenaufsicht und Geldpolitik in der Währungsunion, § 2 Rn
25.

[675] *Jarchow*, Grundriss der Geldpolitik, S. 131 ff.; *Thiele*, Das Mandat der EZB und
die Krise des Euro, S. 48 f.

Die zweite Säule ergänzt diese Indikatoren durch eine monetäre Analyse des Geldmengenwachstums. Als Referenzwert für das Wachstum der **Geldmenge M3** hat die EZB Wert von 4,5% bestimmt. Von den Maßnahmen, die die EZB anschließend ergreifen kann, um die gesteckten Ziele zu erreichen, sind vor allem drei hervorzuheben:[676]

- die Offenmarktgeschäfte,
- ständige Fazilitäten sowie
- die Mindestreserven.

Die **Offenmarktgeschäfte** erfolgen auf Initiative des ESZB und ermöglichen eine Steuerung der Zinssätze und der Versorgung der Geschäftsbanken mit Zentralbankgeld. Besondere Bedeutung haben in diesem Zusammenhang die Hauptrefinanzierungsgeschäfte. Hierbei handelt es sich um in der Regel wöchentlich stattfindende Transaktionen, die dezentral von den nationalen Zentralbanken durchgeführt werden. Die Geschäftsbanken geben dabei Gebote ab, die anschließend nach bestimmten Kriterien von der Zentralbank bedient werden. Die Konditionen können freilich von der EZB auch modifiziert werden. So hat sie etwa im Zusammenhang mit der Staatsschuldenkrise in bisher zwei Fällen den Banken Zentralbankgeld in prinzipiell unbegrenzter Höhe zu einem Zinssatz von 1% für eine Laufzeit von drei Jahren zur Verfügung gestellt. Die **ständigen Fazilitäten** ermöglichen den Geschäftsbanken auf eigene Initiative kurzfristig Kredite von der Zentralbank zu erhalten bzw. Guthaben bei der Zentralbank anzulegen. Damit haben die Geschäftsbanken die Möglichkeit, auf kurzfristig eintretende zu große bzw. zu kleine Kassenbestände zu reagieren. Das letzte geldpolitische Instrument der EZB ist die sog. **Mindestreserve**. Danach sind die Banken verpflichtet, stets einen bestimmten Anteil der Einlagen und Schuldverschreibungen auf Konten der nationalen Zentralbanken zu halten (aktuell 1%). Über die Höhe dieses Anteils kann erneut die Kreditschöpfung und damit die Geldmenge gesteuert werden. Zudem wird dadurch die notwendige Bindung der Banken an die Zentralbank sichergestellt. Generell kommt der EZB bei der Ausübung ihrer geldpolitischen Befugnisse ein großer **Beurteilungsspielraum** zu, der auch gerichtlich nicht überprüfbar ist und insbesondere auch die Entwicklung bisher nicht bekannter „unorthodoxer" geldpolitischer Maßnahmen gestattet. Einschränkungen ergeben sich aber zum Teil aus explizit primärrechtlich fundierten **Handlungsverboten**.

Untersagt ist der EZB in diesem Zusammenhang nach **Art. 123 Abs. 1 AEU** etwa der direkte Ankauf staatlicher Schuldpapiere vom sog. Primärmarkt. Dadurch soll verhindert werden, dass die Staaten die EZB nutzen, um ihre Schulden zu monetarisieren, indem diese ihnen unbegrenzt Geldmittel zur Verfügung stellt. Im Zusammenhang mit dem Ankauf von Staatsanleihen aus hochverschuldeten Ländern und der Ankündigung ggf. noch weitere Anleihen zu kaufen hat die EZB nach Meinung einiger Stimmen und nunmehr auch des BVerfG gegen dieses Verbot verstoßen. Das erweist sich indes nicht als überzeugend. Denn die EZB hat diese Anleihen nur vom sog. Sekundärmarkt gekauft, wodurch die Mitgliedstaaten allenfalls mittelbar profitieren. Ökonomisch mag das Vorgehen der EZB daher umstritten sein, rechtlich war es der EZB gleichwohl nicht untersagt. Ausführlich *Thiele*, Das Mandat der EZB und die Krise des Euro, S. 57 ff. sowie – zur Vorlageentscheidung des EuGH – *Thiele*, German Law Journal 15 (2014), 241 ff., *Thiele*, EuZW 2014, 394 ff. sowie *Heun*, JZ 2014, 331 ff.

---

[676] Ausführlich zu diesen *Jarchow*, Grundriss der Geldpolitik, S. 138 ff. sowie *Thiele*, Das Mandat der EZB und die Krise des Euro, S. 37 ff.

IV. Die Vermeidung übermäßiger öffentlicher Verschuldung

Öffentliche Defizite können eine **Gefahr** für die **Stabilität einer Währung** darstellen. Der Beitritt zur Währungsunion setzt daher voraus, dass der jeweilige Staat kein übermäßiges öffentliches Defizit aufweist. Probleme kann es aber auch dann geben, wenn solche öffentlichen Defizite nach einem Beitritt auftreten. Ein Ausschluss eines solchen Staates ist nicht vorgesehen. Problematisch ist vor allem, dass entsprechende Staaten ein großes Interesse an niedrigen Zinsen haben, um sich günstig refinanzieren zu können. Zwar liegt die Geldpolitik in der Hand der unabhängigen EZB. Gleichwohl kann in einer solchen Situation zumindest der politische Druck steigen, so dass eine entsprechende Reaktion nicht ausgeschlossen ist. Zu Recht werden daher die Mitgliedstaaten in Art. 126 AEU dazu angehalten, solche übermäßigen Defizite zu vermeiden. Diese Verpflichtung dient damit nicht zuletzt der Sicherung der Unabhängigkeit der EZB. Die Einhaltung dieser Grundsätze wird von der Kommission überwacht. Sie prüft die Haushaltsdisziplin anhand von zwei Kriterien (Art. 126 Abs. 2 AEU):

- das Verhältnis des geplanten oder tatsächlichen öffentlichen Defizits zum Bruttoinlandsprodukt eines bestimmten Referenzwertes (mit bestimmen Ausnahmen) sowie
- ob das Verhältnis des öffentlichen Schuldenstandes zum Bruttoinlandsprodukt einen bestimmten Referenzwert überschreitet (mit bestimmten Ausnahmen).

Die **Referenzwerte** sind nach Art. 126 Abs. 2 S. 3 AEU in einem Protokoll festgelegt. Danach dürfen das öffentliche Defizit nicht 3% des Bruttoinlandsprodukts und der öffentliche Schuldenstand nicht 60% des Bruttoinlandsprodukts überschreiten. Für Mitglieder der Eurozone sehen die Abs. 9-11 des Art. 126 AEU bestimmte Zwangsmaßnahmen vor, um die Einhaltung dieser Referenzwerte sicherzustellen.

Diese Grundlinien des Defizitvermeidungsverfahrens des Art. 126 AEU wurden – insbesondere auf Anregung des deutschen Finanzministers – im sog. **Stabilitäts- und Wachstumspakt** näher ausgestaltet, der im Zuge der Vorbereitungen für die dritte Stufe der WWU bereits im Jahre 1997 beschlossen wurde.[677] Ende des Jahres 2011 wurde zudem der sog. **Fiskalpakt** unterzeichnet, der strenge Grenzen für die Staatsverschuldung und besondere Strafen für jene Mitgliedstaaten vorsieht, die diese missachten. Vorgesehen ist zudem

---

[677] Dazu *Herdegen*, Europarecht, § 23, Rn 9 ff.

ein Kontrollrecht des EuGH. Allerdings konnte dieser Pakt nicht in die Unionsverträge integriert werden, da Großbritannien als einziger Mitgliedstaat seine Unterschrift verweigerte. Es handelt sich dementsprechend um eine völkerrechtliche Vereinbarung der übrigen Mitgliedstaaten, die in Kraft tritt, sobald sie in neun Staaten ratifiziert worden ist.[678]

Erstmals im Zusammenhang mit der **Griechenland-Krise** kam die Frage auf, was geschehen soll, wenn ein Mitgliedstaat der Währungsunion gleichwohl einen Schuldenstand erreicht, der die Refinanzierung auf den Kapitalmärkten erschwert oder sogar unmöglich macht. Diese Situation trat bei Griechenland Mitte des Jahres 2010 ein. Die anderen Mitgliedstaaten kamen schnell überein, dass eine „Insolvenz" Griechenlands, die zwangsläufig auch eine Entschuldung zur Folge haben würde, schon wegen der engen Verflechtungen mit der Finanzwirtschaft der anderen Mitgliedstaaten nicht riskiert werden sollte. Die Folgen wären unabsehbar gewesen. Nachdem die Situation auf den Finanzmärkten gleichwohl unverändert blieb, einigten sich die Mitgliedstaaten dann auf ein Hilfspaket für Griechenland, welches vor allem aus Garantien für neue Kredite bestand, die von einer eigens gegründeten Zweckgesellschaft vergeben werden sollten und die an strenge Konditionen geknüpft waren. In der Literatur war und ist überaus umstitten, ob diese Hilfsmaßnahmen mit den Regelungen des AEU-Vertrages vereinbar waren.[679] Der EuGH hat die Rechtmäßigkeit der Finanzhilfen in einer Plenumsentscheidung hingegen mittlerweile bestätigt.[680]

Geltend gemacht wird vor allem ein Verstoß gegen **Art. 125 Abs. 1 AEU** (Art. 123 AEU und Art. 124 AEU sind hingegen keinesfalls einschlägig). Danach haften weder die Union noch die Mitgliedstaaten für die Verbindlichkeiten anderer Mitgliedstaaten und treten auch nicht für derartige Verbindlichkeiten ein. Zweck dieser Regelung ist es, eine laxe Schuldenpolitik der Mitgliedstaaten zu verhindern, die eintreten könnte, wenn sie sicher sein könnten, bei Zahlungsschwierigkeiten von anderen Staaten gerettet zu werden (sog. **Moral Hazard**). Diese Bestimmung wird in der Literatur bisweilen im Sinne eines absoluten, auch freiwillige Hilfen jeglicher Art ausschließenden Unterstützungsverbots interpretiert. Tatsächlich wird der aus der Ökonomie stammende Begriff des **No-Bail-Out**, der mit Art. 125 AEU in Verbindung gebracht wird, in einem solch' weiten Sinne verstanden. Dabei gilt es indes zu beachten, dass der Begriff „No-Bail-Out" in Art. 125 AEU nicht vorkommt – die einfache Übertragung des ökonomisch weiten Verständnisses ist insofern ausgeschlossen. Erforderlich ist vielmehr eine juristische Auslegung, die freilich die ökonomischen Zusammenhänge nicht vernachlässigen darf. Dabei zeigt sich, dass Art. 125 AEU allein untersagt, dass

---

[678] Ausführlich zum Fiskalpakt auch *Thiele*, EuConst Law Review 11 (2015), i.E.
[679] Dazu lesenswert *Herrmann*, EuZW 2010, 413 sowie *Häde*, EuZW 2009, 399. Ausführlich auch *Heun/Thiele*, JZ 2012, 973 ff.
[680] EuGH, Rs. C-370/12 (*Pringle*).

die Mitgliedstaaten in bereits bestehende Verbindlichkeiten anderer Mitgliedstaaten eintreten. Demgegenüber steht er einer konditionierten Kreditvergabe gerade nicht entgegen, da insoweit auch kein Moral Hazard Problem besteht. Sowohl die Griechenlandhilfen als auch die anschließend errichtete EFSF und der nunmehr wirksame ständige Stabilisierungsmechanismus ESM sind daher mit Art. 125 AEU vereinbar. Die Einführung des neuen Art. 136 Abs. 3 AEU war also nicht zwingend erforderlich, sorgt aber für die notwendige Rechtssicherheit und ist insoweit zu begrüßen.

Demgegenüber könnten **Eurobonds** nach der aktuellen Vertragslage nicht eingeführt werden. Bei Eurobonds handelt es sich um gemeinschaftlich von den Eurostaaten ausgegebene Anleihen, für die diese anschließend entweder gesamtschuldnerisch oder pro rata haften. Hier wird folglich eine Verpflichtung zur Übernahme bestehender Schulden begründet, die von Art. 125 AEU gerade untersagt wird.[681]

Insgesamt stellt die aktuelle Staatsschuldenkrise das **Projekt** der europäischen Integration vor eine **harte Probe**. Zum ersten Mal wird von den Bürgern finanziell spürbare Solidarität mit den Bürgern anderer Nationalstaaten verlangt. Der Rückfall in nationale Egoismen erfolgt bei vielen dabei sehr viel schneller, als dies angesichts der gemeinsamen europäischen Entwicklung zu wünschen gewesen wäre. Die Krise zeigt insofern deutlich, dass sich Solidarität nicht normativ begründen lässt, sondern allein in einem überaus zeitintensiven Prozess langsam gedeihen kann. Der rationale Blick geht dabei vor allem dann wenn es um Geld geht, freilich (zu) schnell verloren, indem die Schuld einseitig nur einer Seite zugewiesen wird. Eine europäische Nation, die die Besonderheiten und die Vielfalt der einzelnen Mitgliedstaaten aufnimmt und bewahrt – so viel lässt sich nach diesen Erfahrungen wohl sagen – wird es auf absehbare Zeit nicht geben. Die Flüchtlingskrise seit 2015 bestätigt diesen Befund.

---

[681] *Heun/Thiele*, JZ 2012, 973 ff.

5. TEIL: EUROPARECHT IM WEITEREN SINNE

§ 21 DER EUROPARAT

I. Allgemeines

Der **Europarat** (Council of Europe; Conseil de l'Europe) wurde am 5. Mai 1949 in London gegründet[682] und hat seinen Sitz in **Straßburg** (Art. 11 der Satzung des Europarates (EuRat)). Ursprüngliche Mitglieder waren Belgien, Dänemark, Frankreich, Irland, Italien, Luxemburg, Niederlande, Norwegen, Schweden und Großbritannien.

Mittlerweile hat sich die Mitgliederzahl mehr als vervierfacht. Mitglieder sind heute (neben den bereits genannten) Albanien, Andorra, Armenien, Aserbaidschan, Bosnien-Herzegowina, Bulgarien, **Deutschland**, Estland, Finnland, Georgien, Griechenland, Island, Kroatien, Lettland, Liechtenstein, Litauen, Malta, frühere jugoslawische Republik Mazedonien, Moldavien, Österreich, Polen, Portugal, Rumänien, Russland, San Marino, Schweiz, Serbien und Montenegro, Slowakei, Slowenien, Spanien, Tschechien, Türkei, Ukraine, Ungarn und Zypern und damit insgesamt **47 Staaten**. Die Auflistung zeigt, dass fast alle ehemaligen Ostblockstaaten Europas mittlerweile Vertragspartner iSd Art. 2 EuRat sind. Mit der Aufnahme dieser Staaten hat der Europarat wesentlich zu einer **friedlichen Entwicklung demokratischer und rechtsstaatlicher Prinzipien in ganz Europa** beigetragen. Deutschland ist seit 1951 Mitglied. Die Aufgabe des Europarates liegt nach Art. 1 lit. a) der Satzung darin,

„eine immer engere Verbindung zwischen seinen Mitgliedern zum Schutze und zur Förderung der Ideale und Grundsätze, die ihr gemeinsames Erbe bilden, herzustellen und ihren wirtschaftlichen und sozialen Fortschritt zu fördern."

Abgestellt wird also auf die gemeinsame Geschichte und Entwicklung. Ausdrücklich ausgenommen sind in Art. 1 lit. d) Fragen der nationalen Verteidigung. Oben genannte Aufgabe soll gemäß Art. 1 lit. b) durch

„Beratung von Fragen von gemeinsamem Interesse, durch den Abschluss von Abkommen und durch gemeinschaftliches Vorgehen auf wirtschaftlichem, sozialem, kulturellem und wissenschaftlichem Gebiet und auf den Gebieten des Rechts und der Verwaltung sowie durch den Schutz und die Fortentwicklung der Menschenrechte und Grundfreiheiten"

erreicht werden.

---

[682] Die Errichtung des Europarates wurde auf dem Europakongress von Den Haag (1948) unter dem Vorsitz von *W. Churchill* beschlossen. Ursprünglich sollte dieser „Europäische Union" heißen. Auf Intervention der Briten wurde der Name jedoch noch geändert. Der **5. Mai** wird heute als **Europatag** gefeiert.

II. Die Mitglieder

Mitglieder des Europarates sind gemäß Art. 2 EuRat die **Vertragspartner der Satzung** (s.o.). Gemäß Art. 3 EuRat erkennen sie alle den Grundsatz von der Vorherrschaft des Rechts und der Menschenrechte und Grundfreiheiten an und verpflichten sich, bei der Erfüllung der in Art. 1 lit. a) EuRat genannten Aufgaben aufrichtig und tatkräftig mitzuwirken. Jeder Staat, der für fähig und gewillt befunden wird, die Bestimmungen des Art. 3 EuRat zu erfüllen, kann vom Ministerrat eingeladen werden, Mitglied zu werden (Art. 4 EuRat).

Tatsächliches Mitglied wird der betreffende Staat erst mit der **Hinterlegung einer Ratifikationsurkunde beim Generalsekretär** des Europarates (Art. 4 S. 2 EuRat). Im Gegensatz zur Europäischen Union, die den förmlichen Austritt aus der Union erst seit dem Vertrag von Lissabon kennt (Art. 50 EU), sieht Art. 7 EuRat seit jeher ein solches Austrittsrecht vor. Danach ist hierzu lediglich eine förmliche Erklärung des jeweiligen Staates gegenüber dem Generalsekretär nötig. Zu nennen ist auch die Möglichkeit, einen Staat zum Austritt zu zwingen, wenn sich dieser einer schweren Verletzung des Art. 3 EuRat schuldig macht (Art. 8 EuRat).

III. Die Organe

Der Europarat besitzt **zwei Organe**. Es sind gemäß Art. 10 (i), (ii) EuRat

> - das Ministerkomitee und
> - die Beratende/Parlamentarische Versammlung.

Beide Organe werden von dem Sekretariat des Europarates unterstützt. Amtssprachen sind Französisch und Englisch (Art. 12 EuRat). Im **Ministerkomitee** hat jeder Mitgliedstaat einen Vertreter, wobei dieser nach Möglichkeit der Außenminister sein soll (Art. 14 EuRat).[683] Das Komitee hat die Aufgabe, Maßnahmen, die zur Erfüllung der Aufgaben des Europarates geeignet sind, zu prüfen (Art. 15 lit. a) EuRat).

---

[683] Teilweise werden die Staaten auch von ihren ständigen Vertretern beim Europarat repräsentiert.

Hier geht es insbesondere um den Abschluss von Abkommen und Vereinbarungen. Dabei hat das Komitee die Möglichkeit, nach Art. 15 lit. b) iVm Art. 20 lit. a) EuRat (einstimmig) Empfehlungen an die Mitgliedstaaten zu geben. Die Sitzungen des Komitees finden grundsätzlich unter Ausschluss der Öffentlichkeit und am Sitze des Rates statt (Art. 21 lit. a EuRat).

Regelungen über die **Beratende Versammlung**, die seit dem Jahre 1974 als **Parlamentarische Versammlung** bezeichnet wird, finden sich in den Art. 22 – 35 der Satzung.[684] Sie setzt sich aus Vertretern der nationalen Parlamente zusammen (Art. 25 EuRat). Hierbei hat jedes Mitglied Anspruch auf eine festgelegte Anzahl an Vertretern, die sich aus Art. 26 EuRat ergibt. Deutschland entsendet danach 18 Parlamentarier, Andorra etwa nur zwei. Die Beratende Versammlung tritt alljährlich zu einer Sitzungsperiode zusammen, die einen Monat nicht überschreiten darf (Art. 32 EuRat).

Innerhalb der Versammlung sitzen die Abgeordneten nicht nach Nationen gegliedert, sondern in alphabetischer Reihenfolge. Es ist also möglich, dass ein Abgeordneter aus Deutschland neben einem aus Andorra, Moldavien oder Russland sitzt.

Sie hat grundsätzlich die Befugnis, über alle Fragen, die der Aufgabe des Europarates nach Art. 1 EuRat entsprechen, zu beraten und Empfehlungen abzugeben (Art. 23 lit. a) EuRat). Darüber hinaus berät sie über alle Fragen, die ihr vom Ministerkomitee vorgelegt werden. Sie gibt sich eine Geschäftsordnung (Art. 28 EuRat).

IV. Überblick über die ergangenen Rechtsakte

In seiner nunmehr über sechzigjährigen Geschichte hat der Europarat **rund 200 Konventionen** verabschiedet. Neben der noch näher zu behandelnden **EMRK** aus dem Jahre 1950, sind insbesondere im Sozialbereich zahlreiche Abkommen erlassen worden. Zu nennen ist etwa die Europäische Sozialcharta aus dem Jahre 1961,[685] die in der Art eines „sozialen Gegenstücks" zur liberalen EMRK einen Katalog mit sozialen Grundrechten statuiert.[686]

---

[684] Erster Präsident der Beratenden Versammlung wurde *Paul-Henri Spaak*. Dieser trat jedoch zurück, als 1950 keine Fortschritte bei der Weiterentwicklung des Europarates erzielt werden konnten.

[685] BGBl. 1964 II, 1262.

[686] Zu nennen sind etwa das Recht auf Arbeit (Art. 1), das Recht auf gerechte Arbeitsbedingungen (Art. 2), das Vereinigungsrecht (Art. 5) oder das Recht auf Schutz der Gesundheit (Art. 11).

Aus dem Jahre 1964 stammt die Europäische Ordnung der sozialen Sicherheit, die die ärztliche Betreuung des Einzelnen behandelt.[687] Im Jahre 1987 erging zudem das Europäische Übereinkommen zur Verhütung von Folter und unmenschlicher oder erniedrigender Behandlung oder Strafe.[688] Als weitere Abkommen sind zu nennen: Europäisches Kulturabkommen (1954), Terrorismus-Konvention (1977), Übereinkommen über grenzüberschreitendes Fernsehen (1989), Bioethik-Konvention (1997), Europäische Anti-Doping Konvention (1997), Konvention zur Staatsangehörigkeit (1997), Anti-Folter Konvention (Neufassung 2002). Einen guten Überblick über die aktuellen Aktivitäten des Europarates erhält man auf dessen **Homepage (www.coe.int).**

V. Die EMRK[689]

1. Allgemeines

Die Konvention zum Schutze der Menschenrechte und Grundfreiheiten (**EMRK**) stellt wohl den **bedeutendsten Rechtsakt** des Europarates dar. Sie wurde bereits im Jahre 1950 in **Rom** unterzeichnet und trat am 3. September 1953 nach der Ratifizierung durch zehn Staaten (einschließlich Deutschlands) in Kraft.

Heute sind alle Staaten des Europarates auch Mitglieder der Konvention. In der EMRK finden sich alle elementaren Grundrechte. So nennt Art. 2 das Recht auf Leben, Art. 3 das Verbot der Folter und Art. 6 das Recht auf ein faires Verfahren. Des Weiteren werden u.a. die freie Meinungsäußerung, die Versammlungsfreiheit, die Religionsfreiheit und das Recht auf Eheschließung garantiert.

Die Konvention wurde in der Zwischenzeit durch **zahlreiche Zusatzprotokolle** (ZP) ergänzt, wodurch der Grundrechtsschutz immer mehr verdichtet wurde.[690] Zu nennen sind dabei das ZP Nr. 6, in dessen Art. 1 die Todesstrafe grds. abgeschafft wird.[691]

---

[687] BGBl. 1970 II, 909.
[688] BGBl. 1989 II, 946.
[689] Zur EMRK siehe *Peters*, Einführung in die Europäische Menschenrechtskonvention, 2. Auflage 2012; *Grabenwarter/Pabel*, EMRK, 5. Aufl. 2011; *Schlette*, JZ 1999, 219 ff.; *Oppermann/Classen/Nettesheim*, Europarecht, § 17 Rn 13 ff.; *Herdegen*, Europarecht, § 3.
[690] Allerdings haben nicht alle Staaten auch alle Zusatzprotokolle ratifiziert. So hat etwa Deutschland das 1988 in Kraft getretene 7. Zusatzprotokoll mit einigen Ergänzungen der Justiz- und Verfahrensrechte bis heute nicht ratifiziert.
[691] Durch das 13. Zusatzprotokoll wurde das Verbot der Todesstrafe auf Kriegszeiten ausgedehnt.

Auch das erste ZP ist mit dem Schutz des Eigentums von großer Tragweite. Zuletzt hat das 14. ZP große institutionelle Änderungen bewirkt. Durch das 16 ZP – Ratifizierung steht noch aus – soll ein spezielles Vorabbefassungsverfahren beim EGMR eingeführt werden (siehe unten unter 5.).

Die EMRK ist insbesondere auch für die **Grundrechtsrechtsprechung des EuGH** von großer Bedeutung. In Art. 6 Abs. 3 EU wird explizit auf sie Bezug genommen, und auch in der in Nizza feierlich proklamierten und nunmehr verbindlichen Grundrechtecharta der Europäischen Union wird sie an mehreren Stellen genannt.

So etwa in der Präambel, als auch in Art. 52 Abs. 3, 53 der Charta. Art. 52 Abs. 3 enthält den etwas unklaren Verweis, wonach die Rechte der Charta, soweit sie den in der EMRK garantierten Rechten entsprechen, *die gleiche Bedeutung und Tragweite* haben sollen. Insgesamt zur Charta siehe *Calliess*, in: Ehlers, Europäische Grundrechte und Grundfreiheiten, § 20.

Art. 6 Abs. 2 EU sieht nunmehr sogar einen **Beitritt der Union** zur EMRK vor. In Art. 59 Abs. 2 EMRK heißt es: „Die Europäische Union kann dieser Konvention beitreten."

Allerdings hat der EuGH die Hürden für einen solchen Beitritt nunmehr so hoch gehängt, dass dieser jedenfalls in naher Zukunft unmöglich sein dürfte (Gutachten 2/13).

Insgesamt hat die EMRK durch die Möglichkeit der **Individualbeschwerde** und der Weiterentwicklung der einzelnen Grundrechte durch die Rechtsprechungspraxis der damaligen Kommission und des heutigen ständigen Gerichtshofs für einen angemessenen europäischen Grundrechtsstandard gesorgt, der von seiner Reichweite sicherlich mit dem des Grundgesetzes vergleichbar ist.

In Deutschland hat die EMRK den Rang eines **einfachen Gesetzes** (vgl. Art. 59 Abs. 2 GG).[692] Das BVerfG hat dies ausdrücklich festgestellt.[693] Eine Verfassungsbeschwerde kann damit nicht allein auf die Verletzung der EMRK gestützt werden, da Prüfungsmaßstab in diesem Verfahren allein die Grundrechte des GG sind.[694] Allerdings sind sowohl Inhalt als auch Entwicklungsstand der EMRK nach der

---

[692] Gleiches gilt in Italien, San Marino, Norwegen, Schweden, Dänemark und Finnland. Verfassungsrang kommt der EMRK nur in Österreich zu. Regelmäßig steht die EMRK damit zwischen Verfassung und einfachem Recht. Siehe auch *Langenfeld*, Die Stellung der EMRK im Verfassungsrecht der Bundesrepublik Deutschland, in: Bröhmer, Der Grundrechtsschutz in Europa, 2002, S. 95 ff.; *Streinz*, Europarecht Rn 57 f.; *Kadelbach*, Jura 2005, 480 ff. *Gusy*, JA 2009, 406 ff. sowie *Quarthal*, Jura 2011, 495 ff.
[693] Zuletzt BVerfGE 111, 307 (JZ 2004, 1171).
[694] BVerfGE 74, 102 (128).

Rechtsprechung des BVerfG bei der Auslegung des GG zu berücksichtigen. Auch die Rechtsprechung des EGMR wird als Auslegungshilfe herangezogen.[695]

In der Lehre wird teilweise versucht, den **Verfassungsrang** der EMRK mit **Art. 25 GG** zu begründen, da sie nunmehr insgesamt **Völkergewohnheitsrecht** darstelle.[696] Doch wird man zum gegenwärtigen Zeitpunkt wohl nur davon ausgehen können, dass die grundlegenden Rechte (etwa Folterverbot) auf völkerrechtlicher Ebene gewohnheitsrechtlich anerkannt sind, so dass auch nur diese über Art. 25 GG den Gesetzen vorgehen. Teilweise wird auch vertreten, die EMRK über Art. 2 Abs. 1 GG (als Teil der verfassungsmäßigen Ordnung) in den Prüfungsumfang des BVerfG im Rahmen der Verfassungsbeschwerde zu integrieren.[697]

Das **BVerfG** ist diesen Weg indes noch nicht gegangen. In seinem **neuesten Beschluss zur Stellung der EMRK**[698] hält es daran fest, dass die EMRK grds. den **Rang eines einfachen Gesetzes** hat. Gleichzeitig hat es jedoch einen indirekten Weg aufgezeigt, der die Überprüfung der Einhaltung der EMRK im Rahmen einer Verfassungsbeschwerde ermöglicht. Danach geht das BVerfG davon aus, dass es *„jedenfalls möglich sein muss, gestützt auf das einschlägige Grundrecht, in einem Verfahren vor dem BVerfG zu rügen, staatliche Organe hätten eine Entscheidung des Gerichtshofs missachtet oder nicht berücksichtigt.“*[699] Zur Begründung verweist das Gericht dabei auf den aus dem **Rechtsstaatsprinzip** folgenden Grundsatz des Vorrangs des Gesetzes.[700]

Fallbeispiel zu dieser Frage bei *Thiele*, Standardfälle Europarecht, Fall 2.

2. Die Organe der EMRK

Durch das **11. ZP zur EMRK**, welches am 01.11.1998 in Kraft trat, wurde das über 40 Jahre bestehende System des Rechtsschutzes innerhalb der EMRK **grundlegend umgestaltet**. Ursprünglich bestand das institutionelle System der EMRK aus dem Europäischen Gerichtshof für Menschenrechte (EGMR), der Europäische Kommis-

---

[695] BVerfGE 74, 358 (370).
[696] Etwa *Bleckmann*, EuGRZ 1994, 149 (153 f.).
[697] So etwa *Limbach*, EuGRZ 2000, 418; *Frowein*, ZaöRV 46 (1986), 286 ff. Dagegen jedoch *Dreier*, in: ders. GG-Kommentar, Art. 2 I GG Rn 41.
[698] BVerfG JZ 2004, 1171 (1175).
[699] Allerdings hat es die Bindungswirkung der Entscheidungen des EGMR in derselben Entscheidung stark relativiert, siehe sogleich.
[700] Zustimmend auch *Klein*, JZ 2004, 1176 (1178).

sion für Menschenrechte (EKMR), sowie dem Ministerkomitee des Europarats. Die EKMR war dabei stets die erste Anlaufstelle für jegliche Beschwerden und konnte diese auch verbindlich zurückweisen. Ausgeschieden wurden hierbei insbesondere die Fälle, die offensichtlich unbegründet waren, in denen der Rechtsweg nicht erschöpft war oder die außerhalb des Anwendungsbereichs der Konvention lagen. Erst wenn die Kommission die Beschwerde für zulässig erachtete, konnte die EKMR sie an den Gerichtshof weiterleiten, der dann als letzte Instanz entscheiden konnte.[701]

Seit dem 01.11.1998 existiert nun nur noch **das einheitliche Organ des ständigen Gerichtshofs,** das aus der Verschmelzung von ursprünglicher Kommission und ursprünglichem Gerichtshof hervorgegangen ist.

Der EGMR ist nicht mit dem Europäischen Gerichtshof zu verwechseln, der ein Organ der Europäischen Union darstellt und „nichts" mit dem Europarat oder der EMRK zu tun hat.

Das **Ministerkomitee** überwacht nur noch die Einhaltung der Urteile des Gerichtshofs, seit Inkrafttreten des 14. Zusatzprotokolls kann es dabei auch den Gerichtshof anrufen, wenn eine Vertragspartei sich weigern sollte, ein endgültiges Urteil des Gerichtshofs zu befolgen. Gemäß Art. 47 EMRK hat es ferner die Möglichkeit, beim Gerichtshof einen Antrag auf Erstattung eines Rechtsgutachtens zu stellen, welches die Auslegung der Konvention und der dazugehörigen Protokolle betrifft.

a) Die Zusammensetzung des Gerichtshofs[702]

Regelungen bezüglich der Zusammensetzung und Arbeitsweise des Gerichtshofs enthalten die Art. 19-51 EMRK. Danach entspricht die Zahl der Richter der Zahl der Mitglieder. Aufgrund dieser großen Zahl an Richtern kann es nur richtig sein, dass das Plenum (also mehr als vierzig Richter) nicht als Besetzung für Rechtsstreitigkeiten vorgesehen ist. Gemäß Art. 26 EMRK trifft es lediglich bestimmte organisatorische Entscheidungen.

---

[701] Das Recht, die Sache an den Gerichtshof abzugeben, oblag dabei jedoch nicht dem Beschwerdeführer, sondern allein der Kommission und dem Vertragsstaat, dessen Staatsangehöriger der Verletzte war. Wurde der Gerichtshof nicht innerhalb dreier Monate angerufen, entschied das politische Gremium Ministerrat über eine Verweisung.

[702] Siehe dazu auch *Jacob,* DVBl. 2015, 61 ff. (auch zur Arbeitsweise des EGMR).

Danach wählt das Plenum den Präsidenten, bildet für bestimmte Zeiträume Kammern, wählt die Präsidenten der Kammern, beschließt die Verfahrensordnung und wählt den Kanzler sowie einen oder mehrere Vizekanzler.

Die Richter vertreten dabei nicht die Mitgliedstaaten, sondern agieren als **unabhängige Mitglieder des EGMR**. Sie werden nach Vorschlag des jeweiligen Mitgliedstaats von der Parlamentarischen Versammlung nunmehr (seit dem 14. ZP) für neun Jahre gewählt (zuvor lediglich für sechs Jahre). Die Altersgrenze liegt bei 70 Jahren (Art. 23 Abs. 6 EMRK). Eine Entlassung kommt nur in Betracht, wenn die anderen Richter mit Zweidrittelmehrheit entscheiden, dass der jeweilige Richter die erforderlichen Voraussetzungen nicht mehr erfüllt.

b) Gliederung

Zur Prüfung der Rechtssachen tagt der Gerichtshof in **Ausschüssen** mit drei Richtern,[703] in **Kammern** mit sieben Richtern[704] oder in einer **Großen Kammer** mit siebzehn Richtern.[705] Seit Juli 2010 besteht zudem die Möglichkeit der **Einzelrichterbesetzung** (jetzt Art. 26 EMRK). Der Einzelrichter hat nach Art. 27 EMRK die Befugnis, eine nach Art. 34 EMRK erhobene Beschwerde endgültig für unzulässig zu erklären. Ansonsten leitet er die Beschwerde an einen **Ausschuss** oder direkt an eine Kammer weiter. Sofern ein Ausschuss befasst wird, hat dieser erneut die Möglichkeit, die Beschwerde für unzulässig zu erklären.

Seit Juli 2010 besteht die Möglichkeit, der Beschwerde unmittelbar stattzugeben, sofern die darin aufgeworfene Rechtsfrage Gegenstand ständiger Rechtsprechung des Gerichtshofs ist. Sollten weder der Einzelrichter noch der Ausschuss abschließend über die Beschwerde entscheiden, entscheidet eine **Kammer** über die Zulässigkeit und Begründetheit einer Beschwerde. Sie kann in bestimmten Fällen die Rechtssache an die Große Kammer abgeben (Art. 29, 30 EMRK). Die **Große Kammer** entscheidet auch dann, wenn nach dem Urteil der Kammer eine der Parteien innerhalb dreier Monate eine Verweisung beantragt und ein mit fünf Richtern der Großen Kammer besetzter Ausschuss dem stattgibt (Art. 43 EMRK).

---

[703] Sog. Committees bzw comités.
[704] Sog. Chambers bzw. chambres.
[705] Sog. Grand Chamber bzw. Grand Chambre.

3. Die Individualbeschwerde[706]

Die **Individualbeschwerde** ist sicher das bemerkenswerteste Institut der EMRK. Mit ihr hat jeder einzelne Bürger der Mitgliedstaaten die Möglichkeit, den EGMR direkt (nach Ausschöpfung des innerstaatlichen Rechtsweges) anzurufen und damit einen internationalen Grundrechtsschutz in Anspruch zu nehmen.[707] Staatsangehörige eines Mitgliedstaates haben somit die Möglichkeit, auch gegen ihren eigenen Staat vorzugehen.

Bis zum 11. ZP war die Möglichkeit der Individualbeschwerde von einer Anerkennung durch die jeweiligen Mitgliedstaaten abhängig. Nunmehr ist die Einräumung dieses Rechts nicht mehr fakultativ, sondern **obligatorisch** mit der Ratifikation der EMRK verbunden (vgl. Art. 34 EMRK).

a) Zulässigkeitsvoraussetzungen/Verfahren[708]

Gemäß Art. 26 werden Individualbeschwerden generell zunächst durch den Einzelrichter oder durch einen Ausschuss auf ihre Zulässigkeit geprüft.[709] Die Voraussetzungen der Zulässigkeit ergeben sich aus **Art. 34, 35 EMRK**. Erforderlich ist zunächst die **Parteifähigkeit** des Beschwerdeführers (anonyme Beschwerden werden nicht bearbeitet (Art. 35 Abs. 2 lit. a)). Art. 34 EMRK erlaubt die Erhebung jeder natürlichen Person, nicht-staatlichen Organisation oder Personengruppe.[710] Diese Partei muss geltend machen können, durch einen **staatlichen Akt** in ihren Menschenrechten möglicherweise verletzt worden zu sein (**Opfereigenschaft**).[711] Zudem muss der **innerstaatliche Rechtsweg ausgeschöpft**[712] und die **Beschwerdefrist**[713] von sechs Monaten eingehalten worden sein

---

[706] Dazu lesenswert: *Wittinger*, NJW 2001, 1238 ff.

[707] Im Jahre 2001 gingen allein 14.000 solcher Beschwerden beim Gerichtshof ein.

[708] Überblick bei *Ehlers*, in: ders., Europäische Grundrechte und Grund-freiheiten 2014, § 2 Rn 73 ff.; ausführlich *Kadelbach*, in: Ehlers/Schoch, Rechtsschutz im öffentlichen Recht, § 5 Rn 37 ff. Fallbearbeitung bei *Börnsen*, Jura 2015, 1326 ff.

[709] Allerdings kann eine Beschwerde auch direkt einer Kammer zugewiesen werden, siehe *Grabenwarter/Pabel*, EMRK, § 8 Rn 2. Dies entscheidet der berichterstattende Richter.

[710] Siehe hierzu *Peters*, Einführung in die EMRK, S. 238.

[711] Diese entfällt dann, wenn der jeweilige Staat den Verstoß anerkannt und in ausreichender Form wieder gut gemacht hat.

[712] Hierzu gehört auch, dass der Beschwerdeführer die geltend gemachten Verletzungen der Sache nach bereits vor den nationalen Gerichten vorbringt, sog. horizontale Rechtswegerschöpfung. Siehe hierzu *Grabenwarter/Pabel*, EMRK, § 13 Rn 31 ff.

[713] Zur Frist siehe *Meyer-Ladewig*, NJW 2011, 1559.

(Art. 35 EMRK). **Missbräuchliche** Beschwerden sind unzulässig, ebenso steht eine **Rechtskraft** oder eine anderweitige Anhängigkeit einer Beschwerde entgegen.

Eine Unzulässigkeit liegt auch dann vor, wenn der Gerichtshof die Beschwerde für **offensichtlich unbegründet** hält (Art. 35 Abs. 3 lit. a) EMRK). Seit Juli 2010 besteht darüber hinaus die Möglichkeit, eine Beschwerde als unzulässig zu verwerfen, wenn der Gerichtshof der Ansicht ist, dass dem Beschwerdeführer **kein erheblicher Nachteil** entstanden ist (Art. 35 Abs. 3 lit. b) EMRK).[714] Eine Ablehnung der Zulässigkeit durch den Einzelrichter oder den Aussuss wirkt endgültig.

Anders als der Einzelrichter hat ein Ausschuss die Möglichkeit, auch über die Begründetheit der Beschwerde zu entscheiden, sofern er dabei auf gefestigte Rechtsprechung zurückgreifen kann. Ansonsten gibt er diese an eine Kammer ab. Der Einzelrichter kann eine zulässige Beschwerde entweder an einen Ausschuss oder an eine Kammer abgeben.

Wird die Beschwerde weder vom Einzelrichter noch vom Ausschuss erledigt, gelangt sie anschließend in eine Kammer. Diese entscheidet erneut über die Zulässigkeit, sowie über die Begründetheit der Beschwerde. Sollte sich bei der Befassung mit der Sache herausstellen, dass eine schwerwiegende Frage der Auslegung der Konvention auftaucht, gibt die Kammer die Beschwerde an die **Große Kammer** ab.

Allerdings steht diese Verweisung unter dem Vorbehalt, dass keine der Parteien (mit gebührender Begründung) widerspricht (Art. 30 EMRK). Sinn und Zweck dieses Vorbehalts sind überaus fraglich, denn letztlich kann eine Partei selbstständig im Anschluss an das Urteil der Kammer die Verweisung an die Große Kammer beantragen (Art. 43 EMRK).

Erfolgt keine Verweisung, so ergeht ein **Urteil**, sofern es zu keiner gütlichen Einigung kommt (Art. 39 EMRK). Die Urteile der Kammern werden endgültig, wenn keine der Parteien die Möglichkeit nutzt, nach Art. 43 EMRK innerhalb von drei Monaten nach Verkündung des Urteils die Verweisung an die Große Kammer zu beantragen (Art. 42, 44 EMRK).[715]

---

[714] Vgl. dazu *Meyer-Ladewig/Petzold*, NJW 2011, 3126 ff.
[715] Von dieser Verweisungsmöglichkeit machte die Bundesregierung als verklagte Partei im Anschluss an das *Caroline*-Urteil des EGMR nicht Gebrauch, obwohl die deutsche Presse einen solchen Antrag eindringlich gefordert hatte.

Der Antrag auf Verweisung wird von einem Ausschuss geprüft, der aus fünf Richtern der Großen Kammer besteht. Dem Antrag ist stattzugeben, wenn die Rechtssache eine schwerwiegende Frage der Auslegung oder Anwendung der Konvention oder eine schwerwiegende Frage von allgemeiner Bedeutung aufwirft (Art. 42 Abs. 2 EMRK).

Daneben besteht nach Art. 39 EMRK stets die Möglichkeit einer **gütlichen Einigung**. Diese Einigung muss auf der Grundlage der Achtung der Menschenrechte erfolgen.

Urteile der Großen Kammern sind stets endgültig (Art. 44 EMRK). In Art. 41 EMRK ist dem Gerichtshof ferner die Möglichkeit eröffnet, bei einer festgestellten Verletzung der Konvention der geschädigten Person eine **gerechte Entschädigung** zuzusprechen.

Der Ablauf des Verfahrens ist seit dem 01.11.1998 in einer eigenen Verfahrensordnung des EGMR geregelt.

Nach Art. 45 der Verfahrensordnung sind Individualbeschwerden schriftlich und unterzeichnet einzureichen.[716] Im Verfahren selbst besteht kein Anwaltszwang. Allerdings kann eine Vertretung angeordnet werden, Art. 36 Abs. 2 VerfO. Vertretungsbefugt sind sowohl alle in einem Mitgliedstaat zugelassenen Rechtsanwälte als auch jede andere vom Kammerpräsidenten zugelassene Person. Anwaltszwang besteht jedoch in einer mündlichen Verhandlung. Das Verfahren ist im Übrigen gerichtskostenfrei.

Die **Zulässigkeitsvoraussetzungen** einer Individualbeschwerde sind damit regelmäßig die folgenden:

1. Partei- und Prozessfähigkeit (keine anonyme Beschwerde)
2. Opfereigenschaft des Beschwerdeführers
3. Erschöpfung des innerstaatlichen Rechtswegs
4. Einhaltung der Beschwerdefrist und der Beschwerdeform
5. Kein Missbrauch
6. Keine Rechtskraft oder anderweitige Anhängigkeit
7. Keine offensichtliche Unbegründetheit
8. Erheblicher Nachteil des Beschwerdeführers (Art. 35 Abs. 3 lit. b) EMRK)

Insbesondere die **offensichtliche Unbegründetheit** wird vom Gerichtshof vergleichsweise häufig festgestellt und bildet einen wirksamen Filter in der Praxis. Das 14. ZP hat weitere Möglichkeiten geschaffen, um der Überlastung des EGMR entgegenzuwirken. Gegenwärtig sind dort ca. **130.000 Beschwerden** anhängig. Ob es jetzt zu einer wesentlichen Verbesserung der Situation kommen wird, bleibt abzuwarten.

b) Die Begründetheit der Individualbeschwerde

Die Individualbeschwerde ist begründet, wenn der Gerichtshof tatsächlich eine Verletzung der in der EMRK garantierten Rechte durch

---

[716] Hierfür ist das Beschwerdeformular der Kanzlei des Gerichtshofs zu verwenden, vgl. Art. 47 VerfO.

die staatliche Maßnahme feststellt. Die **Grundrechtsprüfung** ähnelt dabei derjenigen des nationalen Rechts. Sie beginnt ebenfalls mit der Bestimmung des Schutzbereiches des jeweiligen Grundrechts. Danach folgt die Frage nach einem Eingriff. Im Anschluss wird untersucht, ob eine gesetzliche Grundlage[717] gegeben ist, die ein legitimes Ziel in verhältnismäßiger Art und Weise verfolgt.

c) Urteilswirkungen

Gemäß Art. 46 Abs. 1 VerfO verpflichten sich die Vertragsparteien, die **Feststellungsurteile** des Gerichtshofs zu befolgen.[718] Der beteiligte Vertragsstaat muss somit grds. eine **Wiederherstellung des ursprünglichen Zustands** gewähren.[719] Die diesbezügliche Überwachung liegt beim Ministerkomitee (Art. 46 Abs. 2 EMRK). Sofern ein Vertragspartner seinen Verpflichtungen nicht nachkommen sollte, kann dieses nunmehr nach Art. 46 Abs. 4 EMRK erneut den Gerichtshof anrufen. Für die Bundesrepublik hat das BVerfG die Wirkungen eines Urteils des EGMR folgendermaßen beschrieben:

„Aus dieser Konventionsvorschrift iVm Art. 53 EMRK ergibt sich nicht nur eine formelle Rechtskraft der Entscheidungen des EGMR, sondern auch die Verpflichtung der Vertragsparteien, die materielle Rechtskraft seiner Entscheidungen in den jeweiligen personellen, sachlichen und zeitlichen Grenzen des Streitgegenstandes zu beachten."

Regelmäßig ergibt sich aber aufgrund der Unabhängigkeit der Justiz keine Verpflichtung zur Wiederaufnahme eines rechtskräftigen Verfahrens. Deutschland hat jedoch bereits 1998 ein Wiederaufnahmeverfahren für Strafprozesse eingeführt (§ 359 Nr. 6 StPO) und kennt ein solches nunmehr auch für den Zivilprozess (§ 580 Nr. 8 ZPO). In den überwiegenden Fällen der Individualbeschwerde wird gleichwohl nach Art. 41 EMRK zusätzlich eine gerechte Entschädigung zugesprochen, sofern eine solche beantragt wird.

Im Fall **Magnus Gäfken**[720] stellte der EGMR allerdings fest, dass eine Wiedereröffnung des Verfahrens nicht in Betracht komme. Gäfken hatte den Sohn eines

---

[717] Es genügen materielle Gesetze, *Grabenwarter/Pabel*, EMRK, § 18 Rn 8.
[718] Um seiner Überlastung Herr zu werden, erlässt der EGMR bisweilen sog. **Piloturteile**, in denen er den Mitgliedstaat auffordert, ein bestehendes strukturelles Defizit seiner Rechtsordnung innerhalb einer bestimmten Frist abzustellen. In Deutschland ist etwa das Fehlen eines effektiven Rechtsbehelfs gegen überlange Verfahrensdauer auf diese Weise gerügt worden (Az: 46344/06). Als Reaktion hat der Gesetzgeber Ende 2011 die Regelung des § 198 GVG erlassen.
[719] *Ress*, EuGRZ 1996, 350 (351); sog. restitutio in integrum.
[720] EGMR, Urteil vom 1.6.2010, Nr. 22978/05.

Bankiers entführt. Als Gäfken nach der Geldübergabe in seiner Wohnung verhaftet wurde, wurde ihm vom damaligen Frankfurter Polizeipräsidenten Folter angedroht für den Fall, dass er den Aufenthaltsort des Jungen nicht preisgeben würde. Der EGMR sah darin einen Verstoß gegen das Verbot unmenschlicher Behandlung, allerdings war das Geständnis nicht kausal für die Verurteilung, weshalb ein Verstoß gegen Art. 6 EMRK ausscheide und eine Wiederaufnahme nicht in Betracht komme. Auch eine Entschädigung wurde Gäfken nicht zugesprochen, da er eine solche nicht beantragt hatte (vgl. Art 60 der VerfO EGMR). Allerdings musste die Bundesrepublik einen Teil der entstandenen Gerichtskosten Gäfkens übernehmen. Gelungene Fallbearbeitung hierzu bei *Schiedermair*, JuS 2010, 993.

Durch das Urteil des EGMR in der Rechtssache *Caroline von Monaco* vom 24.06.2004[721] ist die Frage der **Bindungswirkung solcher Entscheidungen** für innerstaatliche Organe erneut aktuell geworden. Fraglich ist vor allem, inwieweit nationale Gerichte an die Ausführungen des EGMR gebunden sind, was insbesondere dann von Bedeutung ist, sofern die Entscheidung des EGMR nicht nur ein Verhalten im Einzelfall, sondern bestimmte nationale Grundsätze im Allgemeinen betrifft.[722]

In der *Caroline*-Entscheidung ging es um die Veröffentlichung von Fotos aus dem Privatleben der *Caroline von Monaco*. Der EGMR sah in dem Urteil des BVerfG (E 101, 361), welches die Veröffentlichung der Fotos als zulässig angesehen hatte, einen Verstoß gegen Art. 8 Abs. 2 EMRK. Danach reichten die von den deutschen Gerichten entwickelten Kriterien („absolute Person der Zeitgeschichte"; örtliche Abgeschiedenheit) nicht aus, um einen wirksamen Schutz der Beschwerdeführerin zu gewährleisten.

Aufgeworfen war damit die Frage, inwieweit die deutschen Gerichte nach diesem Urteil noch an der bisherigen Auslegung des § 23 Kunsturhebergesetz (KUG) festhalten können, wonach „absolute Personen der Zeitgeschichte" sich außerhalb der vier Wände grds. jedwede Bildberichterstattung gefallen lassen müssen. In seinem **Beschluss vom 14. Oktober 2004**[723] hat sich das BVerfG zumindest indirekt zu dieser Frage geäußert.[724] Hier hält es zunächst daran fest, dass der EMRK über Art. 59 Abs. 2 GG der Rang eines einfachen Gesetzes zukommt. Indes gehöre es zur Bindung an Gesetz und Recht, dass die Gewährleistungen der Konvention und der Entscheidungen des EGMR **im Rahmen methodisch vertretbarer**

---

[721] Urteil vom 24.06.2004, Az: 59320/00. Zu diesem siehe *Heldrich*, NJW 2004, 2634 sowie *Tettinger*, JZ 2004, 1144.

[722] Dazu *Langenfeld*, in: FS Götz, S. 259 (276); *Kadelbach*, Jura 2005, 480 ff.; *Gusy*, JA 2009, 406 ff.

[723] BVerfGE 111, 307. Dazu auch *Ruffert*, EuGRZ 2007, 245 ff.; *Papier*, EuGRZ 2006, 1 ff.; *Cremer*, EuGRZ 2004, 683 ff.

[724] Siehe zu diesem Beschluss die Anmerkung von *Klein*, JZ 2004, 1176 ff.; *Meyer-Ladewig/Petzold*, NJW 2005, 15 ff.; *Grabenwarter/Pabel*, EMRK, § 3 Rn 6 ff.

Gesetzesauslegung berücksichtigt werden.[725] Insoweit könne sowohl die fehlende Auseinandersetzung mit einer solchen Entscheidung als auch deren gegen vorrangiges Recht verstoßende **schematische „Vollstreckung"** gegen Grundrechte in Verbindung mit dem Rechtsstaatsprinzip verstoßen.

Im Rahmen dieser Berücksichtigung müssten die staatlichen Organe indes auch die Auswirkungen auf die nationale Rechtsordnung in die Rechtsanwendung einbeziehen. Dies gelte insbesondere dann, wenn es sich bei dem einschlägigen nationalen Recht um ein **ausbalanciertes Teilsystem des innerstaatlichen Rechts** handele, das verschiedene Grundrechtspositionen miteinander zum Ausgleich bringen will. Mit dieser letzten Aussage wird man davon ausgehen müssen, dass deutsche Gerichte auch in Zukunft auf die gefestigte Rechtsprechung zu § 23 KUG zurückgreifen können. Sie müssen sich indes mit dem *Caroline*-Urteil auseinandersetzen und begründen, warum sie von dieser Auffassung abweichen wollen.[726]

Insgesamt sind die Ausführungen des BVerfG äußerst unklar und haben damit letztlich ohne Not für Verwirrung gesorgt. Insbesondere der Aussage, dass nationale Gerichte die Rechtsprechung des EGMR nur zu berücksichtigen haben, insbesondere in grundrechtlichen Dreieckskonstellationen mithin auch von dieser abweichen können, ist nicht zuzustimmen. Angesichts der **Völkerrechtsfreundlichkeit des Grundgesetzes** ist vielmehr anzunehmen, dass eine solche Abweichung nur dann zulässig sein kann, wenn die Auslegung des EGMR selbst mit dem Grundgesetz unvereinbar sein sollte. Lässt das GG jedoch eine solche Auslegung zu, muss auch das nationale Gericht dieser folgen.

Mittlerweile sind **zahlreiche Urteile** in Deutschland ergangen, die sich mit der Rechtsprechung des BVerfG zur Wirkung der Entscheidungen des EGMR auseinandersetzen. So hat das BVerfG 2010 eine Regelung des deutschen Familienrechts, die den Ausschluss des Vaters eines nichtehelichen Kindes von der elterlichen Sorge bei Zustimmungsverweigerung der Mutter betraf, für verfassungswidrig erklärt,[727] nachdem der EGMR 2009 einen Verstoß gegen die EMRK festgestellt hatte.[728] Noch im 2003 hatte das BVerfG die Regelung als im Wesentlichen verfassungsgemäß angesehen. Eine andere bedeutende Entscheidung betrifft die **nachträgliche Sicherungsverwahrung**, die nach Auffassung des EGMR eine „Strafe" darstellt, so dass eine Gesetzesänderung, die eine verlängerte Sicherungsverwahrung ermöglicht, auf Altfälle nicht angewendet werden darf.[729] Hier wird vor allem die Problematik der

---

[725] Kritisch hierzu *Cremer*, EuGRZ 2004, 683 ff.
[726] Fallbearbeitung bei *Hindelang/Berner*, JuS 2013, 925.
[727] Beschluss vom 21.7.2010, 1 BvR 420/09. Es ging um § 1626a BGB.
[728] Siehe EGMR, Beschwerde-Nr. 22028/04, Zaunegger gegen Deutschland.
[729] EGMR, Beschwerde-Nr. 19359/04 vom 17.12.2009.

Rechtsprechung des BVerfG deutlich. Unter Berufung auf die „methodisch vertretbare Gesetzesauslegung" lehnten es nämlich einige Gerichte ab, Personen zu entlassen,[730] während andere Gerichte umgehend entsprechende Anordnungen erließen.[731] Aus der Perspektive des EGMR liegt in der Nichtentlassung ohne Zweifel ein erneuter Verstoß gegen die EMRK. Ausführlich dazu *Thiele*, Entscheidungen des EGMR im deutschen Recht: Bindungswirkung oder bloße Diskussionsgrundlage?, abrufbar unter www.springerrecht.at.

4. Die Staatenbeschwerde

Gemäß Art. 33 EMRK kann ein Verfahren auch von jedem anderen Mitgliedstaat eingeleitet werden. Zweck dieses Verfahrens ist es, eine Art **Wächterfunktion der Staatengemeinschaft** zu etablieren, die die Einhaltung der europäischen Menschenrechtsstandards überwacht. Zu unterscheiden sind zwei Fälle: Zum einen kann der Staat tätig werden, um die Verletzung eigener Staatsangehöriger in anderen Staaten zu rügen. Solche Verfahren dienen quasi **als Ersatz für eine Individualbeschwerde.**[732] Zum anderen hat jeder Staat die Möglichkeit, als Hüter der allgemeinen Menschenrechte aufzutreten. Insbesondere kann der betreffende Mitgliedstaat wegen jeder angeblichen Verletzung klagen – die Verletzung eigener Rechte muss also gerade nicht geltend gemacht werden. Die Bedeutung der Staatenbeschwerde in der Praxis ist eher gering.

5. Vorabbefassungsverfahren (16. ZP)

Im 16. ZP, welches im Oktober 2013 verabschiedet wurde, ist erstmals ein besonderes **Vorabbefassungsverfahren** vorgesehen.[733] Nationale Höchstgerichte können den EGMR danach um eine gutachterliche Entscheidung zu einer relevanten Grundsatzfrage im Hinblick auf die Auslegung und Anwendung der EMRK und ihrer Protokolle bitten.[734] Das Verfahren zeigt insoweit gewisse Parallelen zum Vorabentscheidungsverfahren nach Art. 267 AEU und soll maßgeblich zu einer Verbesserung des Verhältnisses der nationalen Gerichte und des EGMR beitragen. Deutschland hat das Protokoll noch nicht unterzeichnet. Es ist auch im Übrigen noch nicht in Kraft getreten.

---

[730] OLG Koblenz, Beschluss vom 7.6.2010, 1 Ws 108/10; OLG Stuttgart, Beschluss vom 1.6.2010, 1 Ws 57/10; OLG Celle, Beschluss vom 25.5.2010, 2 Ws 169/10.

[731] Siehe BGH, Beschluss vom 12.5.2010, 4 StR 577/09.

[732] Ein Beispiel wäre etwa das Verfahren Dänemark/Türkei, Nr. 34382/97, Entsch. v. 08.06.1999. Hier rügte Dänemark die Folterung eines in der Türkei inhaftierten Dänen.

[733] Dazu auch *Gundel*, EuR 2015, 609 ff.

[734] Siehe dazu ausführlich *Hoffmann/Kollmar*, NVwZ 2014, 1269 ff.

Zusammenfassung § 21

- Der Europarat wurde im Jahre 1949 gegründet. Er hat mittlerweile mehr als 40 Mitglieder.
- Organe des Europarates sind das Ministerkomitee und die Beratende Versammlung.
- Wichtigster Rechtsakt ist die aus dem Jahre 1950 stammende EMRK.
- Rechtsprechungsorgan ist der Europäische Gerichtshof für Menschenrechte in Straßburg (EGMR).
- Die EMRK eröffnet für den Einzelnen die Möglichkeit, sich mit einer Individualbeschwerde an den EGMR zu wenden.
- Die Mitgliedstaaten können mit der Staatenbeschwerde gegen andere Staaten vorgehen.
- Die EMRK hat in Deutschland den Rang eines einfachen Gesetzes.
- Deutsche Behörden müssen die Entscheidungen des EGMR indes in besonderer Weise berücksichtigen.
- Danaben kennt die EMRK noch eine Staatenbeschwerde und führt durch das 16. Zusatzprotokoll ein besonderes Vorabbefassungsverfahren ein.

§ 22 WEITERE EUROPÄISCHE INTERNATIONALE ORGANISATIONEN

Der Europarat stellt wohl die für das Erste Staatsexamen wichtigste internationale Organisation des Europarechts im weiteren Sinne dar. Auf die Folgenden wird daher nur kurz eingegangen.

I. Die OSZE

Die Organisation für Sicherheit und Zusammenarbeit in Europa (OSZE) entstand im **Jahre 1975** als „Konferenz für Sicherheit und Zusammenarbeit in Europa". Initiator dieser Konferenz war insbesondere Russland, das sich von dieser Zusammenkunft eine Sicherung der bestehenden Grenzen sowie die Bestätigung des Interventionsverbotes versprach.[735] Teilnehmer der Konferenz waren im Wesentlichen alle west- und osteuropäischen Staaten sowie die USA und Kanada (insgesamt 34 Staaten und der Heilige Stuhl). Am 01.08.1975 kam es dann in **Helsinki** zur Unterzeichnung einer **Schlussakte**, in der neben anderen vor allem folgende Prinzipien festgelegt wurden:

- Unverletzlichkeit der Grenzen;
- Absage an Gewaltanwendung, also friedliche Streitbeilegung;
- Zusammenarbeit der einzelnen Staaten;
- Keine Einmischung in innere Angelegenheiten;
- Bekenntnis zu den Menschenrechten.

Zudem vereinbarten die beteiligten Staaten, dass die Zusammenarbeit auf regelmäßigen Treffen fortgeführt werden sollte.[736] Dennoch handelte es sich bei der KSZE **nicht um ein Völkerrechtssubjekt**, was auch durch den Titel „Konferenz" zum Ausdruck kommen sollte.[737]

Nach dem Zusammenbruch des kommunistischen Systems traten die Nachfolgestaaten der ehemaligen Sowjetunion der KSZE bei. Ziel dieser Zusammenkunft ist seit dieser „Wende" vor allem die **Friedenssicherung in Gesamteuropa** sowie Nordamerika. Ausdruck fand diese neue primäre Zielsetzung in der im Jahre 1990 verabschiedeten **„Charta von Paris für ein neues Europa"**, in der sich die Mitgliedstaaten darauf verständigten, ein neues Europa auf der Grundlage von wirtschaftlicher Freiheit und sozialer Gerechtigkeit zu gewährleisten. Konsequenterweise wird sich seither besonders für

---

[735] *Oppermann/Classen/Nettesheim*, Europarecht, § 4 Rn 19.
[736] So gab es Treffen in Belgrad (1977/78), Madrid (1980/83) und Wien (1986/89).
[737] Daher sollte die Schlussakte auch nicht bei den Vereinten Nationen hinterlegt werden.

den Menschenrechts- und Minderheitenschutz eingesetzt. Betont wird – etwas überraschend – auch die Bedeutung der Marktwirtschaft:

> „Freiheit und politischer Pluralismus sind notwendige Elemente unserer gemeinsamen Bemühungen um die Entwicklung von Marktwirtschaften hin zu dauerhaftem Wirtschaftswachstum, Wohlstand, sozialer Gerechtigkeit, wachsender Beschäftigung und rationeller Nutzung der wirtschaftlichen Ressourcen. Der Erfolg von Ländern, die den Übergang zur **Marktwirtschaft** anstreben, ist wichtig und liegt in unser aller Interesse."

Mit den Jahren wurde das institutionelle System der KSZE immer weiter ausgebaut.[738] Zu nennen sind neben den Gipfeltreffen der Staats- und Regierungschefs etwa der **Ministerrat**, der **Hohe Rat** sowie der **Ständige Rat**. Zudem ist der Außenminister eines der Mitgliedstaaten der **Amtierende Vorsitzende**, der die Gesamtverantwortung für die einzelnen Tätigkeiten trägt. Daneben gibt es ein Sekretariat mit einem Generalsekretär, der vom Ministerrat ernannt wird. Seit 1995 nennt sich die KSZE daher nicht mehr nur „Konferenz", sondern „**Organisation**" (OSZE). Dennoch hat diese Namensänderung nichts daran geändert, dass die OSZE nach dem Willen der Mitgliedstaaten bis heute keine Völkerrechtssubjektivität besitzt:

> „Durch den Namenswechsel von KSZE zu OSZE ändert sich weder der Charakter unserer KSZE-Verpflichtungen noch der Status der KSZE und ihrer Institutionen."[739]

Zur Kontrolle demokratischer Wahlen entsendet die OSZE regelmäßig **Wahlbeobachter**. Im Rahmen der Bundestagswahl 2009 waren solche Beobachter erstmals auch in Deutschland tätig. Im Übrigen hat die Bedeutung der OSZE auch durch den Ukraine-Konflikt wieder zugenommen.

II. Die WEU

Die Westeuropäische Union wurde im Jahre 1948 gegründet und stellt ein **Verteidigungsbündnis** dar. Ziel war zu diesem Zeitpunkt noch die Erfüllung von Sicherheitsinteressen der Teilnehmerstaaten gegenüber Deutschland.[740] Bezeichnet wurde sie zunächst als „Westunion". Nachdem im Jahre 1954 die Errichtung einer Verteidigungsgemeinschaft (EVG) unter Einbeziehung Deutschlands am Veto Frankreichs scheiterte, wurde Deutschland anschließend in die

---

[738] Überblick bei *Herdegen*, Europarecht, § 35.
[739] Beschlüsse von Budapest, I.29.
[740] *Oppermann/Classen/Nettesheim*, Europarecht, § 2 Rn 7.

Westunion aufgenommen, womit auf die **neue Bedrohung** des westlichen Systems **durch die Sowjetunion** reagiert wurde.

Mitglieder sind mittlerweile neben Deutschland auch Frankreich, Italien, Luxemburg, die Niederlande, Großbritannien, Belgien, Griechenland, Portugal und Spanien.[741]

Ziel der Union ist es gemäß der Präambel,

„einander Beistand zu leisten bei der Aufrechterhaltung des internationalen Friedens und der internationalen Sicherheit und im Widerstand gegen jede Angriffspolitik; … ."

Unter Bezugnahme auf Art. 51 UN sichern sich die Parteien zu, im Falle eines militärischen Angriffs alle in ihrer Macht stehende militärische und sonstige Hilfe und Unterstützung zu leisten. Auch der **Amsterdamer Vertrag**[742] **nennt die WEU** und bezeichnet sie als „integralen Bestandteil der Europäischen Union" (Art. 17 UAbs. 2 EU). Dabei sieht Art. 17 III EU vor, dass die Europäische Union die WEU in Anspruch nehmen wird, um die Entscheidungen und Aktionen der EU, die verteidigungspolitische Bezüge haben, auszuarbeiten und durchzuführen. Mittlerweile sind indes durch die Weiterentwicklung der EU zahlreiche Aufgaben der WEU auf diese übergegangen.[743] Auch die WEU selbst hatte angesichts dieser Aufgabenverlagerung auf die EU beschlossen, ihre Zuständigkeiten zurückzunehmen. Konsequenterweise wurde durch den Vertrag von Nizza der Verweis auf die WEU wieder gestrichen. Mit dem Vertrag von Lissabon sind auch die letzten Aufgaben der WEU auf die EU übertragen worden. Die WEU ist daher bis Mitte des Jahres 2011 **vollständig aufgelöst** und abgewickelt worden.

Organe der WEU waren die **Versammlung** sowie der **Rat**. Die Versammlung setzte sich aus Vertretern der Mitgliedstaaten bei der Parlamentarischen Versammlung des Europarates zusammen, der Rat bestand aus Vertretern der einzelnen Regierungen.

III. Die OECD

Die Organisation für Wirtschaftliche Zusammenarbeit und Entwicklung (OECD) geht zurück auf die bereits im **Jahre 1948** von 16 europäischen Staaten gegründete Organisation für Europäische

---

[741] Daneben sind Island, Norwegen, Polen, die Tschechische Republik, Türkei und Ungarn assoziierte Mitglieder; Dänemark, Österreich, Finnland und Schweden haben Beobachterstatus.

[742] Siehe zum Amsterdamer Vertrag unten, § 4.

[743] Dies betrifft etwa die sogenannten „Petersberg-Aufgaben", in der die WEU die Unterstützung für die Durchführung von Maßnahmen der OSZE und der Vereinten Nationen angeboten hatte.

wirtschaftliche Zusammenarbeit (OEEC).[744] Aufgrund der Gründung der EWG im Jahre 1958 wurde jedoch eine Reform der OEEC notwendig, um so einen Konflikt zwischen diesen zwei Institutionen zu vermeiden. Diese Reform führte im **Jahre 1961** zur Gründung der OECD, einer Wirtschaftsorganisation, der mittlerweile alle westlichen Industrienationen angehören.[745] Ziel dieses Zusammenschlusses ist es, eine Politik zu fördern, die darauf gerichtet ist,

> - unter Wahrung der finanziellen Stabilität zu einer optimalen Wirtschaftsentwicklung und Beschäftigung [...] beizutragen,
> - in den Mitglied- und Nichtmitgliedstaaten, die in wirtschaftlicher Entwicklung begriffen sind, zu einem gesunden wirtschaftlichen Wachstum beizutragen und,
> - [...] zur Ausweitung des Welthandels beizutragen.

In regelmäßigen Abständen nimmt die OECD unter anderem Überprüfungen der nationalen Wirtschaftssysteme vor („**Länderexamen**"), in denen die Fortschritte aber auch Defizite in ausführlichen Länderberichten dargelegt werden.[746]

Die OECD verfügt über ein **festes institutionelles Gefüge**, etwa den Rat, den Exekutivausschuss und den Generalsekretär. Bemerkenswert ist weiterhin, dass die OECD gemäß Art. 5 OECD Beschlüsse fassen kann, die für die Mitgliedstaaten verbindlich sind.

Zusammenfassung § 22

- Weitere wichtige internationale europäische Organisationen sind die WEU, die OSZE und die OECD.
- **WEU: Gründung** 1948, ist eine Verteidigungsgemeinschaft.
- **OSZE: Gründung** 1975 mit der Schlussakte von Helsinki, 1995 Umbenennung in OSZE. **Ziel**: Friedenssicherung in Europa und Nordamerika.
- **OECD: Gründung** 1948 als OEEC, Reform 1961 und Umbenennung in OECD. **Ziel**: wirtschaftliche Zusammenarbeit der Mitglieder. Regelmäßige Länderberichte.

---

[744] Die OEEC wurde zur Verwaltung und Verteilung der Mittel des „*Marshall*-Planes" gegründet. Der „*Marshall*-Plan" sah vor, die Verteilung der Mittel einer gemeinsamen Organisation der unterstützten Länder zu übertragen.

[745] *Oppermann/Classen/Nettesheim*, Europarecht, § 4 Rn 2.

[746] So etwa die „PISA-Studie" zur Bildungssituation in den Mitgliedsländern.

Fragenkatalog

Der folgende Fragenkatalog eignet sich zur **schnellen Wiederholung** des behandelten Stoffes. Die Fragen sind chronologisch geordnet, folgen thematisch also der in diesem Kurzlehrbuch vorgegebenen Reihenfolge. Ausformulierte Antworten zu den einzelnen Fragen finden sich zudem größtenteils auf der ebenfalls bei *niederle media* erschienenen **MP3-CD „Basiswissen Europarecht".**

1. Wie lässt sich der Begriff „Europarecht" weiter untergliedern?

2. Was versteht man unter der Schuman-Erklärung? Von wem stammt sie?

3. Welcher Vertrag basiert auf dem sog. Spaak Bericht?

4. Was war der Luxemburger Kompromiss?

5 Wann wurde die Einheitliche Europäische Akte verabschiedet?

6. Wann wurde die Europäische Union errichtet? Durch welchen Vertrag?

7. Welche Vertragsrevisionen hat es seit Maastricht gegeben?

8. Wann trat der Vertrag von Lissabon in Kraft? Welche Perspektiven bestehen für die Zukunft der Union?

9. Geben Sie einen Überblick über die erfolgten Beitritte zur Europäischen Gemeinschaft bzw. Europäischen Union.

10. Inwiefern wurde durch den Vertrag von Lissabon das bisherige Säulenmodell der Union aufgelöst?

11. In welche zwei Teilverträge teilt sich der Vertrag von Lissabon?

12. Welche Rechtsnatur hat die „neue" Union?

13. Geben Sie einen Überblick über die Werte und Ziele der Union.

14. Was versteht man unter der „verstärkten Zusammenarbeit"?

15. Skizzieren Sie die Gemeinsame Außen- und Sicherheitspolitik.

16. Wo finden sich Regelungen zum Vertragsänderungsverfahren? Wie sehen diese aus?

17. Wo ist der Beitritt, wo der Austritt aus der Union geregelt?

18. Zählen Sie die sieben Hauptorgane der Union auf.

19. Wo ist der Sitz der einzelnen Organe geregelt?

20. Was versteht man unter dem institutionellen Gleichgewicht?

21. Wo finden sich die Regelungen, die sich mit dem Europäischen Parlament befassen? Wie setzt es sich zusammen?

22. Was versteht man unter dem Demokratiedefizit des Parlaments?

23. Wie werden die Parlamentarier gewählt?

24. Wie lassen sich die Aufgaben des Parlaments einteilen?
25. Wie ist der Europäische Rat zusammengesetzt?
26. Welche Aufgaben hat der Europäische Rat?
27. Wie ist der Rat der EU zusammengesetzt?
28. Nennen Sie die wichtigste Aufgabe des Rates.
29. Was versteht man unter der qualifizierten Mehrheit? Wie funktioniert das Prinzip der doppelten Mehrheit?
30. Skizzieren Sie den Kompromiss von Ioannina.
31. Wie ist die Kommission zusammengesetzt? Wie werden die Kommissare ernannt?
32. Was versteht man unter dem Initiativmonopol der Kommission?
33. Warum bezeichnet man die Kommission auch als die „Hüterin des Unionsrechts"?
34. Wie ist der EuGH zusammengesetzt?
35. Welche Aufgabe kommt den Generalanwälten zu?
36. Ist das Gericht erster Instanz ein eigenes Organ?
37. Nennen Sie die wichtigsten Verfahren vor dem EuGH.
38. Welche Aufgaben hat die EZB?
39. Welche Funktion haben der AdR und der WSA?
40. Nennen Sie sonstige Einrichtungen der Union.
41. Erläutern Sie die Begriffe Vertragssprachen, Amtssprachen und Arbeitsprachen.
42. Welche Rechtsquellen kann man im Unionsrecht unterscheiden?
43. Welche Teile umfasst das primäre Unionsrecht?
44. Was versteht man unter unmittelbarer Anwendbarkeit?
45. Wer ist Adressat der Unionsgrundrechte? Gilt die Grundrechtecharta für alle Mitgliedstaaten?
46. Nennen Sie einige vom EuGH entwickelte allgemeine Rechtsgrundsätze.
47. Was versteht man unter sekundärem Unionsrecht? In welchen Artikeln des AEU-Vertrages findet sich eine Auflistung der wesentlichen Sekundärrechtsakte?
48. Charakterisieren Sie den Rechtsakt der Verordnung.
49. Was versteht man unter der unmittelbaren Geltung einer Verordnung?
50. Wo ist die Richtlinie geregelt, was unterscheidet sie von der Verordnung?
51. Wann kann sich der einzelne ausnahmsweise auf eine nicht umgesetzte Richtlinie berufen?

52. Kann die unmittelbare Wirkung einer Richtlinie auch eine Belastung des Bürgers herbeiführen?

53. Was hat der EuGH in seiner „Francovich-Entscheidung" festgestellt?

54. Mit welchem nationalen Rechtsakt ist die Entscheidung gemäß Art. 288 IV AEU vergleichbar?

55. Welche Rechtsakte sind in Art. 288 V AEU geregelt?

56. Was versteht man unter dem Vorrang des Unionsrechts?

57. Handelt es sich dabei um einen Anwendungs- oder um einen Geltungsvorrang?

58. Wie begründet der EuGH diesen Vorrang?

59. Folgt das BVerfG dem EuGH in diesem Begründungsansatz?

60. Welche Vorbehalte ergeben sich daraus für den Vorrang des Unionsrechts aus deutscher Perspektive?

61. Erläutern Sie das Prinzip der begrenzten Einzelermächtigung.

62. Was versteht man unter der „implied-powers"-Lehre?

63. Welche Regelung findet sich in Art. 352 AEU?

64. Was ist der Unterschied zwischen einer ausschließlichen und einer geteilten Unionskompetenz?

65. Welche Gesetzgebungsverfahren können unterschieden werden?

66. Was ist das besondere am ordentlichen Gesetzgebungsverfahren?

67. Was ist der Komitologie-Beschluss?

68. Was versteht man unter dem direkten Vollzug des Unionsrechts?

69. In welche zwei Bereiche lässt sich der indirekte Vollzug des Unionsrechts unterteilen?

70. Nach welcher Norm richtet sich die außervertragliche Haftung der Union? Welche Voraussetzungen hat diese?

71. Wo ist die Haftung der Mitgliedstaaten für Verstöße gegen Unionsrecht geregelt?

72. Was sind die Voraussetzungen einer solchen Haftung?

73. Kommt eine solche Haftung auch in Betracht, wenn nationale Gerichte gegen Unionsrecht verstoßen?

74. Wann ist ein Rechtsverstoß „hinreichend qualifiziert"?

75. Nennen Sie die wichtigsten Rechtsschutzverfahren vor dem EuGH.

76. In welche zwei Teile lässt sich das Verfahren vor dem EuGH generell einteilen?

77. Beschreiben Sie die Funktion des Vertragsverletzungsverfahrens.

78. Wann ist eine solche Klage begründet?

79. Welche drei Formen der Nichtigkeitsklage lassen sich unterscheiden?

80. Was versteht man unter der „Plaumann"-Formel? Müssen private Kläger in allen Fällen eine individuelle Betroffenheit nachweisen?

81. Wann ist eine Nichtigkeitsklage begründet?

82. Beschreiben Sie die Funktion des Vorabentscheidungsverfahrens.

83. Was versteht der EuGH unter einem Gericht im Sinne des Art. 267 Abs. 2 AEU?

84. Worauf ist bei der Formulierung der Vorlagefrage zwingend zu achten?

85. Wann besteht eine Vorlagepflicht nach Art. 267 Abs. 3 AEU?

86. Nennen Sie die einzelnen Grundfreiheiten.

87. An wen richten sich die Grundfreiheiten primär?

88. Sind auch Private an die Grundfreiheiten gebunden?

89. Wer sind die Berechtigten der Grundfreiheiten?

90. Sind die Grundfreiheiten unmittelbar anwendbar im nationalen Recht?

91. Was versteht man unter dem Diskriminierungsverbot der Grundfreiheiten?

92. Sind die Grundfreiheiten mittlerweile auch als allgemeine Beschränkungsverbote auszulegen?

93. Inwieweit hat der EuGH die weite Auslegung der Grundfreiheiten wieder eingeschränkt?

94. Wie lässt sich diese einschränkende Auslegung des EuGH begründen?

95. Was versteht man unter dem Erfordernis des grenzüberschreitenden Elements innerhalb des Tatbestandes der Grundfreiheiten?

96. Können Eingriffe in die Grundfreiheiten gerechtfertigt werden?

97. Welche zwei Gruppen von Rechtfertigungsgründen sind zu unterscheiden?

98. Was versteht der EuGH unter einer Ware iSd Art. 34 AEU?

99. Was versteht der EuGH unter einer Maßnahme mit gleicher Wirkung wie einer mengenmäßigen Einfuhrbeschränkung?

100. Was versteht man unter der Keck-Formel?

101. Wie können Eingriffe ein die Warenverkehrsfreiheit gerechtfertigt werden?

102. Wie lassen sich die Freiheiten des Personenverkehrs aufteilen?

103. Was versteht man unter einem Arbeitnehmer iSd Art. 45 AEU?

104. Was regelt die Bereichsausnahme des Art. 45 Abs. 4 AEU?

105. Ist die Keck-Rechtsprechung auf die Arbeitnehmerfreizügigkeit übertragbar?

106. Sind auch Private an die Arbeitnehmerfreizügigkeit gebunden?

107. Was ist bei der Auslegung der in Art. 45 Abs. 3 AEU genannten Rechtfertigungsgründe zu beachten?
108. Welche Rechte umfasst die Niederlassungsfreiheit?
109. Was regelt Art. 51 Abs. 1 AEU?
110. Entfaltet die Niederlassungsfreiheit Drittwirkung?
111. Was versteht man unter Dienstleistungen?
112. Welche Fälle eines grenzüberschreitenden Elements sind bei der Dienstleistungsfreiheit denkbar?
113. Kennt die Dienstleistungsfreiheit eine Bereichsausnahme?
114. Entfaltet die Dienstleistungsfreiheit eine Drittwirkung?
115. Wo finden sich Regelungen zur Kapital- und Zahlungsverkehrsfreiheit?
116. In welche zwei Teile lässt sich das Wettbewerbsrecht unterteilen?
117. Wie ist der Unternehmensbegriff des Wettbewerbsrechts zu verstehen?
118. Welche Bedeutung hat die Bestimmung des relevanten Marktes?
119. Wo findet sich das Verbot wettbewerbsbeeinträchtigender Absprachen?
120. Wie ist der Begriff der Vereinbarungen zu verstehen?
121. Was versteht man unter der „Zwischenstaatlichkeitsklausel"?
122. Ist es möglich, einzelne Verhaltensweisen vom Verbot des Art. 101 Abs. 1 AEU freizustellen?
123. Was sind Gruppenfreistellungsverordnungen?
124. Wann liegt eine marktbeherrschende Stellung im Sinne des Art. 102 AEU vor?
125. Wann wird eine solche missbräuchlich ausgenutzt?
126. Wo finden sich Regelungen zur Fusionskontrolle?
127. Nennen Sie die vier tragenden Prinzipien der europäischen Fusionskontrolle.
128. Wo finden sich Regelungen zur Beihilfenkontrolle?
129. Wie ist der Begriff der Beihilfe definiert?
130. Wann sind Beihilfen nach Art. 107 Abs. 1 grds. unvereinbar mit dem gemeinsamen Markt?
131. Gibt es Ausnahmen vom Beihilfenverbot?
132. Skizzieren Sie das Verfahren der Beihilfenkontrolle durch die Kommission.
133. Wo finden sich Regelungen zur Rechtsangleichung?
134. Skizzieren Sie die gschichtliche Entwicklung der WWU.
135. Was ist das vorrangige Ziel des ESZB?
136 Was versteht man unter der Unabhängigkeit der EZB?

137. Welche geldpolitischen Instrumente stehen der EZB zur Verfügung?

138. Welche Aufgaben hat die EZB im Rahmen der Bankenunion?

139. Inwieweit überwacht die Kommission die öffentliche Verschuldung?

140. Was besagt die No-Bail-Out-Klausel?

141. Warum wird der 05. Mai als Europatag gefeiert?

142 Welche Aufgaben hat der Europarat?

143. Nennen Sie die Organe des Europarates.

144. Nennen Sie einige der vom Europarat erlassenen Rechtsakte.

145. Wann trat die EMRK in Kraft?

146. Welchen Rang nimmt die EMRK in der Normenhierarchie Deutschlands ein?

147. Wie ist der Europäische Gerichtshof für Menschenrechte zusammengesetzt?

148. Was ist die „Individualbeschwerde"?

149. Skizzieren Sie die Wirkungen eines Urteils des EGMR im innerstaatlichen Recht.

150. Nennen Sie weitere internationale europäische Zusammenschlüsse.

Stichwortverzeichnis

342

Standardfälle Europarecht

Autor: Priv.-Doz. Dr. Alexander Thiele

ISBN 978-3-86724-064-2

9,90 €

Hörbuch/MP3-CD
Basiswissen Europarecht

inkl. Text-PDF zum Nachlesen des Gehörten

Autor: Priv.-Doz. Dr. Alexander Thiele

ISBN 978-3-86724-090-1
7,90 €

Die wichtigsten Schemata
-> Zivilrecht
-> Strafrecht
-> Öffentliches Recht

ISBN 978-3-86724-133-5
14,90 €

▶ Unsere 📖 Skripten 📇 Karteikarten 🎧 Hörbücher (CD & MP3)

Zivilrecht

- 📖 Standardfälle für Anfänger (7,90 €)
- 📖 🎧 Standardfälle BGB AT (7,90 €)
- 📖 🎧 Standardfälle Schuldrecht (7,90 €)
- 📖 🎧 Standardfälle Ges. Schuldverh., §§ 677, 812,823
- 📖 🎧 Standardfälle Sachenrecht (9,90 €)
- 📖 🎧 Standardfälle Familien- und Erbrecht (9,90 €)
- 📖 Klausuren Übung für Fortgeschrittene (7,90 €)
- 📖 🎧 Basiswissen BGB (AT) (Frage-Antwort)
- 📖 🎧 Basiswissen SchuldR (AT) 📖 🎧 SchuldR (BT) (7 €)
- 📖 🎧 Basiswissen Sachenrecht, 📖 🎧 FamR, 📖 🎧 ErbR
- 📖 Einführung in das Bürgerliche Recht (7,90 €)
- 📖 Studienbuch BGB (AT) (12 €)
- 📖 Studienbuch Schuldrecht (AT) (12 €)
- 📖 Schuldrecht (BT) 1 - §§ 437, 536, 634, 670 ff. (9,90 €)
- 📖 Schuldrecht (BT) 2 - §§ 812, 823, 765 ff. (9,90 €)
- 📖 SachenR 1 – Bewegl. S., 📖 SachenR 2 – Unb. S. (9,9 €)
- 📖 Familienrecht und 📖 Erbrecht (Einführungen) (9,90 €)
- 📖 Streitfragen Schuldrecht (7,90 €)
- 📖 🎧 Definitionen für die Zivilrechtsklausur (9,90 €)

Strafrecht

- 📖 🎧 Standardfälle für Anfänger Band 1 (9,90 €)
- 📖 Standardfälle für Anfänger Band 2 (7,90 €)
- 📖 Standardfälle für Fortgeschrittene (12 €)
- 📖 🎧 Basiswissen Strafrecht (AT) (Frage-Antwort)
- 📖 🎧 Basiswissen Strafrecht BT 1 und 📖 🎧 BT 2 (7 €)
- 📖 Strafrecht (AT) (7,90 €)
- 📖 Strafrecht (BT) 1 – Vermögensdelikte (9,90 €)
- 📖 Strafrecht (BT) 2 – Nichtvermögensdelikte (9,90 €)
- 📖 🎧 Definitionen für die Strafrechtsklausur (7,90 €)

Irrtümer und Änderungen vorbehalten!

Öffentliches Recht

- 📖 Standardfälle Staatsrecht I – StaatsorgaR (9,90 €)
- 📖 Standardfälle Staatsrecht II – Grundrechte (9,90 €)
- 📖 🎧 Standardfälle f. Anfänger (StaatsorgaR u. GRe) (7,9 €)
- 📖 Standardfälle Verwaltungsrecht (AT) (9,90 €)
- 📖 Standardfälle Polizei- und Ordnungsrecht (9,90 €)
- 📖 Standardfälle Baurecht (9,90 €)
- 📖 Standardfälle Europarecht (9,90 €)
- 📖 Standardfälle Kommunalrecht (9,90 €)
- 📖 🎧 Basiswissen StaatsR I –StaatsorgaR (Fr-Antw.) (7 €)
- 📖 🎧 Basiswissen StaatsR II –GrundR (Frage-Antw.) (7 €)
- 📖 Basiswissen VerwaltungsR AT– (Frage-Antwort) (7 €)
- 📖 Studienbuch Staatsorganisationsrecht (9,90 €)
- 📖 Studienbuch Grundrechte (9,90 €)
- 📖 Studienbuch Verwaltungsrecht AT (12 €)
- 📖 Studienbuch Europarecht (12,90 €)
- 🎧 Basiswissen Europarecht
- 📖 Staatshaftungsrecht (9,90 €)
- 📖 VerwaltungsR AT 1 – VwVfG u. 📖 AT 2–VwGO (7,90 €)
- 📖 VerwaltungsR BT 1 – POR (9,90 €)
- 📖 VerwaltungsR BT 2 – BauR 📖 BT 3 – UmweltR (9,90 €)
- 📖 🎧 Definitionen Öffentliches Recht (9,90 €)

Steuerrecht

- 📖 Abgabenordnung (AO) (9,90 €)
- 📖 Erbschaftsteuerrecht (9,90 €)
- 📖 Steuerstrafrecht/Verfahren/Steuerhaftung (7,90 €)

Sozialrecht

- 📖 Kinder- und Jugendhilferecht (7,90 €)
- 📖 Sozialrecht (9,90 €)

Nebengebiete

- 📖 🎧 Standardfälle Handels- & GesR (9,90 €)
- 📖 🎧 Standardfälle Arbeitsrecht (9,90 €)
- 📖 Standardfälle ZPO (9,90 €)
- 📖 🎧 Basiswissen HandelsR (Frage-Antwort) (7,9 €)
- 📖 🎧 Basiswissen Gesellschaftsrecht (7,90 €)
- 📖 🎧 Basiswissen ZPO (Frage-Antwort) (7,90 €)
- 📖 🎧 Basiswissen StPO (Frage-Antwort) (7,90 €)
- 📖 Handelsrecht (9,90 €)
- 📖 Gesellschaftsrecht (9,90 €)
- 📖 Arbeitsrecht (9,90 €)
- 📖 Kollektives Arbeitsrecht (9,90 €)
- 📖 ZPO I – Erkenntnisverfahren (9,90 €)
- 📖 ZPO II – Zwangsvollstreckung (9,90 €)
- 📖 Strafprozessordnung – StPO (9,90 €)
- 📖 Einf. Internationales Privatrecht - IPR (9,90 €)
- 📖 Standardfälle IPR (9,90 €)
- 📖 Insolvenzrecht (9,90 €)
- 📖 Gewerbl. Rechtsschutz/Urheberrecht (9,90 €)
- 📖 Wettbewerbsrecht (9,90 €)
- 📖 Ratgeber 500 Spezial-Tipps für Juristen (12 €)
- 📖 Mediation (7,90 €)
- 📖 Sportrecht (9,90 €)

Karteikarten (je 9,90 €)

- 📇 Zivilrecht: BGB AT/SchuldR/Grundlagen/Schemata
- 📇 Strafrecht: AT/BT-1/BT-2/Streitfragen
- 📇 Öff. R.: StaatsorgaR/GrundR/VerwR/Schemata

Assessorexamen

- 📖 Der Aktenvortrag im Strafrecht (7,90 €)
- 📖 Der Aktenvortrag im Zivilrecht (7,90 €)
- 📖 Der Aktenvortrag im Öffentlichen Recht (7,90 €)
- 📖 Staatsanwaltl. Sitzungsdienst & Plädoyer (9,90 €)
- 📖 Die strafrechtliche Assessorklausur (7,90 €)
- 📖 Die Assessorklausur VerwR Bd. 1 (7,90 €)
- 📖 Die Assessorklausur VerwR Bd. 2 (7,90 €)
- 📖 Vertragsgestaltung in der Anwaltsstation (7 €)

Irrtümer und Änderungen vorbehalten!

BWL

- 📖 Einführung i. die Betriebswirtschaftslehre (7,90 €)
- 📖 Marketing (7 €)
- 📖 Organisationsgestaltung & -entwickl. (7,90 €)
- 📖 Fallstudien Organisationsgestaltung & -entwickl.
- 📖 Internationales Management (7 €)
- 📖 Wie gelingt meine wiss. Abschlussarbeit? (7 €)

Irrtümer und Änderungen vorbehalten!

Schemata

- 📖 Die wichtigsten Schemata-ZivR,StrafR,ÖR (14,90)
- 📖 Die wichtigsten Schemata–Nebengebiete (9,90 €)

🎧 bedeutet: auch als **Hörbuch** (CD oder MP3-Download) lieferbar!

Bei **niederle-media.de** bestellte Artikel treffen idR *nach 1-2 Werktagen* ein!